唐代基層文官

賴瑞和◎著

給
愛妻寶珠和幼女維維安

自　序

　　這本書我構思了整整二十二年。

　　1980年夏天，我從臺大外文系畢業；1981年秋天，我遠赴美國普林斯頓大學東亞研究所直攻博士學位，師從杜希德（Denis C. Twitchett）教授初習唐史。他是西方最有名望的唐史專家，專長唐代經濟史和唐代史學史，又是《劍橋中國史》（*Cambridge History of China*）的主編，但對我非常寬厚仁慈，給了我許多的研究自由，沒有壓力。當時，我最大的課業困擾，反而是唐代的職官制度。讀新舊《唐書》，讀《資治通鑑》等史書，甚至讀《全唐文》和《全唐詩》，處處都是唐代官名，可是卻沒有一本書可以教我怎麼解讀這些官名的意義。比如，《舊唐書》卷一八七下〈庾敬休傳〉有一段話，很有意思，很能代表正統史書處理唐人官銜的方式：

> 敬休舉進士，以宏詞登科，授祕書省校書郎，從事宣州。旋授渭南尉、集賢校理。遷右拾遺、集賢學士。歷右補闕，稱職，轉起居舍人，俄遷禮部員外郎。入

> 為翰林學士，遷禮部郎中，罷職歸官。又遷兵部郎中、
> 知制誥。丁憂，服闋，改工部侍郎，權知吏部選事，
> 遷吏部侍郎。

這一小段文字，幾乎全是官名，問題真不少。當年我沒讀懂，於是就像許多唐史研究生那樣略過不讀，但這樣也就等於完全不瞭解庾敬休這麼一個精彩的唐史人物，和他所走過的路。而今，我不敢說完全讀懂了，且試為解答如下。

庾敬休舉了進士又「以宏詞登科」，意味著甚麼？答案：只考中進士不能馬上做官，需「守選」等待約三年。於是有人就去考「宏詞」，即博學宏詞科，考中便可馬上得官。這跟明清時代考中進士即可授官不一樣。此外，唐人進士及第已很了不起，再中宏詞，表示他是精英中的精英。相比之下，才高如韓愈，三試宏詞都不中。

甚麼是「旋授渭南尉、集賢校理」？為甚麼兩個官名連在一起書寫？答案：這表示庾敬休是以渭南尉的官位去出任集賢校理。集賢校理是集賢院中一種校書工作，屬基層，但沒有品秩，所以任此職照例都帶一個縣尉如渭南尉之類的基層官，以秩品階，寄俸祿。他後來的集賢學士比校理高一級，但也同樣沒有品秩，所以要帶一個右拾遺的官。按《唐六典》和《新唐書‧百官志》等書的規定，「五品以上為學士，六品以下為直學士」。右拾遺為從八品上，所以庾敬休出任的可能是「集賢院直學士」。他傳中所說的「集賢學士」可能省略一個「直」字。這一類官是所謂的「本官」。詳見本書第三章〈縣尉〉中

「以縣尉作階官充館職」一節。

從右補闕,轉起居舍人,遷禮部員外郎,又意味著甚麼?答案:這是一幅很典型的升官圖。這幾個官都屬中層。員外郎是一種郎官,是通往高層官員的一個重要門戶。以庾敬休為例,他便先任員外郎,接著任郎中,最後才升為侍郎。

甚麼是「罷職歸官」?答案:唐人對「官」與「職」有清楚的區分。詳見下面討論白居易〈有唐善人墓碑銘并序〉部分。翰林學士屬無品秩的館職,和前面的集賢校理與集賢學士一樣,都是一種「職」,照例帶有禮部郎中等有品秩的「本官」。這裡是說他現在罷去翰林學士此「職」,回去任禮部郎中的「官」。

他任過禮部郎中,又遷兵部郎中,改工部侍郎,遷吏部侍郎,這又有甚麼意義?答案:禮部為「後行」,其郎中地位低於「前行」的兵部郎中。所以從禮部郎中轉為兵部郎中是正常的升遷。侍郎地位又比郎中高。這裡主要是說庾敬休步步升為高官。吏部為「前行」,高於「後行」的工部。從工部侍郎遷吏部侍郎也是正常的升遷(韓愈最後一個官正是吏部侍郎)。不過,庾敬休沒有繼續升為更高一層的尚書,也沒有做過宰相,所以他是很有成就的高官,從九品的校書郎小官一路官至四品的侍郎高官,仕途顯達,但還不算頂尖人物。

唐人任官,一般都得從八、九品小官做起,然後按部就班升遷。五、六、七品通常已是中層官員,三、四品為高官,一到二品祇用以酬勳臣,很少見。粗略而言,唐朝廷相當嚴格遵守這種依序授官的規則,很少例外。若違背這規則,超序授官,

比如胡亂授官給安祿山、楊國忠、仇士良等人，後來都出了問題。這些人都成了「亂臣」。

在普林斯頓那些年，我多希望世界上能有這樣一本專論唐代職官的專書或辭典，能夠給我提供這樣的答案！可惜沒有。

當然，唐史研究領域已有好幾種常用的工具書如《唐六典》、《通典》，《舊唐書·職官志》和《新唐書·百官志》可查，可是這些書都有侷限，查了往往也沒有解答，不能提供類似以上的「答案」，因為這些書主要講官署組織，旁及官品和十分簡略的職掌描寫，但從來不解釋唐代官職的深層含意，也並非為此目的而編。

這些書甚至連「從事」都查不到。那是中晚唐方鎮使府中各種僚佐如巡官、推官、掌書記和判官的通稱。在上引《舊唐書·庾敬休傳》中，「從事」是當動詞使用。「從事宣州」即是說庾敬休曾經在宣州充當過巡官、推官之類的幕職。這也是古代官制的一大特色：官名往往可以當動詞使用。比如，詩人李商隱任過弘農縣尉，於是就有人說他「尉弘農」時怎樣怎樣，說他如何「黃昏封印點刑徒」，日子不好過。

二十多年前，我便常幻想有一天能解開這些唐代官名後面隱藏著的「密碼」。但限於當年的學養，我不敢去研究唐代的職官制度，祇寫了一本《唐代軍事與邊防制度》的博士論文就畢業離校。然後，到香港等地教書，一晃十多年。在這十多年當中，我開始認真思考唐代職官和官制的問題，不斷在蒐集材料，但由於教學忙碌，瑣事繁多，研究進度十分緩慢。2002年初，我終於痛下決心，辭去教職，從此得以夜以繼日，傾全力

梳理這個困擾了我二十年的課題,追補過去十多年來流失的歲月。一年多以後,我終於寫完了這本書,嘗試解開唐代基層文官的一些「謎」,希望能幫助初習唐史的學生,也請同行專家學者指正。

　　將來的工作環境和條件若有改善,我還要繼續研究中、高層官員,並且撰寫《唐代中層文官》和《唐代高層文官》兩書,和本書合為姊妹篇。我構想中的中層官員包括監察御史、殿中侍御史、侍御史、拾遺、補闕、員外郎、郎中、主簿、縣丞、縣令、州錄事參軍、州司馬、長史、使府判官等;高層則包含御史中丞、御史大夫、中書舍人、給事中、侍郎、尚書、秘書監等長官、州別駕、刺史、節度使、觀察使等。

　　經過這些年來的研究和寫作,我發現我的「解碼」能力慢慢增強了。比如,前幾天讀白居易寫的〈有唐善人墓碑銘并序〉,便覺得很能「欣賞」他所列出的墓主人李建的長串官銜:「公官歷校書郎,左拾遺,詹府司直,殿中侍御史,比部、兵部、吏部員外郎,兵部、吏部郎中,京兆少尹,澧州刺史,太常少卿,禮部、刑部侍郎,工部尚書。職歷容州招討判官,翰林學士,鄜州防禦副使,轉運判官,知制誥,吏部選事。階中大夫。勳上柱國。爵隴西縣開國男。」而且更能理解他所謂「官」和「職」的分別:「官」是有品秩的正式編制官位;「職」是中晚唐方鎮使府幕職,翰林院、集賢院等沒有品秩的館職,或「知制誥」、「知吏部選事」等差遣職。中晚唐做官的人經常有「官」又有「職」,更有散階、勳官和爵等等。他們死後,這些長串官職名都會很隆重地一一刻在他們的墓誌上或神道碑上。今人

若能正確解讀，單憑這長串官銜，也就能充分瞭解死者生前的功業，知道他走的是一條怎樣的仕途，官運順達與否。

在本書完稿時刻，我想特別感謝杜希德教授當年給我的教導，並啓發我研究唐史的熱誠。沒有他當年的鼓勵和他這些年來以身作則，雖年邁仍奮力做研究的榜樣，我想我可能會半途而廢。

二十多年前在臺大外文系，王秋桂老師在「西方漢學」和「中國書目學」的課堂上，引導我走上漢學研究的道路，傳授給我中國書目、版本和考證之學的精萃，並且引薦我到普林斯頓去讀博士，讓我這一生受用無窮。我的感激之情是任何語言都難以充分表達的。

去年初，聯經出版事業公司的總編輯林載爵先生，讀了我那本中國旅行書《杜甫的五城：一個火車迷的中國壯遊》（臺北爾雅出版社），寫電郵來表示讚賞，並問我有沒有唐史書稿可以交給他出版。這樣便促成了這本書的誕生。我要衷心謝謝林先生，沒有他的那封電郵，這本書還不知甚麼時候才能面世。

本書初稿曾經為兩位聯經特約的專家學者審查並推薦出版，謹此致謝。其中一位審查人北京中華書局的原總編輯傅璇琮先生（亦為中國唐代文學學會會長），審稿後特別託人傳話給我，告知他的審查結果，讓我感到深受鼓舞，更覺得我應當努力繼續撰寫《唐代中層文官》和《唐代高層文官》兩姊妹篇。兩位審查人詳細、認真的審稿意見，也對本書的修訂大有幫助。

本書第一章〈校書郎〉，曾以期刊論文〈唐代校書郎考釋〉的形式，發表在《中央研究院歷史語言研究所集刊》第七十四

本第三分（2003年9月）。第三章〈縣尉〉，則以會議論文〈唐代縣尉考釋〉，在2003年11月6-7日臺北舉行的第六屆唐代文化學術研討會上宣讀。此研討會由中國文化大學史學系暨研究所和中國唐代學會主辦。兩文都經過不少修改，始收入本書。在此我想感謝史語所陳弱水教授寶貴的修訂建議，唐代學會秘書長桂齊遜教授的通融和協助，以及幾位匿名審稿人的指正。

臺灣東吳大學中文研究所的陳郁夫教授，去年初特別寄贈他開發的《全唐詩》和《太平廣記》電子資料庫，讓我每次在浩瀚文海中撈到「針」時，都不禁要想起他，默默感謝他。市面上和網上的《全唐詩》電子文庫很多，但多為簡體字版，且校對欠佳，又無卷數頁數，都不合學術用途。最合乎學界需要，校對精細，且以繁體字製作的，據我所知就祇有陳教授這一套了。

在我寫作中途，廣州華南師範大學的戴偉華教授及時寄贈他的大作《唐方鎮文職僚佐考》和《唐代使府與文學研究》，解決了我覓書的困難，十分感謝。此兩書在海外不易購得，甚至連海外許多大型中文研究圖書館也遺漏未購置。如今，《唐方鎮文職僚佐考》成了我經常需要翻查的一本工具書，極為有用。此外，我也要感謝廈門大學陳明光教授，在2001年夏，在青島開唐史學會會議期間，持贈其大作《唐代財政史新編》，讓我能夠追上唐代經濟史研究的最新成果和動向。青島會議期間，承蒙史念海教授家人、朱雷、胡戟、李鴻賓和魏明孔諸教授惠贈大作多種，令我深受鼓舞和感動，感覺到唐史研究路上沒那麼寂寞。

　　美國華盛頓大學的楊宿珍小姐，在本書寫作期間，常替我影印郵寄一些我找不到的材料，在緊急時刻給我幫了大忙，並且萬里迢迢寄贈 Charles Hucker 那本 *A Dictionary of Official Titles in Imperial China*（帝制中國官名辭典），真謝謝她。嘉義中正大學歷史研究所的朱振宏兄，常替我影印郵寄難得的唐史學術論文。老友張錦忠兄，曾經從高雄中山大學給我郵寄過影印材料。新加坡國立大學中文系的李志賢博士和我的前學生馮白羽小姐，曾幫我到圖書館借書。這些朋友的善舉，使我身處在馬來西亞最南端的邊城（也是亞洲大陸最南的一個城鎮）新山市（Johor Bahru），遠離學術中心，還能完成這本唐史專書，不能不說是功德無量。

　　最後，感謝我的妻子，在我辭去教職，過著韓愈式「閉門讀書史，窗戶忽已涼」的日子，沒有甚麼抱怨。幼女維維安，在爸爸閉門寫書的時候，懂得安靜、自立，不必爸爸分心，也是爸爸深深感激的。本書獻給她們——我生命中最重要的女生。

賴　瑞　和

2004 年 5 月 25 日
於馬來西亞新山市唐代文史研究中心
電郵地址：sflai53@tm.net.my
個人網頁：http://www.geocities.com/sflai53

目　次

導　言

> 願爾一祝後，讀書日日忙。
> 一日讀十紙，一月讀一箱。
> 朝廷用文治，大開官職場。
> 願爾出門去，取官如驅羊。
>
> ——杜牧〈冬至日寄小姪阿宜詩〉

　　杜牧這首詩，很能反映唐代士人家庭對做官的重視。他這個姪兒，還「未得三尺長」，但杜牧已經在盼望他將來好好讀書，以便來日可以「取官如驅羊」。做官是中國最古老的行業之一，也是古人讀書最重要的目的之一。《論語·泰伯篇》說：「三年學，不至於穀，不易得也。」楊伯峻把這一句翻成白話：「讀書三年並不存做官的念頭，這是難得的。」[2]可知先秦古人讀了三年書都想做官。到了唐代，這一行業早已發展出一套非

1　《樊川文集》，陳允吉校點（上海：上海古籍出版社，1978），卷一，頁9–10。
2　楊伯峻，《論語譯注》（北京：中華書局，1980），頁82。

常細緻的官場規則。唐代朝廷「大開官職場」，成了中古時代最大的僱主，其職官和官制體制，比起前幾代也就更為複雜了。

初習唐史的學生，或者對唐人任官制度感興趣的讀者和歷史迷，面對錯綜複雜的唐代職官和官制，不免感到困擾，不知該如何去正確解讀。他們的疑問很多，但如果按一個唐代年輕人從讀書、考科舉到做官整個過程來分階段考察，大致可以分為四大類：（一）唐人做官的最起碼資歷是甚麼？怎樣取得這些資歷？（二）有了這些資歷，可以擔任怎樣的官？有哪些基層入階官職可供選擇？各官職的入仕條件如何？仕途前景如何？職務如何？（三）甚麼是職事官？流內官？流外官？散官？階官？勳官？衛官？試銜？（四）唐人做了官又意味著甚麼？和今人做官有甚麼不同？特色有哪些？薪俸如何？需不需要經常為做官遠行？可不可以攜家帶眷？

像這些問題，看似簡單，可是即使專門的唐史教科書，比如前輩學者岑仲勉那本著名的《隋唐史》，也常無法解答，或根本未涉及。然而，這些問題卻是唐史學生和學者在閱讀唐代史料（包括史書、詩文和墓誌）時，經常又會碰見和發出的，所以看來又不能置之不理。

第一大類問題比較容易解答，主要因為在過去十多二十年，唐史學者在這方面做過不少研究工作，為我們解開了不少謎團。粗略而言，在初唐高祖和太宗朝，任官沒有嚴格的資歷要求。有人以輔佐高祖和太宗起家（如魏徵和房玄齡等人），有人以軍功入官（如李勣和唐儉），有人從下層的吏員仕至高官（如張玄素和孫伏伽），甚至有人以隋朝的官資任唐官（如詩人王

績）。但從高宗朝起，科舉制度日趨成熟，任官的途徑便逐漸固定下來，直到唐末。其中最重要的兩種任官方式是：（一）以門蔭入仕；（二）參加各種科舉考試。

過去幾十年來，唐代門蔭研究很有些成績，如張兆凱、毛漢光、愛宕元、王永興、張澤咸和寧欣諸家，大抵澄清了門蔭制度的各個面貌[3]。唐人以蔭入仕，到中晚唐仍有，例如晚唐兩大才子李德裕和段成式，都是以蔭入官。然而，唐人更常以各種科舉方式入仕。這當中，主要有明經、進士、制科、博學宏詞和書判拔萃。進士比明經清貴，也較難考上，但此兩科即使考上，也需「守選」等候約三年（進士）到約七年（明經）左右才能分配到官職[4]。制科名義上是皇帝殿試，主要試「策」文，考中即可授官，不必「守選」。博學宏詞和書判拔萃也不必「守選」，但卻是難度最高的兩種考試。不少唐人考過明經或進士後，又再考此兩科。百人當中只錄取大約三人，其難度可以想見。考中者都是唐代士子當中的精英，如白居易（中進士、書判拔萃和制科）、元稹（中明經、書判拔萃和制科）和李商隱（中進士和書判拔萃，文場戰績非凡，但官運欠佳）。古文大師韓愈雖

3　唐人以蔭入仕的研究，近年有張兆凱的專書，《漢─唐門蔭制度研究》（長沙：岳麓書社，1995）。其他重要論文有毛漢光，〈唐代蔭任研究〉，《中央研究院歷史語言研究所集刊》，第55本第3分（1984），頁459–534；愛宕元，〈唐代における官蔭入仕について〉，《東洋史研究》，35卷2期（1976），頁71–102；王永興，〈關於唐代門蔭制的一些史料校釋〉，《陳門問學叢稿》，頁370–393；張澤咸，〈唐代的門蔭〉，《文史》，第27輯（1986）。寧欣，《唐代選官研究》（臺北：文津出版社，1995），第五章專論唐代的門蔭。

4　王勛成，《唐代銓選與文學》（北京：中華書局，2001），頁51–63。

考中進士，三試博學宏詞卻都沒有考中，因此他在〈上宰相書〉中說「三選於吏部卒無成」，又寫信給友人崔立之說他「以至辱於再三」[5]，有一種落第的苦楚。

關於科舉制度的研究，傳統上最重要的一本書，當數清代徐松的《登科記考》。近數十年來的專著也有好幾種。傅璇琮的《唐代科舉與文學》最先面世，主要論進士考試和相關題目，引用詩文材料尤多。卓遵宏的《唐代進士與政治》專研進士出身者的仕途和遷轉。閻文儒的《唐代貢舉制度》頗有新意，但常為人忽略。吳宗國的《唐代科舉制度研究》範圍較廣，甚至也涉及門蔭入仕、流外入流、學校和科舉等。劉海峰的《唐代教育與選舉制度綜論》偏重學校、教育和選舉制度的關係。高明士的《隋唐貢舉制度》，除了論及隋唐貢舉，也觸及「賓貢」科、武舉和貢舉制對韓國和日本的影響。[6]

蘭州大學中文系王勛成教授的《唐代銓選與文學》最晚出，

5　《韓昌黎文集校注》，馬其昶校注(上海：上海古籍出版社，1987)，卷三，頁155及166。

6　徐松，《登科記考》，趙守儼點校(北京：中華書局，1984)，現有孟二冬，《登科記考補正》(北京：燕山出版社，2003)，總結了過去一個世紀來的研究，引用近世出土唐代墓誌尤多，最方便研究者；傅璇琮，《唐代科舉與文學》(西安：陝西人民出版社，1986年初版，2003年修訂版)；卓遵宏，《唐代進士與政治》(臺北：國立編譯館，1987)；閻文儒著、閻萬鈞校補，《唐代貢舉制度》(西安：陝西人民出版社，1989)；吳宗國，《唐代科舉制度研究》(瀋陽：遼寧大學出版社，1992)；劉海峰，《唐代教育與選舉制度綜論》(臺北：文津出版社，1991)；高明士，《隋唐貢舉制度》(臺北：文津出版社，1999)。最近剛出版的陳飛，《唐代試策考述》(北京：中華書局，2002)則專論科舉考試中的試策部分。

也最有創見。此書在「關試」、「吏部試」、「釋褐試」、「科目選」、「制授」、「敕授」等方面，釐清了許多過去含糊不清的觀念和事例。尤其難得的是，此書第一次探討過去幾乎無人研究的唐代「守選」制度，為我們解開了唐代科舉和銓選制度中的許多「謎團」，澄清了史料中的許多疑點，貢獻良多[7]。有了王勛成此書，上面所提第一大類問題，大抵都可以在書中找到答案。筆者也就不必再花費筆墨去描述唐人怎樣取得做官資歷，怎麼進入官場。在這些問題上，筆者多引用王勛成的研究成果為證。

　　第二大類問題才是本書所要深入討論的課題。唐人取得進士、明經或其他做官資格後，可以擔任怎樣的入門或釋褐官職，過去一直無人研究。這原本屬於唐代職官研究的範圍，但這個領域過去的研究，幾乎全偏向中、高層官職。例如，清代勞格和趙鉞的《唐尚書省郎官石柱題名考》及《唐御史臺精舍題名考》、吳廷燮的《唐方鎮年表》、近人嚴耕望的《唐僕尚丞郎表》、孫國棟的《唐代中央重要文官遷轉途徑研究》、盧建榮的〈唐代後期(西元756至893年)戶部侍郎人物的任官分析〉、

7　王勛成教授最近在〈岑參入仕年月和生平考〉，《文學遺產》，2003年第4期，以唐代進士必守選三年為例，重新考定岑參的入仕年月為天寶七載(748)，生年則為開元七年(719)，非開元四年(716)，推翻了學界舊說，是一項很有啟發意義的個案研究，或許可以引發更多此類考釋。同樣的，他在〈王維進士及第之年及生年新考〉，《華中師範大學學報》，2001年第1期，也重新考定王維生年為武后延載元年(694)，非過去學界所接受的長安元年(701)，卒於上元二年(761)，享年六十八歲。

何汝泉的《唐代轉運使初探》、張榮芳的《唐代的史館與史官》
及《唐代京兆尹研究》、郁賢皓的《唐刺史考全編》、毛漢光
的〈唐代給事中之分析〉、胡滄澤的《唐代御史制度研究》、
毛蕾的《唐代翰林學士》、曾賢熙的〈唐代御史大夫中丞試探〉
以及最近郁賢皓和胡可先的《唐九卿考》等大作，全都是關於
中層或高層官員的研究論著[8]。至於這些中、高層官員年輕時擔
任過甚麼基層職位，這些基層職位的入仕和職掌等任官詳情又
如何，我們可說一無所知，或所知十分有限。本書擬詳考唐代
基層文官的各個面貌，以釐清唐人剛出來做官時的一些實況，
特別是他們的入仕條件、仕途前景和職務等細節[9]。

8　勞格、趙鉞，《唐尚書省郎官石柱題名考》，徐敏霞、王桂珍點校（北
　　京：中華書局，1992）及《唐御史臺精舍題名考》（北京：中華書局，
　　1997年校點本）；吳廷燮，《唐方鎮年表》（北京：中華書局，1980
　　年校點本）；嚴耕望，《唐僕尚丞郎表》（臺北：中央研究院歷史語
　　言研究所專刊之三十六，1956）；孫國棟，《唐代中央重要文官遷轉
　　途徑研究》（香港：龍門書店，1978）；盧建榮，〈唐代後期（西元756
　　至893年）戶部侍郎人物的任官分析〉，《中央研究院歷史語言研究
　　所集刊》，第54本第2分（1983）；何汝泉，《唐代轉運使初探》（重
　　慶：西南師範大學出版社，1987）；張榮芳，《唐代的史館與史官》
　　（臺北：中國學術著作獎助委員會，1984）及《唐代京兆尹研究》（臺
　　北：臺灣學生書局，1987）；郁賢皓，《唐刺史考全編》（合肥：安
　　徽大學出版社，2000），取代《唐刺史考》；毛漢光，〈唐代給事中
　　之分析〉，《第二屆國際唐代學術會議論文集》（臺北：文津出版社，
　　1993）；胡滄澤，《唐代御史制度研究》（臺北：文津出版社，1993）；
　　毛蕾，《唐代翰林學士》（北京：社會科學文獻出版社，2000）；曾
　　賢熙，〈唐代御史大夫中丞試探〉，《第五屆唐代文化學術研討會
　　論文集》（高雄：麗文文化，2001）；郁賢皓和胡可先，《唐九卿考》
　　（北京：中國社會科學出版社，2003）。
9　王壽南，〈唐代文官任用制度之研究〉，《唐代政治史論集》（臺北：

　　唐代的基層文官，當然不只限於本書所論的幾種。在中央
低層官職當中，唐人有釋褐爲太樂丞者，如詩人王維[10]，或從
太常寺太祝起家，如詩人張籍[11]，但這類事例不多見，這些官
職也比較不重要。最常見到的情況是，他們許多從校書郎和正
字出身。這兩種官也被杜佑和封演稱爲美職，被白居易譽爲「公
卿之濫觴」。在縣官方面，唐人固然也有從主簿甚至縣丞、縣
令起家，但案例不多，最多的還是從縣尉幹起。縣尉也是縣官
當中人數最多的一個群體，史料中屢見不鮮，不容忽視。在州
官當中，士人剛出來做官，最常任的就是州參軍和各曹判司。
至於中晚唐的幕職，唐人一開始入幕最常擔任的便是巡官、推
官和掌書記。這也是基層幕職當中最重要的三個。所以本書精
選這幾種最常見的基層文官，分章做了深入的研究和討論。這
幾種文官，分布在京城官署、州縣和幕府，也讓我們可以籍此
觀察這些官署的地位和運作。近數十年來，今人在巡官、推官
和掌書記方面的論著還有一些，但對校書郎、正字、縣尉、參
軍和判司，則幾乎一無研究[12]。本書或可彌補這方面的一大片
空白。

　　研究唐代基層文官，材料頗不少，但星散各處，蒐集不易。

（續）────────────

　　　　商務印書館，1977），頁1–132以及張國剛，《唐代官制》（西安：三
　　　　秦出版社，1987），都論及唐代文官制度，但處理方式和本書不同，
　　　　亦可參看。
　10　陳鐵民，〈王維年譜〉，《王維集校注》，陳鐵民校注（北京：中華
　　　　書局，1997），頁1328。
　11　紀作亮，《張籍研究》（合肥：黃山書社，1986），頁21。
　12　關於這些職官的最新研究狀況，詳見本書各章前的學術史回顧。

過去的研究方法一般是以《唐六典》、《通典》和《舊唐書‧
職官志》和《新唐書‧百官志》等書中所記爲主，但這些材料
非常簡略，而且缺乏具體事例，令人無法理解制度的實際運作。
以校書郎爲例，《唐六典》只說：「校書郎六人，正九品下。」
然後是一大段歷史回顧，敘說校書郎這種官職從漢代到唐初的
演變，如此而已。《通典》的材料也約略相似，但添加了職掌
和唐人對校書郎的評價：「掌讎校典籍，爲文士起家之良選。
其弘文、崇文館，著作、司經局，並有校書之官，皆爲美職，
而祕書省爲最。」[13] 這段話可以幫助我們理解校書郎在整個基
層文官體系中的地位，不過缺點是沒有舉任何事例來說明何以
校書郎爲「美職」。兩《唐書》的記載更爲簡單，只有官品等
寥寥一兩句話。至於《唐律疏議》和《唐令拾遺》等律令彙編，
也和《唐六典》等書相似，僅有條文，沒有實例，對筆者的用
處不大。比如，《唐律疏議》甚至沒有任何「校書」的材料。
《唐令拾遺》則僅把校書郎、太子校書、弘文館校書和崇文館
校書，作爲官名各列一次罷了 [14]。

　　若僅依據《唐六典》和《通典》等典志來瞭解校書郎或其
他唐代官職，那是嚴重不足的。但歷來注釋唐代詩文者，以及
唐人年譜和評傳的作者，在碰到校書郎或其他唐代官名時，往
往別無他法，只能引用《唐六典》和《通典》等書的簡便材料
了事，無法再深考。然而，若單以此類材料來處理和考察唐代

13　《通典》，王文錦等點校（北京：中華書局，1989），卷二六，頁736。
14　《唐令拾遺》，仁井田陞編，栗勁等編譯（長春：長春出版社，1989），
　　頁8–9。

官職，那必將淪於平板、片面的描述，所呈現的只是一個制度的空架子。

　　本書的做法是：盡量擺脫這種制度空文的描寫，盡量從唐人的生平經歷，從眾多唐人的官歷著手，去梳理出最具體的事例和細節。這種研究途徑，無以名之，故且稱之為「在傳記中考掘制度史」[15]。此法非筆者發明。早在三、四十年前，嚴耕望先生即以此法考史見重於世。他的《唐僕尚丞郎表》及《唐史研究叢稿》中許多論文，莫不竭力在史傳和墓誌中挖掘制度史的材料，「竭澤而漁」[16]。筆者深受啟發而師其法。

　　但這樣一來，研究難度便大大提高，因為兩《唐書》的列傳部分，也成了研究官職的重要材料，需要全面徹底「考掘」。同理，近世出土的大量唐代墓誌和神道碑文，也需仔細爬梳，因為它提供很有用的素材，本書都盡量充分利用[17]。墓誌中所

15　法儒傅柯的名著 *L'archéologie du savoir*，王德威教授將之譯為《知識的考掘》（臺北：麥田出版社，1993）。筆者覺得此譯甚妙，特此借用。「考掘」一詞也讓筆者聯想到西方史學界近年常說的 textual archaeology（文本考掘）。筆者認為，乾嘉一派的考證，實際上和傅柯所說的「知識的考掘」，大有相似和相通之處。

16　「竭澤而漁」常見於先秦典籍，原指一種「有害的」捕魚方法，如《呂氏春秋》卷十四：「雍季曰：『竭澤而漁，豈不獲得？而明年無魚。焚藪而田，豈不獲得？而明年無獸。』」史學大師陳垣先生則借用以形容其蒐集材料和治史方式之徹底，反「有益」於士林。嚴耕望在其巨作《唐代交通圖考》（一至六冊；臺北：中央研究院歷史語言研究所，1985–2003），第一卷〈序言〉頁2中又加以引述發揮。他在他的《治史經驗談》（臺北：商務印書館，1981)和《治史答問》（臺北：商務印書館，1985)中更詳述了這種「竭澤而漁」的研究方法。

17　《全唐文》中早已收了清代所見的約一千件唐墓誌。近二十年來，

見的唐代官員，絕大部分是低層的州縣級官員和京官，在兩《唐
書》中無傳。兩《唐書》所收的，又絕大部分是中、高級官員，
正好和墓誌相異。據毛漢光的研究，「如將正史列傳與墓誌銘

（續）──────

更多唐墓誌開始大量出版，主要的新錄文（不包括《全唐文》所收）
約5164件，收在周紹良、趙超編，《唐代墓誌彙編》（上海：上海古
籍出版社，1992）及《唐代墓誌彙編續集》（上海：上海古籍出版社，
2002）。毛漢光編，《唐代墓誌銘彙編附考》，第一至十八集（臺北：
中央研究院歷史語言研究所，1984–1994），收有錄文，有墓誌拓本
影印，有時也有考釋，但數量只有約1800件（每集收100件），另1700
件尚未正式出版，且許多和上引周紹良兩書的錄文重複。至於墓誌
拓片影印本（無錄文），主要有河南省文物研究所編，《千唐誌齋藏
誌》（北京：文物出版社，1984），以及吳樹平等編，《隋唐五代墓
誌匯編》（天津：天津古籍出版社，1991–1992）。吳剛主編，《全唐
文補遺》（西安：三秦出版社，1994–2003已出七輯），不只收墓誌，
也收其他雜刻如石刻題名和釋道經幢。其墓誌部分，和周紹良的《唐
代墓誌彙編》及《唐代墓誌彙編續集》幾乎重複。《唐研究》，第3
卷（1997）有陳尚君的書評；第6卷（2000）亦有蒙曼的書評，指《全唐
文補遺》「在收錄範圍、編纂體例，以及編校質量方面仍有一些值
得探討的地方」（《唐研究》，第6卷，頁431）。故本書引用唐墓誌，
清代或以前出土的一般引自《全唐文》或各家文集，近世出土的引
自周紹良兩書。按周紹良的墓誌錄文，現也收在他主編的《全唐文
新編》（共22冊；長春：吉林文史出版社，2000）。根據筆者所知，
此《全唐文新編》的電子資料庫，連同其他中國文史資料庫，正由
北京一家公司籌建中，一旦上網，當大大方便研究者檢索幾乎所有
唐代墓誌中的人名、官名和地名等資料。目前仍有唐墓誌陸續不斷
出土，多發表在《唐研究》、《考古》和《文物》等刊物。關於唐
人墓誌，日本學者氣賀澤保規編了一本索引：《唐代墓誌所在總合
目錄》（東京：汲古書院，1997年初版；2004年新版）。今人對古代
墓誌的研究，有葉國良，《石學蠡探》（臺北：大安出版社，1989）
和《石學續探》（臺北：大安出版社，1999）；程章燦，《石學論叢》
（臺北：大安出版社，1999）；趙超，《古代石刻》（北京：文物出版
社，2001）。其餘散見《唐研究》、《文獻》等期刊。

對照，重疊者不超過百分之五」[18]，可知墓誌提供了一大批低層唐官員的生平和官歷材料，史料價值很高，可以補充兩《唐書》的不足。此外，筆者發覺，《唐會要》（以及性質相近的《冊府元龜》），經常遠比《唐六典》等典志有用，因爲它提供許多的詔敕和奏疏，爲最原始的歷史文獻，內含許多事例，而且都有很明確的年代日期，也更便於考史。

　　唐人的詩文集、《全唐詩》和《全唐文》等書，收集了唐代許許多多做官的人所留下來的詩文[19]。這些當然都是極重要的原始文獻。唐代官員，不管是高層或低層，在他們的官場生活中，不免有許多迎送、互相贈詩的場合，常需要寫寫詩或贈序。在他們的公私事務上，也常要寫寫表啓書奏等公文（如獨孤及和李商隱等人），寫寫祭文（如韓愈等人），寫寫墓誌（如柳宗元和權德輿等人），或撰寫制誥（如白居易、杜牧等人）。這些公私文書後來都收集在他們傳世的文集裡，或保存在《全唐文》中，成了我們今天窺探唐代官場運作的絕佳史料，也是反映唐

18　毛漢光，〈唐代統治階層下降變動之研究〉，《國家科學委員會研究彙刊：人文及社會科學》，3卷1期(1993)，頁15。

19　《文苑英華》所收的唐文，以及《唐大詔令集》中的詔令，皆已全部收在《全唐文》中。所以，除非需校勘異文，否則本書不引用《文苑英華》和《唐大詔令集》，僅引用《全唐文》，以免累贅。筆者引書的慣例是：盡可能引用最佳的版本。唐人的詩文集，如果有現代學者整理過的校點本，盡可能引這些校點本，如王績、王勃、楊炯、盧照鄰、張九齡、孟浩然、王維、李白、杜甫、高適、岑參、韋應物、劉長卿、劉禹錫、柳宗元、賈島、韓愈、白居易、元稹、李德裕、杜牧和李商隱諸家。沒有現代校點本者始引自《全唐文》或《全唐詩》。關於唐人詩文集從北宋到清末民初的版本和刻印流通狀況，見萬曼，《唐集敘錄》（北京：中華書局，1980）。

代官員們日常生活和心靈狀態的最佳材料。從這類詩文所見的唐代職官制度，往往更爲生動、精彩。比如，本書引用了韓愈的〈送鄭十校理序〉多次，不但可補中晚唐集賢院的藏書狀況，可考集賢校理這官職，更可證集賢校理所帶的縣尉官銜爲階官。

《唐六典》等典志沒有說明那些唐代官名的深層意義，其實是很自然的，因爲這些書並非爲今人而編，原本即爲唐人而撰。唐人應當都知道這些官名的含意，因此根本無需解說。舉一個現代例子來作對比。在今天的學術界，界內人士應當都很清楚正教授、副教授、助理教授等職稱的含意，無需多加說明。如果一個人到五十歲還在任助理教授，或到六十多歲快退休時，還在任副教授，圈內人馬上可以明白這人的學術事業如何，可以「心照不宣」地正確解讀。同理，唐人對某官在整個職官制度中的地位如何，在甚麼年齡應當任甚麼層次的官等問題上，其實也都有一套憑見聞自然形成的看法。唐代封演所描繪的「八儁」圖，正可幫助我們瞭解唐人的想法：

> 仕宦自進士而歷清貫，有八儁者：一曰進士出身、制
> 策不入；二曰校書、正字不入；三曰畿尉、〔赤尉〕
> 不入 [20]；四曰監察御史、殿中〔侍御史〕不入 [21]；五

20　此處有闕文。依上下文判斷，可能缺「赤尉」兩字。

21　《封氏聞見記》此處作「殿中」，有缺字。見《封氏聞見記校證附引得》，趙貞信校證（哈佛燕京社引得特刊之七；北平：哈佛燕京社引得編纂處，1933），卷三，頁11。《唐語林校證》，周勛初校證（上海：上海古籍出版社，1987），卷八，頁717作「殿中丞」，似誤，因殿中丞和監察御史毫無關係。筆者認爲應校補爲「殿中侍御史」，

曰拾遺、補闕不入；六曰員外郎、郎中不入；七曰中
書舍人、給事中不入；八曰中書侍郎、中書令不入。
言此八者尤加篤捷，直登宰相，不要歷縮餘官也。朋
僚遷拜，或以此更相譏弄。[22]

這就是唐人眼中的升官圖，極具時代特徵。本書接下來的幾章
還要討論封演此說的其他意義。但此說只涉及有品秩的「官」，
不理會無品秩的「職」，因此封演完全沒有提巡官、推官和掌
書記等「幕職」，也沒有提翰林學士等「館職」。然而，單就
任官層次和年齡而言，他所列的校書郎、正字和赤、畿縣尉，
正是本書所論的基層官員，任官年齡約在二十五到三十五歲之
間。筆者認為，「八雋」中的監察御史、殿中侍御史、拾遺、
補闕、員外郎和郎中，可算是中層官員，任官年齡約在三十五
到四十五歲之間。至於中書舍人、給事中、中書侍郎、中書令
和宰相等，則屬高官，一般年齡約在四十五歲以上。

　　英國唐史學者杜希德（Denis C. Twitchett）教授曾經很敏銳
地指出，史書列傳中的唐人官歷，即使被簡化得僅剩連串的官
銜，沒有任何背景說明等細節，也能讓唐朝同時代的士人讀得
「很有意思」（"meaningfully"），就像今人讀報章上同個專業的
某名人訃聞，或閱讀求職者的履歷表，讀到那連串職稱，也能

（續）───────────────
　　才能配合前面的「監察御史」。封演所列諸官，都是相近或相對的，
　　如正字和校書郎，拾遺和補闕，員外郎和郎中等等。
22　今本《封氏聞見記校證附引得》卷三，頁11此條有太多闕文。這裡
　　用《唐語林校證》卷八，頁717所引。

從字裡行間,輕易正確解讀那人從前的專業經歷和就業狀況一樣 [23]。

但隨著一千多年歷史和社會的變遷,今人早已喪失正確詮釋唐人官歷的能力。許多人讀兩《唐書》列傳和墓誌,碰到那些「惱人」的官名時,恐怕都會習慣性一目略過,不求甚解,更沒有深一層去反思那些官名對唐人所含的意義,或那官職在傳主生平經歷中的位置。甚至今人替唐人作年譜,寫評傳,也經常很草率、很含糊地處理譜主或傳主的官歷,一般都只是一筆帶過,沒有任何解讀。但這樣一來,我們所能理解的唐史深度,就要大大打了個折扣,因為史書列傳和墓誌最主要的部分,常常也就是這些長串官名和官歷。若把這些官歷丟棄不理,列傳和墓誌的精華部分也就隨之消失了。本書其中一個主要目的,便是希望能解開唐代基層文官之「謎」,讓今人也能好好「欣賞」一千多年前唐人的基層官歷,並且能夠從中讀出意義來。

在探討唐代基層文官時,不免得涉及流內、流外官、散官、勳官等官制問題。這些屬於上面提過的第三大類課題。但因為本書的重點在職官,不在官制,所以只有在必要時才觸及這類細節。筆者有意將來另撰一書《唐朝官制》,全面系統地探討衛官、齋郎、職事官、散官、勳官、流外官、視品官、登朝官、常參官、供奉官、本官、檢校官、館職、使職、奏授、薦授、

---

23 Denis C. Twitchett, *The Writing of Official History under the T'ang* (Cambridge: Cambridge University Press, 1992), p. 83.

徵召、直官、員外官、加官、贈官、爵位、食封、章服和魚袋
制度等官制課題。

　　然而，即使如此，本書還是相當深入地研究了一種過去爲
人所忽略的官制：即「試校書郎」、「試正字」、「試參軍」
等「試銜」（詳見本書〈校書郎〉、〈正字〉、〈參軍和判司〉
等章）。這種「試銜」前此幾乎無人研究，連《唐六典》、《通
典》和兩《唐書》職官志都沒有記載，但在史書和特別是墓誌
等材料中卻隨處可見，俯拾皆是。中晚唐在幕府任職者，都帶
有這種「試銜」（或地位較高的御史臺「憲銜」、或郎官等「檢
校」銜）。不瞭解這種「試銜」和實職的分別，極易把中晚唐許
許多多唐人的官歷弄錯了（詳見本書第五章〈巡官、推官和掌書
記〉中「幕佐的官銜」一節）。因此本書特別留意此問題，並且
在必要時作了討論。然而，由於「試銜」不只涉及文官，也牽
涉到武官及其他官制，因此本書對「試銜」的討論，還不是最
全面徹底的。筆者希望以後能另撰一文專論此制。同理，本書
也偶爾涉及唐代職事官的階官化，例如唐中葉以後經常以縣
尉、參軍和判司作階官充館職的事例（詳見本書第三和第四章）。

　　本書前五章分別探討了校書郎、正字、縣尉、參軍、判司、
巡官、推官和掌書記之後，將在第六章〈文官俸錢及其他〉中，
綜合討論這幾種文官的一些共同課題，例如他們的俸錢、任期、
守選、宦遊、辦公時間和假期等，以及他們做官的共同特色。
俸錢和辦公時間等課題，屬於比較直截了當的排比，但過去這
一類的論著並不多見。至於唐官特色，筆者認爲，有兩大特徵
最可留意。第一、他們有所謂「守選」制度：做滿一任（通常四

年）後，需「守選」等候若干年，才有機會選上下一任官。這就
是《新唐書・選舉志》所說「士人二年居官，十年待選」[24]的窘
境。這造成唐代官員，特別是低層者，往往嚴重「就業不足」，
並非經常都有官做。唐人的所謂「仕」和「隱」，也應當放在
這種「守選」制度下來看，才能見出其真正含意。第二、唐人
做官便往往注定一生或半生的飄泊，等於四處奔波「宦遊」的
開始。唐人為公務遠行之遙遠，次數之頻繁，即使以今天公務
員出差的標準來看，還是相當驚人的。這些課題就是上面提到
的第四大類問題。

　　本書將在最後一章〈總結〉時，描繪兩幅唐代基層文官的
「理念型」（即社會學之父韋伯所說的 "ideal type"），結合他們
最典型的一些特徵來觀察，或可拿來和史書及墓誌中所見的真
實唐史人物作比較。

　　在下一章，讓我們先從校書郎說起。

24　《新唐書》（北京：中華書局，1975年校點本），卷四五，頁1179。

第一章
校書郎

> 幸逢太平代，天子好文儒。
> 小才難大用，典校在祕書。
> 三旬兩入省，因得養頑疏。
> 茅屋四五間，一馬二僕夫。
> 俸錢萬六千，月給亦有餘。
> ——白居易〈常樂里閒居偶題〉[1]

　　白居易這首詩，是他在長安京城的祕書省（皇室圖書館）任校書郎時寫的。「小才難大用」當然祇是謙詞。實際上，他二十九歲考中進士。貞元十八年（802）冬，他三十一歲時，又參加吏部的書判拔萃考試，次年春上榜，接著馬上被授以校書郎，不必守選。唐代進士及第，又以書判登科的人極稀少，絕對是當時最卓越、最傑出的精英，不能說「小才」。校書郎的生活很舒服，可說是美職。他有「茅屋四五間」，有一匹馬和二個

　　1　《白居易集》，顧學頡校點（北京：中華書局，1979），卷五，頁91。

僕夫服侍，足以羨煞許多今人，還有「俸錢萬六千，月給亦有餘」。這是他的第一個官職。

　　大略而言，唐代士人釋褐任第一個官職，主要有兩條路可走：（一）到州府任參軍，或在外縣任縣主簿或縣尉。中晚唐更有人到外地幕府任推官、巡官等職，如韓愈;（二）留在長安京城任校書郎、正字[2]。第一條路比較普遍。第二條路則可能需要更高的資歷，如白居易的例子。在這幾個釋褐官職當中，校書郎和正字都屬京官，掌校理典籍等工作。唐人一般重京官，輕外官。因此，校書郎和正字的地位，又比外州府參軍、外縣主簿和縣尉等更爲清貴。

　　在唐代史料中，校書郎又比正字常見。比如，賈島（779-843）的集子中，祇有一首詩是送給某正字的：〈送董正字常州覲省〉[3]，但寄送校書郎的，卻有七首之多：〈送張校書季霞〉、〈送裴校書〉、〈過唐校書書齋〉、〈酬姚校書〉、〈送韋繇校書〉、〈送李校書赴吉期〉以及〈滕校書使院小池〉[4]。這種現象也見於其他文人如姚合、白居易和韓愈等人的集子。箋注這些唐詩的現代學者，一般祇引《通典》或新舊《唐書》職官志中的簡短描寫來注解此官，僅止於平板、靜態的考索。至今爲止，筆

2　這是筆者從閱讀大量唐代墓誌及其他史料所得出的結論。詳細的研究結果將根據墓誌等材料，撰文〈唐代的釋褐官職〉發表。

3　《賈島集校注》，齊文榜校注（北京：人民文學出版社，2001），卷三，頁116。

4　《賈島集校注》卷二，頁66；卷三，頁132；卷四，頁150；卷六，頁299；卷七，頁376；卷八，頁382；卷九，頁441。

者也沒有見到有任何學者對校書郎做過通盤的考釋[5]。因此，本章打算結合唐代詩文、正史材料、石刻碑文以及《通典》、《唐會要》等政書，全面探討校書郎的各個面貌，以求做個周全、動態的研究。一般而言，史書上的材料大多枯燥無趣。唐代詩文則比較生動、立體，正好可以補史書的不足。至於韓愈、白居易等家所寫的古文名篇、墓誌、行狀、書、策和制誥等，更可和史書互證，加深我們對校書郎的瞭解。下一章再專論正字。

一、唐代詩文和唐史上的校書郎

唐代主要詩人或文士當中，以校書郎釋褐的，也遠比從正字起家的多[6]。從正字出身的，僅有王績、陳子昂和柳宗元三人。但釋褐校書郎，卻有十一人之多：楊炯、張說、張九齡、王昌齡、劉禹錫、白居易、元稹、李德裕、杜牧、李商隱和韋莊。

在《全唐詩》作者群中，從校書郎出身或出任過校書郎的也不少，計有李伯魚、房琯、張翬、王泠然、楊浚、荊多情、孟雲卿、錢起、李端、吉中孚、李紓、于邵、崔成甫、顧況、

5　例如，胡戟等編，《二十世紀唐研究》（北京：中國社會科學出版社，2002），即未列任何一篇關於校書郎的論文。此書搜羅二十世紀（截至2000年為止）中、日、韓和西方學者關於唐代文史各方面的研究論文和專書，可說是目前最完備的一本唐史研究書目。

6　本書所說的「主要詩人或文士」，指那些在唐代文學史上被公認的大家，如王績、初唐四傑、張說、李白、杜甫和李德裕等人，總數約三十五個。若有疑問，則以喬象鍾、陳鐵民、吳庚舜、董乃斌主編《唐代文學史》上下冊（北京：人民文學出版社，1995）為準。

賈弇、陳元初、韋渠牟、趙宗儒、李觀、李絳、許堯佐、段文
昌、李翱、楊虞卿、廖有方、崔郾、鐘輅、邵楚萇、獨孤申叔、
李群玉、段成式、柯崇、沈顏、孫郃、張蠙和康騈等人。

　　據筆者估計，在兩《唐書》列傳、《新唐書‧藝文志》和
《新唐書‧宰相世系表》、《全唐文》、《全唐詩》、《太平
廣記》和近年出土墓誌中所能找到的校書郎，大約有四百人以
上。相比之下，同一批史料中的正字，則祇有大約一百人。但
本章不作升官遷轉途徑等類統計，故不擬一一列舉史料中的所
有這些校書郎[7]。這裡且舉幾個比較有趣的人物，以見一斑。

7　孫國棟，《唐代中央重要文官遷轉途徑研究》，頁7，已對校書郎的
　　遷轉途徑作了初步研究，可參看：「兩《唐書》列傳中曾任校書郎
　　的八十二人〔應為六十二人，見孫書頁257註A42〕，其中記載由校書
　　郎遷官的五十一人，所遷官如下：

　　　　遷拾遺十一人
　　　　遷監察御史三人
　　　　出為畿縣簿尉二十人
　　　　出為諸使從事十二人
　　　　遷其他官五人」

　　孫國棟所統計的，未包括《新唐書》〈藝文志〉中的十三人，以及
　　〈宰相世系表〉中的十七人。但〈藝文志〉和〈宰相世系表〉都沒
　　有校書郎的遷官資料，所以孫氏的這項研究，大約也是我們目前所
　　能知道的校書郎遷官途徑了。筆者所估計的四百多個校書郎，除了
　　兩《唐書》中的百多個外，還包括《全唐文》和近年出土墓誌中所
　　見的百多個，《太平廣記》中的約三十個，《全唐詩》中作者小傳
　　部分的大約四十八個，以及《全唐詩》中寄贈某某校書郎詩作所見
　　的大約一百五十個。但此類寄贈詩作中的校書郎，往往有姓無名，
　　如元稹的〈早春尋李校書〉等，姓名和年代常不易考訂，史料價值
　　不大。筆者底下所討論的校書郎，主要以兩《唐書》、《全唐文》

　　唐代知名文士當中，有四人不但從校書郎起家，而且還從校
書郎官至宰相：張說（667-731）、張九齡（678-740）、元稹（779-831）
以及李德裕（787-850）。張說「弱冠應詔舉，對策乙第，授太子
校書」[8]。「詔舉」即制舉，由當時的武則天女皇親試策問。換
句話說，張說沒有考進士，純以制舉入仕[9]。張九齡則「登進士
第，應舉登乙第，拜校書郎」[10]。據今人楊承祖所作的年譜，張
九齡所「應舉」的制科是「材堪經邦科」[11]，屬貢舉及第後又考
制舉的一類。元稹從校書郎起家，乃據白居易的〈元稹墓誌銘〉：
「十五，明經及第。二十四，調判入四等，署祕省校書。」[12]至
於李德裕，《新唐書》說他「既冠，卓犖有大節。不喜與諸生
試有司，以蔭補校書郎」[13]。這四人後來都官至宰相，而且對他
們當時的政壇和文壇，都有過深遠的影響，可見校書郎雖祇是
九品小官，卻大有前途，不可低估。

（續）────────────

　　和近年出土墓誌中所見者為主，旁及若干唐詩。因本章不作任何統
　　計，純以舉例論述，且本章篇幅已甚長，故暫不編製所有校書郎的
　　年表，而擬將之列為未來另一項研究計畫「唐校書郎年表和遷轉途
　　徑」來進行，屆時亦可重新檢討和補充孫國棟的初步研究。此外，
　　編製年表在考訂人名、年代方面相當費時，且墓誌材料四散各處，
　　紊亂重出不易整理，有些亦屬公、私家收藏一時不易見到，惟恐遺
　　漏，也是筆者暫時不製表的原因。
　8　《舊唐書》（北京：中華書局，1975年點校本），卷九七，頁3049。
　9　陳祖言，《張說年譜》（香港：中文大學出版社，1984），頁7-9。
　10　《舊唐書》卷九九，頁3097。
　11　楊承祖，《張九齡年譜》（臺北：國立臺灣大學文學院，1964），頁
　　14-15。
　12　《白居易集》卷七十，頁1466。
　13　《新唐書》（北京：中華書局，1975年點校本），卷一八○，頁5327。

　　唐代大書法家當中，也有兩人以校書郎起家：顏真卿（709-785）和柳公權（778-865）。據令狐峘寫的〈光祿大夫太子太師上柱國魯郡開國公顏真卿墓誌銘〉，顏真卿「弱冠進士出身，尋判入高第，授祕書省校書郎」[14]。柳公權則「進士擢第，釋褐祕書省校書郎。……穆宗即位，入奏事，帝召見，謂公權曰：『我於佛寺見卿筆蹟，思之久矣。』即日拜右拾遺，充翰林侍書學士。」[15] 在唐史上，翰林學士很常見，但唐代翰林侍書學士卻唯此一見[16]。據所知，唐代祇有柳公權一人當過翰林侍書學士。

　　晚唐才子段成式（803?-863），也是從校書郎出身，而且跟李德裕一樣，是以用蔭方式入官。《舊唐書》說他「以蔭入官，爲祕書省校書郎。研精苦學，祕閣書籍，披閱皆遍」[17]。他原本長於駢文，和溫庭筠、李商隱齊名，號「三十六體」[18]，但他卻以古文（散文）寫了一本《酉陽雜俎》，內容精彩淵博，尤多西域波斯胡人胡風胡事，至今仍深爲考史者所重。此書正是他在任校書郎時，「研精苦學，祕閣書籍，披閱皆遍」的一大成果。

14　董誥等編，《全唐文》（北京：中華書局，1983年影印清嘉慶十九年內府原刻本），卷三九四，頁4010。顏真卿的校書郎官歷，其《舊唐書》（卷一二八）及《新唐書》（卷一五三）本傳均失載。

15　《舊唐書》卷一六五，頁4310。

16　唐代有個陸東之，當過「崇文侍書學士」。見《新唐書》卷七三下〈宰相世系表〉，頁2968。

17　《舊唐書》卷一六七，頁4369。

18　《新唐書》卷二〇三，頁5793。

二、校書郎的設置、分布、定員和官品

在唐代史料中，校書郎的人數遠比正字多，一點也不令人驚訝，因為唐代官署中校書郎的定員，比正字的多出一倍以上。下表列出校書郎和正字在唐官署中的分布、定員和官品[19]：

表一　校書郎和正字的分布、定員和官品

	祕書省	著作局	弘文館	集賢院	崇文館	司經局	總數
校書郎	十人 正九品上	二人 正九品上	二人 從九品上	四人 正九品下	二人 從九品下	四人 正九品上	二十四
正字	四人 正九品下	二人 正九品下	無	二人 從九品上	無	二人 從九品上	十

材料出處：《唐六典》卷八、卷九、卷十、卷二六；《唐會要》卷六四。

《唐六典》在追述唐代校書郎的源起時，有一大段話，頗可看出此官從漢代到唐的演變：

> 漢成帝命光祿大夫劉向於天祿閣校經傳、諸子、詩賦，步兵校尉任宏校兵書，太史令尹咸校術數，太醫監李柱國校方術。其後揚雄以大夫亦典校於天祿閣。斯皆有其任而未置其官。至後漢，始於東觀置校書郎中。《續後漢書》云：「馬融，安帝時為大將軍鄧騭所召，

19　此表據《舊唐書・職官志》和《新唐書・百官志》編製，並參考《唐六典》和《通典》。

拜校書郎中。在東觀十年，博覽典籍，上〈廣成
頌〉。」……漢御史中丞掌殿中蘭臺祕書圖籍，因置
蘭臺令史典校其書，班固、傅毅初並為蘭臺令史。……
東觀有校書部，置校書郎中典其事。時，通儒達學亦
多以佗官領之。自漢、魏歷宋、齊、梁、陳，博學之
士往往以佗官典校祕書。至後魏，祕書省始置校書郎，
正第九品上。北齊置十二人。隋初亦置十二人，煬帝
三年減為十人，其後又增為四十人，皇朝減焉。[20]

據此，漢代多以「大夫」、「通儒達學」任此職，如劉向、揚
雄、馬融、班固等人，地位崇高。漢、魏及南朝博學之士往往
以他官典校祕書。後魏始設校書郎此官，正九品上，但這樣的
官品表示校書郎已變成一個小官。北齊、隋唐因之，都屬低層
的校書官職，任其官者多是剛釋褐的士人，已經不再有像劉向、
揚雄那樣的「大夫」了。

上引《唐六典》，已可見校書郎此官在唐初即有。史料中
唐初的校書郎，可考的最早一位，是太宗朝貞觀(627-649)初年
的敬播，任「太子校書」：

敬播，蒲州河東人也。貞觀初，舉進士。俄有詔詣祕
書内省佐顏師古、孔穎達修隋史，尋授太子校書。史

---

20 《唐六典》，陳仲夫點校(北京：中華書局，1992)，卷十，頁298。
《通典》卷二六，頁735-736也有類似考證。

成，遷著作郎，兼修國史。[21]

另一位太宗朝的校書郎是岑文本的弟弟文昭：

> 文昭時任校書郎，多與時人遊款，太宗聞而不悦，嘗
> 從容謂文本曰：「卿弟過多交結，恐累卿，朕將出之
> 為外官，如何？」文本泣曰：「臣弟少孤，老母特所
> 鍾念，不欲信宿離于左右。若今外出，母必憂悴，儻
> 無此弟，亦無老母也。」[22]

還有一位太宗朝的校書郎是王玄度：

> 〔崔〕仁師後為度支郎中，嘗奏支度財物數千言，手不
> 執本，太宗怪之，令黃門侍郎杜正倫齎本，仁師對唱，
> 一無差殊，太宗大奇之。時校書郎王玄度注《尚書》、

---

21 《舊唐書》卷一八九上，頁4954。孫國棟，《唐代中央重要文官遷
轉途徑研究》，頁174-178，將唐重要文官遷官途徑，按初唐前期、
初唐後期、中唐期和晚唐期製成圖表，提供不同時代不同遷轉途徑
的資料。但頁174初唐前期表中，因孫氏已預先聲明他的研究不包括
「東宮僚屬」（頁1），所以未把敬播此例列入表內，但這會給人一個
印象，以為初唐前期無一人從校書郎遷轉。事實上，敬播在「貞觀
初」當太子校書，而且從此官「遷著作郎」，其本傳已清楚交代。
太子校書屬唐正規文官，不少士人皆從此起家，似不應排除在研究
範圍之外。孫表此頁亦有一小錯誤：校書郎列了兩次。其中正七品
上的「校書郎」，應作「祕書郎」，因校書郎無正七品上，且孫表
其他另三頁此處都作「祕書郎」。
22 《舊唐書》卷七十，頁2538。

《毛詩》，毀孔、鄭舊義，上表請廢舊注，行己所注者……。[23]

岑文昭、王玄度和上引敬播此三例，亦可證初唐即有人從校書郎起家或任此官[24]。

弘文館和崇文館的校書郎，原本稱爲讎校。據《唐會要》，開元「七年〔719〕十二月三日，省弘文、崇文兩館讎校，置弘文館校書四員，崇文館檢〔應爲「校」之誤〕書兩員」[25]。據此看來，弘文、崇文兩館在開元七年之前有讎校，七年才改稱校書郎，但《舊唐書·輿服志》和《唐會要》，卻稱初唐四傑之一的楊炯在儀鳳二年(677)任「崇文館學士校書郎」[26]，似乎史書對讎校和校書郎的分別並不十分嚴謹。

集賢院源自開元五年(717)設立的乾元殿，一度又更名麗正修書院，開元十三年(725)始確立爲集賢院[27]。《舊唐書·職官

---

23 《舊唐書》卷七四，頁2620。

24 孫國棟，《唐代中央重要文官遷轉途徑研究》，頁257-259，列出他所找到的62個校書郎詳細名單，但不包括唐初的岑文昭和王玄度。此兩人本傳中亦無遷官資料，孫著未列，亦不影響其遷轉研究結果。

25 《唐會要》(上海：上海古籍出版社，1991年點校本)，卷六四，頁1318。又見《新唐書》卷四十九上，頁1294，崇文館條下，作「開元七年，改讎校曰校書郎」。按唐代史料中「校書」和「校書郎」經常混用，可將「校書」視爲「校書郎」的省稱。

26 《舊唐書》卷四五，頁1947；《唐會要》卷三一，頁661。

27 《新唐書》卷四七，頁1212-1213。關於唐代集賢院歷史、藏書、文化與政治功能，最詳盡的研究見池田溫，〈盛唐之集賢院〉，原載《北海道大學文學部紀要》，19卷2期(1971)。中譯本收在池田溫，《唐研究論文選集》(北京：中國社會科學出版社，1999)，頁190-242；

志》說：集賢「修撰官，校理官，並無常員，以官人兼之」[28]。《新唐書‧百官志》說：「八年〔720〕加文學直，又加修撰、校理、刊正、校勘官。」[29] 可知集賢院從開元初年間即有「校理」官，但無常員，也還沒有校書郎、正字的稱號。德宗貞元八年（792），「判院事官陳京始奏停校理，分校書郎四員，正字兩員」。但到了元和二年（807），又罷校書、正字為校理[30]。換言之，集賢院祇在792到807的十六年期間，才設有校書、正字的官職，其他時間統稱為集賢校理。集賢校理這官名在兩《唐書》列傳屢見不鮮；石刻碑文亦可見數例[31]。

　　上表所列的校書郎人數，乃據《舊唐書‧職官志》和《新唐書‧百官志》所載。實際上，這人數有時會有所省減。如開

（續）——————————————

　　　另見鄭偉章，〈唐集賢院考〉，《文史》，第19輯(1983)頁65-85；劉健明，〈論唐玄宗時期的集賢院〉，《隋唐史論集》，黃約瑟、劉健明合編（香港：香港大學亞洲研究中心，1993），頁54-64。

28　《舊唐書》卷四三，頁1852。

29　《新唐書》卷四七，頁1213。

30　《唐會要》卷六四，頁1323。

31　考柳宗元於貞元十四到十六年(798-800)在集賢殿做事，他在〈與太學諸生喜詣闕留陽城司業書〉中，就用了當時的官名，自稱「集賢殿正字柳宗元敬致尺牘……」。見《柳宗元集》（北京：中華書局，1979年校點本），卷三四，頁867。在同書卷八，頁190，柳宗元也稱自己為「將仕郎守集賢殿正字宗元」，而非「集賢校理」。但韓愈的朋友石洪在元和六年(811)任職集賢院，便按照當年的官名稱作校理。他死後韓愈為他所寫的墓誌，也稱為〈集賢院校理石君墓誌銘〉，見《韓昌黎文集校注》卷六，頁372-373。韓愈在〈送鄭十校理序〉，《韓昌黎文集校注》卷四，頁288-289，也用了「校理」這官名：「四年，鄭生涵始以長安尉選為校理。」這「四年」指元和四年(809)，其時集賢院已恢復舊稱校理。

元二十二年(734)二月二十五日，即「省弘文館校書兩員」[32]。
《唐會要》說，祕書省「校書郎本八員，開元二十六年〔738〕正
月十八日，省四員。天寶十三載〔754〕正月十三日，卻置」[33]。
此「本八員」的說法，也跟上表中兩《唐書》所列的十人定員
不合。看來，各署校書郎人數常會有所省減、變動。兩《唐書》
所列的編制人員數，亦並非一成不變，僅可當作一種約數。

到了晚唐文宗大和三年(829)三月癸亥，集賢院奏：「應較
勘宣索書及新添寫經籍，令請祕省、春坊、崇文較、正共一十
八員，權抽作番次，就院同較勘前件書。其廚料等，請度支准
本官例支給。」[34]可知那時各署的校書郎和正字還存在，人數也
維持在至少十八位(這數字應當不包括集賢院本身的人員)。此
奏似遺漏了弘文館的校書郎。但過了兩年，集賢院又有一奏，
倒是提到了弘文館的校書郎：

> 大和五年〔831〕正月，集賢院奏：「應校勘宣索書籍等，
> 伏請准前年三月十九日敕，權抽祕書省及春坊、弘文
> 館、崇文館見任校正，作番次就院同校。其廚料請准

---

32 《唐會要》卷六四，頁1318。
33 《唐會要》卷六五，頁1327。《舊唐書》卷九〈玄宗紀〉，頁209云：
「三月己巳朔，減祕書省校書、正字官員。」月份不合，亦未提所
減人數。
34 《冊府元龜》(北京：中華書局，1960年影印明崇禎15年即1642年刻
本)，卷六〇八，頁7304。明刻本《冊府元龜》把「校」都刻印成「較」。
古書「較」、「校」可通用。宋刻本作「校」，見《宋本冊府元龜》
(北京：中華書局，1989年影印宋殘本)，卷六〇八，頁2873。

　　元敕處分，事畢日停。」從之。[35]

　　正如上表所列，校書郎的官品，是以他們所服務的官署為準。同是校書郎，祕書省的官品便和集賢院的不一樣。這當中，以祕書省校書郎的官品最高，為正九品上，而以太子崇文館的校書郎官品最低，為從九品下。

　　祕書省為皇室的藏書庫。它的長官是祕書監，下面還有祕書少監、祕書丞、祕書郎、校書郎和正字。校書郎和正字是祕書省中最低的兩種品官[36]。一般讀書人釋褐，也就從這兩官做起。詩人白居易，便是在三十二歲從祕書省校書郎起家。他後來在十多個京官、外官上遷轉。大和元年(827)他五十六歲時，又回到祕書省，出任其長官祕書監約一年左右[37]。因此，白居易是唐史上極少數出任過祕書省最低層品官和最高層長官的人。

　　在唐代幾個有校書郎的官署中，以祕書省的校書郎人數最多，官品最高，也最清貴。杜佑(734-812)的《通典》特別指出，各署校書郎「皆為美職」，但祕書省的校書郎，又在其他官署之上：

　　〔校書郎〕掌讎校典籍，為文士起家之良選。其弘文、

35　《唐會要》卷六四，頁1324。
36　《舊唐書》卷四五，1854-1855。
37　朱金城，《白居易年譜》(上海：上海古籍出版社，1982)，頁25、
　　176。

> 崇文館，著作、司經局，並有校書之官，皆為美職，
> 而祕書省為最。[38]

著作局並非獨立機構，而是祕書省屬下的一個著撰部門[39]。弘文館則屬於門下省。它和漢代的東觀、北齊的文林館、後周的崇文館一樣，是個「著撰文史，鳩聚學徒之所也」[40]。崇文館和司經局都屬於太子府[41]，它們等於是弘文館和著作局的東宮版。

比較有趣、值得留意的是集賢殿書院。史書、政書上對集賢院的描寫很平板，但韓愈的古文名篇〈送鄭十校理序〉，卻出人意表地給我們提供了一些關於集賢院在中晚唐的生動歷史：

> 祕書，御府也。天子猶以為外且遠，不得朝夕視，始
> 更聚書集賢殿，別置校讎官，曰「學士」、曰「校理」，
> 常以寵丞相為大學士。其他學士皆達官也。校理則用
> 天下之名能文學者；苟在選，不計其秩次，惟所用之。
> 由是集賢之書盛積，盡祕書所有不能處其半；書日益
> 多，官日益重。[42]

---

38 《通典》卷二六，頁736。
39 《舊唐書》卷四三，頁1855。
40 《新唐書》卷四三，頁1847。
41 《新唐書》卷四九上，頁1294。
42 《韓昌黎文集校注》卷四，頁288。

祕書，即祕書省。但可惜它和御史臺、將作監等機構一樣，坐落在唐官署集中地「皇城」（即今天西安火車站南邊一帶），離天子所居的大明宮（今西安火車站北部），還有一大段距離[43]。所以韓愈說「天子猶以爲外且遠」，不能朝夕觀書。於是便在大明宮內「聚書集賢殿」，設有校讎官，曰「學士」、曰「校理」。正如上文所考，集賢校理其實便相等於集賢殿校書、正字。兩者爲不同時期的不同官名。從韓愈的這段描寫看來，集賢殿在中晚唐藏書越來越多，祕書省所藏還不及「其半」，似有取代祕書省的跡象。

　　上面提過的段成式，跟韓愈以及「鄭十校理」（即鄭涵，宰相鄭餘慶的兒子）一樣，都是差不多同個時代的人。他在《酉陽雜俎》中說：「開成（836-840）初，予職在集賢，頗獲所未見書。」[44]鄭涵任校理在元和四年（809）。但隔了將近三十年後，集賢院在段成式任職的開成初，看來依然藏書不少，讓段成式「頗獲所未見書」。韓愈所言不虛。

43　祕書省的位置，見徐松，《唐兩京城坊考》，方嚴點校（北京：中華書局，1985），頁15。圖見書前所附的〈西京皇城圖〉。關於皇城、宮城及大明宮的布局和意義，見近年兩本涉及長安城市規劃的英文專書：Victor Cunrui Xiong（熊存瑞），*Sui-Tang Chang'an: A Study in Urban History of Medieval China*（Ann Arbor: Center for Chinese Studies, University of Michigan, 2000）, pp. 55-128; Heng Chye Kiang（王才強），*Cities of Aristocrats and Bureaucrats: The Development of Cityscapes in Medieval China*（Honolulu: University of Hawaii Press, 1999）, p. 7.

44　《酉陽雜俎》，段成式撰，方南生點校（北京：中華書局，1981），續集卷四，頁230。

祕書省和集賢院的關係一直很特殊。當初是因為天子到祕省觀書不便，才「聚書集賢院」。稍後更有「割」祕省校書、正字「屬集賢」的事：

> 貞元八年〔792〕六月十三日割校書四員，正字兩員，屬集賢院。[45]

後來又有集賢校理、正字「歸祕省」的事：

> 元和二年〔807〕七月，集賢院奏：「伏准《六典》，集賢院置學士及校理、修撰官，累聖崇儒，不失此制。至貞元八年，判院事官陳京始奏停校理，分校書郎四員，正字兩員，為集賢殿校理正字。今諸校書郎、正字，並卻歸祕書省。當司請依舊置校理官，庶循名實，且復開元故事。[46]

要之，祕書省和集賢院是唐代聚書、校書最重要的兩大機構，人數也最多。中晚唐時集賢院的地位，更比祕書省高超，聚書且多一倍以上。兩署校書郎、正字亦可以互調。至於著作

45　《唐會要》卷六五，頁1327-1328，「祕書省」條下。

46　《唐會要》卷六四，頁1323。引文中的「判院事官陳京」，早年舉進士，解褐太子正字，最後官至祕書少監，祕書省的第二號人物。他死後，柳宗元給他寫過行狀：〈唐故祕書少監陳公行狀〉，《柳宗元集》卷八，頁192。韓愈的古文名篇〈與陳給事書〉，寫得謙卑惶恐，也正是獻給這位陳京。見《韓昌黎文集校注》卷三，頁189-191。

局、弘文館、太子府的崇文館和司經局，相對來說，祇扮演次
要角色。唐代文獻中的校書郎，亦較少出此四署。

三、起家之良選

上引杜佑《通典》的一段話說，校書郎「爲文士起家之良
選」[47]，考之唐代文獻和唐人諸如張說、張九齡和李德裕的官歷，
的確不假。張說本人爲玄宗朝宰相郭元振所寫的〈兵部尙書代
國公贈少保郭公行狀〉，更透露了當時人對校書郎（以及正字）
的重視：

> 公名震，字元振。本太原陽曲人也。十六入太學，與
> 薛稷、趙彥昭同業。……十八擢進士第，其年判入高
> 等。時輩皆以校書、正字為榮，公獨請外官，授梓州
> 通泉尉。[48]

「時輩皆以校書、正字爲榮」，認爲在京城任此兩官，比到外
地去任外官好。但郭元振十八歲中進士時，卻很有個性，選擇
與眾不同，「獨請外官」，結果被派到梓州通泉縣去任縣尉。
從張說行文的口氣看來，任縣尉不如任校書郎和正字。

唐代封演（天寶末年進士）的《封氏聞見記》更說：

47　《通典》卷二六，頁736。
48　《全唐文》卷二三三，頁2353。

仕宦自進士而歷清貫，有八雋者：一曰進士出身、制
策不入；二曰校書、正字不入；三曰畿尉、〔赤尉〕不
入；四曰監察御史、殿中〔侍御史〕不入；五曰拾遺、
補闕不入；六曰員外郎、郎中不入；七曰中書舍人、
給事中不入；八曰中書侍郎、中書令不入。言此八者
尤加雋捷，直登宰相，不要歷綰餘官也。朋僚遷拜，
或以此更相譏弄。[49]

考之新舊《唐書》的許多列傳，這的確是一條很「標準」的升
官路線。張說、張九齡和李德裕等人，便從校書郎官至宰相[50]。
　　校書郎的清貴地位，也反映在初唐神功元年(697)的一道詔
令。它規定「從流外和視品官出身者」，不得任校書、正字以
及主簿、長史等流內官：

八寺丞，九寺主簿，諸監丞、簿，城門符寶郎，通事
舍人，大理寺司直、評事，左右衛、千牛衛、金吾衛、
左右率府、羽林衛長史，太子通事舍人，親王掾屬、
判司、參軍，京兆、河南、太原判司，赤縣簿、尉，
御史臺主簿，校書、正字，詹事府主簿，協律郎，奉

49　今本《封氏聞見記校證附引得》卷三，頁11此條有太多闕文。這裡
　　用《唐語林校證》卷八，頁717所引。
50　孫國棟，〈從夢遊錄看唐代文人遷官的最優途徑〉，《唐宋史論叢》
　　（香港：商務印書館，2000年增訂版），頁17-36，即根據唐人小說《夢
　　遊錄》中的〈櫻桃青衣〉，探討這種從正字、校書郎到宰相的升官
　　圖。

禮、太祝等，出身入仕，既有殊途，望秩常班，須從
甄異。其有從流外及視品官出身者，不得任前官。[51]

這道詔令很能凸顯校書、正字等流內官的「清望」地位，因爲
此詔的目的，正是爲了阻止那些沒有功名科第出身的流外官和
視品官，「汙染」了校書郎和正字這類流內官的「清流」。「流
外」指非讀書人出身，如祕書省內「楷書手」、「亭固」之類
的小吏[52]。「視品官」指掌管胡教與胡人事務的薩寶和祆正等
官[53]。他們位居九品流內職官之外，服飾也和流內官不同[54]，

51　《唐會要》卷七五，頁1610。
52　《通典》卷四〇，頁1103-1105。關於流外官的研究，見郭鋒，〈唐
　　代流外官試探〉，《敦煌學輯刊》，1986年第2期；張廣達，〈論唐
　　代的吏〉，《北京大學學報》，1989年第2期；王永興，〈通典載唐
　　開元二十五年官品令流外官制校釋——唐流外官制研究之一〉以及
　　〈關於唐代流外官的兩點意見——唐流外官制研究之二〉，載《陳門
　　問學叢稿》（南昌：江西人民出版社，1993）；任士英，〈唐代流外
　　官研究〉上、下篇分別刊於史念海主編《唐史論叢》第5輯（西安：
　　三秦出版社，1990）和第6輯（西安：陝西人民出版社，1995）；任士
　　英，〈唐代流外官的管理制度〉，《中國史研究》，1995年第1期；
　　葉煒，〈試論隋與唐前期中央文官機構文書胥吏的組織系統〉，《唐
　　研究》，第5卷（1999）。林煌達，〈唐代錄事〉，《中正歷史學刊》，
　　第2期（1999），亦論及流外官。
53　長孫無忌，《唐律疏議》，劉俊文校點（北京：中華書局，1983），
　　卷二，頁40；《唐令拾遺》，頁20；劉俊文，《唐律疏議箋解》（北
　　京：中華書局，1996），頁167。關於薩寶，近年有四篇重要論文最
　　可參看：羅豐，〈薩寶：一個唐朝唯一外來官職的再考索〉，《唐
　　研究》，第4卷（1998）；姜伯勤，〈薩寶府制度論略〉，《華學》，
　　第3輯（1998）；芮傳明，〈薩寶的再認識〉，《史林》，2000年第3
　　期；荒川正晴，〈北朝隋‧唐代における「薩寶」の性格をめぐっ
　　て〉，《東洋史苑》，第50-51卷（1998）。關於「視品官」，見李錦

但有年資和特殊才能者，又可獲選進入「流內」。

　　然而，流外官始終是被打壓、被輕視的一群。唐史上不斷有詔令禁止他們擔任某些流內官，如大曆十四（779）年七月十九日敕：「流外出身人，今後勿授刺史、縣令、錄事參軍，諸軍諸使亦不得奏請。」[55] 到了晚唐大和四年（830）十一月，左庶子孫革有一奏疏，更可以和神功元年詔合起來看：

> 當司典膳等五局郎，伏以青宮列局，護翼元良，必用卿相子弟，先擇文學端士。國朝不忘慎選，冀得其人，或揚歷清資，或致位丞相。今以年月浸久，漸至訛替。緣其俸祿稍厚，近年時有流外出身者，僥求授任。稽諸故事，未嘗聞流外得廁此官，若不約絕，實玷流品。當司有司經局校書、正字，品秩至卑，而文學之人，競趨求者，蓋以必取其人，無有塵雜故也。今五局郎資序，本是清品，若使流外不已，則此司官屬，漸成蕪蔓。伏請自今以後，吏部不得更注擬流外人，其見任官中有流外者，許臣具名銜牒吏部，至注官日注替。敕旨：「宜依。其見任官是流外出身授者，待終考秩。自今以後，吏部更不得注擬。」[56]

（續）────────────

繡，〈唐代視品官制初探〉，《中國史研究》，1998年第3期。

54　《舊唐書》卷四五，頁1953。
55　《唐會要》卷五八，頁1178。
56　《唐會要》卷六七，頁1382。

孫革當時任左庶子，屬東宮官。東宮左春坊有六局：司經局、
典膳局、藥藏局、內直局、典設局、宮門局。其中典膳等五局
都各有郎二到四人[57]，即孫革所說的「五局郎」[58]。但司經局卻
無郎，祇有校書、正字數人。所以孫革提了「五局郎」後，又
接著提「司經局校書、正字」。他此奏的目的，正是要禁止流
外人擔任「五局郎」和司經局中的校書、正字。結果朝廷也准
了他的奏。我們在現有史料中，也未發現有流外出身者擔任過
校書郎或正字的記載。

　　中晚唐時期，校書郎依然是出身的美官，任官條件要求頗
高。《唐會要》有一道元和三年(808)三月的詔令：

> 祕書省、弘文館、崇文館、左春坊司經局校書、正字，
> 宜委吏部，自今以後，於平留選人中，加工訪擇，取
> 志行貞退藝學精通者注擬。綜覈才實，維在得人，不
> 須限以登科及判入等第。其校書、正字限考，入畿縣
> 尉簿，任依常格。[59]

即規定校書、正字需「加工訪擇，取志行貞退藝學精通者注擬」。
任滿之後，還可以到畿縣[60]去任縣尉或主簿，出路良好。看來

57　《新唐書》卷四九上，頁1294-1296。
58　「五局郎」這名詞很罕見。另一用例是《新唐書》卷五五〈食貨志〉，
　　頁1404提到「五局郎」和他們的俸錢「二萬文」。
59　《唐會要》卷六五，頁1329-1330。
60　《舊唐書》卷四四，頁1920：「京兆、河南、太原所管諸縣，謂之
　　畿縣。」即長安、洛陽和太原附近的幾個大縣。

要任此兩官，本身還得具備一些優秀條件。《唐會要》又載元和八年(813)四月吏部奏：

> 應開元禮及學究一經登科人等，舊例據等第高下，量人才授官。近日緣校書、正字等名望稍優，但霑科第，皆求注擬，堅待員闕，或至踰年，若無科條，恐長僥倖。起今已後，等第稍高，文學兼優者，伏請量注校、正。其餘習開元禮人，太常寺官有闕，相當注。[61]

唐的吏部銓選有所謂「科目選」。最著名、地位最高的，即文獻上常見的博學宏詞和書判拔萃兩科。開元禮和學究一經其實也屬於科目選，但不如宏詞和拔萃。這裡是說近日校書、正字等官「名望稍優」，但凡霑上科第的人(即開元禮和學究一經登科人)，都要求注擬此官，甚至堅持等候員闕，「或至踰年」。所以吏部奏請「起今已後，等第稍高，文學兼優者」(即博學宏詞和書判拔萃登科者)[62] 才請量注校書、正字官，其餘的要改注他官。可見要出任校書、正字官也不容易，需「等第稍高，文學兼優者」才行。唐詩人當中，不少即以宏詞、書判登科，才當上校書郎和正字，如柳宗元、李商隱、白居易、元稹等人。競官非常激烈。

61　《唐會要》卷七六，頁1653-1654。
62　此依王勛成先生的意見，見其《唐代銓選與文學》，頁303。

四、任校書郎的十種途徑

校書郎雖九品小官，任官資歷要求卻很高，一般需進士或同等條件。唐史料中的校書郎入仕途徑，可考者頗多。現以兩《唐書》和墓誌材料爲主，把他們得官的方式，歸納爲以下十種。

（一）用蔭（也稱作「門資」），即以父祖上幾代任過官的資歷「蔭」及子孫的方法。以門蔭入仕，通常年少時需在宮廷任衛官、齋郎或挽郎等職，六年後可參選爲文官或武官。此即《舊唐書·職官志》所說：「若以門資入仕，則先授親、勳、翊衛，六番隨文武簡入選例。」[63] 盛唐詩人韋應物（737-792?），曾經當過玄宗皇帝的侍衛官，也就是他自己在〈逢楊開府〉一詩中所說：「少事武皇帝，無賴恃恩私。……一字都不識，飲酒肆頑痴。」[64] 任衛官正是以門蔭入仕的必要條件之一。史料中用此法的約有五人。除了上文提過的李德裕和段成式之外，還可另舉二人：

鄭覃：「覃以父蔭補弘文校書郎。」[65]
鄭甫：「少以門資奉俎豆於太廟……擢祕書省校書郎。」[66]

63　《舊唐書》卷四二，頁1804。

64　《韋應物集校注》，陶敏、王友勝校注（上海：上海古籍出版社，1998），卷五，頁358。

65　《新唐書》卷一六五，頁5066。

66　穆員，〈舒州刺史鄭公墓誌銘〉，《全唐文》卷七八五，頁8209。

(二)以制舉入仕。史料中用此法的有七人。初唐詩人張說和楊炯皆用此法。另舉三例：

> 孔季詡：「永昌初，擢制科，授校書郎。」[67]
> 姚南仲：「乾元初，制科登第，授太子校書。」[68]
> 梁肅：「建中初，中文辭清麗科，擢太子校書郎。」[69]

(三)以進士入仕。按進士及第後不能馬上授官，須「守選」等待約三年。史料中用此法的有四十多人，且舉五例：

> 裴佶：「幼能屬文。弱冠舉進士，補校書郎。」[70]
> 盧元輔：「少以清行聞於時。進士擢第，授崇文館校
> 　　　　書郎。」[71]
> 李翺：「登進士第，授校書郎。」[72]
> 錢起：「是歲登第，釋褐祕書省校書郎。」[73]
> 令狐綯：「登進士第，釋褐弘文館校書郎。」[74]

67 《新唐書》卷一九九，頁5684。
68 《舊唐書》卷一五三，頁4081。
69 《新唐書》卷二〇二，頁5774。
70 《舊唐書》卷九八，頁3083。
71 《舊唐書》卷一三五，頁3718。
72 《舊唐書》卷一六〇，頁4205。
73 《舊唐書》卷一六八，頁4283。
74 《舊唐書》卷一七二，頁4465。

（四）以明經入仕。史料中用此法的較少，祇有約十人，且舉兩例（詩人元稹也是明經出身，但他後來又去考書判拔萃，始授祕書省校書郎）：

> 崔戎：「舉兩經登科，授太子校書。」[75]
> 竇易：「易直舉明經，為祕書省校書郎。」[76]

（五）進士及第，又考制舉。按中進士後又去考制舉，在唐代士人當中很常見。據近人的研究，這樣做的好處是，考中制舉即可馬上授官，而且將來的升遷也比較快些。否則單祇有進士，還必須經過約三年的「守選」等待才能得官[77]。用此法的也有二十多人，其中包括好幾位唐代知名文人。且舉兩例：

> 杜牧：「進士擢第，又制舉登乙第，解褐弘文館校書郎。」[78]
> 沈傳師：「擢進士，登制科乙第，授太子校書郎。」[79]

（六）以博學宏詞，或書判拔萃等科目選登科入為校書郎。史料中有二十多例，且舉三例：

75　《舊唐書》卷一六二，頁4251。
76　《舊唐書》卷一六七，頁4363。
77　王勛成，《唐代銓選與文學》，頁304-310。
78　《舊唐書》卷一四七，頁3986。
79　《舊唐書》卷一四九，頁4037。

李絳：「絳舉進士，登宏辭科，授祕書省校書郎[80]。」

于邵：「天寶末進士登科，書判超絕，授崇文館校書郎。」[81]

白居易：「進士就試……吏部判入等，授祕書省校書郎。」[82]

(七)遷轉，即出任了縣尉等別的官之後再來任校書郎。史料中這種情況很少見，僅發現寥寥兩例如下。這也明顯表示，唐代的校書郎主要是一種供士人解褐的初任官，很少用作再任官：

韋溫：「釋褐…奉禮郎。以書判拔萃，調補祕書省校書郎。」[83]

王義方：「俄授晉王府參軍，直弘文館。……轉太子校書。」[84]

(八)獻文章或上書論事。此法比較特殊，並不常見。但唐代封演的《封氏聞見記》已提到這種任官的方式：

---

80 《舊唐書》卷一六四，頁4285。
81 《舊唐書》卷一三七，頁3765。
82 《舊唐書》卷一六六，頁4340。
83 《舊唐書》卷一六八，頁4377。
84 《舊唐書》卷一八五下，頁4830。

> 常舉外，復有通五經、明一史，及獻文章并著述之輩，
> 或附中書考試，亦同制舉。[85]

蕭宗朝的宰相房琯，年輕時正是以此法獲授校書郎。其《舊唐書》本傳說：「開元十二年〔724〕，玄宗將封岱岳，琯撰〈封禪書〉一篇及牋啓以獻。中書令張說奇其才，奏授祕書省校書郎，調補同州馮翊尉。」[86] 史料中還有另二人，也以這途徑當上校書郎，而且跟安史之亂中的紛亂政局有關，值得細考。

第一個是董晉（724-799）。《舊唐書》說他「明經及第。至德初，蕭宗自靈武幸彭原，晉上書謁見，授校書郎、翰林待制」[87]。《新唐書》說：「蕭宗幸彭原，上書行在，拜祕書省校書郎，待制翰林。」[88] 據此，可知董晉是以明經及第，但他獲授校書郎、待制翰林的官職，則明顯是他「上書謁見」的結果。按蕭宗幸彭原（今甘肅寧縣）在至德二載（757）二月[89]，董晉得校書郎當約三十四歲。當時，安史之亂剛爆發開來，玄宗匆匆奔蜀，楊貴妃死在馬嵬。玄宗的兒子李亨（後來的蕭宗）在靈武（今寧夏靈武附近）自稱皇帝，不久又移師彭原和鳳翔（今陝西鳳翔）。在這樣的亂世，唐政府整個文官選拔體系顯然是癱瘓的。不少士人紛紛湧往靈武、彭原或鳳翔的行在，目的之一顯然想求一官。

85　《封氏聞見記校證附引得》卷三，頁11；《唐語林校證》卷八，頁717。

86　《舊唐書》卷一一一，頁3320。

87　《舊唐書》卷一四五，頁3934-3935。

88　《新唐書》卷一五一，頁4819。

89　《資治通鑑》（北京：中華書局，1956年校點本），卷二一九，頁7017。

這當中，包括大詩人杜甫(712-770)和岑參(719-770)[90]。杜甫〈述懷〉一詩中透露他如何在鳳翔「麻鞋見天子，衣袖見兩肘」[91]。結果他便在鳳翔得到一個左拾遺的官[92]。岑參也有收獲，求得「宣議郎，試大理評事、攝監察御史，賜緋魚袋」[93]。看來在亂世求官，比較易得。

董晉「上書謁見，授校書郎」，當放在這種歷史大環境下來看。他後來的官位顯赫，任過宣武節度使，且官至宰相[94]。韓愈剛入仕時，曾在他的幕府任推官。他後來在〈贈太傅董公行狀〉中，追憶當年董公「少以明經上第。宣皇帝居原州，公在原州。宰相以公善爲文，任翰林之選聞。召見，拜祕書省校書郎，入翰林爲學士，三年出入左右。天子以爲謹愿，賜緋魚袋」[95]，講的便是這件事。

第二個是杜亞(725-798)。《舊唐書》說他「至德初，於靈武獻封章，言政事，授校書郎」[96]。《新唐書》則說：「肅宗在

90　岑參的生年傳統上爲開元四年(716)。但最近王勛成重新考定爲開元七年(719)，見其〈岑參入仕年月和生平考〉，《文學遺產》，2003年第4期。

91　《杜詩詳注》，仇兆鰲注(北京：中華書局，1979年校點本)，卷五，頁358。

92　莫礪鋒，《杜甫評傳》(南京：南京大學出版社，1998)，頁103；馮至，《杜甫傳》(北京：人民文學出版社，1952年初版；1980年重印)，頁53。

93　劉開揚，〈岑參年譜〉，《岑參詩集編年箋註》(成都：巴蜀書社，1995)，頁17。

94　《新唐書》卷六二〈宰相表〉，頁1705。

95　《韓昌黎文集校注》卷八，頁577。

96　《舊唐書》卷一四六，頁3962。

靈武，上書論當世事，擢校書郎。」[97]杜甫有詩〈送從弟亞赴
河西判官〉，寫杜亞約三十二歲得校書郎後，赴河西節度使杜
鴻漸幕(杜鴻漸當年在靈武任朔方節度留後，奉迎並擁立李亨即
皇位，後來便擢升爲河西節度使)。杜詩中還寫到杜亞上書論
事，他的「奮舌」如何打動皇帝的心：

> 令弟草中來，蒼然請論事。
> 詔書引上殿，奮舌動天意。[98]

權德輿爲杜亞所寫的神道碑〈唐故東都留守東都汝州防禦
使……杜公神道碑銘并序〉，更透露杜亞當年是以「處士」身
分被授予校書郎，而且後來官運亨通，「三辟大府，五登郎位」，
仕途比杜甫暢通多了：

> 天寶末，盜穢兩都。宣皇在岐，褐衣召見。前席三接，
> 實貢昌言，以扶大統，乃以處士授校書郎。其後三辟
> 大府，五登郎位。清議善價，必歸於公。[99]

以上書論事得官，雖非常用之法，但安史之亂期間，恐怕
還有不少人以此法得官，可惜至今還沒有學者做過徹底的研
究。本章在查考校書郎的任官途徑時，查得以上董晉和杜亞兩

97　《新唐書》卷一七二，頁5207。
98　《杜詩詳注》卷五，頁364-389。
99　《全唐文》卷四九七，頁5067。

例，或可彌補這方面的史料。至於杜甫在鳳翔行在求官，得一
拾遺，其實也非常幸運，遠勝董晉和杜亞，因爲拾遺此官遠遠
高於士人釋褐的正字和校書郎。比如，初唐的陳子昂，以祕書
省正字起家，轉右衛胄曹參軍，第三個官職才是右拾遺[100]。岑
參的「試大理評事、攝監察御史」，也比董晉和杜亞的校書郎
高，可惜杜甫和岑參這兩位大詩人的官運，後來反而不及董晉
和杜亞。

（九）獻著述。除了上書獻文章可授官，封演還同時提到獻
「著述」之輩亦可得官。兩《唐書》列傳中可考者有一人叫李
道古：「舉進士，獻書闕下，擢校書郎、集賢院學士。」[101] 韓
愈爲李道古寫過墓誌〈昭武校尉守左金吾衛將軍李公墓誌銘〉，
更清楚告訴我們他當年所獻的是甚麼書：「公以進士舉及第，
獻《文輿》三十卷，拜校書郎、集賢學士。」[102] 據此可知李道
古不單進士及第，而且還獻上著作《文輿》三十卷，始得校書
郎。是以他的入仕，可說靠進士，亦靠獻著述。若把他放在以
上「進士」一途，當然亦無不可。但唐代靠獻著述得官者寥寥
可數。這裡爲了凸顯他的不平凡，所以把他的入仕，列在「獻
著述」之下，看來會更有意義。按李道古爲曹王李明的後代，
貴爲宗室，獻書闕下，或許比一般人容易得官。但他已有進士，
亦符合任校書郎的最低資歷。

---

100 彭慶生，〈陳子昂年譜〉，《陳子昂詩注》（成都：四川人民出版社，
　　1981），頁277-310。
101 《新唐書》卷八〇，頁3583。
102 《韓昌黎文集校注》卷七，頁515。

　　此外，在《新唐書·藝文志》中，也有十三人以獻書得官，
例如：

　　　李鎭《注史記》一百三十卷。開元十七年上，授門下
　　　　典儀。[103]
　　　高希嶠《注晉書》一百三十卷。開元二十年上，授清池
　　　　主簿。[104]
　　　韓祐《續古今人表》十卷。開元十七年上，授太常寺
　　　　太祝。[105]
　　　馮中庸《政錄》十卷。開元十九年上，授氾水尉。[106]
　　　柳縱《注莊子》開元二十年上，授章懷太子廟丞。[107]
　　　辛之諤《敘訓》二卷。開元十七年上，授長社尉。[108]
　　　是光乂《十九部書語類》十卷。開元末，自祕書省正
　　　　字上，授集賢院脩撰。[109]
　　　卜長福《續文選》三十卷。開元十七年上，授富陽尉。[110]
　　　裴傑《史漢異義》三卷。河南人，開元十七年上，授
　　　　臨濮尉。[111]

---

103 《新唐書》卷五八，頁1457。
104 《新唐書》卷五八，頁1457-1458。
105 《新唐書》卷五八，頁1467。
106 《新唐書》卷五九，頁1513。
107 《新唐書》卷五九，頁1518。
108 《新唐書》卷五九，頁1536。
109 《新唐書》卷五九，頁1563。
110 《新唐書》卷六〇，頁1622。
111 《新唐書》卷六〇，頁1625。

至於獻著述得到校書郎的，則有下面四人：

> 陳庭玉《老子疏》。開元二十年上，授校書郎。卷亡。[112]
> 帥夜光《三玄異義》三十卷。……開元二十年上，授
> 　校書郎，直國子監。[113]
> 《苑咸集》。卷亡。京兆人，開元末上書，拜司經校
> 　書、中書舍人。[114]
> 徐浩《廣孝經》十卷。浩稱四明山人，乾元二年上，
> 　授校書郎。[115]

但以上獻書得官的案例，都在開元末到乾元初，不知是此法祇
施行於那時，還是史料殘闕不全。獻著述得到的官職，都屬太
祝、縣尉、主簿和校書等小官。

　（十）薦舉，即由長官直接向皇帝推薦任官。一般而言，薦
舉所得的官職都比較高，如拾遺和監察御史。例如，中唐有位
程昔範，以「試正字」的身分在涇原軍任從事（唐制：幕府推官、

---

112 《新唐書》卷五九，頁1517。
113 《新唐書》卷五九，頁1518。
114 《新唐書》卷六〇，頁1602。《苑咸集》意即「苑咸的文集」，所
　　以《舊唐書》此處沒有再重複列出作者的名字。苑咸的「苑」姓很
　　罕見，容易使人錯覺這不是人名。他也是《唐六典》的編修者之一。
　　見《新唐書》卷五八，頁1477。王維有多首詩贈他，如〈苑舍人能
　　書梵字兼達梵音皆曲盡其妙戲為之贈〉，可知苑咸精通梵文，在唐
　　士人當中是個才子。見《王維集校注》，陳鐵民校注（北京：中華書
　　局，1997），卷三，頁256。
115 《新唐書》卷五七，頁1443。

判官等僚佐皆通稱「從事」），「李太師逢吉在相位，見其書，
特薦拜左拾遺」[116]。校書郎雖祇是九品小官，也可用以薦舉，
但不多見，祇找到兩個案例。第一個是大曆（766-779）中的徐岱：

> 徐岱字處仁，蘇州嘉興人也。家世以農為業。岱好學，
> 六籍諸子，悉所探究，問無不通，難莫能屈。大曆中，
> 轉運使劉晏表薦之，授校書郎。浙西觀察使李栖筠厚
> 遇之，敕故所居為復禮鄉。[117]

他後來的官運亨通。「貞元初，遷水部郎中，充皇太子及舒王
已下侍讀。尋改司封郎中，擢拜給事中，加兼史館修撰，並依
舊侍讀。承兩宮恩顧，時無與比。……卒時年五十，上歎惜之，
賻以帛絹，皇太子又遺絹一百疋，贈禮部尚書。」[118]

　　唐代另一個被薦舉為校書郎的，是詩人李群玉（約
813-861）。此案例最吸引人的是，當年的薦書和任命的敕書，都
很幸運地還保存在《李群玉詩集》中，讓我們可以看到薦舉的
實際運作。先看令狐綯的〈薦處士李群玉狀〉，約作於大中八
年（854）：

---

116 《因話錄》（上海：上海古籍出版社，1979年新一版排印本），卷三，
　　頁82-83。此條又為《唐語林》所引。見《唐語林校證》卷三，頁278。
117 《舊唐書》卷一三五下，頁4975。不過，從這段引文看，徐岱也有
　　可能祇是掛職校書郎，卻在劉晏的轉運使府任從事。這樣的校書郎
　　叫「試」校書郎，詳見下一節「中晚唐的『試』校書郎」。
118 《舊唐書》卷一三五下，頁4975-4976。

右。苦心歌篇，屏跡林壑。佳句流傳於眾口，芳聲籍甚
於一時。守道安貧，遠絕名利，當文明之聖代。宜備搜
羅，俾典校於瀛州，佇光志業。臣絢等今日延英已面陳
奏狀。伏奉聖旨，令與一文學官者。臣等商量，望授宏
文館校書郎，未審可否？謹具奏聞。伏聽敕旨。[119]

狀文先一一列舉李群玉的種種長處：「苦心歌篇，屏跡林壑。
佳句流傳於眾口，芳聲籍甚於一時。守道安貧，遠絕名利。」
最後才道出主旨：「望授宏文館校書郎，未審可否？」朝廷也
准了此薦。且看當時司勳員外郎知制誥鄭處約代皇帝所寫的任
命敕〈李群玉守宏文館校書郎敕〉：

李群玉放懷邱壑，吟詠性情，孤雲無心，浮磬有韻。
吐妍詞於麗則，動清律於風騷。冥鴻不歸，羽翰自逸，
霧豹遠跡，文彩益奇。信不試而逾精，能久處而獨樂。
念其求志，可以言詩。用示縶維，命之刊校，可守宏
文館校書郎。[120]

李群玉得官之前，曾經向宣宗皇帝進詩。他的〈進詩表〉也還

---

119 《李群玉詩集》（臺北：商務印書館景印文淵閣《四庫全書》本，
　　1983-1986），卷首；亦收在《全唐文》卷七五九，頁7885。《新唐書》
　　卷六〇，頁1612，「李群玉《後集五卷》」下有小注說：「裴休觀
　　察湖南，厚延致之，及為相，以詩論薦，授校書郎。」看來李群玉
　　也曾得到裴休的推薦，但薦狀卻是以令狐絢的名義寫的。
120 《李群玉詩集》卷首。又收在《全唐文》卷七九三，頁8312。

保存在他的詩集中：

> ……謹捧所業歌行古體今體七言今體五言四通等合三
> 百首，謹詣光順門昧死上進。伏以卿雲在天，草木五
> 色，廣野之氣，燭為祥煙，熙熙含生，盡躋壽域，向
> 日亭午，物無斜陰，而方今風后提衡，庶尹咸乂。言
> 語侍從之列，皆嚴徐班馬之倫。凡在墨客詩人，歌詠
> 聲名文物不暇，何議諷刺，興於筆端。臣所貢前件歌
> 詩，以居住沅湘，宗師屈宋，楓江蘭浦，蕩思搖情。
> 蕪纇之餘，過於喬野，天津不到，徒窺星漢之高。滄
> 海攸歸，豈阻潢汙之陋。然則爨桐不爆，俄成曲突之
> 煙。埋劍無光，永作幽泉之鐵。巴濮下調，塵觸天聰。
> 螻蟻之微，伏待刑戮。謹拜表陳獻以聞，無任焚灼隕
> 越屏營之至。臣群玉誠惶誠恐頓首死罪。謹言。[121]

宣宗看了他的詩，覺得「異常高雅」，又給他寫了〈進詩賜物
敕〉，且有「少錦彩器物賜卿」：

> 卿所進歌詩，異常高雅。朕已遍覽。今有少錦彩器物
> 賜卿。宜領取。夏熱。卿比平安好。[122]

---

121 《李群玉詩集》卷首。又見於《全唐文》卷七九三，頁8317。
122 《李群玉詩集》卷首。又收在《全唐文・唐文拾遺》卷八，頁10453。

唐代詩人有此殊榮，似僅李群玉一人而已。他去世後，友人周朴寫了一首詩〈弔李群玉〉，特別追憶他當年進詩受薦舉任校書郎的往事：

> 群玉詩名冠李唐，投詩換得校書郎。
> 吟魂醉魄知何處，空有幽蘭隔岸香。[123]

假設李白、杜甫跟李群玉都生在同一個時代，則李群玉「投詩換得校書郎」的事，應當令李白和杜甫羨慕不已，因為李杜這兩位大詩人，當年在長安四處干謁，上書投詩，卻始終沒有甚麼收穫。

除了以上十種得官方法外，校書郎也可當作一種「賞賜」，以獎軍功。但史料中僅有一例，即李光弼協助平定安史之亂後，他的兒子李彙(757-815)在「提襁之間」便得賜校書郎。晚唐知名文士沈亞之(元和十年〔815〕進士)所寫的〈涇原節度李常侍墓誌銘〉說：

> 府君諱彙，太尉武穆公光弼之少子也，為人儉毅意氣。祖楷洛，自匈奴提其屬來入，始為唐臣。累遷至將軍，贈司徒。武穆既壯，當天寶末，以平燕寇有功，故公於提襁之間，得賜校書郎。[124]

123 彭定求等編，《全唐詩》(北京：中華書局，1979年繁體排印本)，卷六七三，頁7704。
124 《全唐文》卷七三八，頁7619。

李彙在兩《唐書》中無傳，但據沈亞之這篇墓誌，他於元和十年(815)卒，「行年五十九」，則他當生於至德二年(757)。「平燕寇」(指安祿山)在廣德元年(763)，李彙那時才七歲。他恐怕是唐史上最年輕的校書郎，雖然他得到的祗是賜官。李彙出任涇原節度使時，沈亞之正好在他幕下任掌書記，為我們留下了這一段校書郎可作賞賜的珍貴史料。

李彙的這個案例，也讓我們想起唐史上幾個年老的校書郎。其中最有名氣的一個，當數晚唐詩人韋莊(836-910)，即〈秦婦吟〉的作者。他在昭宗乾寧元年(894)五十九歲時才考中進士，始釋褐校書郎 [125]。但他還不是最年老的校書郎。唐昭宗天復元年(901)著名的「五老榜」中，有三個剛及第的老進士，因為「年齒已高」，不需按正常程序「守選」，即特別被授以正字和校書郎。宋洪邁《容齋三筆》卷七〈唐昭宗恤錄儒士〉條，詳記此事：

> ……次年天復元年赦文，又令中書門下選擇新及第進士中，有久在名場，才沾科級，年齒已高者，不拘常例，各授一官。於是禮部侍郎杜德祥奏：「揀到新及第進士陳光問年六十九，曹松年五十四，王希羽年七十三，劉象年七十，柯崇年六十四，鄭希顏年五十九。」詔：「光問、松、希羽可祕書省正字；象、崇、希顏

125 夏承燾，〈韋莊年譜〉，《韋莊詞校注》(北京：中國社會科學出版社，1981)，頁58。

　　可太子校書。」¹²⁶

劉象年七十始授太子校書，當是唐史上最年老的校書郎。不過，
此爲特殊案例。清代顧炎武的名著《日知錄》對此有一評語：

　　此皆前代季朝之政，當喪亂之後，以此慰寒畯而收物
　　情，非平世之典也。¹²⁷

　　唐人任校書郎的一般年齡，多在二十多歲（如李德裕、杜牧）
到三十剛出頭（如上引董晉、杜亞，以及晚唐詩人李商隱和白居
易等）。四十歲任校書郎已嫌老。權德輿的〈送張校書歸湖南序〉
特別談到這點，說這位張校書「其於官名虧成之際，則得之自
是，不得自是。故年過四十，方一命典校，諸生以爲屈甚，而
張恬然。」¹²⁸ 諸生以爲四十歲任校書郎是委屈的，但張校書卻
「恬然」自得，不以爲意。

---

126 洪邁，《容齋隨筆》（上海：上海古籍出版社，1978年校點本）附《容
　　齋三筆》卷七，頁502。此事亦見於王定保，《唐摭言》（上海：上
　　海古籍出版社，1978年新一版校點本），卷八，頁90-91，以及《太平
　　廣記》（北京：中華書局，1960年校點本），卷一七八，頁1326，但
　　都不如洪邁所記詳細。王勛成，《唐代銓選與文學》，頁71-72，引
　　此事，作爲唐代新及第進士不需「守選」而授官的極少數特例之一。
　　關於劉象的生平及其詩作，見曹汛，〈劉象考〉，《文史》，第30
　　輯（1988），頁108。
127 顧炎武，《日知錄》（臺北：文史哲出版社，1984年排印本），頁503-504。
128 《全唐文》卷四九一，頁5017。

五、中晚唐的「試」校書郎

古文大家韓愈(768-824)有一個官銜叫「試校書郎」，現在恐怕很少有人注意到。甚至連今人替韓愈作年譜，寫評傳，也沒有論及韓愈此官銜的意義[129]。他此銜出現在他自己的兩篇名文中：

（一）在〈祭董相公文〉開頭：「維貞元十五年歲次己卯二月乙亥朔某日。……觀察推官守祕書省校書郎韓愈等。」[130]

（二）在〈贈太傅董公行狀〉結尾：「貞元十五年五月十八日，故吏前汴宋亳潁等州觀察推官將仕郎試祕書省校書郎韓愈謹狀。」[131]

兩篇文章都作於貞元十五年(799)，一在二月，一在五月，僅相隔三個月，但提到自己的官銜時，一說「守祕書省校書郎」，一說「試祕書省校書郎」。不過，「守」恐怕是「試」之誤，

---

129 如羅聯添，《韓愈傳》（臺北：國家出版社，1998），頁43說：「韓愈以扈從有功，試授祕書省校書郎(虛銜)。」此處的「試授」兩字，不知是排印錯誤未校出，還是作者把唐史料中常見的「授試校書郎」（見下引數例），理解為「試授」？唐人所說的「授試校書郎」，文意應當和羅教授所說的「試授校書郎」有分別。Charles Hartman, *Han Yü and the T'ang Search for Unity* (Princeton: Princeton University Press, 1986), p. 35 對韓愈此「試」銜的意義亦未論及。

130 《韓昌黎文集校注》，外集上卷，頁687。近年出版的《韓愈全集校注》，屈守元、常思春校注（成都：巴蜀書社，1996），頁1392，同樣作「觀察推官守祕書省校書郎韓愈等」。

131 《韓昌黎文集校注》卷八，頁584。

因為「守」的意思是以較低的散官階，充任較高的職事官，須跟散官階連用才有意思。比如，詩人陳子昂在武則天朝任職事官麟臺正字(正九品下)時，他的散官階是將仕郎(從九品下)。他以較低的散官階出任品階較高的正字官，所以他在一篇奏疏中便這樣稱自己：「將仕郎守麟臺正字臣陳子昂昧死上言」。[132]因此，像「觀察推官守祕書省校書郎」這樣實職連在一起的銜署，不論是在文意上，或在唐代的官制上，都是不通的。當然，這不可能是韓愈本人筆誤，而很可能是韓集在唐宋傳鈔刻印之誤。

其實，李翱所寫的〈故正議大夫行尚書吏部侍郎上柱國賜紫金魚袋贈禮部尚書韓公行狀〉，早亦明確交代韓愈是個「試校書郎」：

> 汴州亂，詔以舊相東都留守董晉為平章事宣武軍節度使，以平汴州。晉辟公以行，遂入汴州，得試祕書省校書郎，為觀察推官。[133]

這跟上引韓愈在〈贈太傅董公行狀〉的結銜相同。

像韓愈這樣的「試校書郎」，在中晚唐的史料中很常見，至少有六十多例以上。他們都跟韓愈一樣，頂著一個「試校書郎」的京銜，在外地的幕府任推官和巡官等職，並沒有真正在

---

132 《全唐文》卷二一二，頁2149，又見於卷二一二，頁2155。
133 《全唐文》卷六三九，頁6459。

京城書庫中校書。所以，歷史上從來沒有人說韓愈曾任過校書郎。我們甚至忘了他曾經有過「試校書郎」這樣的官銜。但值得一提的是，韓愈後來任徐州節度使張建封的幕佐，張建封曾經給他寫過一首詩，詩題中直呼韓愈為「校書」：〈酬韓校書愈打毬歌〉[134]。詩中寫幕府生活的騎馬打毬，別有一番情趣：

> 僕本修文持筆者，今來帥領紅旌下。
> 不能無事習蛇矛，閒就平場學使馬。
> 軍中伎癢驍智材，競馳駿逸隨我來。
> 護軍對引相向去，風呼月旋朋先開。[135]

更巧合的是，韓愈的兒子韓昶(798-854)，跟他父親一樣，進士及第後就在幕府任從事，也得到一個「試校書郎」的京銜。據他的〈自為墓誌銘并序〉說：

> 年至二十五，及第釋褐。柳公公綽鎮邠辟之，試宏文

---

134 張建封在這裡當然是省略了「試」字，但這種省略恐怕是有意如此的，而且其實更符合中國人的稱謂習慣。舉個比喻：現代大學都有「副教授」此銜，但某學生如果寫一封私人信件給某位姓李的副教授，恐怕絕不會在信中稱他為「李副教授」，而是直截了當地稱他為「李教授」。若稱「李副教授」，反而會讓人覺得十分怪異。

135 《全唐詩》卷二七五，頁3118。《韓昌黎文集校注》卷三，頁194有〈上張僕射第二書〉，內容諫張建封擊毬事。韓愈又有詩〈汴泗交流贈張僕射〉，亦勸張建封勿擊毬，見錢仲聯，《韓昌黎詩繫年集釋》(上海：上海古籍出版社，1984)，頁103。韓愈此信和詩若和張建封的贈詩合起來讀，當更趣味盎然。

館校書郎。相國竇公易直辟為襄州從事，校書如前。
旋除高陵尉、集賢殿校理。[136]

　　唐代史書中的這種「試校書郎」，還可舉以下五例（底線為
筆者所加）：

（一）權德輿：「德輿生四歲，能屬詩；七歲居父喪，
　　　以孝聞；十五為文數百篇，編為《童蒙集》十卷，
　　　名聲日大。韓洄黜陟河南，辟為從事，<u>試祕書省</u>
　　　<u>校書郎</u>。」[137]

（二）袁滋：「字德深，陳郡汝南人也。弱歲強學，以
　　　外兄道州刺史元結有重名，往來依焉。每讀書，
　　　玄解旨奧，結甚重之。無何，黜陟使趙贊以處士
　　　薦，授<u>試校書郎</u>。何士幹鎮武昌，辟為從事。」[138]

（三）竇牟：「牟字貽周，貞元二年〔786〕登進士第，<u>試</u>
　　　<u>祕書省校書郎</u>、東都留守巡官。歷河陽、昭義從
　　　事，檢校水部郎中，賜緋，再為留守判官。」[139]

（四）劉涉：「貞元三年，判官鄭常及大將楊冀謀逐〔吳〕
　　　少誠以聽命於朝，<u>試校書郎</u>劉涉假為手詔數十，

136 《全唐文》卷七四一，頁7666。
137 《舊唐書》卷一四八，頁4002。
138 《舊唐書》卷一八五下，頁4830。
139 《舊唐書》卷一五五，頁4122。

潛致於大將，欲因少誠之出，閉城門以拒之。」[140]

(五)狄兼謨(名相狄仁傑之族曾孫)：「元和末，解褐
　　襄陽推官，<u>試校書郎</u>，言行剛正，使府知名。」[141]

　　在墓誌碑刻史料中，「試校書郎」更是常見。我們可以發
現不少這類例子，如下面七例：

(一)〈孫君妻墓誌〉：「再從侄孫前鳳翔節度掌書記
　　<u>試祕書省校書郎</u>紆撰。」[142]

(二)〈鄭當墓誌銘〉：「外甥前河東節度推官<u>試祕書
　　省校書郎</u>韋□撰。」[143]

(三)〈華景洞李玨等題名〉：「桂管都防禦巡官<u>試祕
　　書省校書郎</u>元允。」[144]

(四)〈田故夫人墓誌銘〉：「武寧軍節度掌書記<u>試文
　　館校書郎</u>姚潛撰。」[145]

140 《舊唐書》卷一四五，頁3946。

141 《舊唐書》卷六九，頁2896。

142 吳樹平等編，《隋唐五代墓誌匯編》(天津：天津古籍出版社，
　　1991-1992)，洛陽卷，第15冊。

143 周紹良主編，《唐代墓誌彙編》(上海：上海古籍出版社，1992)，
　　頁2196。

144 陸增祥，《八瓊室金石補正》(北京：文物出版社，1984年縮印1925
　　年希古樓原刻本)，卷七四，頁510-511。

145 周紹良、趙超編，《唐代墓誌彙編續集》(上海：上海古籍出版社，
　　2002)，頁1018。「試文館」似有脱字，當為「試弘文館」或「試崇
　　文館」。

（五）〈楊漢公墓誌〉：「辟廓坊裴大夫武府，得<u>試祕</u>
　　　<u>書省校書郎</u>。」[146]

（六）〈大唐河中觀察支使<u>試祕書省校書郎</u>孫揆季妹墓
　　　誌銘〉。[147]

（七）〈王公墓誌〉：「前原州防禦推官將仕郎<u>試祕書</u>
　　　<u>省校書郎</u>強道撰。」[148]

　　以上這些案例，史料明確告訴我們，他們的官銜是「試校
書郎」，並非「校書郎」。從內文看來，他們也的確不是在京
城校書，而是在外地任巡官、推官等職。其中，史書第四例中
的「試校書郎劉涉假爲手詔數十」，聯合同黨，公然反叛他的
上司節度使吳少誠的事，更可以凸顯這些「試校書郎」在外頭
的所作所爲，有時可能是非常暴力的，和真正校書郎溫文的校
書工作，真是相差很遠。

　　詩人賈島有一首詩〈送裴校書〉，一開頭就很生動地寫到
他的朋友裴氏，拜官京城的祕書省，卻又從事方鎮使府的特殊
情境。細讀此詩，當知這位「裴校書」顯然不是真正在京城校
書的，而祇是個「試校書郎」而已，因爲他「拜官從祕省」，
「署職」卻在「藩維」（即方鎮）：

　　拜官從祕省，署職在蕃維。

---

146 《唐代墓誌彙編續集》，頁1037。
147 《唐代墓誌彙編續集》，頁1139。
148 《唐代墓誌彙編續集》，頁1157。

多故長疏索，高秋遠別離。[149]

　　兩《唐書》提到在外地幕府任官的試校書郎，有時並沒有很明確說他們是「試校書郎」，而是用「得校書郎」這樣的寫法，如以下數例：

（一）馮定：「權德輿掌貢士，擢居上第，後於潤州佐薛苹幕，得校書郎。」[150]

（二）鄭畋：「畋年十八，登進士第，釋褐汴宋節度推官，得祕書省校書郎。」[151]

（三）裴樞：「樞，字紀聖，咸通十二年〔871〕登進士第。宰相杜審權出鎮河中，辟為從事，得祕書省校書郎。」[152]

（四）馬植：「扶風人。父曛。植，元和十四年〔819〕進士擢第，又登制策科，釋褐壽州團練副使，得祕書省校書郎。」[153]

---

149 《賈島集校注》卷三，頁132。
150 《舊唐書》卷一六八，頁4390。
151 《舊唐書》卷一七八，頁4630。鄭畋(825-887)後來官至宰相，官績不凡，見陳明光，〈鄭畋官績考論〉，《唐研究》，第3卷(1997)，頁279-294。
152 《舊唐書》卷一一三，頁3357。
153 《舊唐書》卷一七六，頁4565。不過，團練副使是個高官，馬植釋褐似不可能任此高官。《舊唐書》此處很可能有誤。它所根據的，可能即白居易所寫的任命書(見下引)。據白居易此文，馬植釋褐乃出任「涇原掌書記」。這才是一般人釋褐之官。至於任「壽州團練

(五)陸扆:「扆,光啓二年〔886〕登進士第,其年從僖
　　宗幸興元。九月,宰相韋昭度領鹽鐵,奏為巡官。
　　明年,宰相孔緯奏直史館,得校書郎。」¹⁵⁴

　　以上五人的正式官銜,恐怕也是「試校書郎」,祇是史書
換了一種寫法。像馮定和鄭畋,既然已在幕府任官,則不可能
又在京城任校書。至於馬植,我們更擁有唐代文獻,可以證明
他是個「試校書郎」,因為在白居易的文集中,還保存了馬植
當年任官時,白居易代皇帝所寫的任命書:

楊景復可檢校膳部員外郎、鄆州觀察判官;李綬可監察
御史、天平軍判官;盧載可協律郎、天平軍巡官;獨孤
涇可監察御史、壽州團練副使;馬植可試校書郎、涇原
掌書記;程昔範可試正字、涇原判官;六人同制。¹⁵⁵

　　可見,兩《唐書》在處理「試」銜時,有時是會省略「試」
字的。另一個很好的案例是詩人杜牧(803-853?)的弟弟杜顗

<hr />

(續)

　　　副使」的,應當是獨孤涇。因兩人的官職和名字在白居易文中接續
　　　書寫,《舊唐書》的編者很可能斷句不當致誤。《新唐書》卷一八
　　　四,頁5391,顯然發現《舊唐書》此處有誤,而把它改為「第進士,
　　　又擢制策科,補校書郎。縣壽州團練副使三邊饒州刺史。」但我們
　　　細檢其他唐史料,未發現有馬植任「壽州團練副使」的記載。
154　《舊唐書》卷一七九,頁4668。一般人都是以在幕府任官得校書郎,
　　　但唐末的陸扆卻以直史館「得校書郎」,比較罕見。
155　《白居易集》卷四九,頁1038。

（807-851）。他四十五歲去世時，杜牧給他寫了一篇墓誌〈唐故
淮南支使試大理評事兼監察御史杜君墓誌銘〉，提到他剛中舉
後的官職：

> 年二十五，舉進士，二十六一舉登上第。時賈相國餗
> 為禮部之二年，朝士以進士干賈公不獲，有傑強毀嘲
> 者，賈公曰：「我祗以杜某敵數百輩足矣。」始命試
> 祕書正字、鹽使判官。李丞相德裕出為鎮海軍節度使，
> 辟君試協律郎，為巡官。[156]

可證他最初出任的是「試祕書正字、鹽使判官。」[157] 但《新唐
書・杜顗傳》卻說：

> 顗字勝之，幼病目，母禁其為學。舉進士，禮部侍郎
> 賈餗語人曰：「得杜顗足敵數百人。」授祕書正字。
> 李德裕奏為浙西府賓佐。[158]

即省略了「試」字，反失其真。杜牧親自給他弟弟寫的墓誌銘，
應當比《新唐書》可信。杜顗後來還充當過「試協律郎」和「試

---

156 杜牧，《樊川文集》，陳允吉校點（上海：上海古籍出版社，1978），
　　卷九，頁139。
157 「鹽使判官」即鹽使院鹽使的判官。詳見《唐六典》卷九，頁282；
　　《新唐書》卷四七，頁1206-1207。這種判官雖在京城，但和駐外的
　　節度使府判官一樣，帶有「試正字」等試銜。
158 《新唐書》卷一六六，頁5098。

大理評事」（前面已提過，詩人岑參在彭原蕭宗行在求官，求得
的也正是「試大理評事」），亦可見安史之亂以後，「試」銜極
盛，可惜近人幾乎毫無研究。[159]

　　不過，在實際運作上，以上各人很可能像韓愈一樣，是先
在幕府任官一段時候，再由其上司節度使等向朝廷奏授爲「試
校書郎」的。以韓愈爲例，他是在貞元十二年(796)七月就到汴
州董晉幕任推官，可是一直要到約兩年之後，在貞元十四年
(798)，他才正式得到朝廷任命：「觀察推官將仕郎試祕書省校
書郎。」皇甫湜所寫的〈韓文公神道碑〉和〈韓文公墓銘〉，
都把韓愈入董幕的時間定在貞元十四年，便是根據朝廷的正式

---

159 唐代的「試」銜極複雜，且跟宋代官制中的「試」銜有歷史淵源，
　　這裡無法細論。筆者正在收集石刻材料，準備撰文〈唐代的試銜〉
　　專論此課題。較多的討論見本書第五章〈巡官、推官和掌書記〉中
　　「幕佐的官銜」一節。順此一提，李錦繡，〈唐代「散試官」考〉，
　　《唐代制度史略論稿》（北京：中國法政大學出版社，1998），頁
　　198-210，認為「散試官」就是「試散官」，帶著「試銜」的散官，
　　如「試登仕郎」等。陳志堅，〈唐代散試官問題再探〉，《北大史
　　學》，第8卷(2001)，反對李錦繡的論點，認為「散試官」是「散官
　　和試官」結合體。筆者初步認為，中晚唐其實沒有所謂「散試官」
　　這種新的官制。史料中的「散試官」都應當點讀為「散、試官」，
　　即分別指散官和試官，並非兩者的結合，亦非李錦繡所說的「試散
　　官」。杜文玉，〈論唐代員外官與試官〉，《陝西師範大學學報》，
　　1993年第3期，主要討論武則天時代的員外官和「試官」，並非這裡
　　所說的「試銜」。過去對「試」官的討論，見岑仲勉，〈依唐代官
　　制說明張曲江集附錄誥令的錯誤〉，《金石論叢》（上海：上海古籍
　　出版社，1981），頁474；王壽南，〈唐代文官任用制度之研究〉，
　　《唐代政治史論集》（臺北：商務印書館，1977），頁26-27，以及張
　　國剛，〈唐代階官與職事官之階官化〉，《唐代政治制度研究論集》
　　（臺北：文津出版社，1994），頁219。

授命[160]。韓愈之所以要遲兩年才得到正式任命，顯然是因爲他先在董晉幕任官，過了一些時日董晉才奏上，而朝廷又需要一段時間才能授他推官加試校書郎的官銜。在這個理解下，上引馮定、馬植等人很可能也是先在各幕府「工作」了一段時日，經上司奏授，才「得祕書省校書郎」銜。這正好可以解釋「得」字在這裡的這種特殊用法。而他們所「得」的校書郎官銜，應當也像韓愈的一樣，是個「試校書郎」而已。應當注意的是，唐代史書上經常省略這個「試」字，使我們極易把「試校書郎」和那些真正在京城校書的校書郎混淆。幸好，石刻墓誌等材料，一般都還清楚保存這些「試」銜。

六、校書後出為諸使從事[161]

中晚唐還有一批人，既曾經在京城書庫中校過書，又曾經在幕府任過官。這批人可以晚唐兩個名人李德裕和杜牧爲代表。且先看看李德裕在《新唐書》中的傳：

> 李德裕字文饒，元和宰相吉甫子也。少力于學，既冠，卓犖有大節。不喜與諸生試有司，以蔭補校書郎。河

---

160 此據卞孝萱、張清華、閻琦合著，《韓愈評傳》（南京：南京大學出版社，1998），頁71。

161 孫國棟，《唐代中央重要文官遷轉途徑研究》，頁7，論校書郎的遷轉途徑，有「出為諸使從事」一種（共十二人）。筆者此節標題即受此啟發，所舉案例亦可與孫氏所舉相比較。

　　東張弘靖辟為掌書記。[162]

以及杜牧在《舊唐書》中的傳：

　　牧字牧之，既以進士擢第，又制舉登乙第，解褐弘文
　　館校書郎，試左武衛兵曹參軍。沈傳師廉察江西宣州，
　　辟牧為從事、試大理評事。[163]

　　李德裕和杜牧年輕時都任過幕職，史料很清楚，沒有問題。
至於李德裕「以蔭補校書郎」，或杜牧「解褐弘文館校書郎」，
到底那是一種虛銜，還是他們在赴幕之前，真的曾在京城書庫
中任過校書郎？史書上沒有清楚交代。幸好他們傳世的詩文都
明確提到，他們確曾在長安書庫中擔任過校書郎，雖然為時短
暫，但絕非虛銜。
　　李德裕有一首「七言九韻」的長詩，詩題亦長，但很有史
料價值，值得細考：〈雨中自祕書省訪王三侍御，知早入朝，
便入集賢。侍御任集賢校書，及升柏臺，又與祕閣相對，同院
張學士亦余特厚，故以詩贈之〉[164]。據今人的考訂，此「王三」

---

162 《新唐書》卷一八〇，頁5327。
163 《舊唐書》卷一四七，頁3986。
164 《李德裕文集校箋》，傅璇琮、周建國校箋(石家莊：河北教育出版
　　社，2000)，別集卷三，頁447。詩題中所說「侍御任集賢校書」，
　　是指王起年輕時曾在集賢校書。李德裕寫詩這一年，他已升任殿中
　　侍御史，並以此官入兼集賢殿直學士。

應作「王十一」，即王起（760-847）[165]。他當時在御史臺（即詩
中所說的「柏臺」）任侍御，又任職於集賢院。御史臺正好跟李
德裕任職的祕書省（即詩題中的「祕閣」）「相對」，很方便，
兩人平日當早有往來。所以，在晚唐的某個下雨天，年輕的李
德裕又從祕書省出發，到南邊「相對」的御史臺拜訪王起。不
料，王起「早入朝，便入集賢」。李德裕沒有見到他，有些失
望，所以才寫下這首「不遇」詩。

　　從詩中所提到這些如此明確的場景看來，李德裕當時的確
是在「祕書省」做事的。更無疑問的是，他詩中用了不少校書
的典故：

　　　顧我蓬萊靜無事，玉版寶書藏眾瑞。
　　　青編盡似汲冢來，科斗皆從魯室至。[166]

其中「蓬萊」、「青編」、「汲冢」、「科斗」和「魯室」等，
全都是藏書或校書的用典。值得玩味的是，李德裕說「顧我蓬
萊靜無事」，似乎他的校書工作輕鬆極了。難怪他在工作時，
竟有時間在「雨中」訪友。此詩讓我們得以一窺晚唐一個年輕
校書郎輕鬆的一面。

　　王起也寫了一首和詩，詩題和李德裕的幾乎一樣長：〈和
李校書雨中自祕省見訪，知早入朝，便入集賢不遇詩〉，並有

---

165 傅璇琮，《李德裕年譜》（濟南：齊魯書社，1984），頁49。
166 《李德裕文集校箋》，別集卷三，頁447。又見於《全唐詩》卷四七
　　五，頁5388。

序如下：「起頃任集賢校書，及升柏臺，又與祕閣相對，今直
書殿有張學士，嘗忝同幕，而與祕書稍遠，故瞻望之詞多。」[167]
詩題稱李德裕爲「李校書」，可證李德裕確在校書。又提到集
賢「與祕書稍遠」，更可與上引韓愈所說「祕書，御府也。天
子猶以爲外且遠」相參證。王起在詩中更提到他自己任官的「烏
府」（即烏臺，也就是御史臺），以及李德裕在他「對門討魚魯」
的校書生涯：

> 憶昨謬官在烏府，喜君對門討魚魯。

　　把校書工作說成「討魚魯」，很傳神又有些「無奈」，用
語十分生動有趣。「喜君」兩字，更點出他和李德裕的親切友
誼，雖然他這一年已五十四歲，比李德裕年長二十七歲。總之，
這兩首詩足證李德裕當年赴幕之前，的確在京城校書。據近人
傅璇琮的〈李德裕年表〉，李德裕是在元和八年（813）他二十七
歲時任校書郎，此詩也作於該年。約四年後，在元和十二年（817）
上半年，他始應張弘靖辟，出爲河東節度使掌書記。[168]
　　跟李德裕同時代的詩人杜牧，經歷幾乎也和李德裕一樣，

---

167 此詩收在《全唐詩》卷四六四，頁5271；亦見於《李德裕文集校箋》，
　　別集卷三，頁448。
168 見《李德裕文集校箋》所附的〈李德裕年表〉，頁758-759。傅璇琮
　　早年在《李德裕年譜》，頁51，把李德裕授校書郎的年代訂爲元和
　　元年（806）他二十歲時。此據傅氏的新考訂。戴偉華，《唐方鎮文職
　　僚佐考》（天津：天津古籍出版社，1994），頁189-191，亦有相同的
　　考訂可參證。

釋褐先任校書郎，約半年左右，才到江西宣州沈傳師幕當從事。他是在大和二年（828）三月二十六歲時考中賢良方正制科，立即授官爲弘文館校書郎。到當年十月，沈傳師受命爲江西觀察使，辟他爲從事時，他也就隨沈傳師赴幕府了。換句話說，杜牧在大和二年考中制舉後，從三月到十月都還在京城長安，任校書郎。後來他自己在一封寫給李德裕的信〈上李司徒相公論用兵書〉，明確告訴我們他任過校書郎：「某大和二年爲校書郎，曾詣淮西將軍董重質。詰其以三州之眾，四歲不破之由。重質自誇勇敢多算之外，復言其不破之由，是徵兵太雜耳。」[169]

　　杜牧是唐代詩人當中有名的「軍事迷」，好談兵論軍，也曾注過孫子兵法[170]。所以，他在任校書郎時，曾特地去拜見淮西將軍董重質，「詰其以三州之眾，四歲不破之由」。董重質便是當年淮西之亂（即韓愈在〈平淮西碑〉中所寫的那個「淮西」），節度使吳元濟手下的一員大將。平淮西後，董重質竟以降將身分，在京城當起了右領軍衛大將軍。杜牧就在長安任校書郎時見到他，向他討教當年叛亂之所以能對抗四年的戰略因由[171]。

　　唐中葉以後，像李德裕和杜牧這一批人還真不少。他們都是先在京城任校書郎一段時間，然後便爲某位節度使看上，被

---

169 《樊川文集》卷十一，頁164。這封信寫於會昌三年（843），李德裕當宰相，正在應付昭義節度使劉稹之叛時。杜牧那時已升任黃州刺史。

170 關於杜牧的軍事論，最詳細的論著見黃清連，〈杜牧論藩鎮與軍事〉，《結網編》（臺北：東大圖書公司，1998）。

171 繆鉞，《杜牧年譜》（北京：人民文學出版社，1980），頁21。

辟召而去。兩《唐書》中有多達約三十個這樣的例子，但限於
本章篇幅，且舉以下五例，以見其概：

(一)于敖：「敖字蹈中，以家世文史盛名，少為時彥
　　　所稱，志行修謹。登進士第，釋褐祕書省校書郎。
　　　湖南觀察使楊憑辟為從事。」[172]

(二)柳仲郢：「字諭蒙，元和十三年〔818〕進士擢第，釋
　　　褐祕書省校書郎。牛僧孺鎮江夏，辟為從事。」[173]

(三)柳公權：「公權字誠懸。幼嗜學，十二能為辭賦。
　　　元和初，進士擢第，釋褐祕書省校書郎。李聽鎮
　　　夏州，辟為掌書記。」[174]

(四)宋申錫：「字慶臣。祖素，父叔夜。申錫少孤貧，
　　　有文學。登進士第，釋褐祕書省校書郎。韋貫之
　　　罷相，出湖南，辟為從事。」[175]

(五)盧商：「字為臣，范陽人。祖昂，澧州刺史。父
　　　廣，河南縣尉。商，元和四年〔809〕擢進士第，又
　　　書判拔萃登科。少孤貧力學，釋褐祕書省校書郎。
　　　范傳式廉察宣歙，辟為從事。」[176]

---

172 《舊唐書》卷一四九，頁4009。
173 《舊唐書》卷一六五，頁4305。
174 《舊唐書》卷一六五，頁4310。
175 《舊唐書》卷一六七，頁4370。
176 《舊唐書》卷一七六，頁4575。

以上五人都是進士出身，都是「釋褐祕書省校書郎」，而且都是在當上校書郎之後，就被某某節度使或觀察使「辟爲從事」，或「辟爲掌書記」。他們早年的官歷是如此相似，以致《舊唐書》的編者替他們立傳時，彷彿是在用一個固定的公式來書寫。從史書的行文看來，他們應當也跟李德裕和杜牧一樣，的確是在京城書庫中任過校書郎的。中晚唐時代的祕書省，彷彿是一個人才儲備處，在那裡釋褐爲校書郎的才子，都一個一個被趕赴外鎮幕府的諸使高官，辟爲他們身邊的從事。

唐詩中贈某某校書赴方鎮從事的送別詩極多，約百首左右，如章孝標的〈送陳校書赴蔡州幕〉[177]、馬戴的〈送韓校書江西從事〉[178]以及鄭巢的〈送魏校書赴夏口從事〉[179]。這些詩都反映了中晚唐士人頻頻奔波於京城和方鎮之間的生活現實。至於朱慶餘的〈送韋校書佐靈州幕〉，更提到了他的朋友韋氏，既曾任校書，現在又要去方鎮當掌書記的經歷：

> 共知行處樂，猶惜此時分。職已爲書記，官曾校典墳。
> 寒城初落葉，高戍遠生雲。邊事何須問，深謀祇在君。[180]

靈州即今寧夏靈武，當年肅宗便在此即皇帝位。安史之亂以後，它更是防禦吐蕃入侵的一個重要方鎮。難怪朱慶餘要勉

177 《全唐詩》卷五〇六，頁5756。
178 《全唐詩》卷五五六，頁6444。
179 《全唐詩》卷五〇四，頁5735。
180 《全唐詩》卷五一四，頁5867。

勵他的朋友:「邊事何須問,深謀祇在君。」

許棠的〈送屬校書從事鳳翔〉,也屬這一類的送別詩,但
寫得不落俗套:

> 赴辟依丞相,超榮事豈同。城池當隴右,山水是關中。
> 日有來巴使,秋高出塞鴻。旬休隨大旆,應到九成宮。[181]

「赴辟依丞相」點明鳳翔是一個由丞相出掌的重要方鎮,所以
「超榮事豈同」[182]。它也寫出了鳳翔的特出地理位置:「城池
當隴右,山水是關中。」鳳翔正好西望隴右,東依長安,位於
長安以西約一百五十公里,而且很接近麟遊縣的九成宮,所以
許棠又勸請他的朋友屬校書,在「旬休」時到九成宮去玩玩:
「旬休隨大旆,應到九成宮。」

七、校書郎的三種類型

綜合以上所論,我們可以把唐代的校書郎,歸納為三種型
態:

(一)元稹、白居易型:他們是真正的校書郎。白居易從貞
元十九年到元和元年(803-806),整整三年都在祕書省任校書

郎，任滿才罷校書郎準備考制科 [183]。元稹也是在貞元十九年到元和元年在祕書省校書，和白居易同事，任滿也跟白居易一樣罷校書準備考制科 [184]。安史亂前的校書郎也都屬於這一型。

（二）韓愈、權德輿型：這些都是「試校書郎」。他們一開頭就在外地幕府任官，然後「得」到或由幕主替他們「奏授」一個「試校書郎」的京銜。他們從來不曾涉足京城的書庫。這是安史之亂後才出現的新型校書郎。

（三）李德裕、杜牧型：這些人先在京城書庫校書一段時間，再到幕府任官。但他們不是「試校書郎」。這也是安史亂後才有的新型校書郎。

八、校書郎的「校勘」職務和相關工作

唐代校書郎最主要的職務，正如《通典》等政書所說：「掌讎校典籍，為文士起家之良選。」唐詩中也屢屢提到校書郎的工作，如上引王起贈李德裕的詩句：「喜君對門討魚魯。」許棠的〈送劉校書遊東魯〉也說：「內閣勞讎校，東邦忽蹤遊。」[185]

不過，所謂「讎校」至少有兩個層次。一是最普通的校書，也就是現代的所謂「校對」，即把排印出來的校樣和原稿對校，更正排印的錯別字。這是一般讀書人都能做的工作。二是比較有學術的校讎，即現代所說的「校勘」（或中國大陸現在常說的

---

183 朱金城，《白居易年譜》，頁25-35。
184 卞孝萱，《元稹年譜》（濟南：齊魯書社，1980），頁64-81。
185 《全唐詩》卷六〇四，頁6987。

「古籍整理」）。這涉及底本善本的選擇，多種版本的對校和互校，以求建立一個最可靠、最接近原書的本子。這就需要特別的訓練和比較高深的學養，屬於比較高層次的校書，非一般讀書人所能爲。

唐代校書郎（及正字）所做的，到底是第一類的「校對」，還是第二類的「校勘」？史書和政書都沒有明確的說明和區分。王起詩中的「討魚魯」，可以指第一類的校對，也可以指第二類的校勘。不過從各種跡象來看，唐代校書郎（及正字）所從事的，應當是第一類的「校對」，非第二類的「校勘」。且列舉四點理由如下。

第一、唐代雖然已發明雕版印刷，但仍屬草創階段，使用範圍僅止於印刷佛經和曆書等，並不普及 [186]。據所知，宮內圖書全屬手抄本，而且抄書的數量龐大。抄書過程中便難免出現「魚魯」，這就需要大量的校對人員。校書郎和正字所作的，便是這一類的低層次「讎校」。《唐會要》有一條資料，讓我們得以一窺祕書省抄書和校書的程序：

開成元年〔836〕七月，分察使奏：「祕書省四庫見在雜舊書籍，共五萬六千四百七十六卷，並無文案及新寫書

---

186 關於唐代的雕版印刷，見宿白，《唐宋時期的雕版印刷》（北京：文物出版社，1999）及 Denis C. Twitchett, *Printing and Publishing in Medieval China* (New York: Frederick C. Beil, 1983). 又見潘美月，〈唐五代時期四川地區的刻書事業〉，《王叔岷先生八十壽慶論文集》（臺北：大安出版社，1993），頁671-684。

文歷。自今以後，所填補舊書，及別寫新書，并隨日校勘，並勒創立案，別置納歷，隨月申臺，并申分察使。每歲末，課申數並具狀聞奏。」敕旨：「宜依。」[187]

此條可與《舊唐書‧文宗紀》的記載參閱，文意當更清楚：

〔開成元年836〕秋七月戊辰朔，御史臺奏：「祕書省管新舊書五萬六千四百七十六卷，長慶二年〔822〕已前，並無文案。大和五年〔831〕已後，並不納新書。今請創立簿籍，據闕添寫卷數，逐月申臺。」從之。[188]

《舊唐書‧職官志》、《新唐書‧百官志》和《通典》，都沒有列「分察使」這個官職。它應是安史亂後新立的眾多使職之一。幸好《唐會要》有一小段資料提及分察使及其職務：

據寶應二年〔826〕敕，御史臺分察使及諸道觀察使，訪察官吏善惡功過，稍大事當奏聞者，每年九月三十日具狀報考功，至校日參驗事跡，以為殿最。[189]

據此，分察使當屬御史臺（上引《舊唐書‧文宗紀》更直接說是「御史臺奏」），和「諸道觀察使」一樣，負責「訪察官吏善惡

187 《唐會要》卷六五，頁1330。
188 《舊唐書》卷十七下，頁566。
189 《唐會要》卷八一，頁1783-1784。

功過」，然後向吏部的考功司報告。他們管轄的範圍，甚至包
括祕書省的「寫書」和「校勘」。從上面引文看來，「填補舊
書」即書庫中舊有書籍破損缺失需填補重寫者，「別寫新書」
即庫中原本沒有的新書需別寫者（大和五年以後，已經沒有寫納
過新書）。所謂「寫」即抄寫之寫，而且寫完即「隨日校勘」，
當天就校對。每月還需向御史臺和分察使申報工作量。從這種
工作程序看來，當天寫書當天就要「校勘」，很像現代的電腦
打字，當天打完，當天校對，跟學術性的校勘工作很不相同，
因爲學術校勘是以一善本作底本，對校多種其他本子，再重新
寫成（或重新排版成）一校本 [190]，不可能「隨日校勘」。唐人所
說的這種「校勘」，僅等於今人的「校對」。

　　第二、唐代有幾次比較大規模的校書、修書活動，都需要
特別奏請外界學有專長的「儒者」充任，而非動用藏書庫現有
編制內的校書郎。這可證明一般的校書郎（及正字），不足以勝
任學術性古籍整理工作。比如，在開元初，朝廷有一次進行大
型的圖書撰次整理，可說是清代編修《四庫全書》的一個唐代
版。《新唐書・馬懷素傳》說：

　　　是時，文籍盈漫，皆炱朽蟫斷。……懷素建白：「願下

---

190 關於現代古籍校勘的程序及方法，可參看這方面最佳的三本著作：
　　王叔岷，《斠讎學》（臺北：中央研究院歷史語言研究所專刊之三十
　　七，1959；修訂本，1995）；陳垣，《元典章校補釋例》（又名《校
　　勘學釋例》）（北平：國立中央研究院歷史語言研究所，1934）；程千
　　帆、徐有富，《校讎廣義：校讎編》（濟南：齊魯書社，1998）。

紫微、黃門，召宿學巨儒就校繆缺。」又言：「自齊以
前舊籍，王儉《七志》已詳。請採近書篇目及前志遺者，
續儉《志》以藏祕府。」詔可。即拜懷素祕書監。乃召
國子博士尹知章、四門助教王直、直國子監趙玄默、陸
渾丞吳綽、桑泉尉韋述、扶風丞馬利徵、湖州司功參軍
劉彥直、臨汝丞宋辭玉、恭陵令陸紹伯、新鄭尉李子釗、
杭州參軍殷踐猷、梓潼尉解崇質、四門直講余欽、進士
王愜、劉仲丘、右威衛參軍侯行果、邢州司戶參軍袁暉、
海州錄事參軍晁良、右率府胄曹參軍毋煛、滎陽主簿王
灣、太常寺太祝鄭良金等分部撰次；踐猷從弟祕書丞承
業、武陟尉徐楚璧是正文字。[191]

　　這份詳細名單上的「宿學巨儒」，竟無一人是書庫「現成」
的校書郎或正字，反而有三個是縣丞：陸渾丞吳綽、扶風丞馬
利徵、臨汝丞宋辭玉；四個是縣尉：桑泉尉韋述、新鄭尉李子
釗、梓潼尉解崇質、武陟尉徐楚璧；另有國子博士、助教、州
府參軍、縣主簿和太祝等人。其中，桑泉尉韋述後來更成為有
名的唐代史官。照說，讎校典籍本來是校書郎、正字的日常工
作，但名單上竟無一人是校書郎和正字。由此看來，唐代的校
書郎和正字所擔任的「讎校」工作，是比較低層次的「校對」
而已。朝廷一旦有大型的古籍整理，便得奏請學有專長的他官

　　191 《新唐書》卷一二四，頁5681。鄭偉章，〈唐集賢院考〉，《文史》，
　　　　第19輯(1983)，對唐代安史亂前的一系列修書活動有很詳細的考證。

出任。以上那些縣丞、縣尉、參軍和太祝，正是以他們在書籍整理方面的特殊學識和才幹，才被徵召入京，參與這次唐代四庫書的編纂。

到了安史亂後的中唐，我們又一次看到校書郎（及正字）其實無法勝任現代意義的「校勘」整理工作。《唐會要》載：

> 貞元二年〔786〕七月，祕書監劉太眞上言：「請擇儒者，詳校《九經》于祕書省，令所司陳設，及供食物，宰臣錄其課效。」從之。議者謂祕書省有校書正字官十六員，職在校理。今授非其人，乃別求儒者詳定，費於供應，煩於官寮。太眞之請，失之甚矣。尋阻眾議，果寢不行。[192]（以上小字注爲《唐會要》原有）

劉太眞（725-792）是古文家蕭穎士的入室弟子，曾任禮部侍郎，知貢舉 [193]。韓愈的名詩〈寄崔二十六立之〉寫崔立之當年去禮

---

192 《唐會要》卷六五，頁1329。
193 劉太眞在兩《唐書》中的傳都太簡略，沒有卒年等資料，也省略了他的許多官職。幸好裴度給他寫的神道碑文〈劉府君神道碑銘并序〉仍傳世，收在《全唐文》卷五三八，頁5466-5469。碑文提到他當祕書監的前後事跡：「貞元元年〔785〕轉刑部侍郎，詳刑議獄，無復煩累。改祕書監，遺編脫簡，有以刊正。三年〔787〕拜禮部侍郎，天下賓王之士，尚實遠名者竊相賀矣。」由此看來，他祇當了約一年的祕書監，對祕書省的「遺編脫簡，有以刊正」。但刊正「遺編脫簡」本是祕書省一般的正常工作。至於他原先「請擇儒者」來「詳校《九經》」的大計畫，碑文未提，極可能沒有實現，正如《唐會要》所說：「尋阻眾議，果寢不行。」

部應考時，「下驢入省門，左右驚紛披」，一派目中無人的樣
子。但他卻「升階揖侍郎」。這位「侍郎」就是劉太真 [194]。看
來他的學問不錯，連高傲無比的崔立之都很尊敬他。貞元二年
他出任祕書監，爲祕書省的最高長官時，「請擇儒者，詳校《九
經》于祕書省」，正是內行的做法。唐代的《九經》即《易》、
《書》、《詩》、《周禮》、《儀禮》、《禮記》、《左傳》、
《公羊》和《穀梁》九種。劉太真建議「詳校」此《九經》，
顯然是一次學術性的古籍整理校勘，並非簡單的抄經校對，所
以他要「請擇儒者」。他既然身爲祕書監，應當很清楚他手下
那些校書郎和正字是甚麼料子。朝廷原本也批准了，但後來卻
有「外行領導內行」，說甚麼「祕書省有校書正字官十六員，
職在校理。今授非其人，乃別求儒者詳定，費於供應，煩於官
寮。太真之請，失之甚矣」。於是，「尋阻眾議，果寢不行」。
這使得《九經》在唐代失去一次學術整理的機會。但這也說明
了，在行家劉太真眼中，他手下的那些校書郎和正字，學問功
夫都太淺，不足以「詳校《九經》」。以筆者做過正字和校書
郎研究所得到的理解，劉太真的看法確是對的。唐代校書郎當
中，或許有少數個別人士學有專精，有志於學術校勘，但絕大
多數恐怕衹是普通的讀書人，衹能做點簡單的校對。他們起家
校書郎，不是爲了學術或校勘，而是爲了入仕任官和將來的升

---

194 《韓昌黎詩繫年集釋》卷八，頁860-865。崔立之，貞元四年(788)
　　進士，也就是韓愈在他那篇名文〈藍田縣丞廳壁記〉中所描寫的那
　　位「可憐」的縣丞崔斯立。韓愈有好幾首詩贈他，但他卻在兩《唐
　　書》中無傳。

遷。

　　同樣的，在貞元年間，包佶任祕書監時，他也奏請「通儒詳定」《禮記・月令》。《冊府元龜》載：

　　　包佶為祕書監，貞元〔七〕年上言：「開元中刪定《禮記・月令》，改為《時令》，其音及疏并《開元〔禮〕》有相涉者，並未刊正，請選通儒詳定。」從之。會佶卒，其事不行。[195]

包佶需奏請通儒來詳定《禮記・月令》，可見這也是校書郎做不來的。

　　到了開成年間，又有奏請當時幾個知名文士「勘較《經典釋文》」的事：

　　　周墀為起居舍人、集賢殿學士，開成元年〔836〕正月，中書門下奏墀及監察御史張次宗，禮部員外郎孔溫業，兵部員外郎、集賢殿直學士崔球等，同就集賢院

---

195 《冊府元龜》卷六〇八，頁7304。《唐會要》卷七七，頁1669，亦收此奏，但文字略有不同，日期為貞元七年(791)十二月，可補《冊府元龜》所脱「七」字(《宋本冊府元龜》亦脱此「七」字)。關於包佶的行年，見蔣寅，〈詩人包佶行年考略〉，《唐代文學研究》，第1輯(太原：山西人民出版社，1988)，頁263-273。據此文，包佶生年不詳，卒於貞元八年(792)，去世前一年任祕書監。所以他死後，刊正《禮記・月令》的事也就不了了之。

勘較《經典釋文》。[196]

　　文宗朝開成年間刻《九經》石本，爲中國石經史上的一件大事，但負責詳校這開成石經的，也不是校書郎：

> 鄭覃爲門下侍郎平章事兼國子祭酒。初，文宗詔，國
> 子監《九經》石本，所司較勘尚有舛誤。傳於永久，
> 必在精詳，宜令率更令韓泉允詳定石經。官就集賢審
> 較勘，仍旋送國子監上石。開成二年〔837〕十月，覃進
> 石壁《九經》一百六十卷。[197]

　　從以上這幾個案例看來，校書郎實無法勝任學術性質的古籍校勘。他們祇能在經籍抄寫後，做些簡單的校對，如：

> 文宗大和三年〔829〕三月癸亥，集賢院奏：「應較勘宣
> 索書及新添寫經籍，令請祕省、春坊、崇文較、正共
> 一十八員，權抽作番次，就院同較勘前件書。其廚料
> 等，請度支准本官例支給。」從之。[198]

---

196 《冊府元龜》卷六〇八，頁7304。《經典釋文》此書今仍傳世，有
　　現代學者整理過的一個新校訂本，見《新校經典釋文》，陸德明撰，
　　黃坤堯校訂（臺北：學海出版社，1988）。關於此書的研究，見黃坤
　　堯，《經典釋文動詞異讀新探》（臺北：臺灣學生書局，1992）。
197 《冊府元龜》卷六〇八，頁7304。
198 《冊府元龜》卷六〇八，頁7304。

這裡最爲明確地告訴我們，祕書省、春坊（當即指左春坊中的司經局）以及崇文館的校書郎和正字，如何被「權抽」去「較勘宣索書及新添寫經籍」。所謂「宣索」，《資治通鑑》胡三省有注曰：「遣中使以聖旨就有司宣取財物，謂之宣索。」[199]「宣索書」即皇帝降旨向集賢院宣取的書籍。這一類「宣索書」和「新添寫經籍」，當屬於一般的用書，抄寫了祇供皇帝閱讀或存庫，不必太講究善本異文的校勘，所以也不必奏請「通儒」來做此事，就由祕書省等官署的校書郎和正字來「校勘」，也就是一般抄書後的校對。此事還有下文：

> 大和五年〔831〕正月，集賢院奏：「應校勘宣索書籍等，伏請准前年三月十九日敕，權抽祕書省及春坊、弘文館、崇文館見任校、正，作番次就院同校。其廚料請准元敕處分，事畢日停。」從之。[200]

看來這批「宣索書和新添寫經籍」，數量不少，集賢院抄寫、校對了幾乎兩年，到大和五年還未完工，所以又有上引奏疏。文中還提到「弘文館」的校書郎和正字也參與此事，這是大和三年奏未提或遺漏的。這兩條奏文很明確地透露，唐代校書郎和正字的工作爲普通的「校對」，不是今人所說的「校勘」。

第三、從唐代的校書郎（及正字）都屬年輕人釋褐的官職來

---

199 《資治通鑑》卷二三三，頁7501。
200 《唐會要》卷六四，頁1324。

看，他們也不可能有足夠的學養，從事學術性質的古籍整理校
勘。像李德裕、杜牧和白居易這一類年輕人，剛出來做官時，
學養尚未精深，任「校對」應不成問題，但要他們從事現代意
義的「校勘」，恐怕還很成疑問。

第四、唐代的校書郎（及正字）幾乎都把此官職僅僅當成一
塊跳板，等待秩滿後即轉到畿縣尉等官，如白居易等人，或未
秩滿已被辟為方鎮使府從事，如杜牧等人。在這種情況下，他
們全都沒有長期從事學術性校勘的意願，也沒有像漢代的劉
向、劉歆父子那樣，願意長期留在書庫校書 [201]。

從以上四點看來，唐代的校書顯然不是學術性的工作，而
是一種低層次的技術性校對，目的祇是讓剛釋褐的士人，有一
些工作的經驗，以準備他們將來在官場上的奮鬥和升遷。這一
類校書，跟讀書人所學很有關連，讓他們得以一出來做事即學
以致用，但又不涉及太複雜的人事關係。祕書省、弘文館和集
賢院等書庫，畢竟是比較安逸、受「保護」的工作場所，遠比
縣尉的工作場合和工作性質單純許多，非常適合剛起家的讀書
人。杜佑《通典》說校書郎是「文士起家之良選」，不但指校
書郎的仕宦前景美好，恐怕也隱含他們的工作環境單純，工作
壓力不大等意思。

校書郎除了「校讎典籍」之外，有時會有其他和校書相關
的職務。比如，唐初貞觀二十年（646）詔修《晉書》時，詔令中

---

[201] 錢穆，《漢劉向歆父子年譜》（1927初版；臺北：商務印書館，1980
年重印）。

的修史「分功撰錄」名單上，有太史令李淳風、太子舍人薛元超等知名文士，還有一位是校書郎張文恭[202]。過了十年，在顯慶元年（656）七月三日，他又跟史官太尉長孫無忌、左僕射于志寧、中書令崔敦禮、國子祭酒令狐德棻、中書侍郎李義府、崇賢學士劉允之、著作郎楊仁卿、起居郎李延壽等名人，「修《國史》成，起義寧盡貞觀末，凡八十一卷，藏其書於內府」[203]。此時他的官職已不再是校書郎，而是比校書郎高好幾階的祕書郎（從六品上），顯然早已升官了。不過張文恭屢次被召去修史，應當是因為他個人的史學才華出眾。一般校書郎恐怕沒有他這種學養。

另一種相關差遣是到外地去搜訪圖書。唐代安史亂前和亂後，都經常有京官被派往外地搜訪圖書。唐詩中送別某某人外出訪書的詩作也很常見，如司空曙（約活躍於765-788）的〈送李嘉祐正字括圖書兼往揚州觀省〉[204]、韋應物的〈送顏司議使蜀訪圖書〉[205]、錢起（710-783）的〈送集賢崔八叔承恩括圖書〉[206]、戴叔倫（732-789）的〈送崔拾遺峒江淮訪圖書〉[207]以及盧綸（約活躍於783-798）的〈送耿拾遺湋充括圖書使往江淮〉[208]，都是京官外出搜書的好例子。古文家蕭穎士（707-759），在「補祕書正

---

202 《唐會要》卷六三，頁1288。
203 《唐會要》卷六三，頁1289-1290。
204 《全唐詩》卷二九三，頁3332。
205 《韋應物集校注》卷四，頁244。
206 《全唐詩》卷二三八，頁2649。
207 《全唐詩》卷二七三，頁3090。
208 《全唐詩》卷二八〇，頁3184。

字」後，也曾「奉使括遺書趙、衛間」[209]。校書郎亦在遣派之列。不過在整部《全唐詩》中，祇找到一個校書郎出外訪書的例子，即儲光羲（706-757?）的〈送沈校書吳中搜書〉：

> 郊外亭皋遠，野中岐路分。苑門臨渭水，山翠雜春雲。
> 秦閣多遺典，吳臺訪闕文。君王思校理，莫滯清江濆。[210]

和正字一樣，校書郎出外搜書，應當可說跟他們「讎校典籍」的工作很有關連。

九、校書郎的生活

　　唐代詩文中所見的校書郎，他們的生活是輕鬆優閒的。從上引李德裕的詩「顧我蓬萊靜無事」看來，校書是很寫意的工作。唐詩中寫校書郎生活最有名的一首，莫如白居易的名詩〈常樂里閒居偶題……時為校書郎〉，寫他自己任校書郎時的生活作息，充滿年輕人的天真情趣，令人神往：

> 帝都名利場，雞鳴無安居。獨有懶慢者，日高頭未梳。
> 工拙性不同，進退跡遂殊。幸逢太平代，天子好文儒。
> 小才難大用，典校在祕書。三旬兩入省，因得養頑疏。

---

209 《新唐書》卷二○二，頁5768。
210 《全唐詩》卷一三九，頁1411。「遭典」當為「遺典」之誤。

　　茅屋四五間，一馬二僕夫。俸錢萬六千，月給亦有餘。
　　既無衣食牽，亦少人事拘。遂使少年心，日日常晏如。
　　勿言無己知，躁靜各有徒。蘭臺七八人，出處與之俱。
　　旬時阻談笑，旦夕望軒車。誰能讎校閒，解帶臥吾廬。
　　窗前有竹玩，門外有酒酤。何以待君子？數竿對一壺。[211]

長安京城是個「名利場」，可是他卻是個「懶慢者」，「日高
頭未梳」，似乎可以睡得很遲才起床。自謙「小才難大用，典
校在祕書」。但這樣的校書郎卻可以有「茅屋四五間，一馬二
僕夫。俸錢萬六千，月給亦有餘」：有房子，有馬，有僕夫，
有不錯的俸錢和月給，恐怕要羨煞許許多多現代的年輕大學畢
業生[212]。要注意的是，白居易任校書郎時，已經是三十二歲了，
但詩中心情卻像二十來歲小伙子，猶稱自己的心為「少年心」。
「亦少人事拘」一句，也透露他工作的場合單純，沒有甚麼人
事鬥爭，所以才能「日日常晏如」。他還跟一班同事一起玩樂
歡笑：「蘭臺七八人，出處與之俱。」旬休的時候，他盼望他
們能放下讎校的心情，到他家中來玩，「解帶臥吾廬」。而他
此「廬」的環境也很雅：窗前有竹子可玩賞，門外有酒可買。
整首詩的調子快樂活潑，寫的彷彿是仙境一樣的地方。

---

211 《白居易集》卷五，頁91。
212 關於白居易當校書郎時的俸錢等問題，見陳寅恪，〈元白詩中俸料
　　錢問題〉，《陳寅恪集‧金明館叢稿二編》(北京：三聯書局，2001)，
　　頁65-80。本書第六章〈文官俸錢及其他〉也有一節專論俸料錢。唐
　　代的俸料和月給等研究，見胡戟等編，《二十世紀唐研究》，頁106-107
　　和頁410-412對此課題所作的詳細學術史回顧。

　　唐代的縣尉也是士子釋褐的官職之一。但和校書郎相比，
縣尉的生涯就複雜多了。縣尉的世界有時甚至是充滿暴力的。
最有名的例子，莫如李商隱(812-858)的詩〈任弘農縣尉獻州刺
史乞假歸京〉[213]。他任弘農尉時，得負責看押刑犯，傍晚時把
官印封存，點算刑徒。這也就是他在詩中所說的「黃昏封印點
刑徒」。李商隱正是受不了這樣的縣尉生涯，不久就寫了這首
詩，「乞假歸京」而去。唐代另一個大詩人高適(700-765)，五
十歲始釋褐任縣尉，也吃盡苦頭。他的名詩〈封丘縣〉，把他
尉封丘縣時的痛苦寫得極深刻：

> 我本漁樵孟諸野，一生自是悠悠者。
> 乍可狂歌草澤中，寧堪作吏風塵下？
> 祇言小邑無所為，公門百事皆有期。
> 拜迎官長心欲碎，鞭撻黎庶令人悲。[214]

縣尉得看押刑犯、「拜迎官長」、「鞭撻黎庶」。這樣的生活
的確不如校書郎（及正字）在書庫中校校書，閒時寫寫詩，畫畫
青蠅那麼寫意。杜甫曾獲授官縣尉，為河西尉，但他同李商隱
等人一樣，不喜此職。他後來免河西尉，改為右衛率府兵曹時，
寫了一首詩〈官定後戲贈〉，自嘲說：

213 《玉谿生詩集箋注》，馮浩箋注（北京：中華書局，1979年標點本），
　　卷一，頁143-144。
214 《高適詩集編年箋註》，劉開揚箋註（北京：中華書局，1981），頁
　　230。

不作河西尉，淒涼為折腰。

老夫怕趨走，率府且逍遙。[215]

白居易還有另一首詩〈首夏同諸校、正遊開元觀，因宿玩月〉，也寫得輕快活潑。「校、正」即校書郎和正字的簡稱[216]。白居易和他這一班同事，在永貞元年（805）的初夏，一起到京城的一個著名道觀遊玩，還因此而留下來住宿賞月，很懂得享受生活情趣，也印證了他在上引〈常樂里閒居偶題十六韻〉中所說「蘭臺七八人，出處與之俱」的歡樂：

我與二三子，策名在京師：官小無職事，閒於為客時。

沉沉道觀中，心賞期在茲。到門車馬迴，入院巾仗隨。[217]

那一晚，他們就在開元觀那兒的「終夜清景前，笑歌不知疲」。詩人最後又說：「長安名利地，此興幾人知？」頗有年輕人重及時行樂多於追逐名利的天真。

校書郎和正字一樣，都是九品官。在唐代的三十品階當中，祕書省校書郎排在第二十七階，正字排在第二十八階，當然算

---

215 《杜詩詳注》卷三，頁244-245。

216 中華書局顧學頡的校點本《白居易集》卷五，頁92，把「校正」兩字連在一起印，好像「校正」是單單一個官名。其實唐代沒有「校正」這樣的官名，似應改為「校、正」。朱金城的《白居易集箋校》（上海：上海古籍出版社，1988），卷五，頁271，也印作「校正」，但朱氏對此詩有繫年（805），對這所開元觀也有詳細的箋釋，可參看。

217 《白居易集》卷五，頁92。

是「小官」。但要留意的是，唐人提到這些九品官，雖謙稱「職卑」，或像白居易所說「官小無職事」，可是卻又如白詩那樣，隱隱約約中透露出一種「自負」和「得意」，因為校書郎和正字都是流內官，頗清貴，遠勝許多未入流的流外官，而且將來的前景不錯，可官至宰相，或爬升到中書舍人、給事中、侍郎、郎中等高官。

白居易的〈早春獨遊曲江，時為校書郎〉，便很有這種安逸的自得：

> 散職無羈束，羸驂少送迎。朝從直城出，春傍曲江行。
> 風起池東暖，雲開山北晴。冰銷泉脈動，雪盡草芽生。
> 露杏紅初坼，煙楊綠未成。影遲新度雁，聲澀欲啼鶯。
> 閒地心俱靜，韶光眼共明。酒狂憐性逸，藥效喜身輕。
> 慵慢疏人事，幽棲逐野情。迴看芸閣笑，不似有浮名[218]。

曲江位於長安城東南，從白居易工作的祕書省出發，約有十公里之遙。不過校書郎「散職無羈束」，所以他可以「朝從直城出，春傍曲江行」，一派「孤雲獨去閒」的樣子。

校書郎的職位優閒，也得到另一位詩人校書郎的證實。劉禹錫的〈子劉子自傳〉，寫他任太子校書時，竟說：

> 初，禹錫既冠，舉進士，一幸而中試。間歲，又以文

---

218 《白居易集》卷一三，頁261。

> 登吏部取士科，授太子校書。官司閒曠，得以請告奉
> 溫清。[219]

工作清閒到得以請假「奉溫清」，恐怕真要羨煞許多忙碌的今
人。

　　若再深一層推敲，校書郎和正字的工作、生活之所以清閒，
實際上反映這兩種職位都是「養望」之所。朝廷用意主要讓任
此兩職者，有機會接近中樞權貴，並不真正在意他們「校刊典
籍」的工作。以此看來，唐代的校書郎和正字，不但無法從事
學術校勘的工作，他們可能連「技術性的校對」也不甚著力，
所以其生活之「悠閒」得以解釋。

　　從官制演變的角度看，校書郎作爲高資歷子弟釋褐之職
位，實源於魏晉南北朝士族子弟「門地二品」之遺緒。魏晉南
北朝祕書郎、著作佐郎之職，即爲「貴遊年少」起家之職（「梁
代尤甚」），以致當時有諺言曰：「上車不落則著作，體中何如
則祕書。」[220]高資歷子弟幼年即任此職，並非真正對此職著力。
唐代校書郎和正字的道理正與魏晉南北朝相同，只是唐代釋褐
之職降至第九品，制度較前朝合理完善（魏晉南北朝祕書郎爲七
品），而唐代的祕書郎即演變成爲再遷之職，非釋褐之官。此外，
唐代高資歷子第得以任校書、正字，也反映士族之中的「著房」，
在唐代仍然是入仕任官的重要因素之一。我們亦不應過於強調

---

219 《劉禹錫集》（北京：中華書局，1990年點校本），卷三九，頁590-591。
220 《唐六典》卷十，頁297。

進士、制科等科舉項目的重要性 [221]。

　　至於校書郎和正字任官的祕書省，晚唐趙璘的《因話錄》
有一段生動的描寫：

> 祕書省內有落星石，薛少保畫鶴，賀監草書，郎餘令
> 畫鳳，時傳號為四絕。元和中，韓公武為祕書郎，挾
> 彈中鶴一眼，時謂之五絕。又省之東，即右威衛，荒
> 穢摧毀，其大廳逼校書院，南對御史臺，有人嘲之曰：
> 「門緣御史塞，廟〔應作「廳」〕被校書侵。」 [222]

　　趙璘是大和八年(834)進士，開成三年(838)中書判拔萃，
不久即校書祕書省，後任度支郎中、金部郎中等高官，咸通三
年(862)官至衢州刺史 [223]。上引他對祕書省的描寫，應當是他任
校書郎時的親身經歷。尤其難得的是，他提到祕書省隔鄰的右
威衛「荒穢摧毀」的景象，更讓我們對晚唐衛府和祕書省的處
境有更深刻的瞭解。右威衛原為唐十六衛之一，安史亂後僅存
將軍而無衛兵，竟淪至「荒穢摧毀」 [224]。「廳被校書侵」應當

---

221 本段和上一段論點，大抵採納本書其中一位匿名審稿專家的意見。
　　承其教示，特此致謝。

222 《因話錄》卷五，頁101。《全唐詩》卷八七二，頁9889，引這兩句
　　詩，題〈右威衛嘲語〉，無名氏著。「廟」作「廳」。

223 勞格、趙鉞，《唐尚書省郎官石柱題名考》，徐敏霞、王桂珍點校(北
　　京：中華書局，1992)，卷十五，頁736-737，對趙璘的生平和官歷有
　　細緻的考訂。

224 《舊唐書》卷十二〈德宗紀〉，頁354：貞元二年(786)「九月，詔：
　　『左右金吾及十六衛將軍，故事皆擇勳臣，出鎮方隅，入居侍從。

指它的大廳被祕書省的古木侵入了。晚唐的祕書省處在隔鄰這
種「荒穢摧毀」的環境中,氣氛想來是很有些陰森森的。

　　寫晚唐校書郎生活的,還有一首是林寬的〈和周繇校書先
輩省中寓直〉,寫校書郎和其他唐官一樣,有時需在工作場所
宿夜當直。詩中也提到祕書省的頹敗景象:

> 古木重門掩,幽深祗欠溪。此中眞吏隱,何必更巖棲。
> 名姓鐫幢記,經書逐庫題。字隨飛蠹缺,階與落星齊。
> 伴直僧談靜,侵霜蛩韻低。粘塵賀草沒,剝粉薛禽迷。
> 衰蘚牆千堵,微陽菊半畦。鼓殘鴉去北,漏在月沈西。
> 每憶終南雪,幾登雲閣梯。時因搜句次,那惜一招攜。[225]

林寬的生卒年不詳,但周繇是咸通十三年(872)的進士,和晚唐
詩人段成式和溫庭筠有交遊[226],任校書郎應在此年之後,所以
這首詩寫的當是咸通末年的祕書省。「古木重門掩,幽深祗欠
溪」這兩句,頗可讓我們感覺到唐末校書郎工作環境之「幽深」。

(續)————————————————

　　自天寶艱難之後,衛兵雖然廢闕,將軍品秩尤高。此誠文武勳臣出
　　入轉遷之地,宜邊祿秩,以示優崇。』」杜牧,〈原十六衛〉,《樊
　　川文集》卷五,頁89:「然自今觀之,設官言無謂者,其十六衛乎。」
225 《全唐詩》卷六〇六,頁7004。
226 陳振孫,《直齋書錄解題》(清乾隆三十八年即1773年武英殿叢書
　　本),卷十九,葉二十一上著錄《周繇集一卷》,下注:「周繇撰,
　　咸通十三年進士。」又參見徐松,《登科記考》卷二十三,頁864;
　　孟二冬,《登科記考補正》卷二十三,頁964有進一步的考證。溫庭
　　筠及段成式和周繇的唱和詩見《全唐詩》卷五八三,頁6764;卷五
　　八四,頁6767-6772。周繇本人的詩收在《全唐詩》卷六三五。

「階與落星齊」中的「落星」，應即祕書省四絕之一的「落星石」。「粘塵賀草沒，剝粉薛禽迷」，用的也是祕書省中賀知章（659-744）寫草書和薛稷（約活躍於695-711）畫鶴的典故。然而，在咸通末年林寬寫這首詩時，則連他所見到的賀知章草書都「粘塵」了，薛稷所畫的鶴也「剝粉」了，一派頹廢的唐末氣象，令人歎息。

十、公卿之濫觴

《全唐詩》中有一首〈述懷〉詩，由某一個校書郎的少妻崔氏所寫，標題下有小注說：「校書娶崔時，年已暮，崔微有慍色，賦詩述懷。」從女性的觀點來看一個年老的校書郎，在唐詩中非常罕見，值得全引：

不怨盧郎年紀大，不怨盧郎官職卑。
自恨妾身生較晚，不及盧郎年少時。[227]

這位少妻說她丈夫的校書郎「官職卑」，然而她並「不怨」，反而恨自己生得晚，「不及盧郎年少時」。她說「不怨」，其實恐怕還是有些埋怨她的丈夫太老，但全詩卻又彌漫著一種「撒嬌」式的「幸福感」，把一對老夫少妻的校書郎夫婦關係寫得極生動有趣。唐人說自己的「官職卑」時，大抵都是謙詞，不

227 《全唐詩》卷七九九，頁8990。

能當真，應放在適當的情境下看，才能看得真切是怎麼回事。

白居易也曾在他的〈首夏同諸校、正遊開元觀，因宿玩月〉
一詩中，說過校書郎「官小無職事」的話。但這恐怕也是謙詞。
實際上，他在〈大官乏人〉這篇策中，卻把校書郎看得很重，
期望很高，並且以他在中唐的親身經驗（他寫這篇策時，剛罷校
書郎），清楚告訴我們，校書郎（以及正字、畿赤縣的主簿和縣
尉等九品小官），如何可以官至「國家公卿將相」：

> 臣伏見國家公卿將相之具，選於丞郎給舍；丞郎給舍
> 之材，選於御史遺補郎官；御史遺補郎官之器，選於
> 祕著校正畿赤簿尉：雖未盡是，十常六七焉。然則畿
> 赤之吏，不獨以府縣之用求之；祕著之官，不獨以校
> 勘之用取之。其所責望者，乃丞郎之椎輪，公卿之濫
> 觴也。[228]

這裡用了連串簡稱。「丞」指尙書右丞、左丞等。「郎」指侍
郎，即尙書六部二十四司中的一系列侍郎。「給舍」即給事中
和中書舍人等。「御史」指御史臺的御史。「遺補」即左右拾
遺和左右補闕。「郎官」指二十四司的郎中和員外郎，如度支
郎中、祠部員外郎等。「祕著校正畿赤簿尉」簡略得最厲害，
即「祕書省、著作局校書郎、正字，畿赤縣主簿和縣尉」。這

---

228 《白居易集》卷六三，頁1326。白居易的〈策林〉共七十五篇，是
他在憲宗元和元年（806）三十五歲時寫的。

篇對策是一個中唐詩人眼中所見到的升官圖，是他自稱「退居於上都華陽觀，閉門累月，揣摩當代之事」寫成的，很有時代氣息，可以跟上引封演所描寫的升官途徑參照，「雖未盡是，十常六七焉」。它也說明校書郎的地位，在安史亂後一點也不低下。所謂「祕著之官，不獨以校勘之用取之」，即是說祕書省、著作局之官（校書郎和正字），不應祇為了當校勘取用。「其所責望者，乃丞郎之椎輪，公卿之濫觴也。」白居易這種言論，反映當時人對校書郎、正字期望之高。考張說、元稹、董晉等人都以校書郎出身，後來都官至宰相。他的這一番話，的確不假。

符載（約活躍於794-813）[229] 的〈送袁校書歸祕書省序〉，甚至說校書郎為「黃綬者九品之英」，很有前途：「不十數歲，公卿之府，緩步而登之。」符載即以此勉勵他的朋友袁校書：

> 國朝以進士擢第為入官者千仞之梯，以蘭臺校書為黃綬者九品之英。其有折桂枝，坐芸閣，非名聲衰落，

---

229 符載在兩《唐書》中無傳。五代孫光憲，《北夢瑣言》，賈二強點校本（北京：中華書局，2002），卷五，頁118有一小記。南宋晁公武，《郡齋讀書志》（上海：商務印書館《四部叢刊》影印宋淳祐袁州本，1933），卷四中，葉二下有一小傳：「唐符載，字厚之，岐襄人，幼有宏達之志，隱居廬山，聚書萬卷，不為章句學。貞元中，李巽江西觀察薦其才，授奉禮郎，為南昌軍副使，繼辟西川韋皋掌書記，澤潞郗士美參謀，歷協律郎、監察御史，元和中卒。段文昌為墓志。」又見南宋計有功，《唐詩紀事》（上海：中華書局上海編輯所排印本，1965），卷五一，頁780。柳宗元有〈賀趙江陵宗儒辟符載啟〉，《柳宗元集》卷三五，頁899-901。

　　　體命轗軻，不十數歲，公卿之府，緩步而登之。[230]

　　這比白居易講得更明白。符載這篇贈序是寫給一個回返祕書省工作的校書郎，所以文中特別就校書郎一職來發揮，說它是「黃綬者九品之英」。在他看來，校書郎是個美官：「折桂」中舉後，坐芸閣（祕書省代稱），祇要不是「名聲衰落」，「體命轗軻」（即坎坷），不到十多年就可以登上「公卿之府」，說得好不輕鬆。

　　我們不妨以校書郎出身的三個唐代知名詩人文士爲抽樣例子，看看他們的升官圖，也看看他們花了多少時間才登上相位[231]。這三人是盛唐的張九齡、中晚唐的元稹和李德裕。

　　（一）張九齡（678-740）二十五歲進士及第，在景龍元年（707）三十歲中材堪經邦科，授祕書省校書郎。他當了四年的校書郎後，在三十五歲中道侔伊呂科，遷左拾遺。然後，他當過左補闕、禮部員外郎、司勳員外郎、中書舍人、太常少卿、洪州刺史、桂州刺史、祕書少監、工部侍郎等官，最後在開元二十一年（733）十二月他五十六歲時，當上中書侍郎，同中書門下平章事即宰相[232]。細考以上官歷，張九齡從校書郎起家，歷拾遺、補闕，升員外郎等郎官，轉中書舍人，外任刺史，再入朝爲祕

---

230 《全唐文》卷六九〇，頁7070。

231 關於唐代宰相的任期和其他面貌，見王吉林，《唐代宰相與政治》（臺北：文津出版社，1999）。

232 《新唐書》卷六二，頁1689。張九齡的官歷依楊承祖，《張九齡年譜》。

書少監和侍郎，最後官至宰相，大體都很符合封演和白居易所描寫的那種升官圖。他總共費了二十六年的時間，才從校書郎做到宰相。

（二）元稹（779-831）在貞元十九年（803）二十五歲時以祕書省校書郎起家。他後來出任河南縣尉、監察御史、江陵士曹參軍、通州司馬、膳部員外郎、祠部郎中、中書舍人、翰林承旨學士等官。他在長慶二年（822）二月四十四歲時，以工部侍郎同中書門下平章事當上宰相[233]。從任校書郎那年算起，他花了約十九年入相。

（三）李德裕（787-850）在元和八年（813）二十七歲時以蔭補校書郎。接著他當過河東節度使掌書記、監察御史、翰林學士、屯田員外郎、中書舍人、浙西觀察使、兵部侍郎、劍南西川節度副使，並於大和七年（833）二月四十七歲時，以兵部尚書守本官同中書門下平章事入相位[234]。從他初任校書郎算起，他花了約二十年登相。

十一、結論

校書郎是唐代士人釋褐最重要的幾個官職之一，分布在祕書省、集賢院和東宮幾個官署。在編制上，校書郎比另一釋褐官正字的定員多約一倍。唐代三十幾位主要詩人或知名文士當

---

233 《新唐書》卷六三，頁1718。元稹的官歷據卞孝萱，《元稹年譜》。
234 《新唐書》卷六三，頁1722。李德裕的官歷見傅璇琮，《李德裕年譜》。

中，有三人以正字起家，但卻有十一人出身校書郎，其中四人（張說、張九齡、元稹和李德裕）後來更從校書郎官至宰相。

校書郎雖九品小官，然而張說、杜佑、封演、白居易和符載等唐人，都說校書郎是個美官，前景美好。其入仕資歷要求也很高，需進士、制科或同等條件。流外和視品官出身者不得擔任此官。

中晚唐起，校書郎有三種類型：一是真正在京城校書的校書郎，如白居易和元稹等人。二是「試校書郎」，他們頂著一個校書郎的官銜，但卻在方鎮使府任巡官、推官、掌書記或判官，如韓愈、權德輿等人。三是先在京城校書一段時候，然後才被幕府辟爲從事，如李德裕和杜牧等人。

校書郎的職務，據《通典》等政書上說是「讎校」，但從許多方面看來，他們所做的祇是低層次的「讎校」，即今人所說的「校對」，而不是現代意義的「校勘」。唐代的校書郎都把此職位當作跳板，秩滿後即遷別官，並無終生或長期從事校勘的打算。除了校書，校書郎可能有其他相關工作，如撰錄史書或往外地搜訪圖書。唐代詩文所呈現的校書郎生活是優閒的，工作環境也是備受「保護」的，遠比縣尉生涯寫意。

第二章
正　字

> 唐劉晏，方七歲。
>
> 舉神童，作正字。
>
> 彼雖幼，身已仕。
>
> 爾幼學，勉而致。
>
> 有為者，亦若是。
>
> ——《三字經》[1]

　　《三字經》這本書，裡面提到的唯一唐代官名，就是「正字」。今天的讀書人，恐怕沒有幾個聽過「正字」這種官名。然而，從宋到清的一千年左右，在《三字經》廣為幼兒啓蒙書

1　《三字經》的作者，一般說是宋末元初的王應麟(1223-1296)。然而，已故宋史專家劉子健教授有一考證：〈比《三字經》更早的南宋啓蒙書〉，《兩宋史研究彙編》（臺北：聯經，1987），頁303-306，認為《三字經》可能是宋末元初的區適子所編，但明人刻書卻偽託是王應麟所作。劉子健也考出比《三字經》更早的一部南宋啓蒙書《啓蒙初誦》，由陳淳所編。兩書有若干字句相同。

的年代，唐劉晏（717-780）[2] 七歲「舉神童，作正字」的故事，應當是所有讀書人都很熟悉的。但正字是一種怎樣的官？現代學者對此官幾乎一無研究。簡單地說，正如《三字經》所隱示的，正字常常是唐代士人入仕所任的第一個官職。劉晏「彼雖幼，身已仕」。他所任的首個官職，正是這個正字官。難怪《三字經》的作者，要拿他來當模範童子。科舉時代的學子，大概都很羨慕劉晏那麼小就當上正字。現代學子則很可能連正字這官名都沒聽過了。

我們在本書第一章〈校書郎〉見過，正字這種官和校書郎非常相似。它的入仕資歷要求、職務、仕途前景，甚至俸料錢（見本書第六章）都和校書郎的相同或大同小異。唐史料也經常把校書郎和正字相提並論。白居易甚至把這兩種官簡稱為「校、正」，如他的詩〈首夏同諸校、正遊開元觀，因宿玩月〉[3] 等。因此，本書第一章論及校書郎的許多課題，特別是校勘職務，以及仕途美景等等，也都全部適用於正字，本章就不再重複論述。至於兩官的微小分別，讓我們在下一節中，以李商隱和張仲方任過校書郎，才來任正字的經歷，作一具體說明。

2 劉晏的生年有四說：715、716、717和718。詳見齊濤、馬新，《劉晏、楊炎評傳》（南京：南京大學出版社，1998），頁284-285。本章取717，從齊濤、馬新所考。
3 《白居易集》卷五，頁92。

一、正字和校書郎的比較

　　晚唐詩人李商隱並非從正字起家，而是從祕書省校書郎出身，但他後來卻又回去祕書省任正字。開成二年(837)他考中進士。隔了兩年，在開成四年(839)，他才得到他的第一個官職：祕書省校書郎。但李商隱任此官不久，就被調爲弘農縣的縣尉。他任縣尉不久，又因爲受不了縣尉那種「黃昏封印點刑徒」的生活而辭官(見其〈任弘農縣尉獻州刺史乞假歸京〉[4]一詩)。會昌二年(842)他又回到京城，參加吏部的書判拔萃科考試登科，得到祕書省的另一個職位：正字。李商隱的這個案例，正好讓我們可以更深入探討正字和校書郎這兩官，在唐人眼中究竟有甚麼不同。

　　由於正字的職事官階(以祕書省爲例)爲正九品下，校書郎則正九品上(詳見本書第一章表一)，正字似乎比校書郎低一等。李商隱先任校書郎，後任正字，彷彿是降級，仕途並不得意。現代學者對此也持有兩種不同的看法。一種如吳調公所說，李商隱第二次回祕書省，任正字，「不僅寄托了重振家聲的願望，還充滿了軒轇文場的自負」[5]。然而，也有學者認爲，這兩種官「雖同爲清資，卻有上、下階之別」，這不能不在李商隱「內心萌發自慰復自怨，希望更失望的複雜感情」[6]。近年更有

4　李商隱，《玉谿生詩集箋注》卷一，頁143-144。
5　吳調公，《李商隱研究》(上海：上海古籍出版社，1982)，頁16。
6　楊柳，《李商隱評傳》(南京：江蘇人民出版社，1981)，頁162。

人說，李商隱「重新入祕書省，只是比起三年前的祕書省校書郎職位的正九品上階還降了一等，心裡不免有些不是滋味」[7]。

其實，我們已經在第一章第三節「起家之良選」中，見到唐人都是把正字和校書郎並提的，似乎並不在意兩者有上、下階之分。唐人任官不能單看官品，這也是唐史常識。但最有力的證據，當推杜佑《通典》所說，正字「其官資輕重與校書郎同」。張說在〈兵部尙書代國公贈少保郭公行狀〉，說「時輩皆以校書、正字爲榮」，也是兩官並提。《唐會要》所載的元和詔令和吏部的奏疏，更是不分校書、正字。

除此之外，《新唐書》曾列舉晚唐會昌年間「內外官料錢」，正字和校書郎的俸料錢都是一樣的，即「各十六貫文」（一萬六千文）[8]。白居易任校書郎時，寫過一首詩〈常樂里閒居偶題〉，也說他那時的「俸錢萬六千，月給亦有餘」[9]，可證《新唐書》所載的俸錢資料並非虛文。這些史料都可幫助我們瞭解，李商隱任了校書郎又回去當正字，究竟是得意還是失意。至少，他的俸錢是一樣的。

李商隱寫過一篇〈祭徐氏姊文〉，曾提到他的早年官歷：「三干有司，兩被公選；再命芸閣，叨跡時賢。」[10]其中「再命

---

7 吳晶、黃世中，《古來才命兩相妨：李商隱傳》（北京：東方出版社，2000），頁191。
8 《新唐書》卷五五，頁1404。又見本書第六章第一節「俸料錢」的討論。
9 《白居易集》卷五，頁91。
10 《李商隱文編年校注》，李商隱撰，劉學鍇、余恕誠校注（北京：中華書局，2002），頁690；此文又收在《全唐文》卷七八二，頁8179。

芸閣」即指他再次回到祕書省任正字。從這幾行文字看，他這時候所表現的，應當像吳調公所說，是一種「得意心情」[11]，並非失意。否則，他也不必在此多提一筆了。

校書郎和正字雖然在職事官階上有正九品上、正九品下之別，但我們卻不應當以爲，李商隱重返祕書省任正字必定是失意的。再深一層探究，從唐代的散官制度看，不論是校書郎或正字，其散官階往往是相同的，即「將仕郎」。這是唐代文散官階中最低的一級，從九品下[12]。在現有的唐代史料中，可以找到下面幾個自述官階或他人詳述某人官階的例子，分正字和校書郎兩種：

一、「將仕郎守麟臺正字臣陳子昂昧死上言」[13]

二、「將仕郎守集賢殿正字宗元謹上尚書考功」[14]

三、「將仕郎守祕書省正字沈亞之再拜貢書諫議閣下」[15]

四、「冷朝陽，金陵人。大曆中進士。興元時官將仕

11　吳調公，《李商隱研究》，頁16。

12　《舊唐書》卷四二，頁1803。《通典》卷三四，頁938。關於唐代的散官制度，近年有幾篇論著，見黃清連，〈唐代散官試論〉，《中央研究院歷史語言研究所集刊》，第58本第1分(1987)；黃正建，〈唐代散官初論〉，《中華文史論叢》，1989年第2期；王德權，〈試論唐代散官制度的成立過程〉，《唐代文化研討會論文集》（臺北：文史哲出版社，1991）。其他論文見胡戟等編，《二十世紀唐研究》，頁106的學術史回顧。

13　《全唐文》卷二一二，頁2149，又見於卷二一二，頁2155。

14　《柳宗元集》卷八，頁190。

15　《全唐文》卷七三四，頁7585。

　　郎守太子正字。」[16]
五、「將仕郎守太子校書郎王泠然謹再拜上書相國燕
　　公閣下」[17]

從這五個例子看來，正字的散階一般都是將仕郎，但校書郎的
散階也同樣可以是將仕郎，如王泠然。因此，我們不能光看正
字和校書郎的職事官階，就妄下結論，應當也留意他們的散官
階，以及他們的俸料錢等。可惜，李商隱任校書郎和正字時的
散階是甚麼，史料不載，我們不得而知。

　　實際上，任了校書郎又任正字，李商隱並不是唯一的特例。
唐史上至少還有一人的早期官歷和李商隱很相似。他就是「歷
官二十五」的張仲方。《舊唐書》說：

　　　張仲方，韶州始興人。祖九臯，廣州刺史、殿中監、
　　　嶺南節度使。父抗，贈右僕射。仲方伯祖始興文獻公
　　　九齡，開元朝名相。仲方，貞元中進士擢第，宏辭登
　　　科，釋褐集賢校理，丁母憂免。服闋，補祕書省正字，
　　　調授咸陽尉。出為邠州從事，入朝歷侍御史、倉部員
　　　外郎。[18]

16　《全唐文》卷五一三，頁5208。
17　《唐摭言》卷六，頁64。《全唐文》卷二九四，頁2980，也收王泠
　　然的這封信，但顯然源自《唐摭言》。
18　《舊唐書》卷一七一，頁4442。

按「集賢校理」即指「集賢殿正字、校書」；兩者為不同時期
的不同官名(見第一章)。張仲方最後官至祕書省的最高長官祕
書監。詩人白居易跟他有交遊，給他寫過墓誌銘〈唐故銀青光
祿大夫祕書監曲江縣開國伯贈禮部尙書范陽張公墓誌銘〉，提
到他的早年官歷，而且更明確告訴我們，張仲方最初任的是「集
賢院校書郎」這個職位：

> 貞元中進士舉及第，博學選登科。初補集賢院校書郎。
> 丁內憂，喪除，復補正字。選授咸陽縣尉。[19]

按墓誌所根據的，是死者家屬所提供的行狀等傳記資料，在年
月和官名方面，常比正史列傳精確、可靠。這裡白居易說張仲
方「初補集賢院校書郎」，應當比《舊唐書》所說「釋褐集賢
校理」可信。由於集賢殿正字和校書郎在元和二年(807)起都統
稱「集賢校理」，不再稱作校書郎和正字，《舊唐書》可能因
而改為「集賢校理」。

白居易用了「集賢院校書郎」這較早的官名，也意味著張
仲方很可能是在貞元八年到元和二年(792-807)這段期間擔任此
官的。考張仲方生於大曆元年(766)，到貞元八年(792)正好是
二十七歲，正是釋褐校書郎的適當年齡。他先任校書郎，丁母
憂後回去做官，任的卻是正字，但這看來完全是唐代官制很正
常的運作，並沒有意味著降級。在本章第三節「任正字的九種

---

19 《白居易集》卷七〇，頁1482。

方式」中，我們也會見到另有幾人是在任過主簿、縣尉之後才來任正字的，如孫逖、蕭穎士等人，但這全都是他們在仕途上「累遷」、「累轉」的結果，同樣不表示官場失意。李商隱的案例，應當也如此看待。

二、唐代詩文和唐史上的正字

唐代主要詩人當中，從正字起家的，有隋唐之際的王績（590-644）、初唐的陳子昂（659-700）[20]，以及中唐的柳宗元（773-819）。王績和陳子昂從祕書省正字幹起，史料很清楚，沒有問題[21]。至於柳宗元，《舊唐書》說他「登進士第，應舉宏辭，授校書郎、藍田尉」[22]。《新唐書》也說他「第進士、博學宏辭科，授校書郎，調藍田尉」[23]。好像他的第一個官職是校書郎。近人不少論著根據兩《唐書》，也說柳宗元是從校書郎出身。但兩《唐書》的記載恐怕是錯的。

柳宗元本人曾經在至少兩處提到他擔任過正字。一是在貞元十四年（798）九月所寫的〈與太學諸生喜詣闕留陽城司業書〉

20　陳子昂的生卒年有多種說法。此依彭慶生，〈陳子昂年譜〉，《陳子昂詩注》（成都：四川人民出版社，1981），頁277-281。

21　張錫厚，〈王績年譜〉，收在《王績研究》（臺北：新文豐，1995），頁296。金榮華，〈王績年譜簡編〉，《王績詩文集校注》（臺北：新文豐，1998），頁357；韓理洲，《陳子昂評傳》（西安：西北大學出版社，1987），頁25。

22　《舊唐書》卷一六〇，頁4213。

23　《新唐書》卷一六八，頁5132。

這封信中。他一開頭就寫道：「二十六日，集賢殿正字柳宗元
敬致尺牘，太學諸生足下……。」[24] 連他自己寫信時都自稱爲
「集賢殿正字」，還有甚麼比這自稱更可信的呢？此條資料常
爲學者徵引，但似乎還沒有人注意到另一條相關材料，講得更明
確，連他的散官階都有。那是在貞元十五年（799）正月，他給他
的從祖祖父柳渾寫了一篇行狀，叫〈故銀青光祿大夫、右散騎常
侍、輕車都尉、宜城縣開國伯柳公行狀〉，附一篇〈諡議〉呈上
朝廷，自稱：「柳公從孫、將仕郎守集賢殿正字宗元謹上。」[25]
這兩篇文字的年月和柳宗元的官歷完全相符。他正是在貞元十
四年到十六年（798-800）間出任正字的。韓愈（768-824）的〈柳子
厚墓誌銘〉，也說柳宗元「其後以博學宏詞授集賢殿正字」[26]。
這些都是比兩《唐書》更早、更原始，也更可靠的記載，當以
之爲準。

　　實際上，柳宗元從來沒有任過校書郎。兩《唐書》之所以
誤爲「校書郎」，恐怕是因爲在唐代，校書郎和正字原就是性
質相同的官職，都涉及校正典籍的工作，只是在官階上有上、
下之別[27]。

24　《柳宗元集》卷三四，頁867。
25　《柳宗元集》卷八，頁190。
26　《韓昌黎文集校注》卷七，頁511。參見孫昌武，《柳宗元傳論》（北
　　京：人民文學出版社，1979），頁42-44和頁56注8。關於柳宗元，陳
　　弱水的英文專書有專章討論其生平和思想史上的地位：Jo-shui Ch'en,
　　Liu Tsung-yuan and Intellectual Change in T'ang China (Cambridge:
　　Cambridge University Press, 1992).
27　兩《唐書》經常混淆或弄錯某些官名，如主簿和縣尉常不分，巡官
　　和推官也常混用，即因這幾種官性質相近易錯亂。

　　至於名氣較小的唐詩人，從正字出身或任過正字的就更多了，如作品收入《全唐詩》中的李嘉佑、綦母誠、章孝標、唐廩、徐夤、王希羽、曹松和喬舜等人。

　　唐代的正字，一般指京城長安祕書省裡的正字。他們的職務，主要是「掌讎校典籍，刊正文章」[28]。祕書省的首長是祕書監，下面還有祕書少監、祕書丞、祕書郎和校書郎。正字是祕書省中最低的一個品官。在隋代是從九品。唐代高些，為正九品下。

　　應當注意的是，除了祕書省有正字外，唐代的其他官署如著作局、集賢殿書院、太子府司經局，也都有正字的職位（見第一章表一）。雖然史料中所見的正字，絕大部分是祕書省正字，但我們還是不應忽略其他官署的正字。如柳宗元的「集賢殿正字」，就可說是比較罕見的。

　　除了不少唐詩人從正字起家外，唐史上也有不少政治人物從祕書省正字幹起或任過此官，後來都名列青史，如魏元忠、王無競、裴耀卿、裴冑、劉晏、于休烈、李鄘、柳玭、趙曄、高子貢、蘇牟、王翰、吳通玄、王質（五世祖王通）、盧鈞、盧知猷、孫偓相以及古文家蕭穎士。此外，從太子正字幹起的有至少六人：楊綰、常袞、劉滋（史學家劉知幾之孫）、盧邁、王式和趙驊。從司經局正字起家的，有名列〈孝友傳〉中的王友貞。釋褐著作局正字的有任敬臣。他們大多是唐史上赫赫有名的人物，好些後來甚至官至宰相，如魏元忠、裴耀卿、裴冑、

28　《新唐書》卷四七，頁1215。

劉晏、楊綰、盧邁和盧鈞等人。這當中最有名的，可能要算裴
耀卿和劉晏這兩個傑出的理財專家（唐史上這些人任正字的詳
細出處，見下面「任正字的九種方式」一節。）

　　或許正因為正字是士人當中很常見的一種基層文官，唐詩中
寄贈、酬答、送別某某正字的詩篇，更是隨處可見。這裡且舉幾
個例子以見一斑，如孟浩然的〈寄是止字〉[29]，李白的〈酬坊州
王司馬與閻正字對雪見贈〉[30]，韋應物的〈詠徐正字畫青蠅〉[31]，
岑參的〈送王伯倫應制授正字歸〉[32]，李嘉佑的〈送王正字山寺
讀書〉[33]，杜甫的〈夏日楊長寧宅送崔侍御常正字入京〉[34]，以
及司空曙的〈送李嘉祐正字括圖書兼往揚州觀省〉[35] 等等。

　　在《全唐文》中，也可見到不少正字。他們通常是贈序的對
象，如宋之問的〈春夜令狐正字田子過弊廬序〉[36]，任華的〈送
杜正字暫赴江陵拜覲叔父序〉[37]，于邵的〈送譚正字之上都序〉[38]，
權德輿的〈送馬正字赴太原謁相國叔父序〉[39] 等等。

29　佟培基箋注，《孟浩然詩集箋注》（上海：上海古籍出版社，2000），
　　卷上，頁152。
30　安旗主編，《李白全集編年注釋》（成都：巴蜀書社，2000年新版），
　　頁136-137。
31　《韋應物集校注》，拾遺，頁602。
32　《岑參詩集編年箋註》，頁155。
33　《全唐詩》卷二○六，頁2149。
34　《杜詩詳注》卷二一，頁1892。
35　《全唐詩》卷二九三，頁3332。
36　《全唐文》卷二四一，頁2439。
37　《全唐文》卷三七六，頁3820。
38　《全唐文》卷四二七，頁4350。
39　《全唐文》卷四九三，頁5028。

　　孟浩然(689-740)寄詩的對象「是正字」，是個很有趣的例子。「是」是一個很罕見的姓，以致這位正字的姓，早在宋代就引起誤會。宋蜀本《孟浩然詩集》的刻印者，大概以為「是」乃錯字，結果把這正字的姓刪去，把這首詩的詩題刻印成「寄正字」[40]。明清的版本則多作「寄趙正字」，想是編者以「是」、「趙」形近而臆改[41]。近人從敦煌唐詩殘卷伯二五六七號，才發現他原來姓「是」[42]。《新唐書‧藝文志》：

　　　　是光乂《十九部書語類十卷》。開元末，自祕書省正
　　　　字上，授集賢院脩撰，後賜姓齊。[43]

可證孟浩然寄詩的對象，正是這個「是光乂」。從他後來又被「賜姓齊」看來，則這個是正字似曾立下某種功勞。他後來的仕途不錯，官至祕書少監，祕書省的第二把交椅。

三、任正字的九種方式

　　正字雖是九品小官，任官資歷要求卻很高，和校書郎一樣，需有進士、明經及第或相等條件。以唐人文集、兩《唐書》、

40　《孟浩然詩集》(上海：上海古籍出版社，1982年影印北京圖書館藏
　　宋蜀本)，卷上，頁14。
41　《孟浩然詩集箋注》卷上，頁152。
42　徐凌纂輯，《敦煌唐詩殘卷輯考》(北京：中華書局，2000)，頁48-49。
43　《新唐書》卷五九，頁1563。

墓誌和行狀中所能找到的正字為例，任正字的方式，可歸納為
九種，比校書郎的入仕門路十種略少，主要少了「薦舉」和「獻
著述」兩種，但多了「童子科」一種。

（一）門蔭。用此法當上正字的，史料中可見者，有以下兩
人：

　　劉滋：「少以門蔭，調授太子正字。」[44]
　　王式：「以蔭為太子正字。」[45]

（二）制舉（也稱「制科」），即由皇帝下詔親自面試。制科
名目繁多，常見的有孝悌廉潔、賢良方正等。考中即可授官，
如詩人王績等人：

　　王績：「舉孝悌廉潔，除祕書省正字。」[46]
　　胡秀：「武后時以文材徵為麟臺正字。」[47]
　　倪若水：「應八道使舉……授祕書正字。」[48]
　　李史魚：「開元中以多才應詔，釋褐授祕書省正字。」[49]

44　《舊唐書》卷一三六，頁3751。
45　《新唐書》卷一六七，頁5119。
46　《新唐書》卷一九六，頁5594。
47　韓愈，〈唐故中散大夫少府監胡良公墓神道碑〉，《韓昌黎文集校
　　注》卷七，頁467。
48　〈大唐故尚書右丞倪公墓誌銘并序〉，《唐代墓誌彙編續集》，頁
　　471。
49　梁肅，〈侍御史攝御史中丞贈尚書戶部侍郎李公墓誌銘〉，《全唐
　　文》卷五二〇，頁5289。

　　(三)中童子科或神童科入仕。這種童子科專供十歲或以下的童子應考，也是眾多科舉考試科目的一種。唐代有好幾個名臣以此入官：

> 裴耀卿：「數歲解屬文，童子舉，弱冠拜祕書正字。」[50]
> 劉晏：「年七歲，舉神童，授祕書正字。」[51]
> 吳通玄：「幼應神童舉，釋褐祕書正字。」[52]

　　(四)以進士入仕，最常見，案例太多不勝舉，且舉數例如下：

> 楊綰：「舉進士，調補太子正字。」[53]
> 常袞：「天寶末舉進士，歷太子正字。」[54]
> 蘇弁：「少有文學，舉進士，授祕書省正字。」[55]
> 王質：「苦勸以仕，乃舉進士，中甲科，繇祕書省正

50　《舊唐書》卷九八，頁3079。

51　《舊唐書》卷一二三，頁3511。《三字經》說「唐劉晏，方七歲。舉神童，作正字」很可能即根據此《舊唐書》的記載。《新唐書・劉晏傳》卷一四九，頁4793則說：劉晏「八歲」始「授太子正字」。鄭處誨，《明皇雜錄》，田廷柱點校(北京：中華書局，1994)，卷上，頁13更說是「十歲」。關於這些不同記載的討論，見齊濤、馬新，《劉晏、楊炎評傳》，頁8，以及吳企明，〈《明皇雜錄》記事有誤〉，《唐音質疑錄》(上海：上海古籍出版社，1986)，頁82-83。

52　《舊唐書》卷一九〇下，頁5057。

53　《舊唐書》卷一一九，頁3429。

54　《舊唐書》卷一一九，頁3445。

55　《舊唐書》卷一八九下，頁4976。

　　　　字。」[56]

徐申：「舉進士上第，調補祕書正字。」[57]

陳京：「舉進士，為太子正字、咸陽尉……」[58]

嚴綬：「始以大曆八年舉進士……不數年，補太子正
　　　　字。」[59]

吳丹：「以進士第入官，官歷正字、協律郎……」[60]

高元裕：「擢進士上第，調補祕書省正字。」[61]

鮑防：「舉進士高第，調太子正字。」[62]

鄭高：「進士高第……調補太子正字。」[63]

林嵩：「登乾符二年〔875〕進士，除祕書省正字。」[64]

徐寅：「第進士，授祕書省正字。」[65]

56　《新唐書》卷一六四，頁5052。

57　權德輿，〈贈太子少保徐公墓誌銘〉，《全唐文》卷五〇二，頁5108。
　　又見李翱，〈唐故金紫光祿大夫徐公行狀〉，《全唐文》卷六三九，
　　頁6458。

58　柳宗元，〈唐故祕書少監陳公行狀〉，《柳宗元集》卷八，頁192。

59　元稹，〈故金紫光祿大夫檢校司徒兼太子少保贈太保鄭國公食邑三
　　千戶嚴公行狀〉，《元稹集》，冀勤點校（北京：中華書局，1982），
　　卷五五，頁591。

60　白居易，〈故饒州刺史吳府君神道碑銘〉，《白居易集》卷六九，
　　頁1447。

61　蕭鄴，〈大唐故吏部尚書贈尚書右僕射渤海高公神道碑〉，《全唐
　　文》卷七六四，頁7941。

62　穆員，〈鮑防碑〉，《全唐文》卷七八三，頁8190。

63　〈大唐故侍御史江西道都團練副使鄭府君墓誌并序〉，《唐代墓誌
　　彙編續集》，頁792。

64　《全唐文》卷八二九，頁8741。

（五）以明經或兩經入仕，如：

盧邁：「舉明經及第，補太子正字。」[66]

柳玭：「應兩經舉，釋褐祕書正字。」[67]

高子貢：「明經舉，歷太子正字⋯⋯。」[68]

瀘溪縣令趙公：「明經登科，補太子正字，又改射洪尉。」[69]

韋冰：「一舉明經上第⋯⋯受太子正字。」[70]

（六）在進士及第後，再考制舉，如陳子昂等人：

陳子昂：進士及第，又武后召殿試策問，「拜麟臺正字」。[71]

于休烈：「第進士，又擢制科，歷祕書省正字。」[72]

（七）以博學宏詞或書判拔萃科等吏部科目選入仕，如以下各例：

（續）————————

65 《全唐文》卷八三〇，頁8744。

66 《新唐書》卷一五〇，頁4815。

67 《舊唐書》卷一六五，頁4308。

68 《舊唐書》卷一八九下，頁4960。

69 張九齡，〈故辰州瀘溪令趙公墓碣銘并序〉，《曲江集》，頁663。趙公的名字待考。

70 〈唐故同州錄事參軍京兆韋府君墓誌銘并序〉，《唐代墓誌彙編續集》，頁880。

71 《舊唐書》卷一九〇中，頁5021。

72 《新唐書》卷一〇四，頁4007。

盧知猷：「中進士第，登宏辭，補祕書省正字。」[73]

盧鈞：「舉進士中第，以拔萃補祕書正字。」[74]

李廓：「大曆中舉進士，又以書判高等，授祕書正字。」[75]

鄭群：「以進士選吏部，考功所試判為上等，授正字。」[76]

李虛中：「進士及第，試書判入等，補祕書正字。」[77]

柳宗元：進士及第，「其後以博學宏詞授集賢殿正字」。[78]

康僚：「三舉進士登上第。……得博學宏詞，授祕書正字。」[79]

(八)以「上封事」得正字。兩《唐書》中僅有一例：

魏元忠：「儀鳳中，吐蕃頻犯邊，元忠赴洛陽上封事，言命將用兵之工拙……。帝甚歎異之，授祕書省正字。」[80]

73　《新唐書》卷一七七，頁5283。

74　《新唐書》卷一八二，頁5367。

75　《舊唐書》卷一五七，頁4147。

76　韓愈，〈唐故朝散大夫尚書庫部郎中鄭君墓誌銘〉，《韓昌黎文集校注》卷七，頁517。

77　韓愈，〈殿中侍御史李君墓誌銘〉，《韓昌黎文集校注》卷六，頁440。

78　韓愈，〈柳子厚墓誌銘〉，《韓昌黎文集校注》卷七，頁511。

79　孫樵，〈唐故倉部郎中康公墓誌銘〉，《全唐文》卷七九五，頁8335。康公名字的考訂，見勞格、趙鉞，《唐尚書省郎官石柱題名考》卷一七，頁794。康公名「僚」，依岑仲勉，〈郎官石柱題名新著錄〉，《金石論叢》(上海：上海古籍出版社，1981)，頁379。

80　《舊唐書》卷九二，頁2945-2951。

上封事可以得官，比較罕見，但封演的《封氏聞見記》已提到
這種任官的方法：

> 常舉外，復有通五經、明一史，及獻文章并著述之輩，
> 或附中書考試，亦同制舉。[81]

魏元忠上封事所獻的是三篇文章，論用兵事，今仍保存在新舊
《唐書》他的傳中。

（九）以「累遷」、「累轉」得正字，即先任別的官（如主簿、
縣尉等）後，才來任正字，如：

> 王無競：「解褐授趙州欒城縣尉，歷祕書省正字。」[82]
> 孫逖：「開元初，應哲人奇士舉，授山陰尉，遷祕書
> 　　　　正字。」[83]
> 王翰：「調昌樂尉，方〔張〕說輔政，故召為祕書正字。」[84]
> 蕭穎士：「進士擢第，歷金壇尉、桂州參軍、祕書正
> 　　　　字……」[85]
> 裴冑：「解褐補太僕寺主簿。……賊平，授祕書省正

81　《唐語林校證》卷八，頁717。

82　《舊唐書》卷一九○中，頁5026。又見孫逖，〈太子舍人王公墓誌
　　銘〉，《全唐文》卷三一三，頁3180。

83　《舊唐書》卷一九○中，頁5043。

84　《新唐書》卷二○二，頁5759。王翰即《舊唐書》卷一九○中的王澣。

85　李華，〈揚州功曹蕭穎士文集序〉，《全唐文》卷三一五，頁3197。

字。」[86]

　　任正字可以有這九種方式，正可說明唐代任官之途不僅僅限於進士而已，也應了《新唐書‧選舉志》所說：「唐取人之路蓋多矣。」[87]以門蔭、制舉或明經任正字也不失為好辦法。不過總的來說，從進士入仕的人還是佔了多數。而且，應當注意的是，正字並不一定只是士人起家的第一個官職，它也可以是遷轉的第二、甚至第三個官職，如上引古文家蕭穎士等人的例子。

四、正字的職務和生活

　　本書第一章考校書郎的校勘職務，已連帶涉及正字。正字的所謂「校勘」工作，和校書郎一樣，僅等於今人所說的「校對」罷了。這裡不贅述，只想補充一些細節。

　　唐人小說對正字的工作，描寫不同於正史典志。從以下劉晏的故事，可以看出當時人對正字一般的理解：

> 時劉晏以神童為祕書正字，年方十歲，形狀獰劣，而聰悟過人。玄宗召於樓上簾下，貴妃置於膝上，為施粉黛，與之巾櫛。玄宗問晏曰：「卿為正字，正得幾

86　《舊唐書》卷一二二，頁3507。
87　《新唐書》卷四五，頁1180。

字？」晏曰：「天下字皆正，唯『朋』字未正得。」[88]

　　唐詩中所見到的正字生活，也和校書郎一樣，有一種悠閒
的意味。比如，韋應物的〈詠徐正字畫青蠅〉，便讓我們看到
正字比較輕鬆的一面：

　　誤點能成物，迷真許一時。筆端來已久，座上去何遲。
　　顧白曾無變，聽難不復疑。詎勞才子賞，為入國人詩。[89]

正字除了校勘圖書，閒暇時分，也可以去畫畫「青蠅」，生活
彷彿很寫意。韋應物給這幅青蠅畫寫的這首詠畫詩，幾乎句句

88　《明皇雜錄》卷上，頁13。按楊貴妃生於開元七年(719)，劉晏生於
　　開元五年(717)，她比劉晏還小兩歲，不可能像文中所說「貴妃置於
　　膝上，為施粉黛，與之巾櫛」。而且，劉晏十歲時，楊貴妃才八歲，
　　還未入宮為貴妃。此細節頗難令人置信。齊濤、馬新，《劉晏、楊
　　炎評傳》，頁286-287說：「貴妃當為惠妃之誤。」似亦可能。最近
　　吳麗娛，〈試析劉晏理財的宮廷背景〉，《中國史研究》，2000年
　　第1期，頁68-81，提一新解，認為此「楊貴妃」當為玄宗的元獻皇后
　　楊氏，即肅宗的生母「楊妃」之誤。《唐語林》有一類似記載，未
　　提楊貴妃，僅說是「楊妃」：「是時彭城劉晏年八歲，獻東封書，
　　上覽而奇之，命宰相出題，就中書試。張說、源乾曜咸相感慰薦。
　　上以晏間生秀妙，引于內殿，縱六宮觀看。楊妃坐於膝上，親為畫
　　眉總髻，宮人投花擲果者甚多。拜為祕書正字。張說問曰：『居官
　　以來，正字幾何？』劉晏抗顏對曰：『他字皆正，獨「朋」字未正。』
　　說聞而異之。」見周勛初，《唐語林校證》卷三，頁309-310。齊濤、
　　馬新，《劉晏、楊炎評傳》，頁8，對劉晏所說「唯『朋』字未正得」
　　有一解：「『朋』字無論隸書，還有楷書，都傾斜於右側，故劉晏
　　有此言。」
89　《韋應物集校注》，拾遺，頁602。

用典，而且全是和青蠅有關的典故。如開頭兩句，用的便是三國孫權叫吳興人曹不興畫屛風的典故。當時，曹不興「誤落筆點素，因就成蠅狀」。孫權看了，誤以爲是真的青蠅，竟用手去彈。這位徐正字畫的青蠅，可惜沒有和韋詩一樣流傳下來，但想來應當很細膩生動，否則韋應物也不會用上這個妙典。

　　岑參的〈送王伯倫應制授正字歸〉，用了一個「科斗」的意象，把正字的日常工作，寫得更靈活，生動許多：

> 當年最得意，數子不如君。戰勝時偏許，名高人總聞。
> 半天城北雨，斜日嶺西雲。科斗皆成字，無令錯古文。[90]

這位王伯倫應制科得到一個正字歸鄉，心情當然是「得意」的。「當年」在這裡指「丁年」，丁壯之年，用的是《漢書‧司馬遷傳》的典故。

　　杜甫的〈夏日楊長寧宅送崔侍御常正字入京〉，則讓我們得以一窺正字的交遊圈子：

> 醉酒揚雄宅，升堂子賤琴。不堪垂老鬢，還對欲分襟。
> 天地西江遠，星辰北斗深。烏臺俯麟閣，長夏白頭吟。[91]

杜甫這首詩大約是在大曆三年(768)夏寫於江陵(今湖北江

90　《岑參詩集編年箋註》，頁155。
91　《杜詩詳註》卷二一，頁1892。

陵）。那年夏天，有一位楊長寧，在他的家中設宴送別即將赴京城長安的崔侍御和常正字。杜甫當陪客，寫下這首送別詩。長寧是個縣名，屬江陵府 [92]。這位楊長寧應當是楊轍 [93]。

侍御是唐人對殿中侍御史（從七品下）和監察御史（正八品上）的通稱，官位遠在正字之上，但崔的名字不詳。杜甫當時已五十七歲。楊長寧能當宴會主人，身分地位顯然最高，年齡應當和杜甫相若，在五、六十歲之間。崔能當上侍御，當經歷了不少宦海浮沈，年齡應不輕。然而，正字卻是年輕人起家的官位。常正字看來正是剛出道不久，官位最低，年齡應當也是會上四人當中最小的。這一個年輕的正字，當時卻能和杜甫、楊長寧、崔侍御等年齡比他大許多，輩份比他高的長者長官交遊宴樂，可知他頗有一些分量。唐代宴會的與會者，當然並無官位高低或年齡的限制。像杜甫，當時已無任何官職，想是以詩

92　《唐會要》卷七一，頁1498：「長寧縣，上元元年〔760〕七月二十三日，析江陵置，為赤縣。二年〔761〕六月十四日，廢枝江縣，隸入長寧縣。大曆六年〔771〕十月七日，廢長寧為枝江縣。」《新唐書》卷四〇，頁1028，所記略同，但無月日。杜甫此詩寫於大曆三年，正好在長寧改為枝江之前。

93　《讀杜心解》，浦起龍撰（北京：中華書局，1961年排印本），卷三，頁575：「韋蘇州有〈答長寧縣令楊轍〉詩，豈其人歟？」近人陶敏和王友勝的《韋應物集校注》卷五，頁311，已確定此楊長寧即楊轍。此外，劉長卿有〈夏口送長寧楊明府歸荊南因寄幕府諸公〉詩，見《劉長卿詩編年箋注》，儲仲君箋注（北京：中華書局，1996），頁332。戴叔倫亦有〈同辛克州巢父盧副端岳相思獻酬之作因抒歸懷兼呈辛魏兩院長楊長寧〉，見《全唐詩》卷二七四，頁3113，都可證此楊長寧即楊轍。又見鄧紹基，《杜詩別解》（北京：中華書局，1987），頁246論此詩，很有新意。

名為主人所邀。常正字官位雖低，同樣也在受邀之列。杜甫很看得起這個常正字，把這正字和侍御並提：「烏臺俯麟閣。」烏臺指侍御史，麟閣指正字。

正字的這種社會地位，他之能夠和比他官高的長官交往，也見於詩人柳宗元和他上司的關係上。柳宗元於貞元十四年到十六年（798-800）在集賢院任正字，當時他的上司是「判集賢院事」的陳京（大曆元年即766年進士）。五年之後，貞元二十一年（805）陳京病逝時，柳宗元給他寫了一篇行狀叫〈唐故祕書少監陳公行狀〉。這當中透露了他和老上司不尋常的密切關係。

當年陳京在官場上的地位顯赫，很有影響力，以致至少有兩位中唐著名文人，在成名之前都曾向他「投卷」干謁。韓愈給他寫過那封很有名的干謁信〈與陳給事書〉，今仍傳世。在此信中，韓愈不但對陳京必恭必敬，又讚又捧，一副低聲下氣求人的口吻。他同時也把自己所寫的文章，做成卷軸送請陳京過目，希望得到他的薦引[94]。同樣的，白居易未中進士之前，也曾給陳京寫過干謁信〈與陳給事書〉（篇名同韓愈），而且「謹獻雜文二十首、詩一百首」[95]，希望獲得陳京的推介。但柳宗元

---

94 〈與陳給事書〉，《韓昌黎文集校注》卷三，頁189-191。據卞孝萱、張清華和閻琦合著的《韓愈評傳》所附〈韓愈年表〉，頁542，韓愈此信寫於貞元十九年（803）他三十六歲那年，即陳京去世前兩年，和柳宗元寫陳京行狀差不多同個時候。

95 《白居易集》卷四四，頁950。白居易的投書對象陳給事即陳京，見朱金城，《白居易年譜》，頁21。更詳細的考證見雷紹鋒，〈陳給事中名京〉，載〈全唐文職官叢考〉，陳國燦、劉健明編（武漢：武漢大學出版社，1998），頁344-346。白居易此信寫於約貞元十六年（800）。

和陳京的關係，卻顯然不是這樣的。

柳宗元爲陳京寫行狀時，才不過三十三歲，可說非常年輕。
陳京去世時，則應已年過六十[96]。兩人的年紀相差了一大截。
照唐代的習慣，行狀和墓誌等文章，一般都請德高望重的長者
來撰寫。柳宗元這麼年輕，卻有此殊榮，爲當時的一位顯官寫
行狀，意義不可說不重大，也可見他的正字出身，一點也沒有
妨礙他和陳京的交往。

實際上，柳宗元在這篇行狀中，就特別提到他當年在集賢
院和陳京的關係：

> 宗元，故集賢吏也，得公之遺事於其家，書並授公之
> 友，以誌公之墓。[97]

在狀文的第一段，柳宗元也交代了他寫此文的緣起：

> 〔陳京〕無子。伯兄前監察御史璿，仲兄前大理評事葽，
> 以公文行之大者，告於嘗吏於公者，使辭而陳之。[98]

所謂「嘗吏於公者」，即點出他從前在集賢院陳京手下任正字

---

96 可惜柳宗元的〈唐故祕書少監陳公行狀〉，只說陳京在貞元二十一
   年（805）去世，未提他享年若干。但我們知道，陳京是大曆元年（766）
   的進士。假設他中進士那年是二十五歲（算年輕，也算合理的年齡），
   那他應當生於742年，死時應當已六十四歲，至少比柳宗元大三十歲。
97 《柳宗元集》卷八，頁196。
98 《柳宗元集》卷八，頁192。

的往事。陳京的伯兄和仲兄，「以公文行之大者」，來請柳宗
元寫此行狀，亦可見柳和陳家的關係應當很密切，在他任正字
時就有往來。陳家也沒有因爲他比陳京年輕許多，或因他當年
只是陳京手下一個小小的正字而排斥他。

　　司空曙（約活躍於765-788）的〈送李嘉祐正字括圖書兼往揚
州觀省〉，則出人意表的提到正字的另一種工作：出外括訪圖
書。這種任務不見於政書上的記載。從詩題上看，李嘉祐（天寶
七年即748年進士）到揚州去，「括圖書」顯然才是他此行的主
要目的，而到「揚州觀省」探親，只是「兼往」罷了。他啓程
之前，司空曙鄭重其事地給他寫詩送別，提到他此行的使命：

　　　不事蘭臺貴，全多韋帶風。儒官比劉向，使者得陳農。
　　　晚燒平蕪外，朝陽疊浪東。歸來喜調膳，寒筍出林中。[99]

　　正字李嘉佑出外「括圖書」，乍看好像一種不尋常的任務。
實際上，至少還有另一個很有名的正字，也做過同樣的事。他
就是古文家蕭穎士（707-759）。《新唐書》說，蕭穎士在「補祕
書正字」後，曾「奉使括遺書趙、衛間」[100]。蕭穎士自己在〈登
臨河城賦并序〉，也提到此事：「天寶元年〔742〕秋八月，奉使
求遺書於人間。越來月，屆於臨河之舊邑，覽物增懷，泫然有
賦。」[101]亦自稱「奉使」。然而，他「淹久不報，爲有司劾免」[102]。

___

99　《全唐詩》卷二九三，頁3332。
100　《新唐書》卷二〇二，頁5768。
101　《全唐文》卷三二二，頁3262。

從這兩個例子看，正字出外「括圖書」，即使不是他們正常的「任務」，恐怕也是一種「義務」。「奉使」兩字也點明蕭穎士出外「括遺書」，是一次特別差遣，並非隨興而去，順道幫忙。只是，蕭穎士沒有把這件差事辦好[103]。

當然，唐史上並非只有正字才出外「括圖書」。《全唐詩》中還有幾首詩，寫其他比正字更高層的官員，也在做這件事，如韋應物的〈送顏司議使蜀訪圖書〉[104]，錢起(710-783)的〈送集賢崔八叔承恩括圖書〉[105]，戴叔倫(732-789)的〈送崔拾遺峒江淮訪圖書〉[106]，以及盧綸(約活躍於783-798)的〈送耿拾遺湋充括圖書使往江淮〉[107]。這幾首送別詩裡提到的司議和拾遺，官階都比正字高。唐皇室看來頗留意圖書的採訪，特別是在安史之亂後，皇室圖書幾乎蕩然無存之時，經常派遣正字、拾遺這些文官外出搜求圖書。訪書的地點主要集中在江淮、蜀和趙衛。

此外，唐史上還出現過兩個很有個性、敢怒又敢言的正字：陳子昂和于休烈。他們在唐史上所扮演的角色，就重要多了，遠遠不是畫畫青蠅，刊正圖書，括訪圖書可比。

武則天垂拱元年(685)，詩人陳子昂上疏，以為「朝廷遣使

(續)────────────
102 《新唐書》卷二○二，頁5768。
103 關於蕭穎士，見潘呂棋昌，《蕭穎士研究》(臺北：文史哲出版社，1983)。
104 《韋應物集校注》卷四，頁244。
105 《全唐詩》卷二八八，頁2649。
106 《全唐詩》卷二七三，頁3090。
107 《全唐詩》卷二八○，頁3184。

巡察四方，不可任非其人，及刺史、縣令，不可不擇。比年百姓疲於軍旅，不可不安」。他又對刺史、縣令的之所以爲「陛下之手足」，對「百姓安則樂其生」，對「隋煬帝不知天下有危機」，發表了一番議論。《資治通鑑》也慎重其事，大段引用了陳子昂這篇疏文，恍若他是則天朝中的要員[108]。

我們若細考陳子昂這時的官職，他只不過是個「小小」的九品官，一個麟臺（即祕書省）正字罷了，那年他才不過二十七歲。但他卻勇敢地在洛陽武則天的殿廷上，上疏論時事，遠遠超越了一個正字「刊正典籍」的職務。

隔一年，垂拱二年（686）春天三月，陳正字又來上疏，這次是論武則天皇后「大開詔獄、重設嚴刑」的事。《資治通鑑》引了一大段疏文之後說：「太后不聽。」[109]

過了兩年，垂拱四年（688），陳子昂還在正字的任上，又上疏論武則天想利用蜀人去「出擊西羌，因襲吐蕃」的事。他認爲，「蜀人……不習兵戰，山川阻曠，去中夏遠，今無故生西羌、吐蕃之患，臣見其不及百年，蜀爲戎矣」。這一次，武則天倒是聽了他的話。《資治通鑑》說：「既而役不果興」。[110]戰爭沒有爆發。

陳子昂一生最風光的時期，正是在他任正字的時候。他後來升任右衛冑曹參軍和右拾遺，反而沒有像他任正字時那樣言

---

108 司馬光，《資治通鑑》（北京：中華書局，1956年校點本），卷二〇三，頁6436。

109 《資治通鑑》卷二〇三，頁6440-41。

110 《資治通鑑》卷二〇三，頁6455-56。

論鋒利激昂。由此可見，任正字的，不只是校正典籍而已，還可以親近皇帝，更可以上疏論國策，甚至可以有效地阻止一場戰爭的爆發。蜀川的老百姓，要是知道他們的老鄉陳子昂幫他們避開了一場流血的戰役，當會感激這個原本應在書庫裡埋首校書的書生。

同樣的，玄宗朝的正字于休烈（692-772）也沒有單單安於校書的工作。他的高祖是于志寧，唐初任僕射，爲唐太宗的十八學士之一。開元十九年（731）的春天，吐蕃派使者來說，嫁到吐蕃的唐金城公主，「求《毛詩》、《春秋》、《禮記》」。不料，正字于休烈竟上疏反對：「東平王漢之懿親，求《史記》、《諸子》，漢猶不與。況吐蕃，國之寇讎，今資之以書，使知用兵權略，愈生變詐，非中國之利也。」好在後來宰臣裴光庭說：「吐蕃聾昧頑嚚，久叛新服，因其有請，賜以詩書，庶使之漸陶聲教，化流無外。」玄宗這才答應吐蕃的請求[111]。這可說是一個正字參與外交事務的例子。

值得注意的是，于休烈任正字的這一年，已經是四十歲了（相比之下，王績初任正字是二十四歲；陳子昂和柳宗元都是二十六歲；李商隱則三十一歲）。如果照某些唐代文學研究者所說，正字是個沒有前途的閒差事，那麼于休烈到四十歲還在任正字，似乎很沒有出息。但我們細考他後來的官歷，卻發現他下半生的仕進非常顯赫，任過集賢殿學士、工部侍郎、修國史，

<hr />

111 《資治通鑑》卷二一三，頁6794。

最後官至工部尚書。「在朝凡三十餘年，歷掌清要」[112]。他在大曆七年（772）九月乙未以八十一高齡去世這件事，還記錄在《舊唐書‧代宗紀》裡[113]，極盡殊榮。于休烈的案例，足以證實張說、杜佑等人所說，正字為起家之良選。

有趣的是，過了二十一年，到天寶十一載（752）時，于休烈已從正字昇遷至尊貴的集賢院學士。這一年，詩人杜甫向唐明皇獻賦三篇求官，明皇奇之，召在集賢院試文章。這是杜甫一生中最得意的事。他晚年有詩追憶，還很自豪：「集賢學士如堵牆，觀我落筆中書堂」。[114]當時他的兩個考官之一，就是這位反對賜書給吐蕃的于休烈。另一人是崔國輔。杜甫後來還寫過一首詩獻給這兩人：〈奉留贈集賢院崔于二學士〉[115]。

五、中晚唐的「試」正字

唐史上還有一種正字，並非在京城書庫中校正典籍，而是帶著一個正字的京官銜，在外充當其他職務。這樣的正字叫「試正字」，性質和「試校書郎」一樣。唐代文獻和石刻中這一類「試正字」非常之多，至少有五十個以上。限於篇幅，這裡只舉數例，其中兩個見於白居易所寫的制誥中：

---

112 《舊唐書》卷一四九，頁4009。
113 《舊唐書》卷十一，頁300。
114 杜甫，〈莫相疑行〉，《杜詩詳注》卷十四，頁1213。
115 《杜詩詳注》卷二，頁130。

京兆府司錄參軍孫簡可檢校禮部員外郎、荊南節度判官；浙東判官、試大理評事韓伙可殿中侍御史；<u>巡官、試正字晁朴可試協律郎、充推官</u>，同制。[116]

楊景復可檢校膳部員外郎、鄆州觀察判官；李綬可監察御史、天平軍判官；盧載可協律郎、天平軍巡官；獨孤涇可監察御史、壽州團練副使；馬植可試校書郎、涇原掌書記；<u>程昔範可試正字、涇原判官</u>；六人同制。[117]

晁朴先以試正字在某節度幕府任巡官，後來又以試協律郎任推官，但他後來的官位不顯，兩《唐書》無傳。程昔範倒是很受韓愈「稱歎」的才子。趙璘的《因話錄》有一段關於他的生動記載：

廣平程子齊昔範，未舉進士日，著《程子中謨》三卷，韓文公一見大稱歎。及赴舉，言於主司曰：「程昔範不合在諸人之下。」當時下第，大屈振聲。庾尚書承宣知貢舉，程始登第，以<u>試正字</u>，從事涇原軍。李太師逢吉在相位，見其書，特薦拜左拾遺。竟因李公之累，涇厄而沒。[118]

116 《白居易集》卷五三，頁1117。
117 《白居易集》卷四九，頁1038。
118 《因話錄》卷三，頁82-83。此條又為《唐語林》所引。見《唐語林校證》卷三，頁278。

　　中晚唐時期，各地的藩鎮節度使紛紛設立軍府，不少士人也到這些軍府來求職[119]。程昔範所從事的「涇原軍」，治所在今甘肅省涇川，離長安西北大約只有二百五十公里，也正是李商隱暫往依涇原節度使王茂元時待過的地方。正字雖是小官，竟也成了可以授予這些士人的京官銜。從晁朴和程昔範這兩個案例看，當時剛登第的士人在幕府任官，他們所帶的京官銜都不會太高，只是正字、校書郎、協律郎等。

　　在杜牧的文集《樊川文集》裡，也可找到兩個當過「試正字」的人，可提供進一步的資料。一個是杜牧的弟弟杜顗（807-851）。他的墓誌〈唐故淮南支使試大理評事兼監察御史杜君墓誌銘〉，是由杜牧所寫，裡面提到他剛中舉後的官職：

> 年二十五，舉進士，二十六一舉登上第。時賈相國餗
> 為禮部之二年，朝士以進士干賈公不獲，有傑強毀嘲
> 者，賈公曰：「我秖以杜某敵數百輩足矣。」始命試
> 祕書正字、醞使判官。李丞相德裕出為鎮海軍節度使，
> 辟君試協律郎，為巡官。[120]

可證杜顗中舉後，先是以「試祕書正字」任醞使的判官[121]。

---

119 關於唐代詩人、士人和方鎮幕府的關係，詳見戴偉華，《唐代幕府與文學》（北京：現代出版社，1990）、《唐方鎮文職僚佐考》（天津：天津古籍出版社，1994）以及《唐代使府與文學研究》（桂林：廣西師範大學出版社，1998）。

120 杜牧，《樊川文集》卷九，頁139。

121 關於醞使院、理醞使和知醞使，見《唐六典》卷九，頁282；《新唐

　　另一個「試正字」是杜牧的好友和恩人周墀(793-851)。他去世後，杜牧爲他所寫的墓誌〈唐故東川節度檢校右僕射兼御史大夫贈司徒周公墓誌銘〉說：

> 公少孤，奉養母夫人以孝聞。舉進士登第，始試祕書
> 正字、湖南團練巡官。[122]

周墀「試祕書正字」這個官歷，不見於他在兩《唐書》的傳中，幸賴杜牧所寫的墓誌銘得以保存下來。他後來官位顯赫，官至宰相和東川節度使。在唐代文學史上，周墀也小有名氣。開成三年(838)春，李商隱二十七歲考博學宏詞科，周墀就正好是兩位主考官之一，原已錄取了李商隱，不料複審時卻被某一位「中書長者」否決[123]。李商隱三十歲時辭去弘農縣尉，也曾經到過周墀在華州的幕府暫時依靠他，並且代他寫過許多表奏[124]。周墀去世的消息傳來，宣宗皇帝還爲他「廢朝三日」[125]。早年他以「試祕書正字」任湖南團練巡官，看來一點也沒有妨礙他後來仕途的顯達。

　　唐大曆(766-779)中期，有一個侯總也任過「試正字」。他寫過一篇碑文叫〈刺史兼殿中侍御史薛公敬造石阿彌像讚并

(續)————————
　　　書》卷四七，頁1206-1207。
122 《樊川文集》卷七，頁120。
123 《玉谿生年譜會箋》卷二，頁52-53。
124 《玉谿生年譜會箋》卷二，頁81-82。
125 《樊川文集》卷七，頁121。

序〉，誌期大曆十三(778)年二月二十一日，曾刻於石，錄文收
在《八瓊室金石補正》。可惜我們對侯總幾乎一無所知，只能
從此序中的署銜，知道他當時任「團練判官將仕郎前試祕書省
正字」[126]。

　　在會昌五年(845)，也有一位「試正字」張元孫，爲他的從
兄寫了一篇墓誌，叫〈唐故仗內教坊第一部供奉賜紫金魚袋清
河張府君墓誌銘并序〉。他自己的結銜是「從弟將仕郎前義武
軍節度巡官試太子正字元孫撰并書」[127]。

　　從以上幾位「試正字」的官歷，我們可以看到，唐代基層
的官員在外軍府任巡官、推官和判官等幕職，都帶著一個京官
銜，而這京官銜通常也就是正字、協律郎這一類士人釋褐常見
的官職，跟外官的品階正好相配合。

　　這一類「試正字」，明顯不同於武則天時代那種「收人心」
的所謂「試官」：

> 初，試選人皆糊名，令學士考判，武后以爲非委任之
> 方，罷之。而其務收人心，士無賢不肖，多所進獎。
> 長安二年，舉人授拾遺、補闕、御史、著作佐郎、大
> 理評事、衛佐凡百餘人。明年，引見風俗使，舉人悉
> 授試官，高者至鳳閣舍人、給事中，次員外郎、御史、

---

126 陸增祥編，《八瓊室金石補正》卷六四，頁446。此碑文也收在《全
　　唐文》附《唐文續拾》卷四，頁11215。
127 《唐代墓誌彙編續集》，頁961。

補闕、拾遺、校書郎。試官之起,自此始。[128]

　　近人岑仲勉說「試,即後世的試用」[129],只是望文生義,無從解釋以上的「試正字」。他們明顯不是「試用的正字」,而是頂著正字的京銜,在外地幕府任巡官等職。「試」在此不可能是「試用」,反而比較接近「檢校」的意思[130]。

　　見過了以上杜顗、周墀等人「試正字」的例子,我們回過頭去看韓愈的古文名篇〈送湖南李正字序〉,應當會有新的「領悟」。韓愈在文中交代了他寫此文的原因:

> 貞元中,愈從太傅隴西公平汴州。李生之尊府以侍御
> 史管汴之鹽鐵,日為酒殺羊享賓客。李生則尚與其弟
> 學讀書、習文辭,以舉進士為業。愈於太傅府年最少,
> 故得交李生父子間。公薨軍亂,軍司馬、從事皆死,
> 侍御亦被讒為民日南。其後五年,愈又貶陽山令。今
> 愈以都官郎守東都省,侍御自衡州刺史為親王長史,
> 亦留此掌其府事。李生自湖南從事請告來覲。於時,

---

128 《新唐書》卷四五,頁1175-1176。
129 岑仲勉,〈依唐代官制說明張曲江集附錄誥令的錯誤〉,《金石論叢》,頁474。
130 戴偉華,《唐代使府與文學研究》,頁36:「幕職帶臺省官,例加『檢校』;帶卿監官,例加『試』;帶御史臺官,例加『兼』。」除「試正字」外,唐代文獻上也經常可見到「試校書郎」、「試協律郎」、「試大理評事」等官職。這是個複雜問題,進一步的討論見本書第五章〈巡官、推官和掌書記〉中「幕佐的官銜」一節。

太傅府之士惟愈與河南司錄周君獨存，其外則李氏父
子，相與為四人。離十三年，幸而集處，得燕而舉一
觴相屬。此天也，非人力也。侍御與周君，於今為先
輩成德。李生溫然為君子，有詩八百篇，傳詠於時。
惟愈也業不益進，行不加修，顧惟未死耳。往拜侍御，
謁周君，抵李生，退未嘗不發媿也。往時侍御有無盡
費於朋友，及今則又不忍其三族之寒饑，聚而館之，
疏遠畢至，祿不足以養。李生雖欲不從事於外，其勢
不可得已也。重李生之還者皆為詩。愈最故，故又為
序云。[131]

太傅隴西公指宣武節度使董晉（724-799）。當年韓愈在董晉幕下
做事，結識了侍御史李仁鈞和他的兒子李正字（即李礎）。他們
十三年不見。後來韓愈以「都官郎守東都省」（即洛陽），李侍
御史也以衡州刺史為親王長史，亦留在洛陽掌其府事。「李生
自湖南從事請告來觀」，即請假來洛陽探視他父親。等到他要
回湖南時，「重李生之還者皆為詩」。韓愈和他是最要好的故
交，所以又寫了這篇序，記敘他們從前的交往[132]。
　　此序最值得注意的，是「李生自湖南從事請告來觀」這一
句話。韓愈此序題為〈送湖南李正字序〉（有些版本更清楚，作

---

131 《韓昌黎文集校注》卷四，頁277-278。
132 關於唐代的這種贈序，見梅家玲，〈唐代贈序初探〉，《國立編譯
　　館館刊》，13卷1期（1984），頁194-214。

〈送李礎判官正字歸湖南〉)[133]，但文中卻完全沒有提到李礎的
正字工作，反而說他是「自湖南從事請告來覲」的。我們不禁
要問：正字不是應當在京城中校正典籍的嗎？爲什麼李礎卻跑
到湖南去當「從事」？（唐制：幕府推官、判官等僚佐皆通稱「從
事」）歷代注韓文者似乎也沒有提過這問題。

從我們所考察過的「試正字」看來，李礎顯然和杜牧筆下
的杜顗和周墀一樣，是個「試正字」而已，掛著一個京銜在湖
南任從事，並非那種真正在京城校書的正字。韓愈直呼他爲「李
正字」，看來唐人在某些場合，也不怎樣理會「正字」和「試
正字」微妙分別。杜牧在杜顗的墓誌中稱他弟弟爲「試正字」，
是因爲墓誌是一種正式、莊重的文體，需要如此明確的稱謂，
但《新唐書‧杜顗傳》卻僅稱他爲「正字」罷了。贈序不算一
種莊重的文類，所以韓愈可能因而省略了「試」字，也更符合
中國人的稱謂習慣，即在言談和非正式的文字中，會把「林副
院長」或「陳副教授」等正式稱謂，簡化爲「林院長」或「陳
教授」等。

六、正字的仕途前景

本書第一章〈校書郎〉中「公卿之濫觴」一節已涉及校書
郎和正字的一般升遷前景。這裡補充幾個細節。

正字的仕途前景極佳。唐史上有不少人從正字幹起，官至

---

133 《韓昌黎文集校注》卷四，頁277。

宰相，如魏元忠、劉晏和裴耀卿等人。德宗時，也有人以正字
這個九品官去出任翰林學士，如張薦（約活躍於804-821）。這件
事還隆重記錄在《舊唐書・德宗紀》裡，成了唯一出現在唐帝
王本紀中的正字[134]。當時跟張薦一起被選爲翰林學士的，還有
監察御史李程和藍田縣尉王涯[135]。張薦後來官至尚書工部員外
郎、衢州刺史，仕途相當不錯。他和白居易有詩書往來。白居
易在〈歲暮，枉衢州張使君書并詩，因以長句報之〉，更無意
間透露張薦「曾應萬言登科」[136]，即制舉登科。或許他就是以
此當上正字的，更以正字出任翰林學士。他後來受命爲衢州刺
史，任命書也是白居易當中書舍人時所寫的，叫〈張薦可衢州
刺史制〉[137]。

　　隋唐之際的詩人王績，在大業九年（613）二十四歲那年中孝
悌廉潔舉制科，立刻就當上祕書正字這個「美職」，可說是個
幸運兒，也可說是個美好的開始（白居易要到三十二歲才當上校
書郎）。然而，不少唐代文學研究者，對隋唐官制常常理解不夠
精準，而往往「看低」正字這種九品官。比如，有人說，王績
早年有遠大的「政治抱負」，「自小就對仕途期望甚高」，但

---

134 《舊唐書》卷十三，頁400。
135 《新唐書》卷四六，頁1184提到翰林學士的選拔：「自諸曹尚書下
　　至校書郎，皆得與選。」似遺漏了正字。從張薦這個案例看來，正
　　字不但可以「與選」，還可出任翰林學士。
136 《白居易集》卷二○，頁438。
137 《白居易集》卷四八，頁1014。據羅聯添，〈白居易中書制誥年月
　　考〉，《唐代文學論集》（臺北：臺灣學生書局，1989），下冊，頁
　　651，白居易的〈張薦可衢州刺史制〉寫於長慶元年（821）六、七月。

皇帝卻只給了他祕書正字這種小官,因此申論:「這樣位低職微的官職當然會使王績大失所望,所以他索性閉門轟飲,不樂在朝。」[138]

其實,正如我們在上面所考,一個唐代讀書人,及第登科後從正字幹起,完全是很正常的。像劉晏、裴耀卿等「神童」,也得從正字起家,後來才逐步官至宰相。杜牧的好友周墀,也以「試正字」官至宰相和節度使。正字也可以被選為翰林學士,如上面提到的張聿。這一切,在在可以證明,正字並非像某些唐代文學研究者所「理解」的那麼「卑微」無用。王績應當明白他那時代官制的運作,知道一切都得從基層逐步往上爬,沒有捷徑。當時他才二十來歲,毫無官場經驗,即使有很偉大的政治抱負,朝廷也不可能一開頭就給他諸如刺史那樣的高官[139]。看來,經常抱

---

138 杜曉勤,《初唐詩歌的文化闡釋》(北京:東方出版社,1997),頁175。

139 筆者研究唐代職官制度,經常察覺唐朝廷在授官方面,非常嚴格遵守「按部就班」的程序。即使很有才華的進士,又考中制科、博學宏詞或書判拔萃的精英,也得從九品小官如校書郎和正字幹起,像白居易、元稹、陸贄等人,未發現有例外。「超資越序」授官的情況,僅有兩種,但都有其原因:一是授予駙馬都尉等皇室親近要員,或以獎軍功等;另一則授予像李林甫、魚朝恩、楊國忠、鄭注等「亂臣」。王叔文和王伾也是「超資越序」授官。順宗一上臺,不到幾個月,他們兩人就從低微的翰林待詔立刻升為翰林學士、散騎常侍、侍郎等高官。韓愈〈永貞行〉已有詩嘲諷:「夜作詔書朝拜官,超資越序曾無難。」(《韓昌黎詩繫年集釋》卷三,頁333)不少唐代文學研究者同情二王,因而說韓愈有「偏見」。二王「超資越序」授官是很明顯的歷史事實。韓愈只是點破這事實,並無「偏見」。因此筆者不同意許多唐代文學研究者的說法,最近也從唐代待詔制度的角度,探討了二王的待詔背景,重估兩人的角色。詳見拙文〈唐

怨「達不到偉大政治抱負」的，其實不是唐代詩人本人，而是不瞭解唐代官制的文學研究者。

七、結論

正字是和校書郎性質相同的校勘官。其入仕途徑、職務、仕途前景和俸料錢等，都和校書郎相同或大同小異，只是在官階上，正字比校書郎低一階。但唐人顯然並不在意此官階上的微小差別。考李商隱和張仲方任過校書郎，才任正字，都屬正常遷轉，無降級之意。

《三字經》中有唐劉晏方七歲「舉神童，作正字」的故事，但現代學子恐怕很少有人知道唐代有正字這種官。唐代文學研究者普遍對正字這種小官存有誤解，以為這是九品官，沒有出息。但本章考得唐史上有不少重要人物從正字幹起，然後逐步登上中、上層的官職，更有好幾位官至宰相，在在可以證明正字是個美官，不應看低。

(續)————————————

代待詔考釋〉，《中國文化研究所學報》(香港中文大學)，新第12期(2003)。黃永年，〈所謂「永貞革新」〉，《唐代史事考釋》(臺北：聯經出版事業公司，1998)，也反對「永貞革新」這種提法。

第三章

縣　尉

只言小邑無所為，公門百事皆有期。
拜迎官長心欲碎，鞭撻黎庶令人悲。
　　——高適〈封丘縣〉[1]

不作河西尉，淒涼為折腰。
老夫怕趨走，率府且逍遙。
　　——杜甫〈官定後戲贈〉[2]

黃昏封印點刑徒，愧負荊山入座隅。
卻羨卞和雙刖足，一生無復沒階趨。
　　——李商隱〈任弘農縣尉獻州刺史乞假歸京〉[3]

　　高適、杜甫和李商隱這三首詩，不巧都寫到唐代縣尉比較

1　《高適詩集編年箋註》，頁230。
2　《杜詩詳注》卷三，頁244-245。
3　《玉谿生詩集箋注》卷一，頁143-144。

辛酸的一面：不是「鞭撻黎庶」，就是「拜迎官長」，趨走折腰，或在黃昏時封縣印點算刑徒。這三首詩都很有名，流傳很廣，結果造成縣尉在唐代文學中的形象不佳。可惜唐詩中沒有讚美縣尉的詩，無以抗衡這三位大詩人所建構的這種負面形象。但從唐史上看，縣尉其實是個非常多元化的群體：有地位崇高的赤、畿縣尉，也有低賤的中下縣尉；有管刑徒的司法尉，也有比較「清高」、專管戶曹的司戶尉。赤、畿縣尉甚至常是士人出任過校書郎後的第二個官職，也是封演所說的「八儁」之一。唐代也有人從縣尉官至宰相。三位大詩人所寫的，只是縣尉的某一辛酸側面，不是全貌。

將近三十年前，日本學者礪波護寫過一篇很有名的論文〈唐代の縣尉〉，對唐代縣尉如何分判各曹司、分掌職務，以及他們的升遷途徑等有很精闢的考證[4]。1992年，北京大學歷史系劉俊文教授，在日本文部省基金會的贊助下，主編了一套《日本學者研究中國史論著選譯》，從秦漢到清代分十大冊。有論文入選的都是日本年長一輩的學者，如日野開三郎、川谷道雄等人。礪波護此文也被選入其中的第四卷《六朝隋唐》[5]。據此看來，這不單表示它是日本漢學界研究唐史的最重要成果之一，同時也應當可說是礪波護本人最有代表性的論文之一。這三十年來，一直到今天，這篇論文依然是研究唐代縣尉的經典之作，

---

4 礪波護，〈唐代の縣尉〉，《史林》，第57卷(1974)。後收入氏著《唐代政治社會史研究》(京都：同朋舍，1986)。
5 此文由黃正建中譯，收在劉俊文主編，《日本學者研究中國史論著選譯》第四卷《六朝隋唐》(北京：中華書局，1992)，頁558-585。

而且是這領域唯一的一篇論文，沒有其他論文可比。近年來，論唐代縣級官員（特別是縣令）的論文還有一些，但專論縣尉的，據筆者所知，一篇皆無，只有四川師範大學黃修明教授在他的〈論唐代縣政官員〉中，有一小章節論及縣尉而已[6]。可以說，縣尉是我們唐史學界幾乎一無研究的唐代基層官員。

礪波護主要以制誥和廳壁記作材料，其分析和論述都很清晰。筆者讀後，深受啓發，也很贊同他的論點。但三十年過去了，唐代史料多有新的整理，新出土或新發表的唐代墓誌尤其豐富，得以讓我們開拓許多新的研究領域。然而，可能限於當年的研究條件，礪波護除了引李白的兩篇碑文，清王昶的《金石萃編》和陸增祥的《八瓊室金石補正》外，沒有再利用其他唐代石刻文字。本章擬探討礪波護從前沒有觸及的若干課題，大體採用「詳其所略、略其所詳」的寫法，以就教於礪波護和其他唐史專家。

---

6 黃修明，〈論唐代縣政官員〉，《大陸雜誌》，第101卷第3期（2000），頁97-108。其他主要相關論文有王壽南，〈論唐代的縣令〉，《國立政治大學學報》，第25期（1972），頁177-194；張榮芳，〈唐代京兆府領京畿縣令之分析〉，《隋唐史論集》，黃約瑟、劉健明編（香港：香港大學亞洲研究中心，1993）；黃修明，〈唐代縣令考論〉，《四川師範學院學報》，1997年第4期，頁13-20。其他中、日、韓文論著見胡戟等編，《二十世紀唐研究》，頁103-105所作的詳細學術史回顧。英文論文主要有 P. A. Herbert, "Perceptions of Provincial Officialdom in Early T'ang China," *Asia Major*, 3rd Series, 2.1 (1989): 25-57.

一、唐縣的等級和縣尉的官品與人數

關於縣尉的起源、歷代的變革和唐初的設置，《通典》有一段簡要的說明：

> 尉：漢諸縣皆有。長安有四尉，分為左右部。後漢令、長、國相亦皆有尉。大縣二人，小縣一人，主盜賊，案察姦宄，應劭漢官曰：「大縣丞、左右尉，所謂命卿三人。小縣一丞一尉，命卿二人。」署諸曹掾史。邊縣有障塞尉，掌禁備羌夷犯塞。洛陽有四尉，東南西北四部，曹公為北部尉是也。魏因之。晉洛陽、建康皆置六部尉。宋、齊、梁、陳並因之。餘縣如漢制。諸縣道尉，銅印黃綬，朝服，武冠。江左止單衣介幘。北齊邵縣置三尉。隋改為正，後置尉，又分為戶曹、法曹。……。大唐初，因隋制。武德元年，萬年縣法曹孫伏伽上表論事，後為尚書右丞。武德中，復改為正。七年三月，復改為尉。赤縣置六員，他縣各有差，分判諸司事。上縣二員，萬戶以上者增一員；中縣一員，四千戶以上者增一員；中下縣一員。佐史以下各有差。[7]

可知唐初武德年即因隋制，設置縣尉，有一小段時間改稱「縣正」，但從武德七年（624）起到唐末，便一直稱縣尉。

7　《通典》卷三三，頁921-922。小字注為原文所有。

　　唐縣的長官是縣令，其下依次有縣丞、主簿和縣尉。縣
尉是唐縣最低層的品官，也是士人釋褐最常出任的一種官。
這四者都是直接由中央除授的九品三十階流內職事官。縣尉
之下還有一系列縣錄事、縣司功佐、縣司戶佐、典獄等，但
這些都不是流內官，而是更低層的吏員。由於縣尉的官品、
編制人員數和一縣的等級息息相關，我們需先理解唐縣的等
級制度。

　　唐代地方行政中，全國劃分爲三百多個州，一千五百多個
縣。州縣都有等級，依地理位置、土地美惡、人口多寡等條件
分等。這些州縣的等級有幾種，歷來眾說紛云。有些唐史教科
書和許多中國通史之類的通論，都說唐縣僅分上、中、下三等。
一位美國漢學家在一份提供給唐史學界參考用的「基本數據」
材料中，也沿襲此說，沒有再深考[8]。唐人自己的說法也不一樣。
杜佑《通典》[9]、陸贄[10]和歐陽詹[11]，都說唐縣有七等之差。但
《元和郡縣圖志》和《新唐書‧地理志》，則又清楚地把全國
各縣劃分爲十個等級。

　　據筆者所見，近人在這方面最出色的研究，當數翁俊雄的
〈唐代的州縣等級制度〉。此文詳細探討了唐州縣等級劃分的
標準和意義，得出的結論是，州分八等：府、輔、雄、望、緊、

<hr>

8　Paul W. Kroll, "Basic Data on Reign-Dates and Local Government," *T'ang Studies* 5 (1987): 102-103.

9　《通典》卷三三，頁919-920。

10　陸贄，〈論朝官闕員及刺史等改轉倫序狀〉，《全唐文》卷四七五，頁4855。

11　歐陽詹，〈同州韓城縣西尉廳壁記〉，《全唐文》卷五九七，頁6039-6040。

上、中、下；縣分十等：赤（或「京」）、次赤（或「次京」）、
畿、次畿、望、緊、上、中、中下、下 [12]。這是最齊全的劃分，
也是最符合《元和郡縣圖志》和《新唐書・地理志》所記載的。
杜佑等人的「七等」說，可視爲一種簡略的說法，即把「赤」
和「次赤」合爲「赤」，把「畿」和「次畿」合爲「畿」，把
「中下」和「下」合爲「下」。在這方面，歐陽詹的〈同州韓
城縣西尉廳壁記〉是最好例證。它說：「赤縣僅二十，萬年爲
之最。」[13] 其實唐赤縣不論前期或後期，都只有六個。歐陽詹
生卒年不詳，但他活躍期間約在七五八到八〇一年之間 [14]。他
這個「赤縣僅二十」的說法，應當包含了唐後期十四個次赤縣，
加上原有的六個赤縣（詳見下表二），才能湊足二十個。這亦可
證歐陽詹等人的唐縣「七等」說，實際上是把赤縣和次赤縣混
合在一起的。

　　翁俊雄此文還有一個重要意義，即他所做的是動態的研究，
追考了唐州縣等級的升降變化。唐州縣等級並非都一成不變。如
唐前期（即安史亂前），只有三府：京兆府、河南府、太原府。後
期（安史亂後）增多五個，總府數達到八個。翁文並指出升爲府的
原因：「有三個是因皇帝駐蹕（鳳翔、成都、興元府）；一個是因
地勢險要（河中府）；一個是由於民戶猛增（江陵府）。」[15]唐前期

---

12 翁俊雄，〈唐代的州縣等級制度〉，《北京師範學院學報》，1991
　　年第1期，頁9。

13 歐陽詹，〈同州韓城縣西尉廳壁記〉，《全唐文》卷五九七，頁6039。

14 見羅聯添，〈歐陽詹〉，《韓愈研究》（臺北：臺灣學生書局，1977），
　　頁140-145。

15 翁俊雄，〈唐代的州縣等級制度〉，頁12。

只有一個次赤縣(奉先)，唐後期即因增設這五府，而多了七個次赤縣(天興、成都、華陽、河東、河西、江陵)，而且唐後期由於皇帝陵增多，有六個皇陵所在縣都先後升爲次赤(醴泉、雲陽、奉天、富平、三原、㶏氏)[16]。這些都是前人所未言者，深具啓發意義。

　　雖然唐縣實際上分十等，可惜的是，在《唐六典》、《舊唐書》和《新唐書》等史料中，卻只有其中六個等級縣的縣官資料，如下面表一。爲了顯現縣尉在整個縣官體制中的位置，以及整個縣的縣官總人數，表一除了縣尉外，也列了縣令、縣丞和主簿的官品和人數。

　　至於另四個等級縣，即次赤縣、次畿縣、望縣和緊縣，它們的縣官人數和官品又如何呢？史料不載，難以詳考。王壽南引《唐會要》的一條材料「其赤、畿、望、緊等縣，不限戶數，並爲上縣」，而說：「其實，赤、畿、望、緊均是上縣。」[17] 單就戶口數而論，這是對的。《唐會要》所說，也只針對戶數而言，未及其他。但在縣官人數和官品方面，赤、畿、望、緊顯然不等同於上縣。如赤縣，其縣官的官品都比上縣的高好幾階；其縣官總數十一人，也比上縣的五人多出一倍以上。

16　翁俊雄，〈唐代的州縣等級制度〉，頁14-15。
17　王壽南，〈論唐代的縣令〉，頁178。

表一　唐代六個等級縣的縣官人數和官品

	縣令	縣丞	主簿	縣尉	縣官總人數
赤 縣	一人 正五品上	二人 從七品上	二人 從八品上	六人 從八品下	11人
畿 縣	一人 正六品上	一人 正八品下	一人 正九品上	二人 正九品下	5人
上 縣	一人 從六品上	一人 從八品下	一人 正九品下	二人 從九品上	5人
中 縣	一人 正七品上	一人 從八品下	一人 從九品上	一人 從九品下	4人
中下縣	一人 從七品上	一人 正九品下	一人 從九品上	一人 從九品下	4人
下 縣	一人 從七品下	一人 正九品下	一人 從九品上	一人 從九品下	4人

材料出處：《唐六典》卷三十、《舊唐書》卷四四〈職官志〉和《新唐書》卷四九下〈百官志〉。除《舊唐書》把赤縣縣丞列為「從七品」（脫「上」字？），又把畿縣縣令列為「正六品下」外，三書所列的縣官人數和官品都相同。又據《通典》卷三三，頁922，縣尉「上縣二員，萬戶以上增一員；中縣一員，四千戶以上增一員」。

　　黃修明在〈論唐代縣政官員〉一文中，也引《唐會要》的同一材料，說「我們可以把望縣、緊縣設員置官的狀況與上縣等同看待」[18]。這恐怕是在史料缺載下不得已的辦法。筆者也認為，把望縣和緊縣「設員置官的狀況與上縣等同看待」，問題不大，相當合理，但次赤縣和次畿縣恐怕就不能等同於上縣了。在這方面，筆者甚贊同王壽南的看法：「次赤縣和次畿縣可能

分別屬於赤縣和畿縣，望縣和緊縣則同爲上縣。」[19]

從表一看來，縣尉顯然是唐代地方官當中人數最多的一群。雖然唐縣廢置無常，一般而言，唐縣約有一千五百多個，我們可以粗略計算出唐代全國所需要的縣尉人數，如表二：

表二　唐前後期各級縣的數目和所需的縣尉

	唐前期	所需縣尉	小計	唐後期	所需縣尉	小計
赤縣	6	6 x 6	36	6	6 x 6	36
次赤縣	1	1 x 6	6	14	14 x 6	84
畿縣	82	82 x 2	164	69	69 x 2	138
次畿縣	0	0	0	34	34 x 2	68
望縣	85	85 x 2	170	148	148 x 2	296
緊縣	111	111 x 2	222	111	111 x 2	222
上縣	446	446 x 2	892	410	410 x 2	820
中縣	296	296 x 1	296	276	276 x 1	276
中下及下縣	554	554 x 1	554	539	539 x 1	539
總計	1581		2340	1607		2479

材料出處：唐代前後期各級縣的數目根據翁俊雄〈唐代州縣等級制度〉一文。

據此，唐代前後期的數字有所升降，但可以粗略地說，假設中央都遵照《唐六典》和兩《唐書》所規定的委派各地縣尉，則全國每年約需2400個縣尉。唐立國二百八十九年。縣尉的平均任期是四年（詳見下）。如此則唐代擔任過縣尉的，共有約173,400人次，是所有唐代官員當中人數最大的一批。

當然，實際的施政往往會和《唐六典》等政書上的規定有

19　王壽南，〈論唐代的縣令〉，頁179。

所出入。例如，唐宣州溧陽縣屬緊縣，照規定原本只能有兩個
縣尉。但李白的〈溧陽瀨水貞義女碑銘〉，作於天寶十三載
(754)，卻列了該縣四個縣尉的名字：

> 有若主簿扶風竇嘉賓，縣尉廣平宋陟，丹陽李濟，南
> 郡陳然，清河張昭，皆有卿才霸略，同事相協。[20]

又如宋州虞城縣，屬上縣，本該只有兩個縣尉。但李白的〈虞
城縣令李公去思頌碑并序〉，作於天寶九載(750)，卻列了該縣
三個縣尉的名字：

> 乃咨群寮，興去思之頌。縣丞王彥暹，員外丞魏陟，
> 主簿李詵，縣尉李向、趙濟、盧榮等，同德比義，好
> 謀而成。[21]

可證實際的運作可能很有些彈性。不過，也有實際運作符合典
志規定的例子。如海州東海縣，屬上縣，規定該有兩個縣尉。
日本國求法僧人圓仁在《入唐求法巡禮行記》，寫他在開成四
年(839)四月八日，來到海州東海縣時，即有縣令、縣丞、主簿
和兩個縣尉一同「來看」他的情景：

---

20 《李白全集編年注釋》，安旗主編(成都：巴蜀書社，2000年新一版)，
　　頁1748。
21 《李白全集編年注釋》，頁1740。以上李白兩例最先為礪波護所引
　　用，頁566。

　　早朝，喫粥之後，押衙入縣，少時歸來。縣令通直郎
　　守令李夷甫，縣丞登仕郎前試太常寺奉禮郎攝丞崔君
　　原，主簿將仕郎守主簿李登，縣尉文林郎尉花達，捕
　　賊官文林郎尉陸僚等，相隨押衙來看，共僧等語話。
　　主人與縣令等設酒食，喫飯即歸……。[22]

「縣尉文林郎尉花達，捕賊官文林郎尉陸僚」即東海縣的兩個
縣尉。清陸增祥《八瓊室金石補正》收有一《鬱林觀東巖壁紀》，
上有東海縣開元七年（719）兩個縣尉的題名：「尉苟抱簡」和「尉
上官崇素」[23]，可證該縣在圓仁到來的一百二十年前，也只有兩
個縣尉，很符合典志的規定。
　　但總的來說，唐代中央政府絕非處處遵照典志上的規定來辦
事。我們在史料中經常可以發現，中央主要關注的是京畿附近的
大縣，或成都、揚州、淮南等富饒地區的財賦要縣。至於其他不
重要的偏荒小縣，有闕員至數十年不補的記載。最有名的一個案
例，當數宰相張延賞所說：「臣在荊南，所管州縣闕官員者，不
下十數年。吏部未嘗補授，但令一官假攝，公事亦治。」[24] 所謂
「州縣闕官員」，應當包括縣尉。同時，又有士人不願往中、下
縣就任縣尉的事（詳見下）。安史之亂後，國力不濟，為了節省支

22　圓仁，《入唐求法巡禮行記》，顧承甫、何泉達點校（上海：上海古
　　籍出版社，1986），卷一，頁42。
23　陸增祥，《八瓊室金石補正》卷五一，頁347。
24　《唐會要》卷六九，頁1449。

出,也曾幾次大規模省減州縣官員(包括縣尉)[25]。此外,中晚唐各地遍設節度或觀察使府。這些使府又常有奏請「表授」縣尉的舉動(見下),頗奪中央直接委派縣尉之權。所以上表所列的唐縣所需縣尉人數,只是典志上規定的理論數字,並非一成不變,僅供參考。實際情況恐怕遠比這複雜許多。

二、縣尉的來源和入仕方式

上一節我們見到,唐代全國大約有一千五百多個縣,理論上需要大約二千四百個縣尉來管理。即使把闕員不補,省減縣尉以及使府自己奏請縣尉等情況考慮在內,打個五折,縣尉的員額恐怕還是在一千人以上。這數字佔了全國地方官相當大的部分。我們不禁要問:數量如此龐大的官員,從何而來?唐代的科舉制度,每年只產生大約二十五到三十個進士,及大約一百多個明經。而且,這些登科及第者,並非每個都從縣尉幹起。顯然,科舉制遠遠無法滿足唐代所需的縣尉人數。他們的來源應不只一端。科舉制只能提供甚少量的縣尉,其餘的應當來自其他源流。

實際上,唐代縣尉可以按地區分為好幾種等級。赤縣和畿縣的縣尉,由於地處京城大邑,地位最崇高。唐史料也常稱京畿縣尉為美官,為士人競求的對象,一般不是士人的第一個官職,而是再任或累遷才能得到的職位,或需要更高資歷,如進

---

25 詳見《唐會要》卷六九,頁1448-1454所列的詔敕和奏疏等原始材料。

士及第後又再中制科或博學宏詞者。其次是望縣、緊縣和上縣的縣尉，比京畿縣尉低一級，但還不算太壞，一般為士人進士或明經及第後釋褐起家的官職。至於中縣和下縣，所在地偏遠，戶數較少，其縣尉品級最低下，任縣尉者恐怕有許多並非有科第功名者，而是從流外出身者，即先在縣中充當令史一類的小吏，再由此轉「入流」，進入流內官的九品三十階[26]。唐武宗的〈加尊號後郊天赦文〉中有一段話，當是最好的例證：

> 其遠處縣邑，多是中、下縣。其縣丞、簿、尉等，例是入流令史。苟求自利，豈知官業？其中、下縣丞、中縣簿〔當脫一「尉」字〕等，自今已後，有衣冠士流，經業出身，經五選如願授者，每年便許吏部投牒，依當選人例，下文書磨勘注擬[27]。如到任清白幹能，刺史申本道觀察使。每年至終，使司都為一狀申中書門下。得替已後，許使上縣簿、尉選數赴選，與第二任好官。[28]

這段話清楚透露，唐代中、下縣的「縣丞、簿、尉等，例是入流令史」。朝廷也認為他們水平不高，素質不佳，「苟求自利，豈知官業？」所以，武宗此赦文的用意，便是希望有「衣冠士流，經業出身」者，即有科第功名的士人，能夠去充當「其中、

---

26 關於流外官和流外入流的研究，見本書第一章〈校書郎〉注52。
27 「磨勘」是唐代銓選的一個專用名詞，指審查選人的證件，看看是否符合銓選條件。詳見王勛成，《唐代銓選與文學》，頁152-161。
28 《全唐文》卷七八，頁819。

下縣丞、中縣簿〔尉〕等」。看來,「衣冠士流」平時對這些中、下縣的縣丞、主簿和縣尉都看不上眼。

「經五選如願授者」涉及唐代的「守選」制度。「五選」指五年。唐人剛中進士或明經,還不能馬上做官,除非再考中制舉,或博學宏詞,或書判拔萃等,否則需「守選」等候好幾年。而且,唐人每任一官,都有年限,一般為四年。任滿後亦需「守選」,即在家等候若干年後才能到吏部赴選求另一官[29]。然而,許多時候,官少員多,有些條件比較差的,等了十年也未必有官做。此即《新唐書‧選舉志》所說「士人二年居官,十年待選」[30]的窘境。武宗皇帝正想利用這批「經五選如願授者」,即經五年待選猶無官做的「衣冠士流」。如果他們願意屈就,可以到吏部去「下文書」、「磨勘」、「注擬」這些偏僻中、下縣的縣丞和簿尉。將來任滿,還可以獲授「第二任好官」。這也算是一種優待辦法和獎勵,好比現代中央政府若要醫生和老師到偏荒的外島、鄉下服務,得給他們一些「優惠」一樣。

從這個實例,可看出唐代偏遠中、下縣的縣尉(以及縣丞和主簿),「例是入流令史」,非「衣冠士流」。據上面表二,唐的中、下縣,前期多達850個,後期也有815個,都佔了全國總縣數的一半以上。中、下縣的縣尉也在八百個以上,佔全國縣尉總人數的大約三分之一,但他們許多恐怕「例是入流令史」

---

29 王勛成,《唐代銓選與文學》,對此制度的運作有詳細的論析。

30 《新唐書》卷四五,頁1179。

而已。

　　上引武宗〈加尊號後郊天赦文〉，可以和差不多同時代開成五年（840）十一月，嶺南節度使盧鈞的奏章合起來看，當知偏遠州縣官，因「道途遙遠，瘴癘交侵」和「俸入單微」等原因，如何不吸引人：

> 嶺南節度使盧均〔當作「鈞」〕奏：「當道伏以海嶠，擇吏與江淮不同，若非諳熟土風，即難搜求民瘼。且嶺中往日之弊是南選，今日之弊是北選。臣當管二十五州，唯韶、廣兩州官寮，每年吏部選授，道途遙遠，瘴癘交侵，選人若家事任持，身名眞實，孰不自負，無由肯來。更以俸入單微，每歲號為比遠。若非下司貧弱令史，即是遠處無能之流，比及到官，皆有積債，十中無一，肯識廉恥。臣到任四年，備知情狀。其潮州官吏，伏望特循往例，不令吏部注擬，且委本道求才。若攝官廉愼有聞，依前許觀察使奏正。事堪經久，法可施行。」敕旨依奏。[31]

據此可知嶺南許多州縣官（當包括縣尉），「若非下司貧弱令史，即是遠處無能之流」，而且「比及到官，皆有積債，十中無一，肯識廉恥」。這些流外入流的「令史」和「無能之流」，負債到嶺南做官，當然要大括民脂，不知廉恥。所以節度使盧鈞乾

31　《唐會要》卷七五，頁1624。

脆奏請朝廷「且委本道求才」，由他來包辦當地的州縣官的選擇和委任。《唐會要》還有一道敕，則涉及另一個偏遠地區黔州，時代則爲唐前期開元四年(716)七月：

> 其年七月敕：「如聞黔州管內州縣官員多闕，吏部補人，多不肯去。成官已後，或假解，或從征，考滿得資，更別銓選。自餘管蠻獠州，大率亦皆如此。宜令所司，於諸色選人內，即召補，並馳驛發遣。至州，令都府勘到日申所司。如有遲違，牒管內都督決六十，追毀告身，更不須與官。」[32]

由此看來，偏遠州縣官非常不受人歡迎，其縣尉的委派和來源也跟京畿或戶口多的江淮富縣不同，應當分開來看。

除了從令史「入流」外，縣尉又還有甚麼其他入仕方式呢？我們在唐史料和石刻墓誌中爬梳，可以發現下面另幾種入仕途徑：

(一)用蔭。例如：

> 楊損：「損字子默，以蔭受官，爲藍田尉。」[33]
> 張昕：「取父蔭出身，解褐授涇州鶉觚縣尉。」[34]

---

32 《唐會要》卷七五，頁1611。
33 《舊唐書》卷一七六，頁4560。
34 〈大唐故京兆府美原縣尉張府君墓誌銘〉，《全唐文》卷九九五，頁10309。

　　這是兩個明顯以蔭入仕爲尉的例子。史書中還有數人,雖以蔭入官,但他們的釋褐官似乎不是縣尉。史書所用的寫法是「累官」、「累授」等,如下面數例:

　　竇參:「少以門蔭,累官至萬年尉。」[35]
　　孫成:「字退思,以父蔭累授雲陽、長安尉。」[36]

　　(二)制舉入仕。史料中以制舉任縣尉的例子不少,有十多例,且舉五例如下:

　　劉幽求:「聖曆年,應制舉,拜閬中尉。」[37]
　　解琬:「少應幽素舉,拜新政尉,累轉成都丞。」[38]
　　嚴善思:「高宗封泰山,舉銷聲幽藪科及第,調襄陽
　　　　　尉。」[39]
　　孫逖:「開元初,應哲人奇士舉,授山陰尉。」[40]
　　王無競:「初應下筆成章舉及第,解褐授趙州欒城縣
　　　　　尉。」[41]

35　《舊唐書》卷一三六,頁3745。
36　《舊唐書》卷一九〇中,頁5044。
37　《舊唐書》卷九七,頁3039。
38　《舊唐書》卷一〇〇,頁3112。
39　《新唐書》卷二〇四,頁5807。
40　《舊唐書》卷一九〇中,頁5043。
41　《舊唐書》卷一九〇中,頁5026。

　　(三)以進士及第入仕。史料中這種入仕爲縣尉的方式遠比上兩種常見，約有三十多例，且舉六例如下：

> 蘇頲：「少有俊才，一覽千言。弱冠舉進士，授烏程尉。」[42]
>
> 崔日用：「滑州靈昌人……進士舉，初爲芮城尉。」[43]
>
> 趙涓：「幼有文學。天寶初，舉進士，補鄠城尉。」[44]
>
> 蕭穎士：「進士擢第，歷金壇尉、桂州參軍……。」[45]
>
> 皇甫冉：「天寶中，踵登進士，授無錫尉。」[46]

　　(四)進士及第後又考中制舉，或博學宏詞或書判拔萃科。史料中以此法仕爲縣尉也頗常見，約有二十多例，而且以此法任縣尉，常會是畿尉等美職，且舉五例如下：

> 馬懷素：「舉進士，又應制舉，登文學優贍科，拜鄮尉。」[47]
>
> 崔邠：「少舉進士，又登賢良方正科。貞元中授渭南

42　《舊唐書》卷八八，頁2880。

43　《舊唐書》卷九九，頁3087。

44　《舊唐書》卷一三七，頁3760。

45　李華，〈揚州功曹蕭穎士文集序〉，《全唐文》卷三一五，頁3197。

46　《新唐書》卷二〇二，頁5771。

47　《舊唐書》卷一〇二，頁3163。鄮屬次畿縣，見《元和郡縣圖志》，李吉甫撰，賀次君點校(北京：中華書局，1983)，卷二，頁43。

尉。」[48]

王涯:「貞元八年進士擢第,登宏辭科。釋褐藍田尉。」[49]

牛僧孺:「進士擢第,登賢良方正制科,釋褐伊闕尉。」[50]

羅讓:「以文學知名,舉進士,應詔對策高等,為咸陽尉。」[51]

(五)明經(包含兩經和五經)或明法及第。唐代明經及第的,每年約有一百人,而進士及第者只有約二十五到三十人,但在現有史料中,以明經或明法當上縣尉的人,反而沒有進士那麼多,只有二十多例,且舉五例:

楊再思:「鄭州原武人也。少舉明經,授玄武尉。」[52]

張嘉貞:「弱冠應五經舉,拜平鄉尉,坐事免歸鄉里。」[53]

李朝隱:「京兆三原人也。少以明法舉,拜臨汾尉。」[54]

賈耽:「以兩經登第,調授貝州臨清縣尉。」[55]

---

48 《舊唐書》卷一五五,頁4117。渭南屬畿縣,見《元和郡縣圖志》卷一,頁15。

49 《舊唐書》卷一六九,頁4401。藍田屬畿縣,見《元和郡縣圖志》卷一,頁15。

50 《舊唐書》卷一七二,頁4469。又見杜牧,〈牛公墓誌銘〉,《樊川文集》卷七,頁114。伊闕屬畿縣,見《元和郡縣圖志》卷五,頁134。

51 《舊唐書》卷一八八,頁4937。咸陽屬畿縣,見《元和郡縣圖志》卷一,頁12。

52 《舊唐書》卷九十,頁2918。

53 《舊唐書》卷九九,頁3090。

54 《舊唐書》卷一○○,頁3125。

元季方：「舉明經，調楚丘尉。」[56]

（六）明經及第後，又中制舉，或吏部科目選如宏詞、書判拔萃、開元禮等。明經及第後去考制舉或吏部科目選者不常見，但史料中也有下面四例。值得注意的是，這四人所任的縣尉都不錯，屬京尉（長安尉）、畿尉（鄠尉、華原尉）或望縣尉（夏縣尉），應當和他們明經及第後，又考中制舉或科目選有關：

王緯：「舉明經，又書判入等，歷長安尉，出佐使府……。」[57]
盧從愿：「應明經，常從五舉，制策三等，授夏縣尉。」[58]
李季卿：「亦能文，舉明經、博學宏辭，調鄠尉。」[59]
辛祕：「貞元年中，累登五經、開元禮科，選授華原尉。」[60]

（七）獻著述。這是一種比較特殊的入仕方法，並不常見。但我們在前面見過，唐代封演的《封氏聞見記》已提到這種求官的方式。在《新唐書・藝文志》中，便列有十三人以獻著述

（續）───────────

55 《舊唐書》卷一三八，頁3782。
56 《新唐書》卷二〇一，頁5745。
57 《舊唐書》卷一四六，頁3964。
58 《明皇雜錄》卷下，頁28。夏縣屬望縣，見《元和郡縣圖志》卷六，頁159。
59 《新唐書》卷二〇二，頁5748。
60 《舊唐書》卷一五七，頁4150。華原屬畿縣，見《元和郡縣圖志》卷二，頁28。

得官 [61]，其中四人得縣尉：

> 馮中庸《政錄》十卷。開元十九年上，授氾水尉。[62]
> 辛之諤《敘訓》二卷。開元十七年上，授長社尉。[63]
> 卜長福《續文選》三十卷。開元十七年上，授富陽尉。[64]
> 裴傑《史漢異義》三卷。河南人，開元十七年上，授
> 　臨濮尉。[65]

這四例的年代都在開元十七年到十九年之間（729-731），看來以獻著述入仕，乃非常之法。不過以此法所得的縣尉，都還不錯，爲望或緊縣尉。

　　（八）薦舉。此法一般用於比較高的官職上，最常見於薦舉拾遺或監察御史的場合。像校書郎和縣尉這種九品小官，也有可能以薦舉入仕，但很少見。校書郎的例子可找到兩個 [66]。縣尉則僅找到一個，即晚唐徐晦（?-838)的案例：

61　這十三人獻著述所得之官，包括校書郎、太祝、正字等。詳細名單
　　見本書〈校書郎〉一章。
62　《新唐書》卷五九，頁1513。氾水屬孟州，爲望縣。見《新唐書》
　　卷三九，頁1009。
63　《新唐書》卷五九，頁1536。長社屬許州，爲望縣。見《新唐書》
　　卷三八，頁988。
64　《新唐書》卷六〇，頁1622。富陽屬杭州，爲緊縣。見《新唐書》
　　卷四一，頁1059。
65　《新唐書》卷六〇，頁1625。臨濮屬河南濮州，也是緊縣。見《新
　　唐書》卷三八，頁993。
66　見本書〈校書郎〉一章。

徐晦，進士擢第，登直言極諫制科，授櫟陽尉，皆自
楊憑所薦。及憑得罪，貶臨賀尉，交親無敢祖送者，
獨晦送至藍田，與憑言別。[67]

其實，徐晦進士及第，又中制舉直言極諫制科，原已具備任縣
尉的資格。櫟陽屬京兆府，爲畿縣[68]。以徐晦的資格，任此畿
縣尉亦甚恰當。但從上引文看來，他的確是受京兆尹楊憑所薦
者。按徐晦自言，他在「布衣時」，即受知於楊憑[69]。或許楊
憑薦舉他出任自己管區內的櫟陽縣尉，亦順理成章之事。徐晦
和楊憑的關係極親密。楊憑被貶爲臨賀尉時[70]，無親人敢去送
行，僅有徐晦一人相送。楊憑的好友故相權德輿還因此事「嘉
其真懇，大稱之於朝。不數日，御史中丞李夷簡請爲監察」。
徐晦可說升官極快。他後來更官至福建觀察使、工部侍郎等高
官[71]。

　　(九)詔授。這也是特殊的入仕方式。史料中有三例。一是
孔巢父的侄子孔戢：

<hr>

67　《舊唐書》卷一六五，頁4324。
68　《元和郡縣圖志》卷二，頁27。
69　《舊唐書》卷一六五，頁4324；《新唐書》卷一六〇，頁4971。在
　　《新唐書》，徐晦傳附於楊憑傳之後。
70　楊憑被貶為臨賀尉，事在元和四年(809)，見其《舊唐書》本傳，卷
　　一四六，頁3967。張籍的〈傷歌行〉，寫楊憑赴貶所前的一幕，有
　　「出門無復部曲隨，親戚相逢不容語。辭成謫尉南海州，受命不得
　　須臾留。身著青衫騎惡馬，東門之外無送者」等句，極生動。見《全
　　唐詩》（北京：中華書局，1979年排印本），卷三八二，頁4283。
71　俱見其《舊唐書》本傳，卷一六五，頁4325。

戡字方舉，戣母弟也。以季父巢父死難，德宗嘉其忠，詔與一子正員官，因授戡修武尉。以長兄戣未仕，固乞迴授[72]。

有趣的是，孔戡又把此縣尉職，轉讓給他的長兄孔戣，自己反而「舉明經登第，判入高等，授祕書省校書郎、陽翟尉，入拜監察御史，轉殿中，分司東都」。他後來官至京兆尹[73]。至於另外兩例，都是唐初功臣的後裔。一為褚遂良的五世孫：「文宗時，詔以遂良五世孫虔為臨汝尉。」[74]二為張柬之的四世孫：文宗開成三年（838），詔「柬之四世孫憬壽安尉」[75]。

（十）奏授或表授。唐代某些高官，如宰相、京兆尹、河南尹、刺史、節度使、觀察使、鹽鐵使等，有奏授或表授州縣官員的權力。如王紹，「太師顏魯公〔真卿〕守吳興，特器之，表授武康尉」[76]。又如〈唐通直郎越州諸暨縣尉天水趙公墓誌銘〉記這位趙公，因「妙於運籌」，受到鹽鐵轉運使劉晏的賞識，「由是奏公尉靈昌、蘄春二縣，未授諸暨」[77]。另一墓誌〈唐故饒州餘干縣尉郭公墓誌銘〉則說，這位郭克勤，因受知於某使府，而被「奏授饒州餘干縣尉」[78]。

72 《舊唐書》卷一五四，頁4099。
73 《舊唐書》卷一五四，4099。
74 《新唐書》卷一○五，頁4029。
75 《新唐書》卷一二○，頁4325。
76 李絳，〈兵部尚書王紹神道碑〉，《全唐文》卷六四六，頁6544。
77 《唐代墓誌彙編續集》，頁738。
78 《唐代墓誌彙編續集》，頁1104。

縣尉入仕的這十一種方式，可以再簡化爲主要三種：一是
從流外的令史「入流」當上縣尉，用於偏遠的中、下縣；二是
「門蔭」；三是以各種科舉門徑入仕，多用於上縣以上的縣。
至於「獻著述」、「薦舉」和「詔授」，都是特殊之法，不常
見。「奏授」或「表授」，則多用於中晚唐使府奏請州縣官的
場合[79]。

三、赤畿縣尉的特殊地位

從官品上看，赤縣尉爲從八品下，地位最高。其次依秩是
畿縣尉、望縣尉、緊縣尉、上縣尉、中縣尉、中下縣尉和下縣
尉。從上一節所考的入仕途徑看，赤、畿尉所要求的資歷也最
高，一般需進士，加宏詞或制科等，才能釋褐爲赤畿尉。若只
有明經、進士，一般只能充當望、緊、上縣尉。沒有科第功名
者，則只能在中、下縣任縣尉。

縣尉除了是個釋褐官職，並且有以上十一種任官方法之
外，它實際上也是個士人遷轉常見的職位，即先任別官後再來
任縣尉。作爲士人再任的遷轉官，赤、畿縣尉也明顯高於其他
等級縣尉，都是美職，其身分地位，在唐代二千多個縣尉當中，
特別崇高，遠非其他等級縣尉可望其項背。

赤畿尉不同於其他縣尉，赤尉又高於畿尉，可從以下四點

---

79 「奏授」也即「奏薦」。關於此制度的更詳細説明，見王勛成，《唐
代銓選與文學》，頁212-219。又見石雲濤，《唐代幕府制度研究》（北
京：中國社會科學出版社，2003），頁339-343。

來考察。第一、畿縣尉、畿縣主簿或畿縣丞遷官時，可遷入為萬年、長安兩赤縣任縣尉，而這兩個赤縣，其地位又比其他四個赤縣（洛陽、河南、太原和晉陽）緊要。第二、畿縣約八十多個，其中又有十多個常出現在史料，最為緊要的計有藍田、渭南、咸陽、鄠縣、醴泉、美原、盩厔等，臨近長安，其縣尉常是校書郎、正字和州參軍等遷官的美職。第三、流外和視品官出身者被禁止充任赤尉；第四、唐人小說常描寫士人把這些赤畿尉列為競求的理想美職。

　　關於第一點，史料中的證例很多。先看畿縣尉或畿縣簿丞遷入為萬年和長安赤尉的例子：

　　韋顗：「自鄠縣尉判入等，授萬年尉。」[80]
　　鄭珣瑜：「授大理評事，調陽翟丞，以拔萃為萬年尉。」[81]
　　李乂：「特授藍田尉，又策高第，累遷乾封萬年尉。」[82]
　　程行諶：「入為鄠尉……授萬年尉。」[83]
　　王琚：「及進士第，應制科，遷藍田尉。以拔萃擢長
　　　　　安尉。」[84]
　　裴寬：「為潤州參軍事。舉拔萃，為河南丞，遷長安

80　《舊唐書》卷一〇八，頁3728。《新唐書》卷一一八，頁4269同。
81　《新唐書》卷一六五，頁5064。
82　蘇頲，〈唐紫微侍郎贈黃門監李乂神道碑〉，《全唐文》卷二五八，頁2609。
83　蘇頲，〈御史大夫贈右丞相程行諶神道碑〉，《全唐文》卷二五八，頁2614。
84　《舊唐書》卷一一一，頁4136。

尉。」⁸⁵

　　辛祕：「選授華原尉，判入高等，調補長安尉。」⁸⁶

　　以上幾個畿縣丞、簿、尉升爲萬年、長安兩赤縣尉的例子，可證萬年、長安兩赤縣，地位高，遠在各赤畿縣之上。如上引第六例中的裴寬，他先前所任的河南丞，已經是個赤縣丞，官品爲從七品上，而他所「遷」的長安尉，官品反而較低，爲從八品下（俱見上表一）。但唐人遷官不能單看官品，這已是唐史學界的常識。裴寬從河南丞轉爲長安尉，顯然是一次升遷，足見京師所在的長安，雖跟河南同爲赤縣，但在唐人眼中卻並不同等。

　　又如上引第二例的鄭珣瑜，他先前任縣丞的陽翟，是個畿縣，屬河南府⁸⁷。畿丞的官品爲正八品下，也比他所升的萬年尉官品（從八品下）來得高，但萬年是京師長安兩個赤縣之一，地位遠非陽翟可比。此外，應當注意的是，縣丞爲一縣的次官，一般來說地位都在縣尉之上，但在某些場合，萬年、長安縣尉卻可能高於某些畿縣丞（如鄭珣瑜例），甚至在某些赤縣丞（如裴寬例）之上。

　　要之，萬年、長安兩赤縣爲京師所在地，不同於其他四個赤縣。《新唐書·食貨志》列了唐代官員的俸料錢，這「兩赤

85　《新唐書》卷一三〇，頁4488-4489，

86　《舊唐書》卷一五七，頁4150。《新唐書》卷一四三，頁4696則説最初「授華原主簿」。

87　《元和郡縣圖志》卷五，頁138。

縣主簿、尉」的俸錢也比較高，而且是分立出來另列 [88]。東都
洛陽兩個赤縣(洛陽和河南)的縣尉，在史料中還常可見到。至於
北都太原兩個赤縣(太原和晉陽)的縣尉，可說默默無聞，在史料
中難得一見。以《新唐書》的〈宗室世系表〉為例，李唐宗室中
有一人曾任萬年尉 [89]，一人任長安尉 [90]，但卻無一人任其他四個
赤縣尉。在〈宰相世系表〉中，宰相後代任萬年尉的有八人 [91]；
任長安尉的有六人 [92]，其次是任洛陽尉的有十一人 [93]，任河南尉
的有三人 [94]；最少的是任太原尉，只有兩人 [95]，晉陽尉也是兩
人 [96]。

　　唐代韓琬的《御史臺記》，記錄了一段趣事：

88　《新唐書》卷五五，頁1404；參見《唐會要》卷九一，頁1967。
89　《新唐書》卷七十上，頁2019：李書。
90　《新唐書》卷七十上，頁2001：李豐器。
91　《新唐書》卷七二上，頁2432，頁2569；卷七二下，頁2779；卷七
　　四上，頁3123；卷七五上，頁3307，頁3318，頁3319；卷七五下，
　　頁3404。按萬年縣在總章元年(668)到長安二年(702)之間改名為明
　　堂縣，見《新唐書》卷三七，頁962。有一宰相後人曾任明堂尉，見
　　《新唐書》卷七二上，頁2488。
92　《新唐書》卷七一下，頁2362；卷七二中，頁2638，頁2648，頁2656；
　　卷七二下，頁2820；卷七五下，頁3307。
93　《新唐書》卷七一上，頁2199；卷七二上，頁2482；卷七二下，頁
　　2718，頁2723，頁2817；卷七四上，頁3102；卷七五上　，頁3298，
　　頁3304，頁3357，頁3366；卷七五下，頁3384。
94　《新唐書》卷七一上，頁2270；卷七三上，頁2914；卷七五上，頁
　　3379。
95　《新唐書》卷七三上，頁2898；卷七三下，頁2949。
96　《新唐書》卷七二上，頁2475，頁2478。

> 唐姚貞操云：「自余以評事入臺，侯承訓繼入，此後
> 相繼不絕，故知拔茅連茹也。」韓琬以為不然：「自
> 則天好法，刑曹望居九寺之首，以此評事多入臺。訖
> 今為雅例。豈評事之望，起于貞操耶？」須議戲云：
> 「畿尉有六道，入御史為佛道，入評事為仙道，入京
> 尉為人道，入畿丞為苦海道，入縣令為畜生道，入判
> 司為餓鬼道。故評事之望，起于時君好法也，非貞操
> 所能升降之。」[97]

這條材料常為人引用，作為畿尉升官途徑的重要指標。其中畿
尉「入京尉（即赤尉）為人道」，但「人道」該作何解，歷來引
用者皆無進一步的解說和申論。本文上引幾個畿尉入京尉的例
子，或可為韓琬所謂「人道」作一注解。依他的用法，「人道」
不如「佛道」和「仙道」，但又勝於「苦海道」和「畜生道」，
似乎介於不好、不壞之間，平穩升遷而已。但上引幾個例子，
從畿尉升赤尉，又似比韓琬所說的「人道」要好一些。其中王
珣、辛祕、韋顗三人，都考過難度高的書判拔萃科[98]才能遷長
安尉或萬年尉；李乂也得考過制科（「又策高第」）才能遷萬年

---

97 韓琬的《御史臺記》已失傳，今無傳本，但常為《太平廣記》引用。
   上引文見《太平廣記》卷二五〇，頁1939。王讜的《唐語林》，把
   此段引文割裂，僅剩後半段「戲云」部分，頗失其真。見《唐語林
   校證》卷五，頁447。關於韓琬和他的《御史臺記》的研究，見池田
   溫，〈論韓琬《御史臺記》〉，黃正建譯，收在池田溫，《唐研究
   論文選集》（北京：中國社會科學出版社，1999），頁336-364。
98 關於書判拔萃科，見王勛成，《唐代銓選與文學》，頁295-304。

尉，足證此兩赤縣尉都是重要的美職，不輕授，得來不易。第
五例的鄭珣瑜，更從大理評事，轉陽翟丞，再遷萬年尉。若照
韓琬的說法，他豈不是從「仙道」跌到「苦海道」，再轉回「人
道」？其實，鄭珣瑜後來官至宰相。他這早年官歷應當是不錯
的，不可能是韓琬所說的「苦海道」。韓琬的說法正如他自己
所說，「戲云」而已，不宜太認真看待。

　　萬年尉和長安尉職位崇高，還可見於下面幾個例子：

　　崔器：「舉明經，歷官清謹。天寶六載，為萬年尉。」[99]
　　韋平：「斬朱泚使者，間走奉天上功，擢萬年尉。」[100]
　　李芃：「解褐上邽主簿。嚴武為京兆尹，薦補長安尉。」[101]
　　張薦：「授岐王府參軍。八以制舉皆甲科，再調長安
　　　　　尉。」[102]

以上四例，都可證萬年尉和長安尉為「歷官清謹」、獎軍功、
薦補或「八以制舉皆甲科」才能授的美官。代宗大曆八年（773），
甚至有某美原尉（畿尉）為了更上一層樓，得到赤縣長安尉，而
有串通「冒優擬官」之舉。此事在《資治通鑑》記載最詳：

　　吏部侍郎徐浩、薛邕，皆元載、王縉之黨；浩妾弟侯莫

99　《舊唐書》卷一一五，頁3373。
100　《新唐書》卷一五八，頁4937。
101　《新唐書》卷一四七，頁4756。
102　《新唐書》卷一六一，頁4979。

陳恣為美原尉,浩屬京兆尹杜濟虛以知驛奏優,又屬邕擬長安尉。恣參臺,御史大夫李栖筠劾奏其狀……。[103]

此即《新唐書·李栖筠傳》所說「華原尉侯莫陳恣以優補長安尉」[104] 的事。其實侯莫陳恣並非真的「知驛」優,而是冒優,以求得長安尉,亦可見長安尉此官頗美,令人垂涎,不惜冒優,結果遭到御史大夫李栖筠的彈劾。

歐陽詹的〈同州韓城縣西尉廳壁記〉說:「赤縣僅二十,萬年為之最。」[105] 只提萬年縣,不及長安縣,初看之下似乎偏萬年。不過,歐陽此說倒很能反映了一個歷史事實,即萬年縣的確比長安縣高尚且重要。長安以朱雀門大街為界。街以東屬萬年縣,街以西屬長安縣。然而,街東萬年縣一向是大官要人的住宅區,街西長安縣則多平民和西域商賈,以致萬年縣的聲望和地位,高於長安縣,雖然兩者同是赤縣[106]。《元和郡縣圖志》和《新唐書·地理志》等書,在列舉京兆府屬縣時,也是

103 《資治通鑑》卷二二四,頁7220。
104 《新唐書》卷一四六,頁4737。
105 《全唐文》卷五九七,頁6039。
106 關於街東萬年縣和街西長安縣的對比,詳見妹尾達彥,〈唐代長安の街西〉,《史流》,25(1984),頁1-31;及其〈唐長安城の官人居住地〉,《東洋史研究》,55卷2期(1996),頁35-74;王仲殊,〈試論唐長安城與日本平城京及平安京何故皆以東半城(左京)為更繁榮〉,《考古》,2002年第11期,頁69-84;Heng Chye Kiang(王才強),*Cities of Aristocrats and Bureaucrats: The Development of Medieval Chinese Cityscapes*, pp. 26-7; Victor Cunrui Xiong(熊存瑞), *Sui-Tang Chang'an: A Study in the Urban History of Medieval China*, pp. 122-123.

先列萬年，後列長安 [107]。然而，長安縣因有外國人聚居，國際
色彩更爲濃厚，而且西市比東市更繁華，所售賣的物品也比東
市更爲多樣 [108]。

　　關於第二點，畿縣約八十多個當中，並非個個同等，而以
臨近長安城的約十個畿縣最爲緊要，計有渭南、藍田、咸陽、
鄠縣、盩厔等。這幾個畿縣的縣尉，常是校書郎、正字和州參
軍等遷官的美職。孫國棟在《唐代中央重要文官遷轉途徑研究》
中，考出唐代有二十個校書郎，任滿後即「遷京畿簿尉」。這
竟成了校書郎最重要的一條遷轉途徑，人數最多。其他遷拾遺
的只十一人、遷監察御史的只三人，出爲諸使從事的有十二人，
遷其他官五人 [109]。不過，在孫國棟所舉的這二十個「遷京畿簿
尉」的人當中，有一人趙宗儒，遷陸渾畿縣主簿，不在本章的
論述範圍。另有三人爲錯列：薛播遷萬年丞（非孫氏所說的萬年
尉） [110]；崔郾僅爲校書郎，並未遷鄠縣尉 [111]；房琯所遷的同州
馮翊尉，實際上是望尉，非畿尉 [112]。另外馮定佐潤州薛苹幕所
得校書郎，應爲「試」校書郎，非實職 [113]。陸扆爲宰相孔緯奏

107 《元和郡縣圖志》卷一，頁3-4；《新唐書》卷三七，頁962。
108 妹尾達彥，〈唐代後期的長安與傳奇小説〉，宋金文譯，收在《日
　　本中青年學者論中國史・六朝隋唐卷》，劉俊文主編（上海：上海古
　　籍出版社，1995），頁509-553，對此有詳細論述。
109 孫國棟，《唐代中央重要文官遷轉途徑研究》，頁7 和頁257-259的
　　注釋。
110 見《舊唐書》卷一四六，頁3955；《新唐書》卷一五九，頁4952。
111 見《舊唐書》卷一五五，頁4118；《新唐書》卷一六三，頁5017。
112 同州馮翊屬望縣，見《新唐書》卷三七，頁965。
113 《舊唐書》卷一六八，頁4390-4391。關於「試校書郎」的詳細討論，

直史館，得校書郎，也應為「試」校書郎，非實職[114]。除開這
六人不算，其餘十四人，竟有十三人全遷畿縣尉，一人遷赤尉（見
下引）。孫書也僅列這些校書郎的本傳卷數，未列遷官詳細資
料。這裡且把這十四人的遷官資料列舉如下：

> 韋貫之：「為校書郎，擢賢良方正異等，補伊闕、渭
> 　　南尉。」[115]
> 崔損：「登博學宏詞科，授祕書省校書郎，再授咸陽
> 　　尉。」[116]
> 劉從一：「中宏詞，授…校書郎，以調中第，補渭南
> 　　尉。」[117]
> 裴佶：「弱冠舉進士，補校書郎，判入高等，授藍田
> 　　尉。」[118]
> 白居易：「授祕書省校書郎。……授盩厔縣尉。」[119]
> 李絳：「登宏辭科，授祕書省校書郎。秩滿，補渭南
> 　　尉。」[120]

（續）
　　見本書〈校書郎〉一章。又見本書第五章〈巡官、推官和掌書記〉
　　中「幕佐的官銜」一節。
114 《舊唐書》卷一七九，頁4668。
115 《新唐書》卷一六九，頁5153。
116 《舊唐書》卷一三六，頁3754-3755。
117 《舊唐書》卷一二五，頁3550。
118 《舊唐書》卷九八，頁3083。
119 《舊唐書》卷一六六，頁4340。
120 《舊唐書》卷一六四，頁4285。

韋溫：「調補祕書省校書郎。……調授咸陽尉。」[121]

韋處厚：「授祕書省校書郎。……改咸陽縣尉。」[122]

柳公綽：「授祕書省校書郎，復應制舉……授渭南尉。」[123]

柳宗元：「登進士第，應舉宏辭，授校書郎、藍田尉。」[124]

鄭絪：「登宏詞科，授祕書省校書郎、鄠縣尉。」[125]

裴度：「擢進士第，以宏辭補校書郎……調河陰尉。」[126]

鄭澣：「自祕書省校書郎遷洛陽尉，充集賢院修撰……。」[127]

衛次公：「補崇文館校書郎，改渭南尉。」[128]

以上十四人從校書郎遷赤畿尉，其中竟有五人遷渭南尉，二人遷藍田尉，三人遷咸陽尉，另外遷洛陽尉（赤尉）、鄠縣尉、鰲屋尉、河陰尉的，都各有一人。除了河陰屬河南府外，其餘各縣全屬京兆府，全是京師長安附近最重要的大縣。五人遷渭南尉，也印證了歐陽詹所說：「畿縣僅於百，渭南爲之最。」[129] 這

121　《舊唐書》卷一六八，頁4377。

122　《舊唐書》卷一五九，頁4182-4183。

123　《舊唐書》卷一六五，頁4300。

124　《舊唐書》卷一六〇，頁4213。按柳宗元釋褐集賢院正字，非兩《唐書》所說的「校書郎」，詳見本書〈正字〉一章。但正字和校書郎兩官性質相近，都是唐人釋褐的美職。

125　《舊唐書》卷一五九，頁4180。

126　《新唐書》卷一七三，頁5209。

127　《舊唐書》卷一五八，頁4167。鄭澣其實沒有去當洛陽尉，只是以洛陽尉的本官去充任集賢修撰。這裡「洛陽尉」是作爲一種階官使用。詳見下面「以縣尉作階官充館職」一節的討論。

128　《舊唐書》卷一五九，頁4179。

129　《全唐文》卷五九七，頁6039。

十多人都是資歷極佳的士人，當中不少不但是進士及第，而且後來還考中高難度的博學宏詞科或書判拔萃科。校書郎本身已是釋褐的美官。他們出任過校書郎後又再遷這些畿尉，可以想見畿尉又是一種怎樣令人稱羨的美職。至於從校書郎遷赤尉（以上鄭澣例），當然又更比遷畿尉高一等。

孫國棟所研究的重要文官範圍，不包括太子校書和正字官[130]。其實，這也是兩種清望官，也有好些人從此遷赤、畿縣尉。且舉數例：

> 姚南仲：「授太子校書，歷高陵、昭應、萬年三縣尉。」[131]
> 盧邁：「兩經及第，歷太子正字、藍田尉。」[132]
> 張仲方：「釋褐集賢校理…補祕書省正字，調授咸陽尉。」[133]
> 呂剛：「任太子校書郎，歷華原縣尉，終大理評事。」[134]

除了上舉的校書郎、正字外，其他資歷條件良好的士人，在任滿參軍、他縣縣官、或在幕府當過從事等初任官後，也常轉為

---

130 孫國棟，《唐代中央重要文官遷轉途徑研究》，頁1，特別聲明他的研究不包括「東宮僚屬」，即太子校書等官。孫氏也未研究正字官的遷轉途徑。

131 《舊唐書》卷一五三，頁4081。姚南仲此例很有意義。高陵為畿縣、昭應為次赤（京）縣、萬年是赤（京）縣。換句話說，姚南仲三任縣尉，正可說是步步高升。

132 《舊唐書》卷一三六，頁3753。

133 《舊唐書》卷一七一，頁4443。

134 《唐代墓誌彙編續集》，頁873。

赤畿尉。這樣的例子甚多，不勝舉，且引數例如下：

> 韋鈞：「解褐授綿州魏城丞……以尤異擢授雍州長安
> 　　　尉。」[135]
> 李嶠：「始調安定尉。舉制策甲科，遷長安。」[136]
> 蕭嵩：「嵩調補洺州參軍。……景雲元年，為醴泉尉。」[137]
> 張弘靖：「少以門蔭授河南府參軍，調補藍田尉。」[138]
> 高郢：「授華陰尉。…見稱於時，由是授咸陽尉。」[139]
> 李憲：「以禮法修整，起家太原府參軍、醴泉縣尉。」[140]

---

135 韓休，〈贈邠州刺史韋公神道碑〉，《全唐文》卷二九五，頁2990。
136 《新唐書》卷一二三，頁4367。「遷長安」之後似脫一「尉」字。
　　但李嶠(645-714)極可能並非遷長安尉，而是遷三原尉，或先任三原
　　尉始遷長安尉。三原位於長安以北只有大約五十公里，為唐高祖獻
　　陵所在地，在李嶠任縣尉時，還是個畿縣，唐貞元四年(788)始升為
　　次赤縣，見《唐會要》卷七〇，頁1460及《新唐書》卷三七，頁962。
　　李嶠任三原尉，兩《唐書》均失載，但李嶠本人所寫的兩封信〈上
　　雍州高長史書〉以及〈與雍州崔錄事司馬錄事書〉，《全唐文》卷
　　二四七，頁2498-2499，開頭都清楚自稱「三原縣尉趙國李嶠謹再
　　拜……」，可證他曾任三原尉。李嶠在唐代文學史上也小有名氣，
　　常和蘇味道(648-705)等人被尊稱為「唐代律詩體制的完成者」之一，
　　在聖曆元年(698)曾任宰相，見《新唐書》卷六一，頁1661。關於李
　　嶠的生平考證，見《唐才子傳校箋》，傅璇琮主編(北京：中華書局，
　　1987)，卷一，頁119-129傅璇琮的考釋。
137 《舊唐書》卷九九，頁3094。醴泉為唐太宗昭陵所在地，是個次赤(京)
　　縣，見《新唐書》卷三七，頁962。
138 《舊唐書》卷一二九，頁3610。
139 《舊唐書》卷一四七，頁3975。按華陰是望縣，咸陽為畿縣。見《新
　　唐書》卷三七，頁964及頁962。
140 《舊唐書》卷一三三，頁3685。

裴樞：「杜審言鎮河中，奏署幕府，再遷藍田尉。」[141]

以上所舉的例子，都是赤縣，或長安附近的畿縣，足可說明這些赤畿尉的優越地位。

關於第三點，流外和視品官出身者被禁止充任赤尉事，這見於唐初神功元年（697）的一道詔令。它規定「從流外和視品官出身者」，不得任「赤縣簿、尉」，即赤縣的主簿和縣尉，以及校書、正字、主簿、長史等流內官：

> 八寺丞，九寺主簿，諸監丞、簿，城門符寶郎，通事舍人，大理寺司直、評事，左右衛、千牛衛、金吾衛、左右率府、羽林衛長史，太子通事舍人，親王掾屬、判司、參軍，京兆、河南、太原判司，赤縣簿、尉，御史臺主簿，校書、正字，詹事府主簿，協律郎，奉禮、太祝等，出身入仕，既有殊途，望秩常班，須從甄異。其有從流外及視品官出身者，不得任前官。[142]

以上所列，都是所謂的「流內」官，唐制九品三十階內的官職。這道詔令很能凸顯「赤縣簿、尉」等流內官的「清望」地位，因為此詔的目的，正是要阻止那些身分比較低微、沒有科第功名的流外官和視品官，「玷染」了這類流內官的「清流」。

---

141 《新唐書》卷一四〇，頁4647。
142 《唐會要》卷七五，頁1610。

　　神功元年此詔只明確提到「赤縣簿、尉」，沒有提及畿簿尉，似乎流外出身人和視品官，若入流可以擔任畿簿尉。實情是否如此？可惜史料上沒有任何記載，我們不得而知。但從此詔看來，赤縣主簿和縣尉，其地位又更在畿縣簿尉之上。

　　至於最後第四點，赤畿縣尉的崇高地位，在唐人小說中也常有反映。例如，在著名的〈枕中記〉中，那個做黃粱一夢的盧生，他所夢見的美事之一，便是「明年，舉進士，登甲科，解褐授校書郎。應制舉，授渭南縣尉」[143]。釋褐校書郎，又遷畿尉（特別是畿縣之「最」的渭南縣尉），應是不少唐代士人的美夢。在《夢遊錄・櫻桃青衣》中，也有一個盧生，夢見自己「又登甲科，授祕書郎〔應爲「校書郎」之誤〕。姑云：『河南尹是姑堂外甥，令渠奏畿縣尉。』數月，敕授王屋尉。」[144] 王屋屬河南府，也是個畿縣。在《續定命錄》中，還有一則故事：

　　　故殿中侍御史李稜，貞元二年〔786〕擢第，有別業在江
　　　寧，其家居焉。是歲渾太師瑊鎮蒲津，請稜爲管記從

143　《太平廣記》（北京：中華書局，1960年校點本），卷八二，頁527。
　　　關於〈枕中記〉的作者和此篇小說的研究，中、日、英文論著甚多，
　　　不俱引，但最重要的有王夢鷗，〈枕中記作者及其作品〉，《唐人
　　　小說研究二集》（臺北：藝文印書館，1973），頁37-45；王夢鷗，〈讀
　　　沈既濟《枕中記》補考〉，《中國文哲研究集刊》，創刊號（1991），
　　　頁1-10；及周紹良，〈《枕中記》箋證〉，《唐傳奇箋證》（北京：
　　　人民文學出版社，2000），頁83-93。
144　《太平廣記》卷二八一，頁2243。關於〈櫻桃青衣〉，最深入詳細
　　　的研究見孫國棟，〈從夢遊錄看唐代文人遷官的最優途徑〉，《唐
　　　宋史論叢》（香港：商務印書館，2000年增訂版），頁17-36，

事。稜乃曰：「公雖愛稜甚，然奈某不閑檢束，夙好
藍田山水，據使銜合得畿尉。雖考秩淺，如公勳望崇
重，特為某奏請，必諧矣。某得此官，江南迎老親，
以及寸祿，即某之願畢矣。」渾遂表薦之。德宗令中
書商量，當從渾之奏。稜聞桑道茂先生言事神中，因
往詣焉，問所求成敗。茂曰：「公求何官？」稜具以
本末言之。對曰：「從此二十年，方合授此官，如今
則不得。」稜未甚信。經月餘，稜詣執政。謂曰：「足
下資歷淺，未合入畿尉。如何憑渾之功高，求僥倖耳？」
遂檢吏部格上。時帝方留意萬機，所奏遂寢。稜歸江
南，果丁家艱。已近七八年，又忽得躄疾，殆將一紀。
元和元年〔806〕冬，始入選，吏曹果注得藍田縣尉。一
唱，忻而授之。乃具說於交友。[145]

此條寫李稜如何夢想得到藍田畿尉，如何求渾瑊爲他「奏
請」，但因「資歷淺，未合入畿尉」，二十年後始如願的事，很能反
映畿尉在唐代士人心目中的位置。在唐人小說《定命錄》中，
有一則記載：

員外郎樊系……自校書郎調選。吏部侍郎達奚珣深器
之，一注金城縣尉。系不受。達奚公云：「校書得金
城縣尉不作，更作何官？」系曰：「不敢嫌畿尉，但

145 《太平廣記》卷一五一，頁1084。

此官不是系官。」[146]

按金城即興平縣，因「中宗送金城公主降吐蕃至此，改曰金城」[147]，屬京兆府，是個畿縣。樊系當年選官，得此畿尉美缺，竟不願就，難怪主持選事的吏部侍郎達奚珣要責問他：「校書得金城縣尉不作，更作何官？」足見從校書郎遷官為畿尉，是唐代士人理想的升官途徑之一。樊系當然「不敢嫌畿尉」，但他之所以不願任金城縣尉，則是因為他有一次做夢，「夢官合帶『陽』字」。在小說中，他後來果然得涇陽尉[148]。

以上四點，皆可證赤畿縣尉的特殊優越地位，遠非其他等級縣尉可比。順此可以一提的是，兩《唐書》中所收的，大體都是高官的傳記。這些高官因出身條件好，年輕時若曾任縣尉，則多數也是任赤畿尉，以致兩《唐書》中所出現的縣尉，亦絕大部分是赤畿尉。至於其他等級縣的縣尉，他們絕大多數終生都在外任縣尉、主簿或縣丞等小官，沒有機會在京城朝中任京官，以致他們一生都默默無聞，在兩《唐書》中無傳，死後名字也只保留在墓誌上。在近世出土的大量唐人墓誌中，就有不少這一類的縣尉[149]。

---

146 《太平廣記》卷二七七，頁2200。

147 《新唐書》卷三七，頁962。

148 《太平廣記》卷二七七，頁2200。涇陽屬京兆府，也是個畿縣。見《新唐書》卷三七，頁962。

149 詳見周紹良主編《唐代墓誌彙編》和《唐代墓誌彙編續集》。不過據筆者的初步考察，這些墓誌中所見的縣尉，主要又以望、緊和上縣縣尉為主。中、下縣尉很少見到。

四、釋褐為上、緊、望、畿及赤尉

礪波護在〈唐代的縣尉〉文中，引歐陽詹的〈同州韓城縣西尉廳壁記〉說：「上縣以下的『尉』是初任官的職位，而緊縣以上的『尉』很難授與初任官。它是要經兩任官以後纔能就任的職位。」緊接著，他又引用歐陽詹的〈送常熟許少府之任序〉，以及王鳴盛《十七史商榷》說：「據此，緊縣尉也是初任官的職位。但似乎畿縣尉等不能用作初任官。」[150]不過，礪波護沒有列舉釋褐為緊縣尉（或緊縣以上縣尉）的例子。

所謂「初任官」，即唐代史料常說的「釋褐」之官。其實，據筆者的考察，不但上縣和緊縣尉可用作初任官，甚至望縣尉、畿縣尉和赤縣尉，都同樣可用作初任官。先看釋褐為上、緊、望縣尉的例子。在這方面，兩《唐書》中有一些案例，但唐人墓誌中的例證更多，如下引。

（一）釋褐為上縣尉的：

李曙：「釋褐授朝議郎行宣城郡太平縣尉……。」[151]
馬浩：「釋褐任易州遂城尉……。」[152]

---

150 礪波護，〈唐代の縣尉〉，頁563。
151 《唐代墓誌彙編續集》，頁645。太平屬宣州，為上縣，見《新唐書》
  卷四一，頁1066。
152 《唐代墓誌彙編續集》，頁765。遂城為上縣，見《新唐書》卷三九，
  頁1019。

　　李述：「以明經擢第……釋褐授漢州金堂縣尉。」[153]

　　(二)釋褐爲緊縣尉的，史料中案例最多，最常見，筆者找到十多例，且引四例：

　　許景先：「景先由進士第釋褐夏陽尉。」[154]
　　獨孤季膺：「弱冠鄉貢進士擢第，解褐濮陽郡臨濮縣
　　　　　　　尉。」[155]
　　盧嗣冶：「一舉孝廉上第，釋褐汴州封丘尉。」[156]
　　李正則：「由明經入仕，始爲宋州單父縣尉……。」[157]

　　(三)釋褐爲望縣尉的：

　　張騭：「年十九，明法擢第，解褐饒陽尉。」[158]

---

153 《唐代墓誌彙編續集》，頁522。金堂爲上縣，見《新唐書》卷四二，
　　頁1081。
154 《新唐書》卷一二八，頁4464。 夏陽屬緊縣，見《元和郡縣圖志》
　　卷二，頁39。
155 《唐代墓誌彙編續集》，頁739。臨濮爲緊縣，見《新唐書》卷三八，
　　頁993。
156 《唐代墓誌彙編續集》，頁669。封丘爲緊縣，見《新唐書》卷三八，
　　頁989。唐代盛唐詩人高適，五十歲時始釋褐，亦初任此封丘尉。見
　　周勛初，《高適年譜》(上海：上海古籍出版社，1980)，頁58-59。
157 《唐代墓誌彙編續集》，頁945。單父爲緊縣，見《新唐書》卷三八，
　　頁990。
158 張説，〈府君墓誌銘〉，《全唐文》卷二三二，頁2345。饒陽爲望
　　縣，在河北道深州，屬望縣，見《新唐書》卷三九，頁1016。

譚德：「釋褐任蘇州吳縣尉……。」[159]

王遜之：「明經及第，解褐，調補襄州襄陽尉……。」[160]

接下來，礪波護說「似乎畿縣尉等不能用作初任官」。他的措詞相當謹慎，不失爲學者應有的穩重態度。但從現有的材料看，畿縣尉其實也可以用作初任釋褐官職，如下面數例：

于士恭：「釋褐好畤縣尉。……亦當時之榮選也。」[161]

王涯：「貞元八年進士擢第，登宏辭科。釋褐藍田尉。」[162]

牛僧孺：「進士擢第，登賢良方正制科，釋褐伊闕尉。」[163]

杜讓能：「咸通十四年〔873〕登進士第，釋褐咸陽尉。」[164]

以上四例，都用了「釋褐」兩字，無疑是畿尉可作初任官的好例子。王涯和牛僧孺考中進士，再中博學宏詞或制舉，才能釋褐藍田和伊闕畿尉，這似乎表示要當畿尉，除了要進士出身外，

159 《唐代墓誌彙編續集》，頁277。蘇州吳縣為望縣，見《新唐書》卷四一，頁1058。

160 《唐代墓誌彙編續集》，頁514。襄陽為望縣，見《新唐書》卷四○，頁1030。

161 《膚施令于士恭墓誌》，《八瓊室金石補正》卷五十三，頁363。好畤屬畿縣，見《新唐書》卷三七，頁963。

162 《舊唐書》卷一六九，頁4401。藍田屬畿縣，見《元和郡縣圖志》卷一，頁15。

163 《舊唐書》卷一七二，頁4469。伊闕屬畿縣，見《元和郡縣圖志》卷五，頁134。

164 《舊唐書》卷一七七，頁4612。

還要有宏詞或制科，本身條件得高人一等才行。王涯的情況沒
有更多的材料可以說明，但牛僧孺的確如此。杜牧所寫的牛僧
孺墓誌〈唐故太子少師奇章郡開國公贈太尉牛公墓誌銘并序〉，
已交代原因：

> 公登進士上第。元和四年應賢良直諫制，數強臣不奉
> 法，憂天子熾於武功，詔下第一，授伊闕尉。[165]

即牛僧孺在元和三年（杜牧文中作「四年」誤）[166] 的賢良方正
制科中考中「第一」，所以才被授以伊闕尉。此事在《太平廣
記》所引的一段記載中，還有更清楚的說明：

> 韋乾度為殿中侍御史，分司東都。牛僧孺以制科敕首
> 除伊闕尉。臺參，乾度不知僧孺授官之本，問：「何
> 色出身？」僧孺對曰：「進士。」又曰：「安得入畿？」
> 僧孺對曰：「某制策連捷，忝為敕頭。」僧孺心甚有
> 所訝，歸以告韓愈。愈曰：「公誠小生，韋殿中固當
> 不知。⋯⋯。」[167]

---

165 《樊川文集》卷七，頁114。

166 《舊唐書》卷十四〈憲宗紀〉，頁425說：元和三年三月乙巳，「御
　　宣政殿試制科舉人」。《資治通鑑》卷二三七，頁7649，也繫此事
　　於元和三年。

167 《太平廣記》卷四九七，頁4080。

敕首、敕頭都指制科「第一」，可知畿尉不輕授。但杜讓能的案例卻又是個反證。他只登進士第，也能「釋褐咸陽尉」，頗讓人感覺意外。咸陽就在京師長安附近，屬京兆府，地位和藍田相當，猶在伊闕（位處洛陽附近，屬河南府）之上。這四位釋褐畿尉者，除了第一例于士恭只官至膚施（上縣，屬延州）縣令外，其他三人後來都官位顯赫，兩《唐書》中都有傳。

史書中還有數例，很可能也屬於釋褐畿尉的例子，但因為沒有明確說是「釋褐」，亦有可能是「累調」、「累補」的結果，暫且列於下面存疑，以待他日有新墓誌出土時再來詳考：

> 李程：「擢進士、宏辭……士流推之。調藍田尉。」[168]
> 沈詢：「又能文辭，會昌初進士，補渭南尉。」[169]
> 羅讓：「舉進士，應詔對策高等，為咸陽尉。」[170]

有趣的是，五代宋初徐鉉（917-992）的〈送張佖、郭賁二先輩序〉，還特別提到「進士擢第，畿尉釋褐」，在他那時仍是件十分榮耀的事：

> 君子所以章灼當時焜燿來裔者，必曰進士擢第，畿尉釋褐，斯道也。中朝令法，雖百王不移者也。自聖歷中興，百度漸貞，能興此美者，今始見張、郭

---

168 《新唐書》卷一三一，頁4511。
169 《新唐書》卷一三二，頁4541。
170 《舊唐書》卷一八八，頁4937。

二生矣。[171]

最後，不但畿尉可作釋褐官職，連赤尉也同樣可作釋褐初任官，如下面二例：

> 殷楷：「高宗朝四岳舉高第，釋褐拜雍州新豐尉。」[172]
> 令狐滈：「滈旣及第，釋褐長安尉、集賢校理。」[173]

《唐文拾遺》中收有一篇〈唐貞士韋君墓志〉，提到貞士韋某，釋褐赤縣尉，竟不屑爲之，歸隱南山的妙事：

> 於虖，此有唐貞士韋君栖眞之所也。貞士諱士逸字士逸。萬年杜陵人也，舉進士，釋褐爲赤縣尉，不屑焉，遂棄去，躬耕南山。家室睦如，入其庭，知其爲隱君子。韋爲京兆望姓……貞士獨澹如也，不以門第相競。[174]

此韋貞士以「中和四年〔884〕七月」去世，但他在兩《唐書》無傳，生平事跡不詳。墓誌的撰者亦闕名，其內容及行文語氣，也不像傳統墓誌。「釋褐爲赤縣尉」，也沒有說明是何赤縣。

---

171 《全唐文》卷八八二，頁9217。
172 馮宿，〈天平軍節度使殷公家廟碑〉，《全唐文》卷六二四，頁6303。
　　按雍州即京兆府，新豐即昭應，屬次赤縣，見《新唐書》卷三七，
　　頁961-962。
173 《舊唐書》卷一七二，頁4469。
174 《全唐文》附《唐文拾遺》卷六七，頁11120。

所以此韋君「釋褐爲赤縣尉，不屑焉，遂棄去，躬耕南山」的事，頗令人生疑，姑且引如上，聊備談助。此墓誌如果是僞作，僞者竟稱韋君「釋褐爲赤縣尉」，亦可反映解褐赤縣尉是極光彩之事，值得僞冒。韋君釋褐赤尉後又「不屑」爲之，更能顯出他清高無比。

總的來說，士人釋褐爲畿尉和赤尉的案例不多。筆者只找到上述寥寥數例。綜合以上所引，我們或可總結說：出身條件非常好的士人，可以釋褐爲赤、畿尉，但這恐怕還是比較特殊的案例，並非常例。一般上，赤、畿尉還是士人遷轉的第二任、甚至第三任官，如上引十多位校書郎、參軍等任滿後始遷畿尉的例子。一般明經、進士出身者，以釋褐緊縣尉最常見，望縣尉和上縣尉次之。《唐會要》有一條材料頗可反映此點：

> 會昌二年〔842〕四月敕文：「准大和元年〔827〕十二月十八日敕，進士初合格，並令授諸州府參軍及緊縣尉。……。」[175]

這顯示進士出身者，所得的縣尉官不會太低，至少會有個「緊縣尉」可做。筆者在兩《唐書》和墓誌材料中爬梳，也還沒有發現明經或進士及第者，有出任中、下縣尉的案例。這或可印證上引武宗〈加尊號後郊天赦文〉所說，這些中、下等級縣的縣尉，「例是入流令史」，非明經或進士出身者

---

175 《唐會要》卷七五，頁1620。

的官職。

五、縣尉的仕途前景

我們在前面見過，唐代封演的《封氏聞見記》曾列舉唐人從初仕到升爲宰相的「八雋」升官圖：

> 仕宦自進士而歷清貫，有八雋者：一曰進士出身、制策不入；二曰校書、正字不入；三曰畿尉、〔赤尉〕不入；四曰監察御史、殿中〔侍御史〕不入；五曰拾遺、補闕不入；六曰員外郎、郎中不入；七曰中書舍人、給事中不入；八曰中書侍郎、中書令不入。言此八者尤加雋捷，直登宰相，不要歷縮餘官也。朋僚遷拜，或以此更相譏弄。[176]

白居易在〈大官缺人〉這篇策文中，從另一個角度來論校書郎、正字和赤畿簿尉的升遷，所得的結論和封演所記極爲相似，都可證明校書郎、正字和赤畿尉這些八、九品的小官，仕途前景非常輝煌，可官至監察御史、拾遺、補闕、郎官（郎中和員外郎）、中書舍人、尙書左右丞、侍郎，甚至宰相等高官：

> 臣伏見國家公卿將相之具，選於丞郎給舍；丞郎給舍

---

176 《唐語林校證》卷八，頁717。

之材,選於御史遺補郎官;御史遺補郎官之器,選於
祕著校正畿赤簿尉:雖未盡是,十常六七焉。然則畿
赤之吏,不獨以府縣之用求之;祕著之官,不獨以校
勘之用取之。其所責望者,乃丞郎之椎輪,公卿之濫
觴也。[177]

我們在上面第四節「赤畿縣尉的特殊地位」中,已經見到十多
位從進士或制科出身的校書郎和正字,任滿後即遷畿尉。他們
的遷轉途徑,可說完全符合封演所記錄的前三「儁」,也和白
居易所說相合。照封演的記載,唐人任畿尉、赤尉之後,下一
個官職最好是任監察御史或殿中侍御史。這一點,史料中的例
證極多,但本章不作統計分析,純以舉例論述,故不擬全引這
些赤畿尉遷御史的例子。這裡且舉七例如下,以見其概:

劉憲:「擢進士,調河南尉,累進左臺監察御史。」[178]
馬懷素:「進士第……補郿尉。積勞,遷左臺監察御
　　　史。」[179]
王無競:「右武衛倉曹、洛陽縣尉,遷監察御史,轉
　　　殿中。」[180]
裴度:「應制舉賢良方正…授河陰縣尉。遷監察御

177 《白居易集》卷六三,頁1326。
178 《新唐書》卷二○二,頁5753。
179 《新唐書》卷一九九,頁5680。
180 《舊唐書》卷一九○中,頁5026-5027。

史……」[181]

韋顗：「自鄠尉判入等，授萬年尉。歷御史、補闕……。」[182]

韋繩：「……乃歷長安尉，威行京師。擢監察御史……。」[183]

元稹：「出為河南縣尉。丁母憂，服除，拜監察御史。」[184]

　　孫國棟的《唐代中央重要文官遷轉途徑研究》，對文官如何遷入為監察御史，又如何從監察逐步攀升，已有極詳細的研究和統計，本章就不重複申論了。據孫氏的研究，初、中唐從縣尉升為監察御史的人數最多，有三十例；晚唐較少，只有三例[185]。這可印證《通典》在卷二十四〈職官六〉「監察侍御史」條下所說：「職務繁雜，百司畏懼，其選拜多自京畿縣尉。」[186]

　　監察御史雖只是八品官，但極清要，是唐人遷升中很關鍵的職位之一。此外，此官八品階卻不由吏部銓選（吏部掌六品以下官的擬注），例由皇帝敕授，亦可見其重要[187]。「能入為監察，就列入清要，前途可以出人頭地了」[188]。所以，在唐人小說〈櫻桃青衣〉和〈枕中記〉中，那兩位盧生都在發白日夢，夢見自

181 《舊唐書》卷一七〇，頁4413。

182 《新唐書》卷一一八，頁4269。

183 《新唐書》卷一一八，頁4270。

184 《舊唐書》卷一六六，頁4331。

185 《唐代中央重要文官遷轉途徑研究》，頁128-130。名單見頁564-567。

186 《通典》卷二四，頁675。礪波護，前引文，頁577最先引《通典》此條，並引《文苑英華》中另幾個畿尉升監察御史的案例，可參看。

187 王勛成，《唐代銓選與文學》，頁194-195。

188 孫國棟，〈從夢遊錄看唐代文人遷官的最優途徑〉，《唐宋史論叢》，頁21。

已從畿尉轉入中央任監察御史。至於監察御史的升遷，據孫氏的研究，「以遷殿中侍御史最多，遷侍御史和員外郎次之」[189]。

　　值得注意的是，封演只提「畿、赤尉」的升遷，白居易也只提「赤畿簿尉」，多一「主簿」，但他們都完全不提其他等級縣的縣尉。我們在上面也詳考了赤畿尉的優越地位。他們將來可以在中央朝廷升任高官，甚至宰相，非其他等級縣的縣尉可以比擬。這是否意味著，望、緊、上、中和下縣的縣尉，他們的仕途前景都不佳，或沒有前途？

　　這問題相當複雜，可作爲另一篇專題論文的題目來進一步研究，非本章所能細論。但這裡可以提幾點初步的觀察，供學界參考。第一，如前所說，中、下縣尉「例是入流令史」，沒有科第功名。他們一生多在各中、下縣轉遷，無法到京城任京官[190]。他們默默無聞，兩《唐書》中無傳，名字甚至在近世出土的唐墓誌中也不多見。從這個角度看，這一批縣尉的確是比較平庸的一群，沒有甚麼仕途前景。而且，他們的人數最多，可能佔唐代二千四百多個縣尉的大部分。第二，那些有明經或

---

189 《唐代中央重要文官遷轉途徑研究》，頁130。

190 《新唐書‧宰相世系表》中有不少蔭任者從事縣尉之職，但這些縣全都是良好的赤、畿、望、緊及上縣，如洛陽縣、咸陽縣、密縣、江都縣、浚儀縣等等。筆者尚未發現有蔭任者出任中、下縣之縣尉。按唐代中、下縣都是偏遠窮縣，而蔭任者皆屬仕宦條件不錯者。他們有更好的仕途和出路，似乎不可能願意前往這些沒有甚麼前途的偏遠窮縣當縣尉。趙超編著《新唐書宰相世系表集校》（北京：中華書局，1998），對《新唐書‧宰相世系表》中所收人物的世系和背景有精細的考證。關於唐代蔭任的研究，見毛漢光，〈唐代蔭任研究〉，《中央研究院歷史語言研究所集刊》，第55本第3分（1983）。

進士科第功名者，初入仕途時可能被派往望、緊、上等縣任縣尉。他們將來若能累遷至赤畿尉，或累轉到中央任監察御史等京官，則仕途前景也不錯，將來可官至五品以上的高官，甚至宰相，名列兩《唐書》列傳。我們不妨以唐代的三個名相爲例，看看他們怎樣從縣尉起家，後來又怎樣都官至宰相。這三人是唐前期的婁師德和唐後期的賈耽及陸贄。

　　婁師德（630-699）[191] 是武則天朝有名的功臣。他從進士出身，曾任監察御史，後又任武官，長期在黃河河套地區的豐州（今內蒙古五原）一帶任營田大使，晚年兩度被召回任宰相，可說是唐代所謂「出將入相」的典型人物。他在北邊營田的業績十分輝煌，令武則天皇后都不禁讚歎，「欣悅良深」，曾給他「降書」寫信慰勞。這封信的內容片斷，今仍收在《舊唐書・婁師德傳》中，讓我們現仍得以見到則天皇后對他毫無保留的讚美。然而，我們若細考婁師德的官歷，會發現這麼一位精彩的人物，卻只不過是從一個望縣的縣尉幹起：

　　　　婁師德，鄭州原武人也。弱冠，進士擢第，授江都尉。[192]

---

191 《舊唐書》卷九三，頁2976說婁師德死於「聖曆二年」（699），但《新唐書》卷一〇八，頁4093則說是「聖曆三年」（700）。考聖曆無三年，且《新唐書》卷六一，頁1662，及《資治通鑑》卷二〇六，頁6541，都說婁師德死於聖曆二年。《新唐書》的「聖曆三年」當為「二年」之誤。

192 婁師德在《舊唐書》卷九三，頁2975-2976的本傳，和他在《新唐書》卷一〇八，頁4092-4093的本傳，各有不同的細節。下文引自《舊唐書》。

江都即揚州的七個縣之一,屬望縣(即今江蘇江都)[193]。婁師德「弱冠」即大約二十歲就中進士,可說非常年輕難得,但他也只是被派到一個望縣去當九品縣尉罷了。到了上元初(674-675),他大約四十五歲時,始「累補監察御史」,回到朝廷當京官。至於他二十多歲到四十五歲的官歷如何,史書不載,不得而知,但從「累補」兩字看來,他可能除了任江都尉之外,還擔任過其他官職,很可能是其他州縣的地方官。在他任監察御史時,吐蕃犯邊,朝廷「募猛士以討之」。婁師德這個進士出身的文官,竟「抗表請為猛士」,令「高宗大悅,特假朝散大夫,從軍西討,頻有戰功,遷殿中侍御史,兼河源軍司馬,并知營田事」[194]。在邊疆苦幹了約十五年後,他終於在天授(690-691)初約六十歲時,「累授左金吾將軍」這個正三品的武職高官。正因為他的營田事績十分出色,他曾經兩次入相。第一次在長壽二年(693)他六十四歲時;第二次在神功元年(697)他六十八歲時[195]。這便是一個望縣的縣尉,一步步升遷到宰相的過程。

　　同樣的,中唐著名的地理學家和德、順兩朝的宰相賈耽(730-805),也是從一個望縣的縣尉起家。其《舊唐書》本傳說:

---

193 《新唐書》卷四一,頁1052。

194 《太平御覽》(四部叢刊三編本;臺北:臺灣商務印書館據日本藏南宋蜀刻本影印),卷二七七,頁1420,把婁師德列為「儒將」,和著名的薛仁貴並列。

195 《新唐書》卷六一,頁1657及1660。

賈耽字敦詩，滄州南皮人。以兩經登第，調授貝州臨清縣尉。上書論時政，授絳州正平尉。[196]

鄭餘慶的〈左僕射賈耽神道碑〉，則明確交代賈耽早年任縣尉的時間：

公天寶十載〔751〕明經高第，乾元〔758-759〕中授貝州臨清尉。州縣之職，與公非宜。兵戈甫興，時不韜才。公詣闕獻書，授絳州太平尉。[197]

貝州臨清縣在唐河北道，屬望縣[198]。絳州正平縣在河東道，也是個望縣[199]。賈耽最初的兩任官，都是望縣尉，比緊縣尉高一級。兩經屬明經科。唐人一般認為明經不如進士，但賈耽的明經出身，看來並沒有妨礙他後來的仕途及登相。他做過縣尉後，出任河東節度使的判官及汾州刺史，可說升官極快，「在郡七

196 《舊唐書》卷一三八，頁3782。
197 《全唐文》卷四七八，頁4887。絳州有正平縣，又有太平縣，極易混淆。太平屬緊縣，見《新唐書》卷三九，頁1001。但賈耽先前已任臨清望縣尉，看來不可能降級任緊縣尉。《新唐書》卷一六六，頁5083，以及權德輿的〈唐故金紫光祿大夫檢校司空兼尚書左僕射同中書門下平章事上柱國魏國公贈太傅賈公墓誌銘并序〉，《全唐文》卷五〇五，頁5137，都作「太平」。但《舊唐書》作「正平」，看來較合理可信。此從《舊唐書》。
198 《新唐書》卷三九，頁1013。
199 《新唐書》卷三九，頁1001。唐代還有另一個正平縣，在嶺南道的環州，屬下縣，見《新唐書》卷四三上，頁1105。

年，政績茂異」。很可能正因爲他表現如此出色，他跟著被召
回京師長安任鴻臚卿。

鴻臚卿是鴻臚寺的首長，而鴻臚寺則是一個外交機構，掌
管外國來唐使者和賓客[200]。賈耽很可能是在這時侯，「凡四夷
之使及使四夷還者，必與之從容，訊其山川土地之終始」[201]，
因而他獲得許多珍貴難得的地理資料，得以完成他那些地理著
作。鴻臚卿此官雖屬從三品的高官，但卻不是唐人認爲的清望
官，也不在封演所說的「八儁」之內。兩《唐書》亦都未說明
賈耽何時出任鴻臚卿，但《舊唐書‧德宗紀》大曆十四年（779）
十一月辛未條下說，「以鴻臚卿賈耽爲梁州刺史、山南西道節
度觀察使」，可知他在大曆十四年之前已當上鴻臚卿，並在這
一年出爲節度使。這年他正好五十歲。

接下來的十多年，賈耽任山南東道和義成節度使。貞元九
年（793）他六十四歲時，又被召回長安，這次是出任宰相[202]。他
一直任宰相到他在永貞元年（805）十月他七十六歲時去世爲
止，前後長達十三年。此即其《舊唐書》本傳所說：「自居相
位，凡十三年。」唐宰相一般任期很短，只有一到三年左右。
賈耽的十三年可說是少見的。

和賈耽差不多同個時候任宰相，又在同年去世的中唐名相
陸贄（754-805），也和賈耽一樣從望縣尉起家。其《舊唐書》本

200 關於鴻臚寺的研究，見黎虎，《漢唐外交制度史》（蘭州：蘭州大學
  出版社，1998），頁310-347，
201 《舊唐書》卷一三八，頁3784。
202 《新唐書》卷六二，頁1706。參《舊唐書‧德宗紀》卷十三，頁376。

傳說：

> 年十八登進士第，以博學宏詞登科，授華州鄭縣尉。[203]

鄭縣在關內道，是華州屬下的四個縣之一，爲望縣[204]。歐陽詹
說：「望縣出於百，鄭縣爲之最。」[205] 指的就是陸贄起家的這
個縣。陸贄十八歲即考中進士，可說非常年輕而傑出。他後來
又考中更高難度的博學宏詞，入仕條件可說十分優越，但他卻
只獲授一個望縣的縣尉而已，很可能跟他太年輕有關，亦可知
赤、畿尉不易得，得望縣尉應已非常不錯。據《舊唐書》本傳，
陸贄稍後「又以書判拔萃，選授渭南縣主簿，遷監察御史。德
宗在東宮時，素知贄名，乃召爲翰林學士，轉祠部員外郎」。
按書判拔萃和博學宏詞科一樣，屬於吏部的所謂「科目選」考
試，難度很高。唐史上這兩科皆考中的人不多見；大詩人白居
易和李商隱是其中兩個。陸贄又考中書判拔萃後，始得以任畿
縣之最的渭南縣主簿（據《新唐書》說是「渭南尉」）[206]，後又

---

203 《舊唐書》卷一三九，頁3791。《新唐書》卷一五七，頁4911同。
   關於陸贄，近年最詳細的專書是Josephine Chiu-Duke, *To Rebuild the
   Empire: Lu Chih's Confucian Pragmatist Approach to the Mid-T'ang
   Predicament* (Albany, N.Y.: State University of New York Press, 2000).
204 《新唐書》卷三七，頁964。
205 〈同州韓城縣西尉廳壁記〉，《全唐文》卷五九七，頁6039-6040。
206 《新唐書》卷一五七，頁4911。史書上常「簿、尉」並舉，同屬縣
   官，以致主簿和縣尉也常混淆。如初唐四傑之一的駱賓王，曾任武
   功主簿和長安主簿，不曾任畿尉，見楊柳、駱祥發，《駱賓王評傳》
   （北京：北京出版社，1987），頁131-138，但《新唐書》卷一二三，

遷監察御史，回到京城中央當京官。

　　陸贄當上翰林學士，是在德宗建中四年（783），這年他才不過三十歲，是唐史上最年輕的翰林學士之一。九年之後，在德宗貞元八年（792）他三十九歲時，即被召爲中書侍郎、門下同平章事，登上相位。唐代宰相的年齡一般都在五十歲以上。陸贄三十九歲入相，可說非常傑出且年輕。可惜他在三年後，貞元十一年（795）春，因受裴延齡的謗毀，被貶爲忠州司馬，長流在外，長達十年。永貞元年（805），順宗即位，他被詔徵還，但「詔未至而贄卒，時年五十二」。他死時也異常年輕。

　　以上筆者詳考了三個出身望縣縣尉者，一步步登相的過程，有幾個目的。第一，可以證明望縣尉也跟赤畿尉一樣，仕途前景其實也很不錯，可由此入相。第二，以上三人任相的過程，幾乎和封演所記載的「八雋」途徑完全不同，特別是婁師德和賈耽二人，可知「八雋」並非絕對，只能視爲一種比較常見的升官圖。第三，婁師德、賈耽和陸贄三人先在外當縣尉，但他們後來都曾回到京城中央任京官，由此騰達。這是他們一生中最重要的一個轉折點。如果他們像其他平庸的縣尉一樣，一生只能在京畿以外的望、緊、上縣遷轉，而且只任縣尉、主簿或縣令等縣官，無法回轉到中央，則他們最終也將淪爲平凡的一群，名字頂多只見於出土墓誌上[207]。因此，我們或許可以

（續）─────────────

　　頁4367〈李嶠傳〉卻說：「時畿尉名文章者，駱賓王、劉光業，嶠最少，與等夷。」即把駱賓王視爲「尉」。

207 筆者正蒐集墓誌材料，準備研究這一批平凡的縣尉、主簿、縣丞和縣令。

這樣總結說：縣尉有沒有仕途前景，能不能繼續爬升到高官，端看他們能否當上赤、畿尉（最佳），或望、緊、上縣尉（其次），但更重要的是能否累遷至中央任京官。至於中、下縣尉，「例是入流令史」，沒有科第功名，只能在各縣遷轉，過平凡一生，絕大多數連名字也沒有留下。不少京官被貶，也常是到這些中、下縣當縣尉 [208]。

六、縣尉的職務和別稱

礪波護大文中最主要的部分，在於考察縣尉的職掌和他們如何「分判六曹」。在這方面，礪波護的論述已極詳盡、清晰，本章在此課題上也就無需重複申論，只想概述他的主要論點，並補充幾個細節和案例。

唐代中央最重要的機構尚書省，掌管全國所有事務，分六部：吏部（管文官、學校等）、戶部（管戶籍賦稅等）、禮部（管禮樂貢舉考試等）、兵部（管兵事武選等）、刑部（管司法刑罰等）、工部（管工程營造如城池橋樑等）。六部之下又細分為二十四司（等於二十四個部門，另有總管這二十四司的左右司二個），如吏部有考功（管文官的考核），戶部有倉部（管倉儲等），工部有屯田（管邊要地區的屯田）等等。這六部架構一直沿用到清末。

到了地方行政，也有類似相對應的六曹之分。在州的這一

<hr>

208 辻正博，〈唐代貶官考〉，《東方學報》（京都），63卷（1991），頁265-390，對此有詳細研究，特別參看頁384-388京官被貶為縣尉的名單。

級，刺史是長官，下來有別駕、長史和司馬等僚佐，再下來就
是一系列的州諸曹參軍，依次為：司功參軍、司倉參軍、司戶
參軍、司兵參軍、司法參軍，和司士參軍。這些就是唐史料上
常說的「判司」，即實際執行事務的部門。

到了縣一級，長官是縣令，下來是縣丞和主簿，最低層的
是執行縣事的縣尉。縣事也分六曹，即六個部門：功（掌官吏考
課、禮樂、學校等）、倉（掌租賦、倉庫、市肆等）、戶（掌戶籍、
婚嫁等）、兵（掌武官、軍防、傳驛等）、法（掌刑法、盜賊等）、
士（掌橋樑，舟車、舍宅等），對應州的六判司。在最高一級的
赤縣，如長安京師萬年縣和長安縣，各有六個縣尉，看來便是
一個縣尉管一曹，不成問題。中、下縣的縣尉名額只有一個，
看來是一人兼管六曹，也沒有問題。但畿縣、望縣、緊縣及上
縣，卻都有兩個縣尉的名額，那麼他們如何分判這六曹呢？礪
波護大文的重點之一，就是探討這問題。他考察了歐陽詹的〈同
州韓城縣西尉廳壁記〉等材料，最後得到的結論是：

> ……在定員為兩個「尉」的縣即畿縣以下一直至上縣，
> 很多情況下是由一個尉來擔任功、戶、倉職務，由另
> 一個尉擔當兵、法職務，士曹則有時由擔當兵法的尉
> 兼掌，有時又由擔當倉曹的尉兼掌。[209]

這是很有意義的一大新發現，也駁斥了內藤乾吉從考察敦煌文

---

209 礪波護，〈唐代の縣尉〉，頁566-567，

書所得的推論（司戶之尉兼掌司兵事務）。換句話說，唐代畿縣至上縣的縣尉，又可分為兩大類：第一類專管功、戶、倉。這三曹管理的是官吏、學校、戶籍、租賦和倉儲等事務，都屬一般文書行政，不涉及捕賊捉盜等治安工作，或可說比較「輕鬆」易為。第二類專管兵、法事務，那就牽涉到捕賊捉盜等劇務，不易為。所以第二類管捕賊的縣尉，在唐史料中也有個別稱叫「捕賊官」和「捕賊尉」。這第二類捕賊尉的地位，又在第一類司戶尉之下。礪波護引沈亞之的〈櫟陽兵法尉廳記〉所說「尉之曹，兵法居末」，以資證明。

　　礪波護也考出詩人白居易當年在盩厔縣擔當的是司戶尉，而另一個詩人李商隱在弘農縣所任的，卻是低下的兵法尉（證據見於他著名的詩句「黃昏封印點刑徒」），以致李商隱終於悶悶不樂，乞假求去。礪波護又推論：「如果李商隱被任命的弘農縣尉不是擔當司法之尉，而是擔當司戶之尉的話，詩人的命運也可能會有變化，或許會走一條完全不同的道路。」[210] 這樣的發現對我們研究唐代詩人和士人的官歷，也極有啟發性。今後我們當可留意細考，某詩人任縣尉時所擔當的，究竟是地位較高的司戶尉，還是「居末」的司法「捕賊尉」。這當很有助於瞭解他當時的工作、生活狀況。

　　在過去，學界對縣尉職務的瞭解，往往是片面的。如金性堯那本流通甚廣的《唐詩三百首新注》，在注釋王昌齡〈同從弟南齋玩月憶山陰崔少府〉中「少府」一詞時便說：「少府，官名，

---

210 礪波護，〈唐代の縣尉〉，頁568。

這裡指縣尉,主緝捕盜賊。唐代科第出身的士人也任之。」[211] 事實上,王昌齡這首詩中的「崔少府」,是否擔任「捕賊」的縣尉,恐怕很成疑問。他任縣尉的山陰屬越州(今浙江紹興),是個緊縣[212]。照唐志規定,緊縣應當有兩個縣尉,一主功戶倉,另一管兵法等。這位崔少府(可能是崔國輔)究竟掌何曹,詩中並未明說,不宜逕直把他當成捕賊尉。把縣尉主要的職務說成「捕盜賊」,至今仍是唐詩和唐史學界相當普遍的說法。但礪波護已證明「捕盜賊」只不過是縣尉的職務之一,未必「主要」;像白居易所任的司戶尉,甚至跟捕盜賊毫無關連。嚴格說來,縣事分六曹,也意味著縣尉的職務包含了這六曹的所有事務,不單是捕盜賊。英文唐史論著,習慣把縣尉譯成Marshal(英美地方上的一種「武警」),也是偏向捕賊縣尉的譯法。筆者建議,不如把此官名譯為County Administrator(縣的判官),當更能涵蓋縣尉在唐史上各方面的職責。

礪波護文中已引用了一些「捕賊官」的史料。這裡筆者想補充幾條關於「捕賊尉」的材料,作進一步討論。第一是《舊唐書·黎幹傳》寫京兆尹黎幹當年和同黨劉忠翼被詔長流在外,他們離開長安時的一幕:

> 既行,市里兒童數千人譟聚,懷瓦礫投擊之,捕賊尉
> 不能止,遂皆賜死於藍田驛。[213]

211 《唐詩三百首新注》(上海:上海古籍出版社,1980),卷一,頁24。

212 《新唐書》卷四一,頁1061。

213 《新唐書》卷一一八,頁3426。

這個「捕賊尉」當是管法紀，維持秩序的，但他制止不了數千
兒童的「譟聚」和擲「瓦礫」。

第二個案例涉及詩人元稹：

> 初，獄未具，京兆劉遵古遣吏羅禁稹第，稹訴之，帝
> 怒，責京兆，免捕賊尉，使使者慰稹。[214]

這裡可看出京兆尹如何連同他屬下某縣（萬年縣或長安縣）的司
法尉，「羅禁稹第」，以致遭到譴責和罷免的下場。

第三個案例是晚唐叛將朱泚手下的源休，如何命令「萬年
尉賊曹尉」殺害李唐宗室子孫的事：

> 又勸〔朱〕泚鋤翦宗室，以絕人望，命萬年縣賊曹尉楊
> 催專其斷決，諸王子孫遇害不可勝數。[215]

這裡又多了一個別稱「賊曹尉」，和上引「捕賊官」、「捕賊
尉」稍有不同。管司法的縣尉，平日即經常處於暴力世界中。
源休命令他來負責翦殺「諸王子孫」，或許正覺得他比較「合
適」。其實，「賊曹」一詞在漢代是正式官名。《漢書》和《後
漢書》中常見，如《後漢書・百官志》說：「賊曹主盜賊事。

214 《新唐書》卷一七四，頁5229；又見《舊唐書》卷一六六，頁4334。
關於此案的討論，見卞孝萱，《元稹年譜》（濟南：齊魯書社，1980），
頁411-412。
215 《舊唐書》卷一二七，頁3576。

決曹主罪法事。兵曹主兵事。」[216] 魏晉仍沿用，如陶淵明的詩〈和胡西曹示顧賊曹〉[217]，所用即當時正式官名。但到了唐代，「賊曹」已非正式官名，不見於《唐六典》和兩《唐書》職官志或百官志，僅用作司法之縣尉的綽號或別稱。唐人小說中亦有用例。如《前定錄》所說：「〔薛〕少殷尋以丁母憂，服除，選授萬年縣尉。時青淄卒吏與駙馬家僮鬥死。京兆府不時奏。德宗赫怒。時少殷主賊曹。一日，乃貶高州雷澤縣尉。」[218]《原化記》也說：「頃有仕人為畿尉，常任賊曹。」[219] 從上下文看，這些「賊曹」都很清楚指縣之法曹，即司法之縣尉。

但「賊曹」有時可能亦指州的司法參軍。如著名的唐人小說〈李娃傳〉中，有兩凶肆（殯儀館）在天門街較技，互爭勝負，「士女大和會，聚至數萬」，好不熱鬧，「於是里胥告于賊曹，賊曹聞于京尹」[220]。由於這個賊曹「聞于京尹」，他似乎是京尹（即京兆尹）屬下的司法參軍，而非縣的司法縣尉[221]。按京兆尹屬州府級官員。長安設有京兆府，又有萬年縣和長安縣。照常規，州府級長官當和州諸曹參軍一起行事，但他們似乎也可

---

216 《後漢書》（北京：中華書局，1965年校點本），卷二四，頁3559。

217 《陶淵明集》，逯欽立校注本（北京：中華書局，1979），頁68。

218 《太平廣記》卷一五二，頁1094。

219 《太平廣記》卷一九五，頁1466。

220 《唐人小說》，汪辟疆校錄（1930年初版；香港：中華書局，1985年重印），頁103。

221 周紹良，《唐傳奇箋證》，頁247-248，引《通典》卷三三，頁914所云「司法參軍：兩漢有決曹賊曹掾，主刑法。歷代皆有，或謂之賊曹，或為法曹，或為墨曹」，認為此「賊曹」指州（即長安京兆府）的司法參軍。

以直接和縣級官員如縣尉接觸，有行政上的牽連。如上引《新
唐書》元稹被京兆尹遣吏「羅禁」，最後導致京兆尹被責，縣
尉被免；《前定錄》薛少殷爲萬年縣尉，縣裡發生「青淄卒吏
與駙馬家僮鬥死」事，「京兆府不時奏」，結果薛少殷被貶官。
本節下引《紀聞》，也有洛州長史和縣尉合力捕賊事。這些都
是京兆尹或長史和縣尉有行政關係的例證。所以〈李娃傳〉此
「賊曹」，究竟指州的司法參軍，還是縣的司法之尉，暫時不
易判定，且錄此存疑。

　　司法尉有「捕賊尉」和「賊曹尉」等別稱，那麼司戶尉是
否也有類似別稱呢？宋人趙彥衛的《雲麓漫鈔》有一段話，頗
可留意：

> 漢，縣有廷掾監鄉五部，春夏爲勸農掾，秋冬爲制度
> 掾。隋改尉爲縣正。唐置七司，一如郡制；丞爲副貳，
> 如州上佐；主簿上轄，如錄事參軍，其曹謂之錄事司；
> 司功以下，有六曹尉分掌之，如州判司，總爲七曹。
> 今江西尚有呼縣尉爲戶尉者，沿唐故也。[222]

據此，江西唐人有俗稱縣尉爲「戶尉」者。從名稱來看，此「戶
尉」又似專管司戶之尉。司戶尉處理戶籍、倉儲、租賦等事，
看來跟民間老百姓的關係，比司法尉更爲密切，以致「江西尚

222 《雲麓漫鈔》，傅根清點校本（北京：中華書局，1996），卷五，頁
80。

有呼縣尉爲戶尉者，沿唐故也」。

唐代竇從直所寫的〈唐故河南府司錄盧公夫人崔氏墓誌銘〉，提到盧夫人崔氏有男一人任縣尉時，用了「萬戶尉」這別稱：

> 夫人有男一人，女二人。女則組紃稟訓，婉娩承華，結褵從夫，榮耀他族。男曰從雅，頃歲辟召，制有成命，參佐戎律，換萬戶尉。[223]

這可能是司戶尉的一個別稱。順此一提，「戶尉」到宋時更成了門神之一。宋代陳元靚寫的《歲時廣記》有一段小考證：

> 《荊楚歲時記》歲旦繪二神，披甲持鉞，貼于戶之左右，謂之門神。又呂原明《歲時雜記》云：除夕圖畫二神形傅于左右扉，名曰門丞、戶尉。[224]

可知縣尉和民間生活的關係緊密。唐縣百姓最常見到的一個中央派來的官員，極可能就是縣尉。

---

223 《全唐文》卷四三八，頁4467。

224 《歲時廣記》，(宋代筆記小說叢刊；石家莊：河北教育出版社，1995)，卷五，頁188-189。關於此書的考證，見《四庫全書總目》(上海：商務印書館《萬有文庫》排印本，1933)，卷六七，頁592。呂原明即呂希哲(約活躍於1060年)。他的《歲時雜記》今無傳本，但有四庫館臣從《永樂大典》中輯出的《呂氏雜記》，現收在臺北商務印書館《景印文淵閣四庫全書》，第863冊，1983。

綜上所說，唐代縣尉掌管戶口、賦稅、倉儲、兵法、工程
等六曹事。赤縣有六縣尉，可能是一尉管一曹。中、下縣只有
一尉，則一尉總判六曹。畿縣至上縣都各有二尉名額，則分判
六曹：可能一尉掌功戶倉，另一尉掌兵法士；也可能第一尉管
功戶倉士四曹，第二尉只管兵法兩曹。如果人口多，一縣有三
個或以上的縣尉時，則各尉的職掌也會有所變化轉整，恐無定
律，端視各縣的情況而定。但不管怎樣，最主要的兩種尉，始
終是司戶尉和司法尉，而司戶尉的地位又在司法尉之上。

最後，筆者想討論一個無人觸及的問題，即司法尉（「捕賊
尉」和「賊曹尉」）負責「捕賊」，這是否意味著他們需「親自」
出馬前去捕賊？在上縣以上縣任縣尉者，幾乎都是讀書的士
人。他們是否有足夠的能力和訓練去親身「捕賊」，恐怕不無
疑問。唐代著名學者和注《漢書》的大儒顏師古(581-645)，年
僅約二十一、二歲時，在隋朝曾任縣尉。當時的大臣楊素看到
他這麼年輕，「年弱貌羸」，很不放心：

> 師古少傳家業，博覽群書，尤精詁訓，善屬文。隋仁
> 壽〔601-604〕中，為尚書左丞李綱所薦，授安養尉。尚
> 書左僕射楊素見師古年弱貌羸，因謂曰：「安養劇縣，
> 何以克當？」師古曰：「割雞焉用牛刀。」素奇其對。
> 到官果以幹理聞。[225]

---

225 《舊唐書》卷七三，頁2594。

安養即鄧城，屬襄州，在唐朝是個緊縣[226]，隋應相當。顏師古
說「割雞焉用牛刀」，不免有些吹噓。其實，我們知道，唐縣
除了由縣尉等縣官治理之外，還有許多當地的吏卒在幫忙。像
捕賊、催稅這等麻煩事，恐怕不需由縣尉親自去做，大可以委
派吏卒前去。可惜，正統史書沒有記載捕賊等事的執行過程，
我們不得知詳情。但唐人小說《紀聞》中，曾寫過縣尉捕賊的
細節。雖是小說，應能反映當時實情，或可幫助我們認清歷史。
文略長，但趣味盎然，值得全引：

> 天后時，嘗賜太平公主細器寶物兩食盒，所直黃金千
> 鎰。公主納之藏中。歲餘取之，盡為盜所將矣。公主
> 言之，天后大怒，召洛州長史謂曰：「三日不得盜，
> 罪。」長史懼，謂兩縣主盜官曰：「兩日不得賊，死。」
> 尉謂吏卒游徼曰：「一日必擒之。擒不得，先死。」
> 吏卒游徼懼，計無所出。衢中遇湖州別駕蘇無名，相
> 與請之至縣。游徼白尉：「得盜物者來矣。」無名遽
> 進至階，尉迎問故。無名曰：「吾湖州別駕也，入計
> 在茲。」尉呼吏卒：「何誣辱別駕？」無名笑曰：「君
> 無怒吏卒，抑有由也。無名歷官所在，擒奸擿伏有名。
> 每偷，至無名前，無得過者。此輩應先聞，故將來，
> 庶解圍耳。」尉喜，請其方。無名曰：「與君至府，
> 君可先入白之。」尉白其故，長史大悅。降階執其手

曰：「今日遇公，卻賜吾命。請道其由。」無名曰：
「請與君求見對玉階，乃言之。」於是天后召之，謂
曰：「卿得賊手？」無名曰：「若委臣取賊，無拘日
月。且寬府縣，令不追求。仍以兩縣擒盜吏卒，盡以
付臣。臣為陛下取之，亦不出數十日耳。」天后許之。
無名戒吏卒，緩則相聞。月餘，值寒食，無名盡召吏
卒，約曰：「十人五人為侶，於東門北門伺之。見有
胡人有與黨十餘，皆衣縗絰，相隨出赴北邙者，可躡
之而報。」吏卒伺之，果得，馳白無名。往視之，問
伺者：「諸胡何若？」伺者曰：「胡至一新塚，設奠，
哭而不哀。一撤奠，即巡行塚旁，相視而笑。」無名
喜曰：「得之矣。」因使吏卒，盡執諸胡，而發其塚。
塚開割棺視之，棺中盡寶物也。奏之，天后問無名：
「卿何才智過人，而得此盜？」對曰：「臣非有他計，
但識盜耳。當臣到都之日，即此胡出葬之時。臣一見
即知是偷，但不知其葬物處。今寒節拜掃，計必出城，
尋其所之，足知其墓。賊既設奠而哭不哀，明所葬非
人也。奠而哭畢，巡塚相視而笑，喜墓無損傷也。向
若陛下迫促府縣捕賊，計急，必取之而逃。今者更不
追求，自然意緩，故未將出。」天后曰：「善。」賜
金帛，加秩二等。[227]

---

227 《太平廣記》卷一七一，頁1258-1259。

據此可知縣尉捕賊是怎樣一回事。他並不需親身出馬,只要在幕後策劃,自有「吏卒」幫忙。文中洛州長史所說的「主盜官」,明確指縣尉。這也可算是縣尉的另一綽號。

七、以縣尉作階官充館職

兩《唐書》中經常可見到某某人以縣尉「充集賢校理」、「直史館」或「直弘文館」的個案。且先各舉兩例如下:

一、「〔杜〕讓能,字群懿,擢進士第,從宣武王鐸府為推官,以長安尉為集賢校理。」[228]

二、「〔馮〕宿弟定字介夫……權德輿掌貢士,擢居上第,後於潤州佐薛苹幕,得校書郎,尋為鄂縣尉,充集賢校理。」[229]

三、「〔蔣〕係,大和初授昭應尉,直史館。」[230]

四、「宇文籍字夏龜。……登進士第,宰相武元衡出鎮西蜀,奏為從事。以咸陽尉直史館,與韓愈同修《順宗實錄》,遷監察御史。」[231]

五、「〔鄭覃〕子裔綽,以蔭授渭南尉,直弘文館。」[232]

---

228 《新唐書》卷九六,頁3864。
229 《舊唐書》卷一六八,頁4390-4391。
230 《舊唐書》卷一四九,頁4028。
231 《舊唐書》卷一六〇,頁4209。
232 《舊唐書》卷一七三,頁4492。

六、「陸扆字祥文……宰相孔緯奏直史館，得校書郎，
　　尋丁母憂免。龍紀元年冬，召授藍田尉，直弘文館，
　　遷左拾遺……。」[233]

這些都是唐代士人以縣尉（而且是名望崇高的赤、畿尉）去出任
集賢校理，或直史館和弘文館的個案。從上下文看，他們真正
的工作，不是當縣尉，而是以縣尉的官位去充任集賢校理或直
史館和直弘文館工作。這種以他官任某官的例子，在唐代和唐
以前都很常見（宋代的情況較複雜，暫且不論）。如漢代有名的
目錄學家劉向及漢賦大家揚雄，都曾以光祿大夫的官位，在漢
代的天祿閣藏書樓充當校書的工作，因爲當時還沒有「校書郎」
這樣的職位[234]。魏晉南北朝也有類似情況。《唐六典》即說：
「自漢、魏歷宋、齊、梁、陳，博學之士往往以佗官典校祕書。」
（「祕書」指祕書省，即皇室的藏書樓）[235]

　　唐初詩人王績（590-644）的個案更特殊。他是「以前揚州六
合縣丞待詔門下省」[236]。按王績是在隋朝任揚州六合縣丞。到
了唐初，朝廷竟承認他在隋朝所得的官資，竟要他以隋官去任
唐官。這也可證明以「他官任某官」時，即表示那人只擔任「某
官」，不是兼任兩官。像王績，「以前揚州六合縣丞待詔門下
省」，他即只能出任唐初的門下省待詔。他不可能再「時光倒

---

233 《舊唐書》卷一七九，頁4668。
234 《唐六典》卷十，頁298。
235 《唐六典》卷十，頁298。
236 呂才，〈王無功文集序〉，《王績詩文集校注》，頁11。

流」，回到隋朝去兼任揚州六合縣丞。他的隋朝官資只是秩品
位、寄俸祿之用，即作為一種「階官」來使用，因為門下省待
詔是一種暫時編派的非正統官職，也沒有品位[237]。

　　唐代以「他官任某官」，主要即用在那些沒有品位的所謂
「館職」上，包括集賢院、史館、弘文館，及翰林院中的一系
列職位。如最常見的翰林學士，即例必帶一個職事官銜。白居
易任此職時，即以「左拾遺」這個職事官銜，「充翰林學士」[238]。
他自己也常以此兩官並提，如在〈曲江感秋二首并序〉即說：
「元和二年、三年、四年〔807-809〕，予每歲有〈曲江感秋〉詩，
凡三篇，編在第七集卷。是時予為左拾遺、翰林學士。」[239] 他
又在〈香山居士寫真詩并序〉中說：「元和五年〔810〕，予為左
拾遺、翰林學士。」[240] 在那些年代，白居易始終都在翰林院工
作，並沒有擔當左拾遺的職務。上引六個帶縣尉官銜而充任集
賢校理，或直史館和弘文館者，應當也和白居易一樣，都在集
賢、史館和弘文館任職，不是充當縣尉。他們所帶的縣尉銜，
只是用作階官，以秩品位、寄俸祿而已。

　　然而，礪波護在其大文中對此有不同的看法。他引常袞的
〈授荀俌史館修撰制〉（任命處士荀俌為華州下邽縣尉，充史館
修撰），以及杜牧所撰的另三篇任命書（任薛途為涇陽縣尉充集

---

237 關於王績此案以及門下省待詔和翰林待詔的問題，詳見筆者的〈唐
　　代待詔考釋〉。
238 朱金城，《白居易年譜》，頁41。
239 《白居易集》卷十一，頁224。
240 《白居易集》卷三六，頁824。

賢校理、任崔滔爲櫟陽縣尉充集賢校理、任薛延望爲美原縣尉
直弘文館)之後說：「『史館修撰』與『集賢校理』、『直弘文
館』屬于名譽職位，沒有品階，單單是加官，因而在任命國都
附近特別是畿縣尉時，同時就將這些加官授與他們了。」[241] 換
句話說，礪波護顯然認爲這幾人是去擔任縣尉，並得到史館修
撰等「加官」。但筆者的看法正好和礪波護相反，認爲這幾人
其實不是去任縣尉，而是擔當史館修撰、集賢校理和直弘文館，
但由於這三個職位都沒有品秩，所以他們要帶一縣尉官銜，作
爲階官以秩品位。

　　礪波護說史館修撰等職「沒有品階」是對的，但把它們說
成是「名譽職位」和「加官」，恐怕很成疑問。他在此似乎是
以宋代的「帖職」制度來看唐制[242]。事實上，唐代史館修撰、
集賢校理和直弘文館都是實職，非「名譽職位」，唐史料中例
證很多。如韓愈所寫的古文名篇〈送鄭十校理序〉：

　　　祕書，御府也。天子猶以爲外且遠，不得朝夕視，始
　　　更聚書集賢殿，別置校讎官，曰「學士」、曰「校理」，
　　　常以寵丞相爲大學士。其他學士皆達官也。校理則用
　　　天下之名能文學者；苟在選，不計其秩次，惟所用之。
　　　由是集賢之書盛積，盡祕書所有不能處其半；書日益
　　　多，官日益重。四年〔指元和四年，即809〕，鄭生涵始

241 礪波護，〈唐代の縣尉〉，頁575。
242 關於宋代的「帖職」，見李昌憲，〈宋代文官帖職制度〉，《文史》，
　　第30輯(1988)。

　　以長安尉選為校理……。[243]

　　這是韓愈餞別他的朋友鄭涵回集賢院任校理所寫的一篇序。文中一開頭即詳細描寫集賢院及其藏書。這應當就是鄭涵的工作場所，否則韓愈也不必如此花費筆墨。文中也提到鄭涵「始以長安尉選為校理」，但鄭涵顯然不是去出任長安尉（韓文中完全未提縣尉事），而是在集賢院任校理。韓愈另一古文〈集賢院校理石君墓誌銘〉，寫他的朋友石洪，「徵拜京兆昭應尉，校理集賢御書」，也明確說是「校理集賢御書」，不是去任縣尉。晚唐詩人李商隱為白居易所寫的墓誌〈刑部尚書致仕贈尚書右僕射太原白公墓碑銘并序〉，一開頭就提到白居易兄之次子「景受，大中三年〔849〕自潁陽尉典治集賢御書」[244]，很清楚點明他的工作，為「典治集賢御書」。潁陽屬河南府，是個畿縣[245]。

　　唐史料中涉及以縣尉充集賢校理等職的任命書，除了礪波護所引用的那四篇之外，還有另外好幾篇。細讀這些任命書的內容，也可以幫助我們瞭解唐代如何以縣尉等官充任館職。如薛廷珪所寫的〈授前京兆府參軍錢珝藍田縣尉充集賢校理；鄉貢進士崔昭緯祕書省祕書郎充集賢校理制〉：

---

243 《韓昌黎文集校注》卷四，頁288。
244 《李商隱文編年校注》，頁1807。按白居易無子。此碑文中所說的「子景受」，據後人的考證，應當是指他兄長「幼文之次子」。見《李商隱文編年校注》，頁1812-1813的討論。
245 《新唐書》卷三八，頁984。

敕。具官錢珝等。儒術可以厚風俗，人文可以化天下。
帝王興創，不能異之。粵我皇祖肇基，丕闡茲道。……
良重集賢藏書之府，故用丞相司之，得選官屬，將慎
廢墜。……爾宜窮四部之多，正五體之別，無使我集
賢殿不及漢興之東觀祕書也。勉矣哉！可。[246]

這份文件任命錢珝以藍田縣尉充集賢校理，以及崔昭緯以祕書
省祕書郎充集賢校理，但細讀其內容，完全沒有提到縣尉或祕
書省之事，反而明確提到「集賢藏書之府」，以及「無使我集
賢殿不及漢興之東觀祕書」，可知錢珝和崔昭緯的真正職務，
是出任集賢校理。

　　集賢校理最主要的職務，是校讎院內圖書。《舊唐書·職官
志》說：集賢「修撰官，校理官，並無常員，以官人兼之」[247]。
《新唐書·百官志》說：「〔開元〕八年〔720〕加文學直，又加修
撰、校理、刊正、校勘官。」[248]可知集賢院從開元初年間即有
「校理」官，但無常員。到了德宗貞元八年（792），「判院事官
陳京始奏停校理，分校書郎四員，正字兩員」。到了元和二年
（807），又罷校書、正字爲校理[249]。換言之，集賢院只在792到
807的十六年期間，才設有校書、正字的官職，其他時間統稱爲

246 《全唐文》卷八三七，頁8815。
247 《舊唐書》卷四三，頁1852。
248 《新唐書》卷四七，頁1213。
249 《唐會要》卷六四，頁1323。

集賢校理[250]。

　　集賢校理所帶的階官，以縣尉最常見(而且都是赤畿尉)，如錢珝此例和上引數例。但校理也可能帶其他職事官銜，如上引崔昭緯的祕書省祕書郎。唐史上也有人以州參軍去充任校理，如李磎的〈授李轂河南府參軍充集賢校理制〉所說：

　　　　敕。李轂。書府皆以丞相為大學士，蓋理化之本在焉。
　　　　而集賢嘗鄗仙殿之稱，時之論者亦以為尤重。今大學
　　　　士謂爾轂儒學賢相之後，以進士擢科。今典籍散亡，
　　　　編簡殘缺。轂紹儒學之業，實進士之名，儻能討籌質
　　　　正，請使校群書焉。予嘉而聽之。參軍府庭，則序官
　　　　然耳。河南京兆，大何足論。噫，苟能副大學士之委，
　　　　諫官御史，豈吝汝遷。可依前件。[251]

文中明確提到集賢院為李轂的工作場所。「今典籍散亡，編簡殘缺」，也正有待李轂去「校群書」。至於他的參軍職，「則序官然耳」，即用作一種階官而已。杜牧〈唐故太子少師奇章郡開國公贈太尉牛公墓誌銘并序〉，提到牛僧孺有一女「嫁河南府士曹、集賢校理常山張希復」[252]，這位張希復即以河南府士曹參軍為階官，充集賢校理。除縣尉和參軍外，亦有人以主簿充校理。如權德輿所寫的〈故朝議大夫守太子賓客上輕車都

250 關於集賢校理和校書郎及正字的關係，見本書第一章〈校書郎〉。
251 《全唐文》卷八〇三，頁8435。
252 《樊川文集》卷七，頁119。

尉賜紫金魚袋贈太子太傅盧公行狀〉，曾提及這位盧公（盧邁），初入仕時「轉河南主簿，尋有詔充集賢校理」[253]。

　　唐人除了以縣尉充集賢校理外，亦常以縣尉直史館和直弘文館。本節開頭已引了兩個新舊《唐書》中以縣尉直史館的例子。類似的案例在兩《唐書》中還有十多個，且再引三個：

　　一、「〔柳〕芳自永寧尉、直史館，轉拾遺……。」[254]

　　二、「〔沈〕傳師……授太子校書郎、鄠縣尉，直史館，
　　　　轉左拾遺……。」[255]

　　三、「〔崔〕元受登進士第，高陵尉，直史館。」[256]

以上三人直史館所帶的縣尉銜，都屬畿尉。直史館負責修史，屬於比較低層的史官，地位低於史館修撰。《舊唐書·職官志》對兩者作了清楚的界說：「貞觀已後，多以宰相監修國史，遂成故事也。……天寶已後，他官兼領史職者，謂之史館修撰，初入為直館也。」[257]《新唐書·百官志》也說：「貞觀三年，置史館於門下省，以他官兼領，或卑位有才者亦以直館稱。」[258]

253 《全唐文》卷五〇七，頁5155。《舊唐書·盧邁傳》卷一三六，頁
　　3753可參看：「兩經及第，歷太子正字、藍田尉。以書判拔萃，授
　　河南主簿，充集賢校理。」
254 《舊唐書》卷一四九，頁4030，
255 《舊唐書》卷一四九，頁4037。
256 《舊唐書》卷一六三，頁4263。
257 《舊唐書》卷四三，頁1853。
258 《新唐書》卷四七，頁1214。

元和六年，有宰相奏稱：「登朝官領史職者爲脩撰，以官高一人判館事；未登朝官皆爲直館。」[259]

據此可知直史館爲「初入」職位，爲「卑位有才者」所任。所以唐代的直史館，絕大多數都帶縣尉這個低層職事官銜，或校書郎這種九品小官，如晚唐的陸扆，「宰相孔緯奏直史館，得校書郎」[260]。兩《唐書》中只有一人即楊嗣復，以官位較高的右拾遺，出任直史館：「嗣復七八歲時已能秉筆爲文。年二十，進士擢第。二十一，又登博學宏詞科，釋褐祕書省校書郎。遷右拾遺，直史館。」[261] 但此例僅此一見，恐怕屬於特殊例子，非常例。拾遺是個清要官，地位遠在縣尉之上。一般以此官已可擔任較高級的史館修撰，如蔣係，「大和初，授昭應尉，直史館。明年，拜右拾遺、史館脩撰，與沈傳師、鄭澣、陳夷行、李漢參撰《憲宗實錄》」[262]。他最初以縣尉任直史館，後升右拾遺即改任史館脩撰。蔣係的父親蔣乂也以右拾遺任史館修撰：「貞元九年，擢右拾遺、史館脩撰。」[263] 至於「登朝官」，指那些需參加朝會的高官和監察御史等「常參官」。縣尉不參朝會，屬「非登朝官」，因此縣尉充任史官，一般只能擔當直

---

259 《新唐書》卷四七，頁1214。關於唐代的史館和史官，見張榮芳，
　　《唐代的史館和史官》；Denis C. Twitchett, *The Writing of Official History under the T'ang*, pp. 13-20.

260 《舊唐書》卷一七九，頁4668。

261 《舊唐書》卷一七六，頁4556。《新唐書》卷一七四，頁5238說他
　　「進右拾遺，直史館」，亦同。

262 《新唐書》卷一三二，頁4534。

263 《新唐書》卷一三二，頁4531。

史館這個比較低層的史官。有學者認為直史館是唐代所謂「直官制」的一環 [264]。

這樣看來，礪波護所引常袞撰〈授荀佁史館修撰制〉，是個很特殊的案例。先看他的任命書怎麼說：

> 敕。處士荀尚。昔荀卿荀悅，並有著書。而尚遠承儒史之業，深得述作之意。思精大體，經通王道，慨然論事，來自山東。灼見古今之宜，熟數理安之策。嘉樂賢俊，副于懷人，春秋一字，使之潤色。結綬京輔，進而錄之。行成乎身，不患無位。可華州下邽縣尉，充史館修撰。[265]

我們前面見過許多例子，縣尉只充任直史館。因此荀佁以「華州下邽縣尉，充史館修撰」可說很特殊。史館修撰為比較高層的史官，因此也需要比較高的職事官銜來配合，如拾遺等。唐史上不少史館修撰甚至由侍郎等高官充任，如張薦，任史館修撰時已官至「尚書工部侍郎兼御史大夫」等高官 [266]；又如順宗朝的衛次公，「由中書舍人充史館脩撰」[267]。中書舍人是中書省極清望的高官 [268]。但筆者在兩《唐書》和《全唐文》中爬梳，

264 李錦繡，〈唐代直官制初探〉，《國學研究》，第3卷（1995），頁412-413。

265 《全唐文》卷四一二，頁4223。

266 權德輿，〈唐故中大夫守尚書工部侍郎兼御史大夫史館修撰上柱國……張公墓誌銘并序〉，《全唐文》卷五〇六，頁5144。

267 《新唐書》卷一六四，頁5045。

268 孫國棟對中書舍人做過專門研究，見其〈唐代中書舍人遷官途徑考

發現以縣尉充史館修撰，荀儉是唯一的案例，應當可算是例外。
或許正如他的任命書所說，他「遠承儒史之業，深得述作之意」，
有特殊的史才，所以朝廷才破例授予他史館修撰。一般以縣尉
只能充任直史館。前引張薦，據其《舊唐書》本傳說，「母喪
闋，禮部侍郎于邵舉前事以聞，召充史館修撰，兼陽翟尉」[269]。
由此看來，張薦最初似乎也以縣尉充史館修撰，但文中用了「兼」
字，情況有些不明，故筆者存疑，不把它當成荀儉以外的另一
案例。

至於縣尉充任直弘文館的案例，在兩《唐書》中也有十多
例。除了本節開頭所引的兩例外，這裡再引三例如下：

一、「〔裴樞〕再遷藍田尉，直弘文館。」[270]
二、「〔孔緯〕歷觀察判官。宰相楊收奏授長安尉，直
　　　弘文館。」[271]
三、「〔劉〕崇望，入為長安尉，直弘文館，遷監察御史。」[272]

這些都是以赤畿尉充直弘文館的例子。弘文館為唐宮城中的文

（續）─────────────

　　　釋〉，《唐宋史論叢》，頁37-79。
269 《舊唐書》卷一四九，頁4024。
270 《舊唐書》卷一一三，頁3357。中華書局校點本此處的斷句原為「再
　　　遷藍田尉。直弘文館」。以句號把兩個原有關聯的官名分開，校點
　　　者似乎不瞭解唐代以縣尉作階官的制度。筆者上引文將此句號改為
　　　逗號。
271 《舊唐書》卷一七九，頁4649。
272 《舊唐書》卷一七九，頁4664。

館之一，原爲修文館，設有藏書閣和學校。初唐即有人以他官直弘文館，但不是以縣尉，而是以參軍、著作佐郎、縣丞等官。如詩人王績的好友呂才，精通陰陽方伎和音樂，唐太宗「即召才直弘文館，參論樂事」[273]。在武則天朝，年輕時王義方（初唐四傑之一盧照鄰的老師）即「授晉王府參軍，直弘文館」[274]。開元十七年（729），宰相裴光廷「引壽安丞李融、拾遺張琪、著作佐郎司馬利賓等，令直弘文館，撰《續春秋傳》」[275]。則天朝的幾個著名文士，也曾直昭文館（弘文館當時的名稱）：「〔劉〕禕之少與孟利貞、高智周、郭正一俱以文藻知名，時人號爲劉、孟、高、郭。尋與利貞等同直昭文館。」[276]

　　集賢校理的職務是校書，直史館爲修史，但直弘文館的工作卻不很清楚，需再細考。《舊唐書·職官志》說：弘文館爲「著撰文史，鳩聚學徒之所也」[277]。弘文館本身有圖書，也有校書郎，但藏書不及集賢院和祕書省，不算是唐代主要的藏書所。它最主要的特色，在於它跟東宮的崇文館一樣，設有一所皇親貴族學校，學生維持在三十人左右，需皇親和高官三品以上子孫始能入學[278]。從上引數例看來，直弘文館的工作，似主要爲論學、撰述和教授生徒等項。呂才直弘文館爲「參論樂事」。

273 《新唐書》卷一〇七，頁4062。
274 《舊唐書》卷一八七上，頁4874，
275 《舊唐書》卷八四，頁2807。
276 《舊唐書》卷八七，頁2846。
277 《舊唐書》卷四三，頁1847。
278 《唐六典》卷八，頁255。又見劉海峰，《唐代教育與選舉制度綜論》，頁71-74的討論。

李融和張琪等人，在弘文館即從事撰述。王義方是唐初有名的經學家，除了教過盧照鄰這個初唐詩人外，他還曾經在海南島教南蠻讀經 [279]。他直弘文館期間，最可能的任務是教授那裡的皇室貴族學生。開元十六年（728），原本在國子學教授的大儒尹子路，也被召「直弘文館教授」[280]。這些例子大約可以說明直弘文館的職務。

最後，筆者想引一個縣尉直崇文館的案例。李華的〈揚州司馬李公墓誌銘〉說，這位李并「少孤，以經明行修登第，直崇文館，授雍邱尉」[281]。這是筆者所能找到以縣尉直崇文館的唯一事例。崇文館屬太子東宮，可說是弘文館的東宮版，規模較小，地位較次。李并直崇文館，只獲授「雍丘尉」，也很能反映東宮官比較低下。雍丘在汴州，屬望縣 [282]。所以李并所授的雍丘尉只是個望縣尉，不像其他人直弘文館，所獲都是赤尉或畿尉。

近年已有學者注意到，唐代職事官有階官化的傾向 [283]。以縣尉作階官充館職，正是這種趨勢的一環。換句話說，唐代不

279 見其《舊唐書》本傳，卷一八七上，頁4874；《新唐書》卷一一二，頁4159。筆者有一長文〈唐代縣丞考釋〉（有待發表），其中有一節專論這位教南蠻讀經的三任縣丞王義方。
280 《舊唐書》卷一八五下，頁4820。
281 《全唐文》卷三二一，頁3252。
282 《新唐書》卷三八，頁989。
283 張國剛在《唐代官制》（西安：三秦出版社，1987），頁160-161，最先提到唐代職事官的「階官化」。他後來在〈唐代階官與職事官的階官化〉，《唐代政治制度研究論集》（臺北：文津出版社，1994），有更深入的討論。

只以散官來秩品位，它還以職事官作爲某些無品位館職及方鎮
使府幕職（如推官、巡官和掌書記）的階官。翰林學士以及翰林
待詔，也都帶有這種秩階的職事銜。[284] 但此課題牽涉面甚廣，
這裡不能細論。筆者準備將來另撰一文專論此制。

八、結論

《元和郡縣圖志》和《新唐書・地理志》，都把唐代的縣
分爲十等：赤、次赤、畿、次畿、望、緊、上、中、中下、下。
但實際上，唐人常簡化爲七等：赤、畿、望、緊、上、中、下。
縣尉也可按此分爲七個等級，其高低地位相去甚遠。地位最高
的是赤、畿尉，多爲入仕條件極佳士人的第二或第三任官。其
次是望、緊和上縣之縣尉，多由進士或明經出身剛釋褐者擔任。
地位最低的是中、下縣的縣尉，例由令史等流外官入流充任。
縣尉的仕途前景也據此分級而定。赤畿尉最佳，常爲士人中的
精英，可官至宰相等高官。但望縣尉當中，也有人官至宰相的。
中、下縣之尉一般是平庸的一群，終生在外地州縣浮沈，無法
轉至中央任官。

唐縣有六曹，對應中央的尚書六部，或州的六判司。縣尉
即分判此六曹事：功（掌官吏考課、禮樂、學校等）、倉（掌租賦、
倉庫、市肆等）、戶（掌戶籍、婚嫁等）、兵（掌武官、軍防、傳

---

284 關於翰林待詔所帶的這種秩階的職事官銜，見拙文〈唐代待詔考釋〉
　　及〈唐代的翰林待詔和司天臺：關於《李素墓誌》和《卑失氏墓誌》
　　的再考察〉，《唐研究》，第9卷（2003）。

驛等)、法(掌刑法、盜賊等)、士(掌橋樑、舟車、舍宅等)。在最高一級的赤縣,如長安京師萬年縣和長安縣,各有六個縣尉,看來便是一個縣尉管一曹。中、下縣的縣尉名額只有一個,看來是一人兼管這六曹。但畿縣、望縣、緊縣及上縣,卻都有兩個縣尉的名額。在這種情況下,很可能是兩人分判六曹:一人擔任功、戶、倉職務,另一人擔當兵、法職務。士曹可能由其中某一人分擔。因此,把縣尉職務說成是主盜賊,是一種過於簡化的說法。

縣尉可作為一種階官使用。唐代的集賢校理、直弘文館和直史館,都帶有縣尉的官銜,但他們並不擔任縣尉工作,僅以縣尉作為階官,以秩品階,寄俸祿。這是唐代職事官階官化的現象之一。

第四章
參軍和判司

詔授戶曹掾，捧詔感君恩。感恩非為己，祿養及吾親。
弟兄俱簪笏，新婦儼衣巾。羅列高堂下，拜慶正紛紛。
俸錢四五萬，月可奉晨昏。廩祿二百石，歲可盈倉囷。
喧喧車馬來，賀客滿我門。不以我為貪，知我家內貧。
　　　　　　　——白居易〈初除戶曹喜而言志〉[1]

　　白居易這首詩，是他在任翰林學士期間，獲授京兆府戶曹
參軍時寫的。喜悅之情躍然紙上。這一年他三十九歲，「俸錢
四五萬」，比起七年前，他三十二歲任校書郎的「俸錢萬六千」，
多了好幾倍，難怪他這麼高興。親友也來相賀。他更有一種感
皇恩的心情：「捧詔感君恩。」我們對唐人初除官的心情所知
極少。這首詩讓我們可以一窺其中奧妙；另一首是元稹的〈初
除浙東妻有阻色，因以四韻曉之〉[2]。詩中所說的「戶曹掾」，

1　《白居易集》卷五，頁98-99。
2　《元稹集》卷二二，頁252。此詩末云「我有主恩羞未報，君於此外
　　更何求？」亦堪玩味。

也正是本章所要討論的一種「判司」。

　　近人對參軍和判司的研究寥寥無幾。最早的一篇論文是嚴耕望先生的〈唐代府州僚佐考〉[3]，爲開創之作，範圍和本章不相同，包含所有「府州」僚佐，甚至涉及州軍院的僚佐和軍將，但未及京城十六衛府、太子率府和王府的參軍和判司。其後，張榮芳有〈唐代京兆府僚佐之分析——司錄、判司與參軍〉[4]，專研長安京兆一府的僚佐。近年，李方發表一系列關於西州上佐和判司的考證[5]。本章則專論各類型參軍和判司，不管他們是在京城衛、率府、王府或外地州府。

一、參軍的起源和種類

　　參軍即「參謀軍事」的簡稱，原本是軍事組織中的一種職位。《通典》在追述此官的起源時說：

> 後漢靈帝時，陶謙以幽州刺史參司空車騎張溫軍
> 事。……晉時軍府乃置爲官員。……歷代皆有。至隋

3　現收在嚴耕望，《唐史研究叢稿》（香港：新亞研究所，1969），頁
　　103-176。

4　張榮芳，〈唐代京兆府僚佐之分析——司錄、判司與參軍〉，《東海學報》，第30卷(1989)，頁85-94。

5　李方，〈唐西州功曹參軍編年考證〉，《周紹良先生欣開九秩慶壽文集》（北京：中華書局，1997）；〈唐西州倉曹參軍編年考證〉，《首都師範大學學報》，2000年第4期；〈唐西州戶曹參軍編年考證〉，《敦煌學輯刊》，1997年第2期。又見李方，《唐西州行政體制考論》（哈爾濱：黑龍江教育出版社，2002）。

為郡官，謂之書佐。大唐改為參軍，掌直侍督守，無
常職，有事則出使。[6]

可知到唐代時，此官已逐漸脫離原先的軍事色彩，而演變爲
州府最常見的文官。軍事意味較濃厚的機構，如京城十六
衛、東宮太子率府、羽林軍、折衝府及軍鎮，仍有一些參軍
職位，如錄事參軍、倉曹參軍、兵曹參軍、騎曹參軍、冑曹
參軍等數種。但州府參軍的名目反而更多，如表一所示。

在《唐六典》和《通典》等政書上，參軍的正式稱謂是「參
軍事」，但在兩《唐書》列傳和墓誌中，卻經常省略爲「參軍」。
爲免累贅，本章一概沿用「參軍」此省稱。

參軍名目雖多，但主要可分爲兩類。一類未冠任何職名，
就單叫「參軍」；另一類冠以各種職名，如司功參軍、司戶參
軍、功曹參軍、戶曹參軍、錄事參軍等等。唐史料常統稱他們
爲「判司」。未冠職名的「參軍」，是最低層的一種參軍，也
是士人釋褐最常任的一種官。在唐史料中，這種參軍又以州府
參軍和王府參軍最常見，如張憭，「以蔭授虢州參軍」[7]；韋見
素，「解褐相王府參軍」[8]。至於判司，其官品和地位都比參軍
高，一般是士人的第二或第三任官，但也有人一起家即出任這
些職位。

6　《通典》卷三三，頁914。
7　《舊唐書》卷一四〇，頁3832。
8　《舊唐書》卷一〇八，頁3275。

表一　唐代參軍和判司的分布、人數和官品

	上州	中州	下州		京兆河南等府	親王府	衛率府	大都督府
參軍	四人 從八品下	三人 正九品下	二人 從九品下	參軍	六人 正八品下	二人 正八品下		五人 正八品下
司功 參軍	一人 從七品下	一人 正八品下		功曹 參軍	二人 正七品下	一人 正七品上		一人 正七品下
司倉 參軍	一人 從七品下	一人 正八品下	一人 從八品下	倉曹 參軍	二人 正七品下	一人 正七品上	一到二人 從八品下	一人 正七品下
司戶 參軍	二人 從七品下	一人 正八品下	一人 從八品下	戶曹 參軍	二人 正七品下	一人 正七品上		一人 正七品下
司田 參軍	一人 從七品下	一人 正八品下	一人 從八品下	田曹 參軍	二人 正七品下			一人 正七品下
司兵 參軍	一人 從七品下	一人 正八品下		兵曹 參軍	二人 正七品下	一人 正七品上	一人 從八品下	一人 正七品下
司法 參軍	二人 從七品下	一人 正八品下	一人 從八品下	法曹 參軍	二人 正七品下	一人 正七品上		一人 正七品下
司士 參軍	一人 從七品下	一人 正八品下		士曹 參軍	二人 正七品下	一人 正七品上		一人 正七品下
				騎曹 參軍		一人 正七品上	一人 從八品下	
				冑曹 參軍			一人 從八品下	

材料出處：《新唐書・百官志》。中下都督府未列，其參軍和判司人數比
　　　　大都督府少，官品一般略低。都護府亦未列，其人數比大都督
　　　　府略少，官品也略低。詳見《新唐書・百官志》。羽林軍、折
　　　　衝府和鎮，也有一些判司如兵曹參軍，不甚重要，從略。

　　至於錄事參軍或司錄參軍，是個中層的職位。史料中沒有
士人釋褐爲錄事參軍或司錄的記載。在上中下州，錄事參軍往
往是州長官刺史手下最主要的一個僚佐[9]。親王府中的諮議參

9　詳見嚴耕望，〈唐代府州上佐與錄事參軍〉，《清華學報》，新8卷
　　第1-2期合刊(1970)，頁284-305。後收入氏著《唐史研究叢稿》(香
　　港：新亞研究所，1969)，頁105-139。又見張榮芳，〈唐代京兆府僚

軍、記室參軍也屬中層官職，但唐史上出任過此兩官的人不多見，非要職，亦非基層文官，不屬本書範圍。故本章主要討論州府參軍，以及州府和十六衛、太子率府等軍事組織中的各判司。至於羽林軍、折衝府和鎮的兵曹參軍等少數判司，較不重要，史料亦短缺，本章略而不論。

　　據嚴耕望的研究，以上表一所示典志上所規定的參軍和判司名額，並非一成不變。中晚唐時，名額經常減省，「有愈後愈省之趨勢」。比如，在德宗朝，張延賞做宰相時，便大刀省減「諸州參軍一半」[10]，可說相當劇烈。判司方面，「大抵僅京府官俱六曹，其餘府州多僅置戶法兩曹，且或僅置司戶一員通判諸曹者。蓋自唐中葉以來，一般府州政事漸爲方鎮所奪，至『州官事閒』，故曹司員額逐漸省廢也」[11]。因此，以上表一僅供參考，並不表示整個唐代都有那麼多的參軍和判司員額。

二、州府參軍

　　本節的「府」指京兆、河南、太原府，以及唐後期從州升級爲府的鳳翔、興元、成都、河中和江陵等府。這些府實際上屬州級單位，只是比一般的州高一等[12]，所以這裡把這八府的

（續）—————————————

　　　　佐之分析——司錄、判司與參軍〉，頁85-94。

10　《唐會要》卷六九，頁 1449。此類省減甚常見，見《唐會要》卷六
　　　九「州府及縣加減官」下各條。

11　嚴耕望，《唐史研究叢稿》，頁144。

12　關於唐代州府的分級和演變，最詳細的論著見翁俊雄，〈唐代的州
　　　縣等級制度〉，《北京師範學院學報》，1991年第1期。

參軍和州參軍放在一起討論。州府參軍是兩《唐書》列傳和墓誌中很常出現的一種官職。唐詩中亦甚常見，如盧照鄰有〈送梓州高參軍還京〉[13]，權德輿有〈送少清赴潤州參軍〉[14]。州府參軍和州諸司參軍很容易混淆，需小心分辨。唐詩中這些單稱「參軍」的，都指州府參軍。若指諸司參軍或錄事參軍，則都有清楚標明。如盧照鄰的〈送鄭司倉入蜀〉[15]，即指明這位鄭司倉是擔任司倉參軍的。杜甫的〈送韋諷上閬州錄事參軍〉[16]，也明確指韋諷出任的是「錄事參軍」。

嚴耕望已指出，州參軍是士人初出仕之官，即釋褐、起家之官[17]。兩《唐書》和墓誌中這些材料極多，除了嚴氏所引用過的之外，還有不少。從這些材料，可看出唐人入仕為州府參軍的途徑，可分為用蔭、明經、進士、制科、齋郎和挽郎及其他方式等七種。

（一）以用蔭入仕：

> 蕭定：「定以蔭授陝州參軍、金城丞，以吏事清幹聞。」[18]
> 張弘靖：「少以門蔭授河南府參軍……。」[19]

13　《盧照鄰集校注》，李雲逸校注(北京：中華書局，1998)，卷二，頁119。
14　《全唐詩》卷三二三，頁3631。
15　《盧照鄰集校注》卷三，頁125。
16　《杜詩詳注》卷十三，頁1156-1158。
17　嚴耕望，《唐史研究叢稿》，頁158-160。
18　《舊唐書》卷一八五下，頁4826。
19　《舊唐書》卷一二九，頁3610。

杜式方：「以蔭授揚州參軍事。再遷太常寺主簿……。」[20]

杜銓：「公以岐公蔭，調授揚州參軍、同州馮翊縣
　　　丞……。」[21]

鄭逞：「以蔭補左衛三衛，解褐授金州參軍。」[22]

李錡：「淄川王孝同五世孫。以父國貞蔭調鳳翔府參
　　　軍。」[23]

　　(二)從齋郎、挽郎出身，主要見於墓誌。從齋郎、挽郎出
身，其實屬於用蔭的一種[24]，但為了更明確，這裡和用蔭分開
列：

周履潔：「十八……附廟齋郎……廿三，解褐鼎州參
　　　　軍。」[25]

陳褘：「弱冠以齋郎擢第，解褐任睦州參軍事。」[26]

于尚範：「皇后玉匣升輿……擢為挽郎，解褐益州參

20　《新唐書》卷一六六，頁5090。

21　杜牧，〈唐故復州司馬杜君墓誌銘并序〉，《樊川文集》卷九，頁
　　142。

22　闕名，〈大唐故襄陽郡襄陽縣令滎陽鄭府君墓誌銘并序〉，《全唐
　　文》附《唐文拾遺》卷十五，頁11339。

23　《新唐書》卷二二四，頁6381。

24　關於唐代齋郎和挽郎的研究，見黃正建，〈唐代的齋郎與挽郎〉，
　　《史學月刊》，1989年第1期。

25　《唐代墓誌彙編續集》，頁399。

26　《唐代墓誌彙編續集》，頁624。

軍。」[27]

韋皋：「京兆人。大曆初，以建陵挽郎調補華州參
軍⋯⋯。」[28]

(三)以明經起家，案例最多，且舉八例：

張文瓘：「貞觀初，舉明經，補并州參軍。」[29]

杜暹：「舉明經，補婺州參軍。」[30]

尹思貞：「京兆長安人也。弱冠明經舉，補隆州參軍。」[31]

李巽：「少苦心為學，以明經調補華州參軍。」[32]

陸孝斌：「舉國子明經，選絳州參軍、始州司法。」[33]

岑植：「調補修文生，明經擢第。⋯⋯解褐同州參軍
事。」[34]

鄭約：「擢明經，調太原府參軍。」[35]

鄭孝本：「始以明經高第，解褐潤州參軍。」[36]

---

27 《唐代墓誌彙編續集》，頁454。

28 《舊唐書》卷一四〇，頁3821。

29 《舊唐書》卷八五，頁2814。

30 《舊唐書》卷九八，頁3075。

31 《舊唐書》卷一〇〇，頁3109。

32 《舊唐書》卷一二三，頁3521。

33 張說，〈唐故贈齊州司馬陸公神道碑〉，《全唐文》卷二三〇，頁
2326。

34 張景毓，〈縣令岑君德政碑〉，《全唐文》卷四〇五，頁4146。

35 穆員，〈河南府洛陽縣主簿鄭君墓誌銘〉，《全唐文》卷七八五，
頁8211。

36 孫逖，〈滄州刺史鄭公墓誌銘〉，《全唐文》卷三一三，頁3180。

(四)以進士出身，且舉四例：

　王仲堪：「大曆七年進士擢第。……解褐授太原府參
　　　　　軍事。」[37]
　李宗閔：「擢進士，調華州參軍事。」[38]
　楊令一：「年十九，舉進士高第，授潞州參軍。」[39]
　崔泳：「進士擢第，調同州參軍、陸渾尉。」[40]

(五)以制科入仕，且舉三例：

　李迥秀：「及進士第，又中英才傑出科，調相州參軍
　　　　　事。」[41]
　陸象先：「象先器識沈邃，舉制科高第，為揚州參軍
　　　　　事。」[42]
　崔圓：「開元中……以鈐謀對策甲科，歷京兆府參
　　　　　軍……。」[43]

37　王叔平，〈唐故監察御史裏行太原王公墓誌銘并序〉，《全唐文》
　　卷六一四，頁6203。
38　《新唐書》卷一七四，頁5235。
39　張說，〈大周故宣威將軍楊君碑并序〉，《全唐文》卷二二六，頁
　　2287。
40　穆員，〈陸渾尉崔君墓誌銘〉，《全唐文》卷七八五，頁8212。
41　《新唐書》卷九九，頁3913。
42　《新唐書》卷一一六，頁4236。
43　《新唐書》卷一四〇，頁4641。

(六)以博學宏詞入仕，只找到一例：

> 齊映：「映登進士第，應博學宏辭，授河南府參軍。」[44]

(七)其他方式，如以學究一經等。史料中有些人入仕州府參軍的途徑不明，如下面數例，均附此：

> 賈潭：「以學究一經……釋褐京兆府參軍事。」[45]
> 陸廣秀：「唐解褐朝散郎，行忠州參軍事。」[46]
> 湯華：「以晨昏是切，仕不擇祿，釋褐衡州參軍。」[47]

和正字、校書郎入仕方式有些不同的是，史料中沒有州府參軍以上書、獻著述或薦舉得到官位。更可留意的是，從正字、校書郎和赤畿縣尉出身者，有許多後來都成為唐史上有名的人物，如劉晏、裴耀卿、張說、張九齡、賈耽、陸贄等，但從州府參軍起家者，卻沒有類似的名人可比。唐代三十多個主要詩人當中，出身或出任過正字、校書郎和縣尉的，都有不少，但出任過州府參軍，可考者僅有一人，即初唐的王勃[48]。他最初

44　《舊唐書》。卷一三六，頁3750。

45　徐鉉，〈大唐故中散大夫檢校司徒使持節泰州諸軍事兼泰州刺史御史大夫洛陽縣開國子賈宣公墓誌銘〉，《全唐文》卷八八二，頁9217。

46　《唐代墓誌彙編續集》，頁344。從上下文看，陸廣秀似以軍功入仕。

47　林蹈，〈福州侯官縣丞湯府君墓誌銘并序〉，《全唐文》卷七九一，頁8284。

48　有學者說晚唐詩人李商隱曾任京兆府參軍。但劉學鍇和余恕誠已考

任沛王府修撰。「諸王鬥雞，互有勝負，勃戲為檄英王雞文。高宗覽之，怒曰：『據此是交搆之漸。』即日斥勃，不令入府。久之，補虢州參軍。」[49] 看來州府參軍這官職，不論是在仕途前景上，或在唐人眼中，都不如正字、校書郎和赤畿縣尉。封演和白居易所描繪的升官圖，也完全未提州府參軍。

　　《通典》說州參軍「無常職，有事則出使」。從府州的屬官編制上來看，京兆、河南、太原等府以及上、中州，都有功、倉、戶、兵、法、士等六曹參軍，下州也有司倉（兼管司功）、司戶（兼管司兵），以及司法（兼管司士）參軍[50]，可說已包辦了府州內所有事務。州府參軍不屬此六曹，故「無常職」，有事才「出使」。《新唐書‧李泌傳》記載了德宗和李泌討論「冗官」的一段話，曾特別提到「州參軍無職事」，可省減。這不但可證實《通典》所說「州參軍無常職」，更可幫助我們理解唐代需復吏員、減冗官的問題：

　　　　初，張延賞減天下吏員，人情愁怨，至流離死道路者。
　　　　泌請復之，帝未從，因問：「今戶口減承平時幾何？」
　　　　曰：「三之二。」帝曰：「人既彫耗，員何可復？」
　　　　泌曰：「不然。戶口雖耗，而事多承平十倍。陛下欲
　　　　省州縣則可，而吏員不可減。今州或參軍署券，縣佐

（續）
　　　出李的「參軍」，實為判司「法曹參軍」。見劉余雨氏編注《李商
　　　隱文編年校注》，頁2179。
49　《舊唐書》卷一九○上，頁5005。
50　此兼管職務僅見於《唐六典》卷三○，頁747。

史判案。所謂省官者，去其冗員，非常員也。」帝曰：
「若何為冗員？」對曰：「州參軍無職事及兼、試額
內官者。兼、試，自至德以來有之，比正員三之一，
可悉罷。」帝乃許復吏員，而罷冗官。[51]

沈亞之的〈河中府參軍廳記〉，記州府參軍這種「職官之
本」，也提到這是一種沒有職事的任命。全文極具時代意義，
值得全引：

國朝設官，無高卑皆以職授任。不職而居任者，獨參
軍焉。觀其意，蓋欲以清人賢冑之子弟，將命試任，
使以雅地任之耳。不然，何優然曠養之如此。其差高
下，則以五府、六雄為之次第[52]。蒲河中界三京，左
雍三百里，且以天子在雍，故其地益雄，調吏者必以
其人授焉。噫！今之眾官多失職。不失其本者，亦獨
參軍焉。長慶二年〔822〕，余客蒲河中府，某參軍某族，
世皆清冑，又與始命之意不失矣，乃相與請余記職官

---

51 《新唐書》卷一三九，頁4635。關於此次省減州縣冗官的細節，見
《唐會要》卷六九，頁1449-1450。
52 唐前期有三府(京兆、河南和太原)，後期增五府(鳳翔、成都、興元、
河中、江陵)，共八府。唐前期有六雄州(陝、鄭、懷、汴、魏、絳)，
後期又增四州(蘇、洋、汝、虢)為雄州，共十個。見翁俊雄，〈唐
代的州縣等級制度〉，頁12。沈亞之這裡說「五府六雄」，不盡符
事實，可能是一種概略的說法。

之本於其署。[53]

「何優然曠養之如此」，即點明州府參軍的閒散無差事。

文宗大和四年（830），宰相裴度（765-839）出任山南東道節度使。其時他已年老，高齡六十六歲。他的兒子裴讓正擔任京兆府參軍。裴度爲了攜子赴任，特地上奏請求皇帝的恩准。他所舉的理由竟是參軍「官無職事」，可證上引杜佑、李泌和沈亞之等人所言不虛。此事見於《舊唐書·裴度傳》[54]。裴度的奏疏更保存在《冊府元龜》中，可以讓我們看到晚唐一個父親想和兒子團聚的親情：

> 京兆府參軍裴讓是臣男，年甚幼小，官無職事。今准近敕，須令守官。伏以臣男之官，無慮數人，悉是資蔭授官，所以置之散冗。守官既無功事，離任從無妨闕，伏乞天恩依前令在臣所任。[55]

州府參軍雖「無常職」，但我們在史料中爬梳，還是可以約略看出他們所爲何事。其中最主要者，即代理州中諸曹事。比如，唐代著名建築大師閻立德的曾孫用之，「初爲彭州參軍，嘗攝錄事，一日糾愆謬不法數十事，太守以爲材」[56]。獨孤及〈唐

53　《全唐文》卷七三六，頁7601-7602。
54　《舊唐書》卷一七〇，頁4434。
55　《冊府元龜》卷四四七，頁5303。
56　《新唐書》卷一〇〇，頁3942。閻用之在《舊唐書》無傳。

故左金吾衛將軍河南閻公墓誌銘〉，提供更多的細節，很可能即《新唐書》所本：

> 初仕彭州參軍，常攝督郵。一日糾案本州愆謬不法數
> 十事，太守徐知人以為材。後有詔擇舍人，以公魁偉
> 爽悟有醞藉，乃登其選。[57]

可知閻用之當彭州參軍時「常攝督郵」，又有「糾案本州愆謬不法數十事」，深受太守的賞識，後來更因此而被選為通事舍人，回到京城任京官。又如裴濟，據穆員〈河南少尹裴公墓誌銘〉說：

> 襄陽節度使來瑱表襄州參軍事。屬有勢勝而理負與人
> 爭官者，州府畏之。公時攝功曹掾，守文與直，不為
> 之撓。瑱嘉其所執，升之賓介。[58]

這是一個州參軍「攝功曹」的例子。又如趙博齊〈大唐故朝議郎河南府登封縣令上柱國賜緋魚袋崔公墓誌銘并序〉，提到這位崔蕃：

> 早以門蔭補□文館學生，試經高第，授華州參軍，歷

---

57 《全唐文》卷三九二，頁3985。
58 《全唐文》卷七八四，頁8199。

攝諸曹。[59]

則是個州參軍「歷攝諸曹」的案例。看來這是州參軍最常見的職掌。史料中可見的其他職責，相當瑣雜多變，有被派到屬下縣去「推按」的，如尹思貞：

> 補隆州參軍。時晉安縣有豪族蒲氏，縱橫不法，前後官吏莫能制。州司令思貞推按，發其姦贓萬計，竟論殺之，遠近稱慶，刻石以紀其事，由是知名。[60]

有「使知市事」的，如路隨：

> 以通經調授潤州參軍，為李錡所困，使知市事，隨翛然坐市中，一不介意。[61]

有「使教婢」的，如唐初宮廷詩人宋之問的弟弟之愻：

> 之愻為連州參軍，刺史聞其善歌，使教婢，日執笏立簾外，唱吟自如。[62]

59　《唐文拾遺》卷二九，頁10705。
60　《舊唐書》卷一○○，頁3109；又見《新唐書》卷一二八，頁4459。
61　《舊唐書》卷一五九，頁4191。《新唐書》卷一四二，頁4677略同，唯路隨的名字作路隋。
62　《新唐書》卷二○二，頁5751。

此事在《朝野僉載》中有更詳細的記載，可能爲上引《新唐書》所本：

> 洛陽縣令宋之遜性好唱歌，出為連州參軍。刺史陳希古者，庸人也，令之遜教婢歌。每日端笏立於庭中，呦呦而唱，其婢隔窗從而和之，聞者無不大笑。[63]

有「領租船赴都」的，如《朝野僉載》所記的杭州參軍獨孤守忠：

> 杭州參軍獨孤守忠領租船赴都，夜半急追集船人，更無他語，乃曰：「逆風必不得張帆。」眾大哂焉。[64]

甚至有參軍被派去檢驗泉水的，如鳳翔府參軍郭鎊：

> 當府岐山縣鳳棲鄉周公祠，舊有泉水，枯竭多年。去冬十一月十七日，忽因大風，其泉五處一時湧出，深一尺已來，又有七處見出。臣差府參軍郭鎊專就泉所檢驗得狀……。[65]

---

63 張鷟，《朝野僉載》卷一，頁21-22。

64 《朝野僉載》卷二，頁48。

65 崔珙，〈周公祠靈泉奏狀〉，《全唐文》卷七四一，頁7658。

更有一個京兆府參軍薛景宣，被派去「修築京城羅郭城」[66]。以上數例，大抵都是州府參軍在州府的指命下，從事各種特別任務，亦符合《通典》所說，「有事則出使」。要之，州府參軍沒有特定的「常職」，可攝州府六曹事務，或出任隨時委派的雜務。

三、親王府參軍

和州府參軍相比，親王府參軍在唐史料中比較少見。以《全唐詩》為例，寄酬州府參軍的詩作，比比皆是，但寄酬王府參軍的，筆者只發現寥寥兩首：韓翃的〈送王府張參軍附學及第東歸〉[67]，以及皮日休的〈二遊詩〉（此詩有序，注明贈恩王府參軍徐修矩）[68]。兩《唐書》和《全唐文》中也有類似情況。這一方面固然是因為親王府的數目太少，通常只有十多二十個，而州府則有三百多個，所以州府參軍在史料中遠比王府參軍常見。

不過，和州府參軍一樣，王府參軍一般也是士人的釋褐官，入仕途徑亦非常相似，有用蔭及從挽郎、明經和進士起家等數種，如下面數例：

66　張榮芳，〈唐代京兆府僚佐之分析——司錄、判司與參軍〉，頁87所引。

67　《全唐詩》卷二四五，頁2754。

68　《全唐詩》卷六〇九，頁7029。

陸元感：「始以資宿衛，解褐韓王府參軍事。」[69]

段文絢：「府君蔭第出身……元和中，釋褐授均王府
　　　　　參軍。」[70]

王府君：「初以門子選為孝敬皇帝挽郎，解巾相王府
　　　　　參軍。」[71]

韓愃：「以父任為建陵挽郎，累調授王府參軍……。」[72]

王義方：「初舉明經……俄授晉王府參軍，直弘文館。」[73]

竇兢：「字思愃，舉明經，為英王府參軍……。」[74]

韋見素：「質性仁厚。及進士第，授相王府參軍。」[75]

杜鴻漸：「敏悟好學，舉進士，解褐王府參軍。」[76]

　　與州府參軍不同的是，王府參軍有以國子生和宏文生入仕
的，如下面三例：

　　宇文珽：「初任國子生，擢第授道王府參軍兼鄭州參

69　靳翰，〈大唐故朝散大夫護軍行黃州司馬陸府君墓誌銘〉，《全唐
　　文》卷二七九，頁2825。此例中的「資」指「門資」，即「門蔭」。

70　《唐代墓誌彙編續集》，頁983。

71　張九齡，〈故太僕卿上柱國華容縣男王府君墓誌銘并序〉，《曲江
　　集》，頁633。

72　柳宗元，〈故溫縣主簿韓君墓誌〉，《柳宗元集》卷十一，頁281。

73　《舊唐書》卷一八七上，頁4874。

74　《新唐書》卷一○九，頁4101。

75　《新唐書》卷一一八，頁4267。

76　《舊唐書》卷一○八，頁3282。

　　　軍事。」[77]

王府君：「國子生，其中射策甲科，解褐補吳王府參
　　　軍事。」[78]

徐齊聃：「公始以宏文生通五經大義，發跡曹王府參
　　　軍……。」[79]

　　王府參軍的地位，一般而言不如州府參軍，唐後期更有日
趨低下之勢。其中最引人注目的是，在元和、寶曆年間，諸王
府竟無辦公署：

　　寶曆三年〔應為二年，826〕六月，瓊王府長史裴簡永狀：
　　「請與諸王共置王府一所。伏見諸王府本在宣平坊東
　　南角，摧毀多年，因循不修。至元和十三年〔818〕七月
　　十三日，莊宅使收管。其年八月二十五日，賣與邠寧
　　節度使高霞寓。伏以在城百官，皆有曹局，惟王府寮
　　吏，獨無公署。每聖恩除授，無處禮上。胥徒散居，
　　難於管轄。遂使下吏因茲弛慢，王官為眾所輕，雖蒙
　　列在官班，皆為偷安散秩。伏以府因王制，官列府中，
　　府既不存，官司虛設。伏乞賜官宅一區，俾諸府合而

77　楊炯，〈唐同州長史宇文公神道碑〉，《楊炯集》，徐明霞點校（北
　　京：中華書局，1980），卷六，頁93。
78　陳子昂，〈申州司馬王府君墓誌〉，《全唐文》卷二一五，頁2180。
79　張說，〈唐西臺舍人贈泗州刺史徐府君碑〉，《全唐文》卷二二七，
　　頁2289。又見《新唐書》卷一九九〈徐齊聃傳〉，頁5661。

共局，庶寮會而異處。如此則人吏可令銜集，案牘可
見存亡，都城無廢闕之曹，道路息是非之論。」敕旨：
「宜賜延康坊閣令琬宅一所，仍令所司檢計，與量修
改，及逐要量約什物。」[80]

宋人洪邁甚至形容「唐王府官猥下」，並有一段評論：

唐自高宗以後，諸王府官益輕，惟開元二十三〔735〕
年，加榮王以下官爵，悉拜王府官屬。浸又減省，僅
有一傅一友一長史，亦但備員，至與其府王不相見。[81]

王府參軍的職務，據《唐六典》、《通典》等政書，都說
是「掌出使及雜檢校事」[82]，看來跟州府參軍一樣，沒有特定的
常職，而以「出使」和「雜檢校事」為主。唐史料中的王府參
軍，所行使的「雜檢校」多與文墨工作相關，有出掌文翰的，
如則天朝的韋承慶：

80　《唐會要》卷六七，頁1386。賜延康坊宅一所為諸王府司局事，亦
　　見於《舊唐書》卷十七上〈敬宗紀〉，頁520寶曆二年六月條下，可
　　證《唐會要》的「寶曆三年」為「二年」之誤。按寶曆僅有兩年，
　　無三年。
81　洪邁，《容齋隨筆》（上海：上海古籍出版社，1978年校點本），附
　　《容齋四筆》卷十一，頁747。
82　《唐六典》卷二九，頁732；《通典》卷三一，頁871。《舊唐書·
　　職官志》和《新唐書·百官志》皆同。

弱冠舉進士，補雍王府參軍。府中文翰，皆出於承慶，
辭藻之美，擅於一時。[83]

有被召去畫圖的，如武后時代相王府參軍閻玄靜：

〔李嗣眞〕嘗引工展器于廷，后奇其風度應對，召相王
府參軍閻玄靜圖之，吏部郎中楊志誠爲贊，祕書郎殷
仲容書，時以爲寵。[84]

唐代知名的《文選》學者公孫羅，曾任沛王府參軍。他任
此職時，極可能在從事《文選》注釋或教學的工作[85]。

四、都督府和都護府參軍

都督府參軍見於《新唐書・宰相世系表》的有三人：（一）
張弘矩，曾任洪州都督府參軍；（二）張景重，亦任洪州都督府參
軍，以及（三）唐踐貞，任揚州都督府參軍[86]。這三人在新舊《唐
書》都沒有傳。除了姓名和官職，我們只知道他們是宰相的後代。

除此之外，關於都督府參軍的材料，主要的只有兩條，都
護府參軍則只有一條，非常稀少，無法作入仕途徑等分析。不

83　《舊唐書》卷八八，頁2862-2863。
84　《新唐書》卷九一，頁3797。
85　《舊唐書》卷一八九上，頁4946；《新唐書》卷一九八，頁5640。
86　《新唐書》卷七十二下，頁2682、2689；卷七十四下，頁3219。

過這三條材料屬行狀或神道碑，內容很豐富，作者又是楊炯、
張說和顏真卿等名家，可以讓我們詳考一個從都督府或都護府
參軍出身的人，將來的仕途如何。現就這三條材料作一些觀察。

　　楊炯的〈左武衛將軍成安子崔獻行狀〉[87]，記載了崔獻
（615-681）頗爲精彩的一生事跡。他的父親崔萬善，「皇朝左監
門將軍、持節隆州諸軍事守隆州刺史、上護軍成安縣開國男，
謚曰信」。官位相當高，所以崔獻可以用父蔭入仕，在「貞觀
九年〔635〕起家太穆皇后挽郎，十六年〔642〕授營州都督府參軍
事」。由此看來，他是在二十一歲時才以蔭任挽郎，經過約七
年挽郎的磨練，到二十八歲才任參軍。唐人一般也正是在約三
十歲上下第一次任官（挽郎不算正式官職）。營州位於河北道，
離長安數千里，所以崔獻一釋褐，就得宦遊（詳見本書第六章〈文
官俸錢及其他〉第四節「宦遊」），到一個遙遠的地方去做一個
小官。貞觀二十三年（649）他「遷除王府西閤祭酒」，永徽六年
（655）授晉州司士，龍朔三年（663）遷岐州司戶。這都涉及長途
的遠行，也是唐代士人做官不可避免的正常命運。不過，崔獻
後來卻從文官轉任武將，官至相當高層的左武衛將軍。

　　張說的〈河州刺史冉府君神道碑〉[88]，記載誌主冉實
（625-695），祖上幾代都做官。他父親曾任「涇、浦、澧、袁、
江、永凡六州刺史」，宦績不凡。他「弱冠太學生，進士擢第……
調并州大都督府參軍事」。他以進士及第才能任并州大都督府

87　《楊炯集》卷十，頁164-170。
88　《全唐文》卷二二八，頁2309-2310。

參軍事,可知都督府參軍的入仕資歷要求也相當高。接著,他「應八科舉,策問高第,授綿州司戶參軍,轉揚州大都督府倉曹參軍,又舉四科……除益州導江縣令」。他後來任鄜州長史、婺州司馬、恒州長史、涼州都督府長史、赤水軍兵馬河西諸軍支度使、使持節河州諸軍事、河州刺史、知營田使。從這樣的官歷看來,冉實幾乎一生都在宦遊,從東南的婺州到西北的河州,橫跨半個中國,走了不少路。他「享年七十有一,證聖元年〔695〕二月十日,寢疾終於官舍」。

起家都護府參軍的,只有一例,見於顏真卿所寫的〈遊擊將軍左領軍大將軍兼商州刺史武關防禦使上柱國歐陽使君神道碑銘〉[89]。這位歐陽使君(697-761),祖上幾代都做官。高祖紇,在陳朝任開府儀同三司、左屯衛大將軍、交、廣等十九州諸軍事、廣州刺史,官位最為顯赫。他父親歐陽機,任漢州什邡令。他「精於詩易春秋,尤明吏術」。開元十八年(730)他三十四歲時,始「解褐安西大都護府參軍,充湯嘉惠節度推勾官」。他以甚麼方式釋褐,可惜碑文沒說,不得而知。安西大都護位於今新疆省,離長安數千里。他正像許多唐代基層文官一樣,一出來做官就得遠遊。他後來丁憂去職。服闋,補北庭大都護府戶曹參軍,節度使蓋嘉運奏授金滿令,充營田判官。「二十九年,河西節度使奏授晉昌郡戶曹參軍,攝晉昌令,轉張掖郡張掖令,攝司馬知郡事」。接著,他從大西北回到內地,任岳州長史、知三峽轉運、衡陽郡長史,行走過大半個中國。天寶末

---

89 《全唐文》卷三四三,頁3485。

安史之亂期間，他以軍功官至左領軍大將軍，從文官轉到武將，仕途非常特殊。

　　以上三個從都督府或都護府出身的參軍，有幾個共同點很可留意。第一、他們都出生在一個官宦家庭，祖上幾代都做過官。這其實也正是絕大部分唐代官員的家庭特徵。第二、三人一釋褐，都得離開故鄉宦遊在外，到很遙遠的地方去出任參軍這樣的小官，特別是第一例崔獻（到營州）和第三例歐陽（到安西）。第三、他們後來大半生也都在四處飄泊做官。這又是唐代許許多多官員的例常經歷和命運。

五、判司用作釋褐官和再任官

　　「判司」指州的司功、司倉等各司參軍，亦指京兆府、親王府、都督府、都護府的功曹參軍、倉曹參軍等各曹參軍。此即《通典》所說：「在府爲曹，在州爲司。府曰功曹、倉曹，州曰司功、司倉。」[90] 據嚴耕望的考證，這種區分始於開元初年[91]。唐史料一般上確有如此區分。但筆者也發現，即使是開元初年以後的史料，州的司功等「司」，有時也可能被稱爲某「曹」。例如，《新唐書‧宰相世系表》一般上依規定把州的參軍稱爲某「司」，如稱裴思溫爲「洛州司功參軍」[92]，稱李鈞爲「泗州司倉參軍」[93]；

90　《通典》卷三三，頁910。
91　《唐史研究叢稿》，頁141。
92　《新唐書》卷七一上，頁2231。
93　《新唐書》卷七二上，頁2511。

但有時又稱他們為某「曹」，如稱劉繕經為「幽州功曹參軍」（照《通典》的說法，本應稱「幽州司功參軍」）[94]，稱李萬為「萊州倉曹參軍」（本應稱「萊州司倉參軍」）[95]，有混用現象。唐詩中也有此混用情況，如中唐歐陽詹寫的〈送潭州陸戶曹之任（戶曹自處州司倉除）〉。[96] 這位陸戶曹，顯然正準備啓程到潭州任司戶。歐陽詹的贈詩卻稱他為「戶曹」，但後面的小注卻又說他「自處州司倉除」，可見「司」、「曹」混用不分。

唐史料一般常稱這類參軍為「判司」。如《舊唐書·憲宗紀》說：「鎮冀觀察使王承宗奏鎮冀深趙等州，每州請置錄事參軍一員，判司三員……。」[97] 此「判司」即指州的諸曹參軍。此例也清楚顯示，錄事參軍自成一類，不屬判司。詩人元稹曾貶官江陵士曹參軍，所以他在一篇上表中便自敍：「因以他事貶臣江陵判司。」[98] 白居易詩〈同微之贈別郭虛舟鍊師五十韻〉說：「我為江司馬，君為荊判司。」[99] 此「荊判司」即指任江陵士曹的元稹。唐人筆記小說也常見「判司」，如《廣異記》說[100]：「開元中，州判司於寺門樓上宴會，眾人皆言金剛在此，不可。」《報應記》說：「唐王令望……曾任安州判司，過揚子江，夜

---

94 《新唐書》卷七一上，頁2260。
95 《新唐書》卷七二上，頁2558。
96 《全唐詩》卷三四九，頁3903。
97 《舊唐書》卷十五，卷471。
98 《舊唐書》卷一六六，頁4334。
99 《白居易集》卷二一，頁457。荊州在肅宗上元元年（760）升為江陵府。
100 《太平廣記》卷一○○，頁670。

風暴起,租船數百艘,相接盡沒,唯令望船獨全。」[101]

這些判司,和上文討論的參軍有三點不同:(一)判司有明確、固定的職務,如功曹參軍掌管考課、祭祀、學校等,職掌很清楚,但參軍卻「無常職」;(二)判司的分布,比參軍更廣,如上面表一所示,不單州府、親王府、都督、都護等府有判司,甚至京城十六衛、太子率府、折衝府、各地軍鎮等,都有某些類別的判司,如倉曹參軍、兵曹參軍,而且這些衛、率府還有其他官署所無的騎曹參軍和胄曹參軍;(三)判司的官品一般比參軍高。

就官品而言,判司最高的可達七品,如州府和親王府中的某些判司;最低的卻只有從八品下,如衛、率府中倉曹參軍、兵曹參軍、胄曹參軍和騎曹參軍。七品官可說已算中層官員,所以州府判司通常不是士人釋褐之官,而是第二甚至第三任官。但衛府、率府中的判司,由於品位較低,卻又常是士人出身起家的首個職位。

以兩《唐書》、《全唐文》和墓誌中的材料爲例,在判司當中,從太子率府兵曹、胄曹起家的人最常見,其中包括盛唐著名的邊塞詩人岑參。入官途徑主要爲用蔭、進士和明經三種:

竇覦:「以親蔭,釋褐右衛率府兵曹參軍。」[102]
李說:「以蔭補率府兵曹參軍。」[103]

---

101 《太平廣記》卷一○三,頁698。
102 《舊唐書》卷一八三,頁4749。
103 《新唐書》卷七八,頁3532。

柳潭：「周太保敏之五代孫……解褐左内率府冑曹。」[104]

岑參：「天寶三載，進士高第，解褐右内率府兵曹參軍。」[105]

張鋭：「以門蔭宿衛，解褐授右司禦率府兵曹。」[106]

杜行方：「以明經擢第，釋褐任右司禦率府冑曹參軍。」[107]

李吉甫：「以蔭補左司禦率府倉曹參軍。」[108]

從衛府各判司起家的也有一些：

裴行儉：「貞觀中，舉明經，拜左屯衛倉曹參軍。」[109]

張鎰：「以門蔭授左衛兵曹參軍。」[110]

高瑀：「少沈邃，喜言兵。釋褐右金吾冑曹參軍……。」[111]

韓滉：「少貞介好學，以蔭解褐左威衛騎曹參軍……。」[112]

崔隱甫：「解褐左玉鈐衛兵曹參軍……。」[113]

---

104 顏眞卿，〈和政公主神道碑〉，《全唐文》卷三四四，頁3490。

105 杜確，〈岑嘉州詩集序〉，《岑參詩集編年箋註》，頁893；又見《全唐文》卷四五九，頁4692。

106 錢庭篠，〈唐故太中大夫太常寺丞兼江陵府倉曹張公墓誌銘并序〉，《唐文拾遺》卷二二，頁10618。

107 鄭澣，〈唐故同州司兵參軍上柱國京兆杜府君墓誌銘并序〉，《唐文拾遺》卷二六，頁10658。

108 《新唐書》卷一四六，頁4738。

109 《舊唐書》卷八四，頁2801。

110 《舊唐書》卷一二五，頁3545。

111 《新唐書》卷一七一，頁5193。

112 《舊唐書》卷一二九，頁3599。

113 《新唐書》卷一三○，頁4497。

至於釋褐爲親王府和州府判司的，有以下幾例，但不常見：

鄭元果：「公起家文德皇后挽郎，解褐曹王府兵
曹……。」[114]

張承休：「初以南郊齋郎補袞州兵曹。」[115]

姚崇：「仕爲孝敬挽郎，舉下筆成章，授濮州司倉參
軍。」[116]

吳少誠：「少誠以父勳授一子官，釋褐王府戶曹。」[117]

齊澣：「弱冠以制科登第，釋褐蒲州司法參軍。」[118]

韋湊：「永淳元年解褐授婺州司兵參軍。」[119]

王仁政：「……解褐思州司倉參軍事。」[120]

裴炎：「舉明經及第。補濮州司倉參軍……。」[121]

在這些釋褐州府判司者當中，又以齋郎和挽郎起家者居多。

更多時候，州府判司常常是士人遷轉的再任官。史料中最

---

114 〈大唐故右衛中郎將兼右金吾將軍同安郡開國公鄭府君墓誌銘并
序〉，《唐文拾遺》卷六五，頁11102。

115 張説，〈恒州長史張府君墓誌銘〉，《全唐文》卷二三一，頁2340。

116 《新唐書》卷一二四，頁4381。

117 《舊唐書》卷一四五，頁3945。

118 《舊唐書》卷一九○中，頁5036。《新唐書》卷一二八，頁4468則
說他「聖曆初，及進士第，以拔萃調蒲州司法參軍。」

119 闕名，〈唐太原節度使韋湊神道碑〉，《全唐文》卷九九三，頁10287。

120 劉待價，〈朝議郎行袞州都督府……君碑銘并序〉，《全唐文》卷
二七八，頁2824。

121 《新唐書》卷一一七，頁4247。

常見到州府參軍升遷爲州府判司，案例甚多，且舉十例如下：

> 王旭：「旭解褐鴻州參軍，轉兗州兵曹。」[122]
>
> 狄仁傑：「舉明經，調汴州參軍。…薦授并州法曹參軍。」[123]
>
> 竇希瑊：「既調授潞州參軍，尋遷常州司兵參軍事。」[124]
>
> 封君：「解褐守恒州參軍。秩滿，補許州司法參軍。」[125]
>
> 楊令一：「舉進士高第，授潞州參軍，轉千牛冑曹。」[126]
>
> 王仁皎：「初以翊衛調同州參軍，換晉州司兵。」[127]
>
> 李元祐：「舉進士，調補同州參軍，換瀛州司戶參軍。」[128]
>
> 王尚賓：「歷原州參軍事、定遠城兵曹參軍。」[129]
>
> 李楚金：「明經出身，初授衛州參軍，又授貝州司法參軍。」[130]

---

122 《舊唐書》卷一八六下，頁4853。

123 《新唐書》卷一一五，頁4207。

124 滕王湛然，〈太子少傅竇希瑊神道碑〉，《全唐文》卷一〇〇，頁1024。

125 陳子昂，〈臨邛縣令封君遺愛碑〉，《全唐文》卷二一五，頁2172。碑文中云封君「名某，字某，渤海蓨人也」。姓名待考。

126 張說，〈大周故宣威將軍楊君碑并序〉，《全唐文》卷二二六，頁2287。

127 張說，〈贈太尉益州大都督王公神道碑奉敕撰〉，《全唐文》卷二三〇，頁2325。

128 張九齡，〈故瀛州司戶參軍李府君碑銘并序〉，《全唐文》卷二九二，頁2961。

129 侯冕，〈同朔方節度副使金紫光祿大夫試太常卿兼慈州刺史王府君神道碑〉，《全唐文》卷四四三，頁4515。

130 李翱，〈皇祖實錄〉，《全唐文》卷六三八，頁6441。

> 裴佐：「仕潤州參軍、杭州司田。」[131]

正字和監察御史也有遷官爲判司的，如下面數例：

> 王無競：「歷祕書省正字，轉右武衛倉曹。」[132]
> 吳通玄：「幼應神童舉，釋褐祕書正字、左驍衛兵
> 曹……。」[133]
> 鄭寵：「至德二年拜監察御史，徙太原戶曹。」[134]
> 蕭直：「授監察御史，歷河南府戶曹、京兆府司錄參
> 軍。」[135]

要之，衛率府的各判司仍屬下層職位，常用作釋褐官。州府的各判司大體卻稍高一等，雖有時用作釋褐官，但多爲士人遷轉的再任官。

六、判司職掌

《唐六典》、《通典》、《舊唐書・職官志》和《新唐書・

---

131 穆員，〈裴處士墓誌銘〉，《全唐文》卷七八五，頁8213。
132 《舊唐書》卷一九〇中，頁5026。
133 《舊唐書》卷一九〇下，頁5057。
134 獨孤及，〈唐故尚書庫部郎中滎陽鄭公墓誌銘〉，《全唐文》卷三
  九二，頁3983。
135 獨孤及，〈唐故給事中贈吏部侍郎蕭公墓誌銘〉，《全唐文》卷三
  九二，頁3989。

百官志》都列舉判司的職掌，但以《唐六典》所記最詳。現以
《唐六典》所記列表如下：

表二　判司職掌

州府都督府判司	職　　掌
功曹、司功參軍	掌考課、假使、選舉、祭祀、禎祥、道佛、學校、表疏、書啓、醫藥、陳設。《新唐書》補「禮樂、祿食、卜筮、喪葬」。
倉曹、司倉參軍	掌公廨、度量、庖廚、倉庫、租賦、徵收、田園、市肆。
戶曹、司戶參軍	掌戶籍、計帳、道路、逆旅、田疇、六畜、過所、蠲符、婚姻。
兵曹、司兵參軍	掌武官選舉、兵甲、器仗、門戶管鑰、烽候、傳驛。
法曹、司法參軍	掌律、令、格式，鞫獄定刑，督捕盜賊，糾逖姦非。
士曹、司士參軍	掌津梁、舟車、舍宅、百工眾藝。
田曹、司田參軍	掌園宅、口分、永業及蔭田。（此據《新唐書》。田曹實際上分戶曹之職另立，但不常置。）
十六衛判司	
倉曹參軍	掌五府文官勳階、考課、假使、祿俸、公廨、財物、田園、食料。《新唐書》補「醫藥、過所」。
兵曹參軍	掌五府武官宿衛番第上下，簿書名數，皆受而過大將軍以配焉。
騎曹參軍	掌外府馬及雜畜之簿帳。
胄曹參軍	掌戎仗器械、公廨興造、決罰。
太子率府判司	
倉曹參軍	文官之勳階、考課、假使、祿賜、及公廨、財物、田園、食料等。
兵曹參軍	掌武官及衛士之名簿，及其番上、差遣之法式，兼知公私馬及雜畜之簿帳等。
胄曹參軍	掌器械、公廨繕造等。

親王府判司	
功曹參軍	掌文官簿書、考課、陳設、儀式等事。
倉曹參軍	掌稟祿請給、財物市易等事。《新唐書》補「畋漁」等。
戶曹參軍	掌封戶、田宅、僮僕、弋獵。《新唐書》補「過所」。
兵曹參軍	掌武官簿書、考課、儀衛、假使等事。
騎曹參軍	掌廄牧、騎乘、文物、器械等事。
法曹參軍	掌推按欺隱、決罰刑獄等事。
士曹參軍	掌公廨舍宇、繕造工徒等事。

　　從上表可知，州府的功、倉和戶三曹職務最劇要，包辦了地方租賦、人口、戶籍、婚姻、喪葬等民生要事。州府六曹（田曹為戶曹分立）實際上類似中央的尚書省六部，也對應縣尉的六曹工作。十六衛和太子率府，皆無功曹和戶曹，所以這兩曹的工作，由倉曹兼判。在無倉曹的某些太子率府，如左右監門率府和左右內率府，則由兵曹兼判倉曹 [136]。

　　以上政書上所列的職掌，不免抽象模糊。如以唐史上的實例來說明，當更能讓人明瞭這些判司的具體工作。可惜這方面的材料不多，這裡只能舉幾個例子，以見其概。比如，功曹職掌之一管祭祀，所以張說任荊州大都督府長史時，便派遣他手下的功曹去拜祭荊州二神。他在〈祭殷仲堪羊叔子文并序〉說：

　　　　維開元六年歲次戊午正月日，荊州大都督長史燕國公范陽張某，謹遣功曹參軍吳興沈從訓，敢昭告於晉羊

---

136 《唐六典》卷二八，頁719-721。

殷二荊州之神。[137]

　韓思復在梁府任倉曹參軍時，利用他職權之便，開倉濟飢民：

> 會大旱，輒開倉賑民，州劾責，對曰：「人窮則濫，
> 不如因而活之，無趣為盜賊。」州不能詘。[138]

　韓皋爲京兆尹時，「奏署鄭鋒爲倉曹參軍」，用他的計謀取悅皇帝：

> 鋒苛斂吏，乃說皋悉索府中雜錢，折糴粟麥三十萬石
> 獻於帝，皋悅之，奏為興平令。[139]

可知倉曹參軍如何可以利用職掌，濫用「府中雜錢」。但白居易〈唐揚州倉曹參軍王府君墓誌銘〉，敘述了一個倉曹王士寬的傑出課績：

> 天寶中應明經舉及第，選授婺州義烏縣尉，以清幹稱。
> 刺史韋之晉知之，署本州防禦判官。無何。租庸轉運
> 使元載又知之，假本州司倉，專掌運務。歲終課績居

<hr/>

137 《全唐文》卷二三三，頁2358。
138 《新唐書》卷一一八，頁4271-4272。
139 《新唐書》卷一二六，頁4438。

多，遂奏聞真授。永泰中，敕遷越府戶曹。屬邑有不
理者，公假領之，所至必理。[140]

這是倉曹掌漕運的事例。王士寬最後官至揚州倉曹。他的兩個
兒子王播和王起，都從集賢殿校書郎出身，後來在唐史上都很
有名。

戶曹方面，有京兆府戶曹參軍韋正牧貪贓事例：

韋正牧專知景陵工作，刻削廚料充私用，計贓八千七
百貫文……宜決重杖處死。[141]

景陵爲憲宗的陵墓。韋正牧可能負責戶曹職掌「雜徭」部分，
管的是營景陵雜徭的「廚料」，所以他得以「刻削廚料充私用」，
結果遭到處死。

至於兵曹，也有出人意表的事例如殺人。武后時曾派人往
南方殺流人，其中兩個是兵曹參軍，殺人竟高達數百：

有上封事言嶺南流人謀反者，太后遣攝右臺監察御史
萬國俊就按，得實即論決。國俊至廣州，盡召流人，
矯詔賜自盡，皆號哭不服，國俊驅之水曲，使不得逃，
一日戮三百餘人。乃誣奏流人怨望，請悉除之。於是

---

140 《白居易集》卷四二，頁927。
141 《舊唐書》卷十六，頁480。

太后遣右衛翊府兵曹參軍劉光業、司刑評事王德壽、
苑南面監丞鮑思恭、尚輦直長王大貞、右武衛兵曹參
軍屈貞筠，皆攝監察御史，分往劍南、黔中、安南等
六道訊鞫，而擢國俊左臺侍御史。光業等亦希功于上，
惟恐殺人之少。光業殺者九百人，德壽殺七百人，其
餘亦不減五百人。太后久乃知其冤，詔六道使所殺者
還其家。國俊等亦相踵而死，皆見有物為厲云。[142]

不過也有正派的兵曹，如《舊唐書‧顏真卿傳》所云：

無幾，祿山果反，朔盡陷；獨平原城守具備，乃使司
兵參軍李平馳奏之。玄宗初聞祿山之變，歎曰：「河
北二十四郡，豈無一忠臣乎！」得平來，大喜，顧左
右曰：「朕不識顏真卿形狀何如，所為得如此！」[143]

顏真卿派遣他的司兵向玄宗報軍情，令皇帝「大喜」。但
司兵也不一定只管兵事，有時也可能有別的任務，如張說〈為
留守奏瑞禾杏表〉云：

北岸有瑞杏三樹，再葉重花，嘉禾三本，同莖合穗。
臣謹差司兵參軍鄭味元檢覆皆實。[144]

---

142 《新唐書》卷七六，頁3482。
143 《舊唐書》卷一二八，頁3590。
144 《全唐文》卷二二二，頁2242。

　　司法參軍管刑法事，所以刪定律令格式，自然便是他們的
工作，如太宗朝蜀王府法曹參軍裴弘獻駁律令事：

> 蜀王法曹參軍裴弘獻又駁律令不便於時者四十餘事，
> 太宗令參掌刪改之。弘獻於是與玄齡等建議，以為古
> 者五刑，刖居其一。及肉刑廢，制為死、流、徒、杖、
> 笞凡五等，以備五刑。今復設刖足，是為六刑。減死
> 在於寬弘，加刑又加煩峻。乃與八座定議奏聞，於是
> 又除斷趾法，改為加役流三千里，居作二年。[145]

在玄宗朝，瀛州司法參軍閻義顒，連同其他官員，「刪定格式令，
至〔開元〕三年三月奏上，名為開元格」[146]。然而，刪定律令格式
的工作，也可由其他判司出任。如則天朝，有一個左衛率府倉曹
參軍羅思貞，和其他人「刪定格式律令。太極元年〔712〕二月奏
上，名為《太極格》」[147]。開元七年(719)，有「幽州司功參軍
侯郢璉」等九人，「刪定律令格式，至七年三月奏上，律令式仍
舊名，格曰《開元後格》」[148]。開元二十二年(734)，戶部尚書
李林甫受詔改修格令。這回他和兩個「明法之官」前左武衛胄曹
參軍崔見、衛州司戶參軍直中書陳承信等其他人，「共加刪緝舊

---

145 《舊唐書》卷五〇〈刑法志〉，頁2135-2136。
146 《舊唐書》卷五〇，頁2150。
147 《舊唐書》卷五〇，頁2149。
148 《舊唐書》卷五〇，頁2150。

格式律令及敕，總七千二十六條」[149]。這些事例都說明，只要有專長學識，非法曹判司亦可刪定律令格式。到了晚唐宣宗朝，更有一個左衛率府倉曹張戣，「集律令格式條件相類一千二百五十條，分一百二十一門，號曰《刑法統類》，上之」[150]。

天寶年間，楊慎矜、慎餘、慎名三兄弟因被人誣告叛唐，被玄宗賜自盡。「監察御史顏真卿送敕至東京」，而「宣敕」的是「河南法曹張萬頃」[151]。東京即洛陽，河南府也在洛陽。由河南法曹來宣示賜楊氏兄弟自盡的聖敕，足見法曹職掌，常跟刑罰有關。

關於士曹，可舉的事例有李勣的孫子敬業在揚州起兵反武則天時，利用揚州士曹參軍去召「丁役、工匠」充軍：

　　〔敬業〕自稱揚州司馬，詐言「高州首領馮子猷叛逆，
　　奉密詔募兵進討」。是日開府庫，令士曹參軍李宗臣
　　解繫囚及丁役、工匠，得數百人，皆授之以甲。[152]

其中「丁役、工匠」當屬士曹參軍所管，所以李敬業要命令士曹去辦這件事。

除了負起各州府的曹務外，判司也可能被召出任某特別任務。比如，開元年間，御史宇文融括收逃戶，爲唐代經濟史上

149 《舊唐書》卷五〇，頁2150。
150 《舊唐書》卷十八下，頁631。
151 《舊唐書》卷一〇五，頁3228。
152 《舊唐書》卷六七，頁2490。

一件要事 [153]，他便奏請好些基層官員任其助手，稱爲「勸農判官」。這當中主要是些縣尉，但也有三個是判司：「太原兵曹宋希玉」、「同州司法邊仲寂」和「河南府法曹元將茂」，「皆當時名士」[154]。這顯示有名望的判司可能會被派去執行一些艱難使命，如括收逃戶，以增加國家稅收。

　　唐代判司大抵皆讀書人，其中有文詞才學者，不管當時充任何曹判司，也都有可能被召去從事修撰。比如，唐初魏王李泰編修《括地志》時，功曹參軍謝偃等人即就府修撰 [155]。唐代知名史學家劉知幾，在出任定王府倉曹時，曾經跟張說等人，「同修《三教珠英》」[156]。這是武則天朝編修的一本大型類書。武后時，有一位周王府戶曹參軍范履冰，跟元萬頃、苗神客、周思茂、胡楚賓等「北門學士」，同撰《列女傳》、《臣軌》、《百寮新戒》、《樂書》等九千餘篇。其中「思茂、履冰、神客供奉左右，或二十餘年」。看來范履冰長期在禁中撰修，並沒有充當周王府戶曹的工作 [157]。可惜這些書今天都已失傳。開元年間麗正殿展開大規模的修書活動時，參與其事的，除了縣尉、縣丞等基層文官之外，還有好幾位是參軍和判司，如湖州司功參軍劉彥直、杭州參軍殷踐猷、邢州司戶參軍袁暉、右率

---

153 關於宇文融括戶的最新研究，見孟憲實，〈宇文融括戶與財政使職〉，
　　《唐研究》，第7卷(2001)。
154 《唐會要》卷八五，頁1851-1852。
155 《舊唐書》卷七六，頁2653。
156 《舊唐書》卷一〇二，頁3175。
157 《新唐書》卷二〇一，頁5744。

府冑曹參軍毋煚等人 [158]。

唐代三十多個主要詩人當中，有三個曾經擔任過京城衛、率府的冑曹或兵曹。初唐的陳子昂，曾任右衛冑曹參軍 [159]，掌「戎仗器械、公廨興造、決罰」等事。盛唐的岑參釋褐任右內率府兵曹參軍 [160]，掌「武官及衛士之名簿」等事。大詩人杜甫的第一個官職是右衛率府兵曹參軍 [161]。他在一首詩中說此官「逍遙」[162]，但此官管武官和衛士名簿及番上事，「逍遙」固「逍遙」，恐怕亦很瑣碎，和杜甫的詩人個性不甚相配。這三位詩人出任這些判司職位時，他們所接觸到的現實，看來跟寫詩的風雅相去甚遠。

七、京兆河南等大府判司

我們在第三章〈縣尉〉中見過，赤畿尉的地位最崇高、望緊尉次之。至於偏遠中下縣的縣尉，地位最低，有科第功名者皆不願就任。州判司是否也有這種情況呢？照常理推斷，應當也是如此，但史料不全，我們只能說，京兆等大府的判司，的確不同於其他州的判司。這可從幾個事例來看。

第一、初唐神功元年(697)有一道詔令，規定「從流外和視品官出身者」，不得充任一系列比較清要的官職，其中便包括

---

158 《新唐書》卷一九九，頁5681。關於這些修書活動，見鄭偉章，〈唐集賢院考〉，《文史》，第19輯(1983)。

159 韓理洲，《陳子昂評傳》，頁49。

160 劉開揚，〈岑參年譜〉，《岑參詩集編年箋註》，頁8。

161 陳貽焮，《杜甫評傳》，上冊，頁193。

162 杜甫，〈官定後戲贈〉，《杜詩詳注》卷三，頁244-245。

「京兆、河南、太原判司」：

> 八寺丞，九寺主簿，諸監丞、簿，城門符寶郎，通事
> 舍人，大理寺司直、評事，左右衛、千牛衛、金吾衛、
> 左右率府、羽林衛長史，太子通事舍人，親王掾屬、
> 判司、參軍，京兆、河南、太原判司，赤縣簿、尉，
> 御史臺主簿，校書、正字，詹事府主簿，協律郎，奉
> 禮、太祝等，出身入仕，既有殊途，望秩常班，須從
> 甄異。其有從流外及視品官出身者，不得任前官。[163]

但此詔並未提其他州判司，可知京兆等大府判司，地位比較優
越。更可留意的是，以上所列舉的一系列官職，幾乎全屬京官，
外官就只有「京兆、河南、太原判司」和「赤縣簿、尉」等寥
寥數種，足見這幾個官位不同於其他州縣的判司和簿尉。

　　第二、開耀元年(681)十一月有敕曰：

> 縣令有聲績可稱，先宜進考。員外郎、侍御史、京兆
> 河南判司，及自餘清望官，先於縣令內簡擇。[164]

這裡只提京兆、河南兩府判司，不及太原，或許是因為太原遠
離唐代政治中心。唐史料中也常有「兩府判司」的說法，指京

---

163 《唐會要》卷七五，頁1610。
164 《唐會要》卷八一，頁1777。

兆、河南兩府。這裡把這兩府判司和員外郎及侍御史等清要官並列，可證京兆、河南府的判司不同於其他地方的判司。那些有「聲績可稱」的縣令，可以遷入爲此兩府判司，或員外郎和侍御史。

第三、在開元十一年(723)有加官階事，特別提到京兆、河南判司：

> 其殿中侍御史、補闕、詹事、司直、京兆河南府判司、
> 太常博士應入品，並同六品官例。[165]

殿中侍御史、補闕、詹事等都是清要的京官。京兆河南判司也跟他們一起進階，可說很榮耀。

第四、在廣德二年(764)，京兆尹魏少遊奏請臺省高官的某些親人，不得任「京兆府判司、畿令、赤縣丞、簿、尉」：

> 三月詔：「中書、門下兩省五品已上，尚書省四品已
> 上，御史臺五品已上，諸司正員三品以下，諸王、駙
> 馬中要周親上親及女婿、外甥，不得任京兆府判司、
> 畿令、赤縣丞、簿、尉。」[166]

據張榮芳的研究，此詔最主要的目的，「即在避免中央政府重要官員利用權勢，安置親戚出任京兆府僚佐，影響京兆尹的人

---

165 《唐會要》卷八一，頁1769。
166 《冊府元龜》卷六三〇，頁7555。

事權力以及干預京兆府施政行事」¹⁶⁷。據此也可證京兆府判司位處津要，非其他州府判司可比。二十多年後，此詔在貞元二年(786)仍有效，因爲在那一年，另一位京兆尹還特地就此事上奏請示皇帝：

> 貞元二年二月，京兆尹鮑防奏狀：「准廣德二年敕，中書門下及兩省官五品已上，尚書省四品以上，諸司正員三品已上官，諸王、駙馬等周親已上親及女婿、外甥等，自今已後，不得任京兆府判司及畿縣令、兩京縣丞、簿、尉等者。今咸陽縣令賈全，是臣親外甥，恐須停罷。」詔曰：「功勞近臣，至親子弟，既處繁劇，或招過犯，寬容則撓法，恥責則虧恩，不令守官，誠為至當。賈全等十人，昨緣畿內凋殘，親自選擇，事非常制，不合避嫌。」¹⁶⁸

可知此事的實際施行狀況。上文詔曰「賈全等十人」，顯示此事牽涉甚廣，不光只涉及縣令賈全一人，當中或有些是京兆判司。過了三十六年，在長慶二年(822)，中書門下又再奏請同一件事，而且得到批准¹⁶⁹。

然而，京兆判司到底還是屬於州官外官系統，不如某些京官臺省官清貴。最能說明此點的，當是《新唐書‧上官儀傳》

---

167 張榮芳，〈唐代京兆府僚佐之分析〉，頁87。
168 《唐會要》卷六九，頁1441-1442。
169 《唐會要》卷六七，頁1404-1405。

中的一個有趣事例：

> 上官儀字游韶，陝州陝人。……貞觀初，擢進士第，
> 召授弘文館直學士。遷祕書郎。太宗每屬文，遣儀視
> 稿，宴私未嘗不預。轉起居郎。高宗即位，為祕書少
> 監，進西臺侍郎、同東西臺三品。時以雍州司士參軍
> 韋絢為殿中侍御史，或疑非遷，儀曰：「此野人語耳。
> 御史供奉赤墀下，接武夔龍，簉羽鵷鷺，豈雍州判佐
> 比乎？」時以為清言。[170]

此事又見於《唐會要》，有明確的日期，文字略為不同，或即
《新唐書》所本：[171]

> 龍朔三年〔663〕五月，雍州司戶參軍韋絢，除殿中侍御
> 史，或以為非遷。中書侍郎上官儀聞而笑曰：「此田
> 舍翁議論。殿中侍御史赤墀下供奉，接武夔龍，簉羽
> 鵷鷺，奈何以雍州判佐相比？」以為清議。[172]

雍州即後來的京兆府，改稱於開元元年(713)，「判佐」即「判
司」，其司士(和司戶同)參軍為正七品下。單就官品而言，殿

---

170 《新唐書》卷一〇五，頁4035。
171 按此事不見於《舊唐書‧上官儀傳》。《新唐書》的編者很可能從
　　《唐會要》取材。
172 《唐會要》卷六〇，頁1240。

中侍御史爲從七品上[173]，反在此判司之下，難怪韋絢「或疑非
遷」。上官儀責其作「野人語」（或「田舍翁議論」）[174]，又給
他點醒，御史侍奉皇帝，非判司可比，極生動，更可證唐代官
職之高低，絕不可單看官品。

八、「試」參軍和「試」判司

我們在前面幾章見過，京城有校書郎、正字，幕府則有人
掛「試校書郎」、「試正字」等官銜而充任幕職僚佐。那麼參
軍和判司是否可用作「試」銜？答案是肯定的，而且在中晚唐
相當普遍，在墓誌中尤其常見。

試銜是一種檢校官，授予在外地使府任職的人，或予在京
城任無品階館職的人，作爲他們秩品階，寄俸祿之用[175]。晚唐
詩人杜牧在江西團練任巡官時，他就有這樣一個試銜叫「試左
武衛兵曹參軍」，見於他的〈自撰墓誌銘〉：

> 牧進士及第，制策登科，弘文館校書郎，試左武衛兵

---

173 此據《唐六典》卷十三，頁381。《舊唐書》卷四四，頁1863和《新
   唐書》卷四八，頁1239，都作「從七品下」，官品更低。
174 「田舍翁」乃唐代罵人語，又作「田舍漢」、「田舍子」等，詳見
   莊申，〈唐代的罵人語〉，《第二屆國際唐代學術會議論文集》（臺
   北：文津出版社，1993），頁403。
175 不少唐代文學研究者把這種「試銜」理解爲「試用的官職」，皆望
   文生義，或沿用岑仲勉的舊說，不確。

曹參軍、江西團練巡官……。[176]

因為團練巡官無品階，所以杜牧要帶一個京中朝銜「試左武衛兵曹參軍」，以秩品階，作為他將來官歷遷轉的憑藉。這類官銜都冠以「試」字，並非表示「試用」。唐代中葉以後，在方鎮使府當判官、掌書記、推官和巡官的士人，全都帶有這種試銜（若官階高，帶郎中、員外郎等官，則稱「檢校某某郎中或員外郎」）。我們在下一章論使府幕職時，將更詳細全面探討這種試銜。簡單地說，中晚唐的幕府都有自辟請人的權力，稱「辟署」制，不需經過吏部的銓選。士人到這些幕府任巡官等職，稱為「應辟」。幕主會為他們向朝廷「奏授」或「表授」一個朝銜，此即試銜的由來。

馮宿的〈天平軍節度使殷公家廟碑〉，在追述節度使殷侑的父親殷懌早年的事跡時說：

〔殷懌〕少負志氣，博學善屬文。弱冠遊太學，籍甚於公卿間。天寶末，知天下將亂，乃促裝東歸，侍太夫人版輿徙居吳郡。吳中士大夫得從府君遊者，鄉黨以為榮。本道采訪使李希言辟為從事，奏授試崑山尉。浙東節度使薛兼訓請為〔參〕謀，奏授試右衛兵曹參軍，並不就。[177]

176 《樊川文集》卷十，頁160。
177 《全唐文》卷六二四，頁6304。

殷懌雖「並不就」此兩官，但據此還是可以看出這種辟署制和
奏授試銜的運作。「奏授」即由節度等使上奏請皇帝授官。

　　白居易所寫的〈姚元康等授官充推官掌書記制〉，更讓我
們看到朝廷怎樣授這些試銜給方鎮使府從事：

> 敕：朝散郎、行祕書省祕書郎姚元康，儒林郎、試太
> 常寺協律郎鄭懿等：益部、浮陽，皆大征鎮也。文昌、
> 全略，皆賢將相也。而能以禮聘士，以職任才；多聞
> 得人，咸樂為用。況爾等籌謀文藻，各負所長，苟能
> 贊察廉，掌奏記，孜孜不怠，翩翩有聲；慰薦褒升，
> 其則不遠。<u>元康可試左武衛倉曹參軍</u>，充劍南西川觀
> 察推官，散官如故；<u>懿可試左金吾衛兵曹參軍</u>，充橫
> 海軍節度掌書記，散官如故。[178]

這是兩個在幕府任職者，獲授試京城衛府某曹判司的好例子。
他們的散官（「朝散郎」和「儒林郎」）皆「如故」（照舊），可
知中晚唐任幕職者，不但有散官，還有試銜。

　　應當注意的是，唐史料經常省略試銜中的「試」字，不知
情者常誤以為某人真的在京城任某曹判司。本書前面論試校書
郎和試正字時，已列舉一些省略「試」字的例子。這裡且就參
軍的案例，再舉數則。比如，許志雍〈唐故江南西道觀察判官
監察御史裏行太原王公墓誌銘〉有一段話，即省略了「試」字，

---

178 《白居易集》卷五一，頁1080。

極易令人誤解：

> 郡舉進士，繼及京師，動目屈指，傾益結轍，為禮部
> 侍郎劉太眞深見知遇。再舉而登甲科，浹辰之間，名
> 振寰宇。俄為山南東道嗣曹王皋辟為從事。丁太夫人
> 憂，服闋，調補右衛率府兵曹參軍。環衛望高，以優
> 賢也。未幾，為嶺南連帥韋公丹舉列上介，表遷左金
> 吾衛兵曹參軍。蓮府才雄，軍門瞻重。每下徐孺之榻，
> 獨奪陳琳之筆。[179]

這位王判官諱叔雅。他登第後應辟往山南東道節度任從事。丁
母憂後出來任官，「調補右衛率府兵曹參軍」。從上下文看，
這顯然不表示他到長安京師的右衛率府出任兵曹參軍，而是說
他獲授了一個「試右衛率府兵曹參軍」的官銜，只是碑文略去
「試」字。接著，他又為嶺南幕府韋丹所辟（「為嶺南連帥韋公
丹舉列上介」）。韋丹「表遷」他為「左金吾衛兵曹參軍」。「表」
即上表，為朝臣上書皇帝的專用語。這意味著韋丹曾上表奏請
皇帝授予王叔雅一個「左金吾衛兵曹參軍」的試銜，讓他得以
升遷。

　　王叔雅從先前的「右衛率府兵曹參軍」，升為「左金吾衛
兵曹參軍」，的確是個升遷，因為左金吾衛府的地位不單高於
右衛率府，而且其兵曹參軍為正八品下，也高於率府兵曹的從

---

179 《全唐文》卷七一三，頁7322。

八品下 [180]。據此可見此兩衛明顯都是「試銜」，碑文略「試」字，但從下文「蓮府才雄，軍門瞻重」等語來看，王叔雅一直都在嶺南幕府任職，不曾到京，意思還是很清楚。

這種省略「試」字的寫法在唐史料中很常見。如《舊唐書》說詩人高適，「客遊河右，河西節度哥舒翰見而異之，表爲左驍衛兵曹，充翰府掌書記」[181]，便是個好例子。左驍衛在長安，屬十六衛之一，但高適任掌書記，卻遠在千里之外的河西涼州。他怎麼可能又同時兼管左驍衛兵曹的職務？所以他的這個兵曹參軍，其實是個試銜，無實職。

韓愈的〈崔評事墓誌銘〉，也有這種用例：

> 貞元八年〔792〕，君生四十七年矣。自江南應節度使王栖曜命於鄜州。既至，表授右衛胄曹參軍，實參幕府事，直道正言，補益宏多。既去職，遂家於汝州。汝州刺史吳郡陸長源引爲防禦判官，表授試大理評事。[182]

這位崔君諱翰，是韓愈在汴州董晉幕府時的同事。文中說他從江南到鄜州(今陝西富縣)應節度使王栖曜之辟，「既至，表授右衛胄曹參軍，實參幕府事」。「表授」的用法和上引「表遷」類似，即節度使王栖曜上表請皇帝授予崔翰一個「右衛胄曹參軍」的官銜，但崔翰卻「實參幕府事」，可見他並沒有到長安

---

180 官品據《唐六典》卷二五，頁639；卷二八，頁716。
181 《舊唐書》卷一一一，頁3328。又見周勛初，《高適年譜》，頁81。
182 《韓昌黎文集校注》卷六，頁349。

的右衛去任胄曹參軍，實際職務是參佐鄜州幕府。「右衛胄曹
參軍」只不過是他的「試」銜，但韓愈略去「試」字。接著，
崔翰又到汝州去出任刺史陸長源的防禦判官；陸長源「表授」
他爲「試大理評事」。這回韓愈倒保留了這個「試」字（然而墓
誌標題中的「崔評事」又是省略寫法）。這篇墓誌的這種寫法，
可證試銜中的「試」字常常可有可無。唐人大約都很清楚，方
鎮使府僚佐所帶的這些朝銜，都屬試銜，所以往往也就不必特
別注明爲「試」，反而是現代讀者，一時不察，或會誤以爲這
些人在長安任京官。

　　明白了唐代試銜制度，我們閱讀唐代墓誌，碰到這些試銜
時，當知是怎麼回事。就各種「試參軍」和「試判司」而言，
他們的出現頻率遠比「試校書郎」和「試正字」來得高，爲我
們研究唐代試銜，提供許多珍貴的材料。這當中若再細分，有
試王府參軍或判司，如：

　　　〈李府君墓誌〉：「長男曰君感，朝請郎、試恩王府
　　　　　參軍。」[183]
　　　〈唐故將仕郎試恒王府兵曹參軍兼充大内上陽宮醫博
　　　　　士城陽郡成公墓誌銘〉[184]
　　　〈宋府君夫人蔡氏合祔墓誌銘〉：「從姪登仕郎試涇

183　《唐代墓誌彙編續集》，頁865。
184　《唐代墓誌彙編續集》，頁904。此例顯示，不但方鎮使府僚佐可以
　　　帶試銜，而且就連長安宮中的某些無品位的官員也可能帶有試銜。

王府參軍文裕撰」[185]

〈太子洗馬崔載墓誌〉：「承務郎試蜀王府參軍成表
微撰」[186]

有試太子率府兵曹參軍，如：

〈宗府君墓誌銘〉：「府君有子，一曰敬仲，文林郎
試左率府兵曹參軍。」[187]

〈伍府君墓誌銘〉：「公諱鈞，試左率武衛兵曹參軍
事。」[188]

有試衛府各曹參軍，如：

〈王氏墓誌銘〉：「有子一人，試左領軍衛倉曹參軍
曰輔□。」[189]

〈劉氏墓誌銘〉：「將仕郎試左監門衛兵曹參軍張申
約撰并書」[190]

〈趙氏墓誌銘〉：「前延州防禦衙推文林郎試左驍衛

---

185 《唐代墓誌彙編續集》，頁1021。
186 《八瓊室金石補正》卷七十，頁483。
187 《唐代墓誌彙編續集》，頁830。
188 《唐代墓誌彙編續集》，頁950。太子府無「左率武衛」，可能是「左
衛率」之誤。或指「左威衛」，「率」字衍。
189 《唐代墓誌彙編續集》，頁706。
190 《唐代墓誌彙編續集》，頁790。

兵曹參軍王儔。」[191]

但最多最常見的，卻是試左衛、試左武衛和試左金吾衛的兵曹或他曹參軍，顯示這三個衛的判司，常用作試衛。這方面的材料在唐墓誌中有好幾百例，不勝枚舉，且列下面數則：

〈駱府君墓誌銘〉：「將仕郎試左衛兵曹參軍郭瓊撰」[192]

〈李府君墓誌銘〉：「通直郎試左衛兵曹參軍上柱國李易從撰」[193]

〈周府君墓誌銘〉：「將仕郎試左武衛兵曹參軍李玄述撰」[194]

〈駱夫人墓誌銘〉：「將仕郎試左武衛兵曹參軍邵宗刻字」[195]

〈張府君墓誌銘〉：「朝議郎試左金吾衛兵曹參軍張據撰并書」[196]

〈劉公墓誌〉：「前山南西道節度隨軍儒林郎試左金吾衛胄曹參軍龔師魯撰」[197]

191 《八瓊室金石補正》，頁511。
192 《唐代墓誌彙編續集》，頁891。
193 《唐代墓誌彙編續集》，頁930。
194 《唐代墓誌彙編續集》，頁1088。
195 《唐代墓誌彙編續集》，頁1093。
196 《唐代墓誌彙編續集》，頁786。
197 《唐代墓誌彙編續集》，頁949。

由此看來，試銜並非像許多學者常說的「虛銜」，而是一種相當正式的官銜，可以列入唐人的整套官銜裡，或作爲他的身分標誌，堂堂正正地刻在墓誌上。如此地位的官銜，似不宜草率稱之爲「虛銜」。

以上這些試參軍或試判司，都是正史上無傳者，許多竟以替人撰書墓誌而得以名傳後世。以上所引只是極小部分，筆者未引用者的材料還有許多。相比之下，試校書郎或試正字替人撰書墓誌，便寥寥無幾，很少見。這現象顯示，唐代的試參軍和試判司人數極多，分布也極廣，而且常受邀替人撰作墓誌。

最後一點，以上所舉，都是京城親王府或衛率府的試參軍或試判司。筆者至今還沒有發現州府、都督府和都護府的參軍或判司，有用作試銜者。

九、參軍和判司用作階官

我們在第三章〈縣尉〉中見過，縣尉可用作階官作館職。參軍和判司也可以作階官使用，而且很常見。這種階官又和「試參軍」和「試判司」有些不同。

現在恐怕很少有人注意到，永貞事件的主角王叔文，就有一個階官叫「蘇州司功參軍」。這見於《舊唐書‧順宗紀》：「以前司功參軍、翰林待詔王叔文爲起居舍人，充翰林學士。」[198] 韓愈的《順宗實錄》更進一步透露：「蘇州司功王叔文可起居舍

---

198 《舊唐書》卷十四，頁406。

人翰林學士。」[199]清楚告訴我們他的「司功」是「蘇州」的，但這還不是王叔文完整的官銜。他最齊全的整套官銜，保存在《太平御覽》中：「以將仕郎前蘇州司功參軍翰林待詔王叔文爲起居舍人充翰林學士。」[200]可知順宗剛上臺時，王叔文還有一個散官銜叫「將仕郎」，文散官的最低一階。他從前是以「蘇州司功參軍」在翰林院任「待詔」，現在皇帝要讓他以起居舍人去充任翰林學士。這裡「蘇州司功參軍」和「起居舍人」都是當作階官使用，因爲翰林待詔和翰林學士一樣，沒有官品，都得帶一個職事官（常稱爲「本官」）以秩階和寄俸祿，類似宋初的「寄祿官」[201]。王叔文是個下棋好手，他以「蘇州司功參軍」任翰林棋待詔時，一直都在唐宮中陪皇太子李誦下棋，長達十八年之久，並未曾離宮遠赴蘇州去出任司功，所以他這個司功實際上是個階官，非實職[202]。

　　學界常沿襲成說，也稱這種階官爲「虛銜」。可惜今人對

---

199 《順宗實錄》卷一，收在《韓昌黎文集校注》，馬其昶校注（上海：上海古籍出版社，1987年），頁699。

200 《太平御覽》（四部叢刊三編本；臺北：臺灣商務印書館據日本藏南宋蜀刻本影印），卷一一三，頁768，引《唐書》，但這句引文不見於今本兩《唐書》，可能引自今已失傳的某一唐實錄或唐國史。

201 關於宋初的寄祿官制，見梅原郁〈宋初的寄祿官及其周圍〉，原載《東方學報》（京都）第48冊（1975），中譯本見《日本學者研究中國史論著選譯》，第五冊（北京：中華書局，1993），頁392-450。

202 關於王叔文的翰林待詔出身，以及翰林待詔的官銜結構及意義，詳見筆者的長文〈唐代待詔考釋〉，《中國文化研究所學報》（香港中文大學），新第12期（2003），以及筆者的〈唐代的翰林待詔和司天臺：關於《李素墓誌》和《卑失氏墓誌》的再考察〉，《唐研究》，第9卷（2003）。

此又幾乎一無研究，瞭解非常不足。限於本書的範圍，筆者在此也無法深論，但有一論點想提出：即這種階官恐非單純的「虛銜」。它至少有一功用，那就是用來計算俸錢。最好的例證，莫如詩人白居易當年任翰林學士時，從拾遺升為京兆府戶曹參軍的事。且先看《舊唐書・白居易傳》的記載：

> 〔元和〕五年〔810〕，當改官，上謂崔群曰：「居易官卑俸薄，拘於資地，不能超等，其官可聽自便奏來。」居易奏曰：「臣聞姜公輔為內職，求為京府判司，為奉親也。臣有老母，家貧養薄，乞如公輔例。」於是，除京兆府戶曹參軍。[203]

再看白居易求官的〈奏陳情狀：翰林學士、將仕郎、守左拾遺臣白居易〉：

> 右，今日守謙奉宣聖旨：以臣本官合滿，欲議改轉。知臣欲有陳露，令臣將狀來者。臣有情事，不敢不言，伏希聖慈，俯察愚懇。臣母多病，臣家素貧；甘旨或虧，無以為養；藥餌或闕，空致其憂。情迫於中，言形於口。伏以自拾遺授京兆府判司，往年院中，曾有此例：資序相類，俸祿稍多。儻授此官，臣實幸甚。則及親之祿，稍得優豐；荷恩之心，不勝感激！輒敢

---

203 《舊唐書》卷一六六，頁4344。

塵黷，無任兢惶。謹具奏陳，伏在聖旨。[204]

以及他得官後所寫的〈謝官狀：新授京兆府戶曹參軍、翰林學士〔臣〕白居易〉：

> 右，伏奉恩制，除臣前件官。今日守謙奉宣聖旨，特加
> 慰諭，兼賜告身者。……臣叨居近職，已涉四年；自顧
> 庸昧，無裨明聖；塵忝歲久，憂慚日深。況於官祿之間，
> 豈敢有所選擇？但以位卑俸薄，家貧親老，養闕甘馨之
> 費，病乏藥石之資：人子之心，有所不足。昨蒙聖念，
> 雖許陳請；敢望天恩，遽從所欲。況前件官，位望雖小，
> 俸料稍優；臣今得之，勝登貴位……。[205]

從這些材料看來，白居易以左拾遺充翰林學士，「已涉四年」，「當改官」。皇帝知他「俸薄」，叫他自選喜歡的官，「可聽自便奏來」。結果白居易選了京兆戶曹，因為此官「位望雖小，俸料稍優」。他原先的「本官」拾遺屬京官，也是清官，但俸料錢卻只有「三萬」[206]。京兆戶曹屬州縣官，但俸錢卻比拾遺高，每月有「四五萬」之多（詳見下文），難怪白居易要說它「位望雖小，俸料稍優」。他得了此官，俸錢增多了，更足以照顧年老的母親，可證此官的一大作用是寄俸祿。為此他還特地寫

204　《白居易集》卷五九，頁1257。
205　《白居易集》卷五九，頁1257-1258。
206　《新唐書》卷五五〈食貨志〉，頁1403。

了一首詩〈初除戶曹喜而言志〉，來表達他的喜悅。詩中提到他的「俸錢四五萬」和得官後「賀客滿我門」的事。這題材在唐詩中罕見，值得全引：

> 詔授戶曹掾，捧詔感君恩。感恩非為己，祿養及吾親。
> 弟兄俱簪笏，新婦儼衣巾。羅列高堂下，拜慶正紛紛。
> 俸錢四五萬，月可奉晨昏。廩祿二百石，歲可盈倉囷。
> 喧喧車馬來，賀客滿我門。不以我為貪，知我家內貧。
> 置酒延賀客，客容亦歡欣。笑云今日後，不復憂空樽。
> 答云如君言，願君少逡巡。我有平生志，醉後為君陳。
> 人生百歲期，七十有幾人？浮榮及虛位，皆是身之賓。
> 唯有衣與食，此事粗關身。苟免飢寒外，餘物盡浮雲。[207]

有一個問題是，白居易得了此京兆戶曹，他有沒有真正去執行此戶曹的工作？朱金城的《白居易年譜》說：「改官京兆府戶曹參軍，仍充翰林學士。」[208] 筆者也認為白居易得京兆戶曹後，他其實仍然繼續在翰林院擔任學士，並沒有去負起京兆戶曹的曹務，但他卻每月領取京兆戶曹的「俸錢四五萬」。此即階官的主要功用。

我們以王叔文的事例和許多翰林待詔的整套官銜，亦可證明這些都屬階官，非實職。比如，晚唐有一位翰林待詔劉諷，

207 《白居易集》卷五，頁98-99。
208 《白居易年譜》，頁48。

因為負責書寫石碑，在石刻材料中留下他的兩段結銜，讓我們
可以考見他如何以判司職位作為他的階官：

> 翰林待詔儒林郎守常州司倉參軍騎都尉劉諷書（大和
> 　三年829）[209]
> 翰林待詔儒林郎守汴州司戶參軍騎都尉劉諷書（大和
> 　九年835）[210]

這兩段結銜顯示，劉諷從大和三年到九年都在長安擔任翰林院
的待詔。在這六年當中，他的散官銜「儒林郎」沒有改變，勳
官銜「騎都尉」也沒變，僅一改變的是，他從「常州司倉參軍」
升為「汴州司戶參軍」。但常州和汴州都遠在長安千里之外，
劉諷在擔任翰林待詔期間，不可能又到這些遙遠的州去兼任判
司，所以他這兩個判司銜，應當都屬階官，和王叔文的「蘇州
司功參軍」一樣，亦可證翰林待詔的升遷，可以用這種作為階
官的職事官銜來表示，正如白居易任翰林學士，要改官升遷時，
他便從拾遺升為他自己所選的京兆戶曹。又如另一個翰林待詔
毛伯良的結銜，也出現同樣的情況：

> 朝議郎行吉州司功參軍上柱國翰林待詔毛伯貞撰并書
> 　（開成元年836）[211]

---

209 《唐代墓誌彙編續集》，頁898。
210 《唐代墓誌彙編續集》，頁921。
211 《唐代墓誌彙編續集》，頁927。

翰林待詔朝請大夫行舒州長史上柱國賜緋魚袋毛伯貞
撰并篆(大中五年851) [212]
翰林待詔朝請大夫守襄州長史上柱國賜緋魚袋毛伯貞
篆蓋(大中十二年858) [213]

毛伯貞從開成元年到大中十二年都在長安任翰林待詔，長達二
十二年，不可能到外地去兼任那些司功參軍和長史的職位，所
以這些職事官全都屬階官。在這段期間，他的散官銜從「朝議
郎」升爲「朝請大夫」。他的勳官「上柱國」已經是最高一轉，
不能再升了。他用作階官的職事官銜，則先從「吉州司功參軍」
升爲「舒州長史」，再升爲「襄州長史」。長史爲一州刺史以
下的第二長官，地位和官階都遠比司功參軍高。襄州屬望州，
舒州屬上州，襄州長史地位又比舒州長史爲高。

像這類以職事官作階官以示升遷的案例，在唐史料和墓誌
中極多，不勝枚舉 [214]。可以補充的是，不但翰林學士和翰林待
詔帶有這種階官，唐史上經常也有人以參軍或判司作階官，去
充任某些無品階的館職。比如，前面提過的殷踐猷，在麗正殿
修書時，「尋改曹州司法參軍、麗正殿學士」 [215]。他這個「曹

---

212 《唐代墓誌彙編續集》，頁991。
213 《唐代墓誌彙編續集》，頁1015。此例中的「侍詔」，應當是「待
    詔」之誤。
214 更多的例證和更詳細的討論，見筆者的〈唐代待詔考釋〉和〈唐代
    的翰林待詔和司天臺〉。
215 顏眞卿，〈曹州司法參軍祕書省麗正殿二學士殷君墓碣銘〉，《全
    唐文》卷三四四，頁3497。

州司法參軍」也只是階官。本書第三章〈縣尉〉中提過一位李
轂，便是以「河南府參軍充集賢校理」[216]。牛僧孺女兒的丈夫
張希復，以河南府士曹充任集賢校理，也屬此例[217]。麗正殿（即
後來的集賢院）學士、集賢校理和翰林待詔、翰林學士一樣，都
是館職，本身無品階，故需以一職事官充階官。

　　此外，判司也可能當加官作為獎勵之用。如獨孤及〈唐故
商州錄事參軍鄭府君墓誌銘〉所記的這位鄭密，在安史之亂後
因政績佳獲一加官：

> 二京返正，天子選賢守相令長，將蘇瘝痍之人。殿中
> 侍御史王政以公充賦，拜商州洛南令。數月，訟平賦
> 均。監察御史李椅、殿中侍御史王延昌、御史中丞元
> 公載，並表言其狀。詔書褒稱，加公壽王府戶曹參軍，
> 洛南如故。[218]

鄭密獲得加官「壽王府戶曹參軍」後，「洛南如故」，即表示
他繼續擔任他先前的商州洛南縣令，並未到京去出任壽王府的
戶曹。這種加官也是階官的一種。

---

216 李磎，〈授李轂河南府參軍充集賢校理制〉，《全唐文》卷八○三，
　　頁8435。
217 《樊川文集》卷七，頁119。
218 《全唐文》卷三九二，頁3987。

十、判司卑官不堪説？

　　唐人任官，有「清」和「要」的觀念。《舊唐書・李素立傳》有一段記載，涉及本章所論的判司，頗能道出個中奧妙：

　　　素立尋丁憂，高祖令所司奪情授以七品清要官，所司擬雍州司戶參軍，高祖曰：「此官要而不清。」又擬祕書郎，高祖曰：「此官清而不要。」遂擢授侍御史，高祖曰：「此官清而復要。」[219]

從這段記載和其他史料，可知只有某些中央臺省官才能謂之「清」，至於是否「要」，則要看該官的劇閒而定。祕書郎屬祕書省官，負責管理圖書典籍，不算劇要，故高祖說它「清而不要」。侍御史既屬御史臺，又爲皇帝耳目，當然「清而復要」。雍州即後來的長安京兆府，它的司戶參軍管理戶籍、賦稅等，固然重要，但非臺省官，所以高祖猶以爲它「要而不清」。

　　我們在前面幾章見過，校書郎和正字雖然只是九品小官，但唐人卻甚重視此兩官，正如張說所說，「時人以校書、正字爲榮」。唐代主要詩人當中，也有許多從這兩官出身。縣尉則以赤畿尉爲上選，望緊尉次之，其餘的頗不足觀。至於參軍和判司，在唐人眼中又如何呢？

---

219 《舊唐書》卷一八五上，頁4786。

　　晚唐詩人杜牧曾給他「未得三尺長」的小姪寫過一首詩，叫〈冬至日寄小姪阿宜詩〉[220]，題材新穎，寫得十分生動有趣，為唐詩中的傑作。詩中專就讀書和做官這點來發揮，可說充滿「官宦意識」。一開頭寫這個阿宜，「去年學官人，竹馬繞四廊」，又寫他「今年始讀書」，寫杜家「萬卷書滿堂」。然後，杜牧筆鋒一轉，寫出他的期望：

> 願爾一祝後，讀書日日忙。一日讀十紙，一月讀一箱。
> 朝廷用文治，大開官職場。願爾出門去，取官如驅羊。

好個「取官如驅羊」！接著，杜牧突然出人意表地提到唐代的兩種官「參軍和縣尉」，但對兩官都沒有說一句好話：

> 參軍與縣尉，塵土驚劻勷。一語不中治，笞箠身滿瘡。

他顯然不要他的小姪阿宜將來去當「參軍與縣尉」，可知此兩官在唐人心目中的地位。當然，詩人寫詩，不免有些誇張之處。不過，把參軍和縣尉說成「塵土驚劻勷」，亦當有幾分事實根據，但恐怕是指偏遠中小州縣那些地位低下的參軍和縣尉，非指京兆、河南等大府參軍或赤畿尉。至於「一語不中治，笞箠身滿瘡」，歷來有兩種解釋。一說唐時參軍和縣尉，官職低，

---

220 《樊川文集》卷一，頁9-10。

若犯錯不免仍得受長官杖打[221]；一說參軍縣尉鞭笞有罪者[222]。但不論哪一說，他們讓人和「笞箠身滿瘡」聯想在一起，形象到底欠佳。

武后朝的知天官（即吏部）郎中石抱忠，也曾經寫過一首諧詩嘲笑縣尉和參軍，可與上引杜牧詩合起來看：

> 抱忠在始平，嘗為諧詩曰：「平明發始平，薄暮至何城。庫塔朝雲上，晃池夜月明。略彴橋頭逢長史，欞星門外揖司兵。一群縣尉驢騾騾，數箇參軍鵝鴨行。」[223]

本書論縣尉一章已引過唐代韓琬的《御史臺記》，有一段記載也提到判司：

> 唐姚貞操云：「自余以評事入臺，侯承訓繼入，此後相繼不絕，故知拔茅連茹也。」韓琬以為不然：「自則天好法，刑曹望居九寺之首，以此評事多入臺。訖今為雅例。豈評事之望，起于貞操耶？」須議戲云：「畿尉有六道，入御史為佛道，入評事為仙道，入京尉為人道，入畿丞為苦海道，入縣令為畜生道，入判

---

221 嚴耕望曾列舉判司被刺史鞭打的例子，並說：「唐制誠有不可解者。判司職重祿豐如此，然長官得杖笞之。」見《唐史研究叢稿》，頁156。

222 見《樊川詩集注》，馮浩注（上海：上海古籍出版社，1978年校點本），卷一，頁63。

223 原出《御史臺記》，見《太平廣記》卷二五五，頁1982。

司為餓鬼道。故評事之望，起于時君好法也，非貞操
所能升降之。」[224]

如前所說，縣尉對應州府之判司，兩者都是執行實務的官員。
從縣級升為州府級，本來應屬喜事。但韓琬卻「戲云」縣尉「入
判司為餓鬼道」，而且這是他所說縣尉升遷六道中最惡劣的一
道。然而，韓琬沒有舉例說明，意思不很清楚。唐史料中亦無
足以佐證的事例。我們或許只好當此為「戲」言，正如他自己
所說「戲云」，認真不得。

　　韓愈的〈八月十五夜贈張功曹〉，是他在前往江陵府任法
曹參軍時寫的，但韓愈對此官卻一無好感，對他自己即將出任
此官，擺出一副無可奈何的樣子：

判司卑官不堪說，未免捶楚塵埃間。[225]

江陵府即荊州，已屬衝要大府。韓愈在另一首詩〈赴江陵途中〉
中，也說「此府雄且大」[226]，但他猶覺得判司「卑官不堪說」。
如果他出任的是中下州的判司，那豈不讓他更覺難堪？他稍後
在〈赴江陵途中〉又說：

棲棲法曹掾，何處事卑陬？

<hr />

224 《太平廣記》卷二五〇，頁1939。
225 《韓昌黎詩繫年集釋》卷三，頁257。
226 《韓昌黎詩繫年集釋》卷三，頁288-289。

表達了他對法曹此判司的惶恐不安。接著，他對法曹的工作有
一段生動的描寫：

> 何況親犴獄，敲搒發姦偷。懸知失事勢，恐自罹罝罘。

這是說法曹要親臨監獄，鞭打犯人才能揭發「姦偷」事。他害
怕有一天審案不當，連自己也進了牢獄。

州府的法曹和縣的司法尉一樣，由於涉及刑徒和罪案，恐
怕都不爲文士型官員如韓愈和李商隱所喜好。所以韓愈形容「判
司卑官不堪說」，應當放在這角度來看。他稱判司爲「卑官」，
「不堪說」，看來頂多只能指法曹，不能涵蓋所有諸曹參軍。
他此時也在貶謫期間。當時順宗剛即位，他原想有機會回到長
安京師，不料卻被派到江陵任判司，他當然更不易對此官生出
好感。

韓愈得法曹判司毫無喜色，只有憂慮和恐懼，但上文我
們見過，白居易得到另一種判司（京兆府戶曹參軍），卻有親
友登門祝賀，「賀客滿我門」。全詩瀰漫著一種感皇恩和得
意之情，和上引韓詩相比，真如天地之別，可證判司並不全
屬韓愈所謂的「卑官不堪說」。當年白居易獲京兆戶曹時，
他的詩人好友元稹也寫了一首詩〈和樂天初授戶曹喜而言志〉
祝賀：

> 王爵無細大，得請即為恩。君求戶曹掾，貴以祿奉親。

> 聞君得所請，感我欲霑巾……。[227]

可證白居易得此官是件大好喜事，令元稹都說「感我欲霑巾」。

唐代大詩人杜甫也曾經充任過判司，並且認爲此官好過縣尉，而且「逍遙」。且看他的〈官定後戲贈〉：

> 不作河西尉，淒涼爲折腰。
> 老夫怕趨走，率府且逍遙。[228]

詩題下有原注：「時免河西尉，爲右衛率府兵曹。」此爲杜甫夫子自道，應當最真實可靠。然而，這一年杜甫四十四歲，步入中年，卻仍只能充任率府兵曹參軍這種基層文官，雖曰「逍遙」，對他來說恐怕並不是甚麼得意事。

十一、結論

參軍和判司極易混淆。最簡便的鑑別法是：參軍不冠以職名，就叫「參軍」，如漢州參軍、太原府參軍；判司則冠以職名，如漢州司功參軍、太原府倉曹參軍等。兩者的官品和地位大有差別。參軍通常是士人釋褐之官。判司則一般只有京城衛府和太子率府的判司才用作釋褐官。州府的判司有些達到七品

227　《元稹集》卷六，頁65。
228　《杜詩詳注》卷三，頁244-245。

（如京兆、河南等大府），一般不用作初任官，多用作士人的遷轉官，雖然也有例外的情況，但不多見。

參軍分布在京城親王府、外州、京兆等大府、都督府和都護府，但無固定職掌，沒有校書郎和正字那麼清貴，也比不上赤、畿尉。

判司的分布和參軍相似，但更廣泛，甚至連京城的衛府和率府都有此官。這雖然不是清要官，但大體上還是很不錯的官職，比參軍高一級，其官階在七、八品之間。判司本身便有高低之別，視任官州府或官署而定。例如，有些判司如京兆等大府判司，甚至接近中層官員。判司月俸亦比校書郎、縣尉等釋褐官為高。韓愈說「判司卑官不堪說」，是個極端的個案，涉及他遭貶謫等個人因素，不可據以推論所有判司皆「卑官不堪說」。相比之下，白居易得戶曹判司即充滿歡樂感恩之情。杜甫則認為他所得的率府兵曹「逍遙」。

參軍和判司都可以用作試銜，正如校書郎和正字可作為試銜一樣。中晚唐在幕府任職的幕佐，都帶有這種試銜，以秩品階和官資。唐代官員任集賢校理、翰林學士、翰林待詔等無品階職位時，也可能帶有參軍或判司官銜，以充作他們的階官。

第五章

巡官、推官和掌書記

僕射南陽公，宅我睢水陽。
篋中有餘衣，盎中有餘糧。
閉門讀書史，窗戶忽已涼。
　　　——韓愈〈此日足可惜贈張籍〉[1]

　　韓愈這首詩是他在三十二歲那年寫的。當時，他剛任過汴
州董晉幕的推官。董晉病逝，韓愈護喪到洛陽，把妻女留在汴
州。途中，他聽說汴州軍隊作亂，殺了好些人，非常擔心妻女
的安全，在此詩中有詳細的描繪。幸好，他妻女後來都逃過軍
亂，到了徐州。韓愈護喪完畢，也趕到徐州和家人會合。這是
貞元十五年(799)二月春天的事。徐州節度使便是詩中所說的
「僕射南陽公」張建封，是韓愈的故舊，把他一家人安置在睢
水的北岸（「宅我睢水陽」）。這時，韓愈還沒有新的工作。一

1　《全唐詩》卷三三七，頁3772。「窗戶忽已涼」一句，在某些韓集
　　版本作「清風窗戶涼」或「窗戶風已涼」，筆者覺得都太平板，不
　　如《全唐詩》的「窗戶忽已涼」那麼有悠遠的韻味。

直要到那年秋天，張建封才辟他為推官。他此時剛逃過軍亂，
有一種難得的寧靜，又有閒暇，於是便「閉門讀書史，窗戶忽
已涼」。有趣的是，他說他此時「篋中有餘衣，盎中有餘糧」。
我們不禁要問：他還沒有新工作，「餘衣」和「餘糧」從何而
來？在我們的印象中，韓愈似乎經常都在鬧窮，特別是在年輕
時，難得他這時卻好像非常富足，不但有「餘衣」和「餘糧」，
而且還有空閒時間讀書讀史。由此看來，這「餘衣」和「餘糧」
應當是他在董晉幕府任觀察推官時積存下來的。原來，唐代觀
察推官每月的俸錢，多達三萬文（見本書第六章），比白居易任
校書郎的「萬六千」多了約一倍，難怪韓愈會有「餘衣」和「餘
糧」。董晉幕觀察推官是他的第一個官職。

　　唐代校書郎、正字、縣尉、參軍和判司等官鮮有人研究，
但方鎮使府僚佐歷來卻吸引了不少學者的注意，論述不少。嚴
耕望的〈唐代方鎮使府之文職僚佐〉最先問世，可說是這方面
的開山之作[2]。後來的專書有王壽南、張國剛、戴偉華數家[3]。

2　此文最先發表在《新亞學報》，第7卷第2期（1966），後收入嚴耕望，
　　《唐史研究叢稿》（香港：新亞研究所，1969）。

3　王壽南，《唐代藩鎮與中央關係之研究》（臺北：嘉新水泥，1969），
　　是最早研究藩鎮的中文書，附有幾個很有用的圖表。張國剛，《唐
　　代藩鎮研究》（長沙：湖南教育出版社，1987），為他的博士論文，
　　其中對藩鎮的幾種類型、藩鎮的進奏院、以及藩鎮使府的辟署制度，
　　有深入的考釋。戴偉華，《唐方鎮文職僚佐考》（天津：天津古籍出
　　版社，1994），則從墓誌和唐史料中，挖掘出曾經擔任過文職僚佐的
　　大約三千多人次，按任職方鎮排列，是一項重要的基礎研究，為後
　　來學者提供不少方便。此書出版後新出的墓誌材料，見戴偉華，〈《唐
　　方鎮文職僚佐考》訂補〉，《唐代文學研究叢稿》（臺北：臺灣學生
　　書局，1999），頁131-147。戴偉華另有《唐代幕府與文學》（北京：

最近，石雲濤出版《唐代幕府制度研究》，總結了過去約半個
世紀來的研究成果 [4]。雖然這些專書的重點在藩鎮體制和中央的
關係，但或多或少都涉及幕府中的文職僚佐。單篇論文方面，
毛漢光、黃清連、盧建榮和王德權都發表過重要論述 [5]。日本和
西方學者也有過不少論著 [6]。本章擬在前人這些研究基礎上，作

（續）—————————

現代出版社，1990)以及《唐代使府與文學研究》(桂林：廣西師範
大學出版社，1998)，就文人入幕風氣、幕府文學與唐代文學的發展
作了深入研究。敦煌的情況比較特殊，詳見榮新江，《歸義軍史研
究：唐宋時代敦煌歷史考索》(上海：上海古籍出版社，1996)；馮
培紅，〈敦煌文獻中的職官史料與唐五代藩鎮官制研究〉，《敦煌
研究》，2001年第3期；馮培紅，〈20世紀敦煌吐魯番官制研究概況〉，
《中國史研究動態》，2001年第11期。

4　石雲濤，《唐代幕府制度研究》(北京：中國社會科學出版社，2003)，
對幕府的歷史淵源和演變，有動態的研究，同時對幕府的辟署和遷
轉制度，也有極詳細和深入的探討。

5　毛漢光，〈魏博二百年史論〉，《中央研究院歷史語言研究所集刊》，
第50本第2分(1979)以及黃清連，〈忠武軍：唐代藩鎮個案研究〉，
《中央研究院歷史語言研究所集刊》，第64本第1分(1993)，都屬難
得的藩鎮個案詳細研究。盧建榮，〈中晚唐藩鎮文職幕僚職位的探
討——以徐州節度區為例〉，《第二屆國際唐代學術會議論文集》(臺
北：文津出版社，1993)，頁1237-1271，也是個案研究，視角新穎，
主要討論幕府的大小和聲譽對其僚佐將來仕官前途的影響。王德
權，〈中晚唐使府僚佐昇遷之研究〉，《國立中正大學學報》，第5
卷第1期(1994)，頁267-302，研究幕職的遷轉途徑，附有幾個很有用
的圖表。關於藩鎮問題的其他論文和學術史回顧，見胡戟等編，《二
十世紀唐研究》，頁50-58。

6　日文的論著極多，無法全引，最主要的有日野開三郎，《支那中世
の軍閥》(東京：三省堂，1942)；礪波護，〈唐代使院の僚佐と辟
召制〉，收在他的《唐代政治社會史研究》(京都：同朋舍，1986)。
最近的研究有渡邊孝，〈唐後半期の藩鎮辟召制についての再檢
討〉，《東洋史研究》，第60卷(2001)，頁30-68，以及他的〈唐代
藩鎮における下級幕職官について〉，《中國史學》，第11卷(2001)，

進一步的申論,特別想從唐代基層文官和官制的角度,探討一些過去爲人所忽略的課題,準備先泛論幕職的演變、辟署、禮聘、仕宦前景和官銜結構等等,然後才專論巡官、推官和掌書記這三種最重要的使府基層幕佐。

一、使府的由來和幕職的演變

唐代最早的一種使職,可以用唐初常見的軍事統帥爲代表[7]。這些軍將有各種名目,有行軍大總管、安撫大使、招討使、討擊使、按察使等等,大體皆因唐初的各種戰事隨時編制。朝廷委任一個將領出任某使時,通常也委派副使等高職,由這些高層將領去「開府」,組織一個班子從事征戰。此即「使府」的由來,一般也稱「幕府」。這種使府除府主和副使之外,主要文職幹部包括行軍司馬、管記(或「管室」,即後來的掌書記)、判官(管兵倉騎冑等曹)、行軍參謀、隨軍要籍等。這些文職僚佐都由府主自行「辟署」,通常在現職官員中選拔,或由府主自行招聘親屬或故友充任。戰爭結束後,府即解散,將領和僚

(續)————

頁83-107。英文論著主要有Denis C. Twitchett, "Provincial Autonomy and Central Finance in Late T'ang," *Asia Major* 11 (1965): 211-232; Denis C. Twitchett, "Varied Patterns of Provincial Autonomy in the T'ang Dynasty," *Essays on T'ang Society*, ed. by John Perry and Baldwell Smith (Leiden: Brill, 1976), pp. 90-109.

7 關於唐代的使職,論著不少,主要有陳仲安和王素,《漢唐職官制度研究》(北京:中華書局,1993)中的討論,見頁98-129和217-231。較新的研究有寧志新,〈唐朝使職若干問題研究〉,《歷史研究》,1999年第2期,頁53-71。

佐回到原先的崗位。這是唐初行軍性質使府的大略情況。

　　唐初這些行軍僚佐，今可考者已不多。石雲濤的研究發掘出六十多人。他們當中，有因過免職者，有低層京官，有州佐及縣官，有丁憂服闋者，有府兵軍將，有科舉入第未及除授者，有考滿待選官，甚至還有隱居退閒者。此時，卑官應辟從征是「慣例和風氣」，「因爲幕府爲他們提供了進身的機遇」。其中蘇味道、婁師德和郭元振三人，由科第出身，後來也都因爲從軍而回到朝中官至宰相等高官。[8]

　　從高宗朝開始，唐室在西北和蜀邊區派駐了好幾支常駐大軍，至開元、天寶年間大盛，形成十大節度方鎮。這些方鎮使府的僚佐，也跟初期行軍使府一樣，由府主自行辟署。不同的是，由於這時軍隊已常駐，屯田耕戰，各方鎮僚佐幕職已不再是唐初行軍的臨時編派制，而演變成固定職位，需長駐邊區。

　　石雲濤的最新研究，把開元、天寶時期這些邊區長駐軍隊的幕府稱爲「邊鎮幕府」。這時期邊境幕府的僚佐，今可考者約有七十餘例[9]，亦不算太多。此時的幕職有兩大特色。一是幕主多辟當地州縣官員。二是邊鎮偏遠，士人多不願從軍。開元十七年(729)三月，玄宗甚至下詔說：

　　　　邊遠判官，多有老弱。宜令吏部每年於選人內，簡擇強幹堪
　　　　邊任者，隨闕補授。秩滿，量減三兩選與留，仍加優獎。[10]

8　詳見石雲濤，《唐代幕府制度研究》，頁65-75。
9　見石雲濤，《唐代幕府制度研究》，頁127-132。
10　《唐會要》卷七五，頁1612；又見《全唐文》卷三〇，頁336。

此「判官」當爲廣義，泛指所有幕府僚佐，非僅指狹義的「判官」專名職稱[11]。盛唐詩人高適在天寶十三載(754)安史之亂前，遠赴河西節度哥舒翰幕任掌書記[12]。岑參走得更遠，先在安西四鎮節度高仙芝幕任掌書記，後又到北庭節度封常清幕任判官[13]。但他們都是在「正常仕途不得意」之下，才走向邊幕的[14]。他們詩中常流露對中原的強烈思慕；他們都想回到朝中任官。邊境幕職遠離京師中原，比較不爲士人所喜。幕主得多辟當地官員。皇帝也得下詔，提供減選等獎勵辦法，鼓勵士人遠赴邊地任幕職。

在安史之亂期間，爲了平定叛亂，有各種臨時性的行軍元帥幕府、行營都統和招討使幕府。此時，最主要的特徵是，幕府和幕僚的那種「賓主」觀念已經形成。僚佐常被稱爲「幕賓」、「賓佐」和「賓僚」，得到幕主的尊敬和禮遇，有別於一般官員。他們是以一種「賓」的身分，應幕府之「辟」，到幕府工作，來去自由。[15]

安史亂後，全國各地開始設立大小不等的方鎮，盛時達到約五十個，直到唐亡。這些方鎮的名目不一。有的稱節度使，管當地軍政，有的稱觀察使，有的稱團練使。南方容管和東北

---

11 關於「判官」一詞的廣義和狹義區分，見嚴耕望，〈唐代方鎮使府之文職僚佐〉，頁57；戴偉華，《唐代使府與文學研究》，頁49，引李商隱所寫的兩篇公文，有更進一步的討論。

12 周勛初，《高適年譜》，頁81。

13 劉開揚，《岑參年譜》，頁10-15。

14 戴偉華，《唐代使府與文學研究》，頁115-116。

15 石雲濤，《唐代幕府制度研究》，頁194-196。

一帶則稱經略使。許多節度使也兼任觀察等使。此時，士人入
幕的風氣遠遠超越開元、天寶時期。戴偉華的《唐方鎮文職僚
佐考》，從史書和墓誌材料中，發掘出多達三千多個幕府僚佐
的名字和事跡，絕大部分是安史亂後的。這時期的幕職大增，
對士人來說多了一條出路。幕主常爲僚佐奏請各種中央官銜，
對唐代官制造成新的變化。朝廷對幕府的辟署，也多了一些規
定。不少士人在幕府任職後，可以回到朝中仕至高官。幕職變
成一種尊貴職位。

　　綜上所論，從唐初到唐末，幕職對士人的吸引力不盡相同。
最鮮明的對比是，安史亂前，士人多不願遠赴邊疆幕府任職，
皇帝不得不下詔獎勵。安史亂後，安西、河西、隴右等邊區相
繼被吐蕃佔領。此後，幕府主要設於內地，甚至在東南沿海富
饒地區。幕職俸錢等待遇豐厚，將來的出路也很好，結果變成
了士人競求的要津。

　　這些方鎮使府文職僚佐，以節度使爲例，主要有副使、行
軍司馬、判官、掌書記、推官、巡官、銜推、要籍、隨軍等。
其他使職如觀察使、團練使、防禦使和經略等使屬下的僚佐，
亦大同小異。在唐代史料中，這些僚佐常被統稱爲「從事」。
從事甚至可以當動詞使用，如《舊唐書・庾敬休傳》說：「敬
休舉進士，以宏詞登科，授祕書省校書郎，從事宣州。」[16] 又
如《新唐書・食貨志》說：「建中初，宰相楊炎請置屯田於豐
州，發關輔民鑿陵陽渠以增溉。京兆尹嚴郢嘗從事朔方，知其

16　《舊唐書》卷一八七下，頁4913。

利害，以爲不便，疏奏不報。」[17] 除了這些文職外，節度使還有一系列武將，如各種兵馬使等。對方鎮來說，這些武職應當遠比文職重要。但武職研究目前幾乎還停留在草創期[18]，且不屬本書範圍，這裡略而不論。

在文職當中，副使和行軍司馬屬於比較高層的職位。判官爲重要執行幹部，一般來說約爲中層官員。參謀不常設。它在史料中的排位，有時在掌書記之上，有時又在其下。支使起源於採訪使時代，盛行於後來的觀察府，一直到唐末仍存在，但支使這種幕職，在使府中遠不如巡官、推官、掌書記常見，也遠不如掌書記那麼重要和清貴。至於衙推、要籍和隨軍，都是非正式幕職，職位卑下，通常由沒有功名科第或無出身者擔任[19]。一般士人到方鎮使府任職，通常先出任巡官、再升任爲推官和掌書記。這是使府中最常見也最重要的三種基層文官，所以本章所論，主要即此三種，必要時也涉及判官。涵蓋的時代爲安史亂後的中晚唐，但有時也會以唐初或安史亂前的事例來做比較。

17　《新唐書》卷五三，頁1372。

18　見嚴耕望，〈唐代方鎮使府軍將考〉，《慶祝李濟先生七十歲論文集》（臺北：清華學報社，1965），亦收在氏著《唐史研究叢稿》。張國剛，〈唐代藩鎮軍將職級考略〉，《唐代政治制度研究論集》（臺北：文津出版社，1994），頁157-174，有進一步的研究；王永興，〈關於唐代後期方鎮官制新史料考釋〉，《陳門問學叢稿》，頁394-411，主要以《房山石經題記彙編》中所收的幽州盧龍地區武官官名，考唐代方鎮的武職制度。

19　石雲濤，《唐代幕府制度研究》，頁103、141、249和282。

二、幕佐的辟署和禮聘

　　《舊唐書·鄭從讜傳》有一段記載，頗能用以說明中晚唐方鎮使府的辟署制度，以及幕職的尊貴特質。僖宗時，沙陀都督李國昌入據振武、雲朔等州。河東節度使康傳圭爲三軍所殺，朝廷引以爲憂，於是下詔令當時的一個宰相鄭從讜充河東節度等使，鎮守太原：

> 僖宗欲以宰臣臨制之，詔曰：「開府儀同三司、門下侍郎、兼兵部尚書、充太清宮使、弘文館大學士、延資庫使、上柱國、滎陽郡開國公、食邑二千戶鄭從讜，自處鈞衡，屢來麟鳳，才高應變，動必研機。朕以北門興王故地，以爾嘗施惠化，尚有去思。方當用武之時，暫輟調元之職，佇殄兇醜，副我憂勤。可檢校司空、同平章事、太原尹、北都留守、河東節度，兼行營招討等使。」制下，許自擇參佐。乃奏長安令王調爲副使，兵部員外郎、史館修撰劉崇龜爲節度判官，前司勳員外郎、史館修撰趙崇爲觀察判官，前進士劉崇魯充推官，前左拾遺李渥充掌書記，前長安尉崔澤充支使。開幕之盛，冠於一時。時中朝瞻望者，目太原爲「小朝廷」，言名人之多也。[20]

20　《舊唐書》卷一五八，頁4170。又見《新唐書》卷一六五，頁5062-5063。

這段記載最可留意的一點是，鄭從讜到太原充任節度等使，朝
廷允許他「自擇參佐」。用現代的話來說，就是「自選自己的
班子上任」。這是一種自己請人用人的權力，不須通過中書門
下的委任，或吏部的銓選，但程序上仍須向皇帝「奏」請批准。
所以鄭從讜便「奏」請當時的長安縣令王調等人，做他的副使、
判官、推官、掌書記和支使。這些幕職也就是一個方鎮使府最
主要的「班子」。王調等人不是通過吏部的銓選得到這些幕職（實
際上，這些幕職的委任，也不屬於吏部的事），而是應鄭從讜之
「辟」，前去當他的幕僚。這便是「辟署」制的大略情況。

　　近人對辟署制的考論已詳，這裡不必再細考。簡言之，從
兩漢到隋初，州郡有自辟官吏的權力。但到了隋文帝時，州郡
官員已由吏部委任。「唐前期中央派使次數頻繁，凡使臣所需
副佐，或由中央指派，或自行奏請，被奏之人多為京諸司在職
官員，使罷即回原任，彼此沒有隸屬關係」[21]。開元年間設採訪
等使，使府自辟幕僚的制度才開始固定下來，直到唐末和五代。
中晚唐辟署制的施行，對鄭從讜等節度、觀察等使來說，意味
著他們也像吏部一樣，擁有聘人的權力。對士人來說，這無疑
也等於多了一條做官的路。

　　辟署的過程有幾個步驟。第一、府主需自己去物色人才。

21　寧欣，《唐代選官研究》第四章〈唐代的辟署制〉，頁102。寧欣此
　　書從唐代選官的角度討論辟署制，觀點又跟其他從幕府制論辟署的
　　論著有些不同。又見翁俊雄，〈安史亂後「仕家」的南遷──兼論「辟
　　署」制度的形成〉，《唐代人口與區域經濟》（臺北：新文豐，1995），
　　頁249-256。

在沒有徵聘廣告的中古唐代，府主最方便的辦法，莫如「辟」自己身邊的親朋故吏，或同僚朋友所推薦的知名人士，或在毛遂自薦者當中挑選。第二、選定對象後，便需準備聘錢和馬匹，派遣使者前去受辟者的家裡延請，禮儀相當隆重，即使所辟者祇是基層的巡官、推官和掌書記都如此。第三、幕佐受辟後，要上奏朝廷，請求批准，並爲幕佐奏請朝中官銜。從這三個步驟看來，使府幕職和一般的官職很不一樣。幕職遠比同等級的正規京外官職來得崇高，是一種「可遇不可求」的機會，需要一定的名望、才學和人脈關係才能得到。

實際上，鄭從讜此例亦清楚反映了這幾點。他一被任命爲河東節度等使，即能奏請長安縣令等人出任他的僚佐，顯然他和這些人早有一定的關係。我們從其他材料可以知道，這種關係一般是門生故吏，或親屬故友。鄭從讜所辟者，名望都很好，都是當時的在職官員，有出身，才學應當不錯，爲當時「名人」，所以這整個班子被時人目爲「小朝廷」，有開幕之「盛」，可見他這些幕僚，絕非泛泛之輩。唐代使府的名望有大小高低之別，當然並非個個都是「小朝廷」，但一般說來，幕僚都經過幕主的特別挑選，素質遠在普通官員之上。平庸之輩即使想投靠幕府，恐怕還沒有門路。

以上記載沒有提到鄭從讜如何禮聘他的幕僚。不過，我們從韓愈的詳細描寫，以及李商隱所寫的許多謝啓，可以知道使府辟聘幕僚之禮，相當隆重。韓愈的〈送石處士序〉說：

河陽軍節度御史大夫烏公爲節度之三月，求士於從事

之賢者，有薦石先生者。公曰：「先生何如？」曰：
「先生居嵩邙瀍穀之間。冬一裘，夏一葛，食朝夕飯
一盂，蔬一盤。人與之錢則辭，請與出遊，未嘗以事
辭，勸之仕，不應。坐一室，左右圖書。……大夫曰：
「先生有以自老，無求於人，其肯為某來耶？」從事
曰：「大夫文武忠孝，求士為國，不私於家。方今寇
聚於恒，師環其疆，農不耕收，財粟殫亡，吾所處地，
歸輸之塗，治法征謀，宜有所出。先生仁且勇，若以
義請而彊委重焉，其何說之辭！」於是譔書詞，具馬
幣，卜日以授使者，求先生之廬而請焉。[22]

　　這位石處士名洪，拓跋後裔，當時正是以他的名望和不凡
的修養，爲人引荐到河陽節度烏重胤的幕府當幕僚，可知幕職
可遇不可求，極尊貴。從其他材料可知，石洪當時祇不過受辟
爲幕府參謀。這不算很高的幕職，僅和掌書記不相上下[23]。然
而，府主還深怕他不願屈就，最後寫了聘書（「譔書詞」），準
備了馬和聘錢，占卜選了吉祥日子，才派使者到他家裡去請他，
禮儀十分隆重，遠非朝廷委派官員可比。石洪受辟後，韓愈和

22　《韓昌黎文集校注》卷四，頁279。
23　按韓愈此文標題下，在某些版本有「赴河陽參謀」等字，見《韓昌
　　黎文集校注》卷四，頁278。石洪稍後以昭應尉充集賢校理。見韓愈，
　　〈集賢院校理石君墓誌銘〉，《韓昌黎文集校注》卷六，頁373。這
　　是以縣尉作階官充館職的例子，屬基層職位，詳見本書論縣尉一章，
　　可證他的官位一路來並不高。關於「參謀」這幕職，見嚴耕望，〈唐
　　代方鎮使府之文職僚佐〉，頁67-68。

他朋友設宴歡送他赴幕職。大家都寫詩以贈。韓愈按照唐代餞
別贈詩的習慣，又寫了這篇文字，以序諸詩。所以這可說是一
篇當時見證式的文字，記錄了當年幕府辟署和禮聘的一些細
節，極寫實且珍貴。

　　當然，能夠享有這種隆重禮聘者，亦非泛泛之輩。石洪死
後，韓愈給他寫過墓誌，透露更多他的生平細節，和他佐河陽
軍的功績：

> 君生七年喪其母，九年而喪其父，能力學行；去黃州
> 錄事參軍，則不仕而退處東都洛上十餘年，行益修，
> 學益進，交游益附，聲號聞四海。故相國鄭公餘慶留
> 守東都，上言洪可付史筆。李建拜御史，崔周禎為補
> 闕，皆舉以讓。宣歙池之使，與浙東使交牒署君從事。
> 河陽節度烏大夫重胤聞以幣先走盧下，故為河陽得。
> 佐河陽軍，吏治民寬，考功奏從事考，君獨於天下為
> 第一。元和六年，詔下河南，徵拜京兆昭應尉、校理
> 集賢御書。明年六月甲午疾卒，年四十二。[24]

原來，石洪佐河陽軍之前，已經長期歸隱不仕，但「聲號聞四
海」，以致相國鄭餘慶上書說他可以當史官。李建任御史，崔
周禎任補闕時，都曾經舉薦石洪以代己。宣歙池和浙東等使，
也曾先後爭著想聘用他。最後是河陽節度「以幣先走盧下，故

為河陽得」。他佐河陽軍的政績佳，應當也是他後來被朝廷徵召為京官，以昭應縣尉充任集賢校理的一大原因。可惜他英年早逝，死時才四十二歲。

石洪此例並不特殊。中晚唐像他這種案例很多，像他這樣有才學和名氣的士人，經常會是使府爭相禮聘的對象。比如，和石洪差不多同個時代的溫造，也曾受辟於河陽節度。此事見於韓愈所寫的〈送溫處士赴河陽軍序〉：

> 東都固士大夫之冀北也。恃才能，深藏而不市者，洛之北涯曰石生，其南涯曰溫生。大夫烏公以鈇鉞鎮河陽之三月，以石生為才，以禮為羅，羅而致之幕下。未數月也，以溫生為才，於是以石生為媒，以禮為羅，又羅而致之幕下。[25]

韓愈此文和〈送石處士序〉一樣，亦屬見證式文字，很有史料價值。「以禮為羅」，透露當時使府對待幕僚的典型禮節。在這之前，溫造曾經被張建封辟為節度參謀，幕職不高，但當時他所受到的禮遇卻是令人側目的：

> 溫造字簡輿，河內人……造幼嗜學，不喜試吏，自負節概，少所降志，隱居王屋，以漁釣逍遙為事。壽州刺史張建封聞風致書幣招延，造欣然謂所親曰：「此

---

25 《韓昌黎文集校注》卷四，頁281-282。

可人也。」徙家從之。建封動靜咨詢，而不敢縻以職
任。及建封授節彭門，造歸下邳，有高天下之心。建
封恐一旦失造，乃以兄女妻之。[26]

張建封「致書幣招延」溫造，以及後來「恐一旦失造」，甚至
不惜「以兄女妻之」，都不是普通州縣官所能得到的待遇。府
主以親屬之女或親生女「妻」幕佐的事，史料中常見，為當時
習俗。例如，《新唐書‧楊於陵傳》說：「節度使韓滉剛嚴少
許可，獨奇於陵，謂妻柳曰：『吾求佳婿，無如於陵賢。』因
以妻之。」[27] 又如《舊唐書‧鄭雲逵傳》：「鄭雲逵，滎陽人。
大曆初，舉進士。性果誕敢言。客遊兩河，以書干于朱泚，泚悅，
乃表為節度掌書記、檢校祠部員外郎，仍以弟滔女妻之。」[28] 再
如李商隱，佐王茂元河陽幕時，「茂元愛其才，以子妻之」[29]。

　　從以上石洪和溫造的案例來看，中晚唐入幕的重要條件
是，士人本身必先要有真才實學才行。有才學的士人是幕府爭
相禮聘的對象，他有各種選擇的餘地。這些人具有盧建榮所說
的「仕宦優勢」[30]。他們通常會投身於重要的、有名望的大幕府
服務。
　　相反的，一個平庸的士人，默默無聞沒人知，便不具任何

26　《舊唐書》卷一六五，頁4314。
27　《新唐書》卷一六三，頁5031。
28　《舊唐書》卷一三七，頁3770。
29　《舊唐書》卷一九〇下，頁5077。
30　盧建榮，〈中晚唐藩鎮文職幕僚職位的探討〉，頁1255。

「仕宦優勢」，就不可能得到幕府的主動禮聘。這時，他可能
就得毛遂自薦，如歐陽詹即曾經寫信給徐州節度使張建封。同
理，一個名望不佳的幕府，恐怕也沒有辦法吸引到條件好的士
人來為它服務[31]。

　　這形成一個規律：大幕府可以吸引到才學最佳的士人；小
幕府祇能辟中下之才。才學佳的士人可能為各幕府競相爭奪，
在仕途上有諸多選擇。相反的，平庸之士則無人問津，仕途潦
倒，或祇能到名聲不佳的小幕府去。這也很像現代自由職場上
的聘人和求職規律。

　　幕主送馬給受辟的僚佐，作為聘禮，史料中有好幾例，似
常見之禮儀。上引石洪為一例。杜牧〈唐故灞陵駱處士墓誌銘〉
說：

> 相國杜公黃裳在蒲津，相國張公弘靖在并州、大梁，
> 渾尚書鎬在易定，潘侍郎孟陽在蜀之東川，司徒薛公
> 苹在鄭滑，皆挈卑詞幣馬至門，曰：「處士不能一起
> 助我為治乎？」皆以疾辭。[32]

五位高官要人都「挈卑詞幣馬至門」來聘這位駱處士，看來這
是當時最合乎古禮的辟幕佐之禮。「幣馬」作為一種聘禮，在
唐代早已有非常久遠的傳統，典出《周禮・校人》：「飾幣馬

31　這是盧建榮〈中晚唐藩鎮文職幕僚職位的探討〉一文討論的重點。
32　《樊川文集》卷九，頁140。

執扑而從」和「凡賓客受其幣馬」等句 33。這種禮也見於杜牧的〈唐故平盧軍節度巡官隴西李府君墓誌銘〉:「開成元年〔836〕春二月,平盧軍節度使王公彥威聞君名,挈卑辭於簡,副以幣馬,請爲節度巡官。」34 巡官祇是一種基層幕職,竟能受此禮,可知幕職受人尊重。另一例也涉及巡官,見於晚唐李商隱的〈爲柳珪上京兆公謝馬啓〉35。這是李商隱代他的府主河東公柳仲郢所寫的謝啓,感謝京兆公杜悰辟他的兒子柳珪爲巡官時贈以馬。李商隱在另一文〈爲河東公謝相國京兆公啓〉也提及此事,細節更清楚:「今月某日,得當道萬安驛狀報,伏承遣兵馬使陳朗賫幣帛鞍馬辟召小男者。」36 可證贈送「幣馬」等厚禮,確有其事,並非用典。還有一例在路巖〈義昌軍節度使渾公神道碑〉:

> 既冠,益以通敏密靜稱於人。因從先少師於藩方,不
> 忍去庭闈。諸侯有以幣以馬取者,一無所就。37

以「幣」或「厚幣」招延僚佐的例子,除了上引石洪和溫造兩例外,在唐史料中還有不少。例如,《新唐書・韋貫之傳》說:「貫之及進士第,爲校書郎,擢賢良方正異等,補伊闕、

33　《周禮注疏》(《十三經注疏》本;臺北:藝文印書館,1955年影印本),卷三三,頁495-496。

34　《樊川文集》卷九,頁136。

35　《李商隱文編年校注》,頁1960。

36　《李商隱文編年校注》,頁1935。

37　《全唐文》卷七九二,頁8297。

渭南尉。河中鄭元、澤潞郗士美以厚幣召,皆不應。」[38] 又如〈崔公墓誌銘〉說:「公諱廷,貞元初進士及第……名聲籍甚,其年爲山南西道節度使嚴震重幣厚禮辟爲從事。」[39] 再如《舊唐書‧李紳傳》說:「元和初,登進士第……東歸金陵,觀察使李錡愛其才,辟爲從事。紳以錡所爲專恣,不受其書幣,錡怒,將殺紳,遁而獲免。錡誅,朝廷嘉之,召拜右拾遺。」[40] 其實,李紳應當早已接受李錡的「書幣」,才能被辟爲從事。他是後來不願意替李錡寫反叛朝廷的文書,才「不受其書幣」,意即事後退聘,退還聘錢[41]。

從李商隱的〈上河東公謝聘錢啓〉一文看來,這種「幣」是一種「聘錢」,而且數量不少,用以「備行李」:

> 某啓:伏蒙示及賜錢三十五萬以備行李,謹依榮示捧領訖。伏以古求良材,必有禮幣。[42]

這是李商隱受河東公柳仲郢辟爲東川節度掌書記,收到一大筆聘錢「三十五萬」後,親筆所寫的謝啓。三十五萬是一筆相當大的錢財。據《新唐書‧食貨志》說,「唐世百官俸錢,會昌

38　《新唐書》卷一六九,頁5153。

39　《千唐誌齋藏誌》,1024號。

40　《舊唐書》卷一七三,頁4497。

41　關於李紳,王勛成,《唐代銓選與文學》,頁75-78,有一段精闢的考證可參看。

42　《李商隱文編年校注》,頁1875。

後不復增減」；一個上縣丞的月俸，祇不過是三萬[43]。李商隱
此啓寫於大中五年(851)，正好在會昌(841-846)之後，所以他這
「三十五萬」的聘錢，便幾乎等於當時一個上縣丞一年的俸錢。
李商隱還沒有開始工作，就有這麼一大筆收入，家用應當豐足，
不致於像他許多傳記所說的那樣「生活潦倒」。

　　這種辟僚佐的聘錢應當很常見。在李商隱的文集裡，不但
有他爲自己所寫的「謝聘錢啓」(見上引)，而且還有另三篇他
代別人所寫的類似文書：〈爲桂州盧副使謝聘錢啓〉、〈爲東
川崔從事謝聘錢啓〉和〈爲同州張評事謝聘錢啓〉[44]。可惜這幾
篇啓都沒有透露確實的聘錢爲多少，但從其用典如「多若鑿山、
積如別藏」、「磨文難滅，校貫知多」和「重非半兩，輕異五
銖，子母相權，飢寒頓解」等語看來，聘錢應當不少。這三篇
謝啓開頭部分，也都用了「錢若干，伏蒙賜備行李」這樣現成
的套語，顯示李商隱祇是代人寫信，其「錢若干」的「若干」
部分，當由事主自己填上確實的數目，而這些錢都是供僚佐準
備行裝之用的。李商隱爲自己所寫的謝啓，又提及得了這些聘
錢，「敢將潤屋，且以騰裝」，說明這筆聘錢不但可以用來準
備行裝，而且還可以使居室華麗生輝，也就是大大改善了生活
的品質，得以好好安頓一家人的未來生活。

　　像這樣派使者到受辟者家裡送聘錢等聘人之禮，都是朝廷
任命正規官員所沒有的，可知幕佐所受到的禮聘之隆重。使府

43　《新唐書》卷五五，頁1402及1404。
44　《李商隱文編年校注》，頁1206，1880，2254。

需以「幣馬」或「厚禮」辟僚佐，更可證中晚唐任幕職是一種
殊榮，非正規官職可比。

至於府主寫給僚佐的聘書，其內容如何，卻很罕見。筆者
祇找到一例，或可提供一點這方面的訊息。這是貞元中李巽任
江西觀察時，聘請符載的〈請符載書〉，極可能就是當年的聘
書：

> 數月不面，延企為勞。夏首漸熱，惟動履安勝。巽弊
> 屑推遣，疑昨者不揆薄劣，輒上薦賢之書。恩命拜足
> 下太常寺奉禮郎，充南昌軍副使。官告已到，惟增感
> 慶，巽不任忻愜。足下義高德茂，文藻特秀，棲遲衡
> 茅之下，藉甚寰海之內。信儒者之徽猷，聖朝之公器，
> 而元纁束帛，偶未至者，蓋匭臯則遍，符君甚遠。巽
> 謬臨此地，聞接清風，激揚多矣。向非章疏上達，則
> 麟足無由絆，然奉常之拜，亦吾子他日九層之資也。
> 但以俯倅吾軍，為執事者之累。幸當猥降，允副夙誠。
> 冀即傾展，差浣勤矣。謹差押衙任進朝奉侍官人馬，
> 馳狀進迎。[45]

信寫得極禮貌恭敬，並且特別「差押衙任進朝奉侍官人馬，馳
狀進迎」。符載曾三次推辭此聘，李巽也三請，但符載最後應

---

45 《全唐文》卷五二六，頁5342。

當還是就聘[46]。

　　上引〈請符載書〉還有兩點值得留意。第一、唐代辟署的程序，學界過去一般根據權德輿在〈鄜坊節度使推官大理評事唐君墓誌銘并序〉中所說的「辟書既至，命書繼下」[47]等材料，認為是先卜聘書，然後才有朝廷的任命書。但在此聘書中，李巽似已為符載奏得「太常寺奉禮郎」朝中官銜，而且「官告已到」，看來也有聘書和朝廷任命書一同送達的例子。第二、李巽以「太常寺奉禮郎」，辟符載「充南昌軍副使」，在官制上似乎有些問題，因為「太常寺奉禮郎」是個很低的朝銜，為從九品上[48]，但「副使」卻是很高的幕職，僅在府主之下，為府主之副。一般副使所帶的朝銜都很高，如檢校某某尚書或檢校某某郎官之類。所以，這裡的「副使」恐怕有誤。筆者頗疑為「支使」之誤。

46　陸揚，〈從西川和浙西事件看元和政治格局的形成〉，《唐研究》，第8卷(2002)，頁230，引用羅聯添，《唐代文學論集》，頁53-55的論點，說符載「……連江西觀察使李巽在貞元十六年時辟他他都不就……」，似可商榷。按符載固然推辭了三次，但他最後還是就聘。他在〈送崔副使歸洪州幕府序〉說：「我主君常侍李君，以南昌軍倅辟於崔君，真得賢也。」(《全唐文》卷六九○，頁7070)。他稱李巽為「我主君」，又為李巽撰寫〈為江西李常侍祭顒和尚文〉(《全唐文》卷六九一，頁7088)，可證他確實曾佐李巽幕。戴偉華，《唐方鎮文職僚佐考》，頁457，引符載其他文章和《唐摭言》等例證，即把符載列於李巽幕下。關於符載的生平，又見本書第一章注229。

47　《全唐文》卷五○三，頁5121。

48　《唐六典》卷十四，頁397。「奉禮郎」是低層幕職所帶極常見的朝銜。唐代墓誌中屢見不鮮。

三、幕佐依附幕主的關係及其仕宦前景

清代幕府的一大特色是，其幕佐純爲幕主特別禮聘的私人，等於幕主的「賓客」和私人助理，非國家官員。唐代幕佐和清代幕賓最不同的是，他們雖然由幕主辟請，而且也常被稱爲「賓佐」、「賓幕」、「賓客」或「賓席」等，但卻仍屬國家官員，辟請時一般需上表奏聞，得到朝廷的批准，然後帶有朝中的京銜或憲銜，且食國家俸祿。但唐代幕佐也有一點和清代幕賓很相似，那就是他們都和幕主有一種很強烈的依附關係；賓和主之間有一種特殊的禮儀和友誼[49]。

關於唐代幕府的賓主關係，石雲濤《唐代幕府制度研究》的第七章已有專章討論，舉例甚詳，本章無庸贅述。這裡筆者就本書的主題，想探討的一個課題是，幕佐依附於幕主的那種密切關係，如何影響到他的做官任期和仕宦前途。

讓我們先看晚唐宰相劉鄴的父親劉三復，如何長年受辟（並依附）於李德裕的事：

> 劉鄴字漢藩，潤州句容人也。父三復，聰敏絕人，幼善屬文。少孤貧，母有廢疾，三復丐食供養，不離左右，久之不遂鄉賦。長慶中，李德裕拜浙西觀察使，

49　關於清代幕府制度，近人論著甚多，最近的一本是李志茗，《晚清四大幕府》（上海：上海人民出版社，2002）。

三復以德裕禁密大臣，以所業文詣郡干謁。德裕閱其
文，倒屣迎之，乃辟為從事，管記室。母亡，哀毀殆
不勝喪。德裕三為浙西，凡十年，三復皆從之。大和
中，德裕輔政，用為員外郎。居無何，罷相，復鎮浙
西，三復從之。汝州刺史劉禹錫以宗人遇之，深重其
才，嘗為詩贈三復，序曰：「從弟三復，三為浙右從
事，凡十餘年。往年主公入相，薦用登朝，中復從公
之京口，未幾而罷。昨以尚書員外郎奉使至潞，旋承
新命，改轅而東。三從公皆在舊地，徵諸故事，敻無
其比，因賦詩餞別以志之。」又從德裕歷滑臺、西蜀、
揚州，累遷御史中丞。會昌中，德裕用事，自諫議、
給事拜刑部侍郎、弘文館學士判館事。[50]

這是一段很不尋常的唐人官歷，連詩人劉禹錫寫詩贈劉三復，
都要提起他「三從公皆在舊地，徵諸故事，敻無其比」的經歷。
《唐語林》提供更多的材料和細節：

李德裕鎮浙西。有劉三復者，少貧苦，有才學。時中
使齎詔書賜德裕，德裕謂曰：「子為我草表，能立構
否？」三復曰：「文貴中，不貴速得。」德裕以為然。
三復又請曰：「中外皆傳公文，請得以文集觀之。」
德裕出數軸，三復乃體而為表，德裕尤喜之。遣詣京

50　《舊唐書》卷一七七，頁4616。

師，果登第。其子鄴，後為丞相，上表雪德裕冤，歸
櫬洛中。[51]

據《舊唐書》，三復似乎沒有任何科第功名，但據《唐語林》，
李德裕喜歡他作的表章，「遣詣京師，果登第」，看來應有功
名[52]。從一開始，他便以他的文章，得到當時浙西觀察使李德
裕的賞識，受辟為「從事，管記室」，亦即《新唐書》所說的
「掌書記」[53]。唐人一般任幕職，得從巡官、推官幹起（如韓愈）。
劉三復一起家即當掌書記，可說是很高的榮譽。李德裕三鎮浙
西，他都隨之左右，長達十年。後來更隨李德裕入朝，任員外
郎這種清望的郎官。李德裕鎮滑臺、西蜀和揚州時，他也從之。
最後他官至「刑部侍郎、弘文館學士判館事」。此侍郎又比員
外郎高二級。唐代不少人即以侍郎出任宰相。

　　劉三復的個案，反映的不但是中晚唐幕佐和幕主的那種私人
關係，而且還是一種很強烈的人身依附。他幾乎一生都在追隨李
德裕，等於是李德裕忠心耿耿的私人隨從。李德裕待他也如知己。
《舊唐書·李德裕傳》還特別提到這位不尋常的幕佐：「有劉三
復者，長於章奏，尤奇待之。自德裕始鎮浙西，迄於淮甸，皆參
佐賓筵。軍政之餘，與之吟詠終日。」[54]他著有《表狀十卷》[55]，

51　《唐語林校證》卷二，頁153。《北夢瑣言》卷一，頁27有類似記載，
　　細節更豐富。
52　徐松，《登科記考》卷二七，頁1059，亦引《北夢瑣言》，把劉三
　　復列為進士及第。孟二冬，《登科記考補正》卷二七，頁1218同。
53　《新唐書》卷一八三，頁5381。
54　《舊唐書》卷一七四，頁4528。

可能是他任掌書記時所為，又有《景臺雜編十卷》[55]，可見他有文才，可惜此兩書今天都沒有傳世。

像劉三復這樣長期追隨一個府主的案例，在中晚唐相當常見。例如，涉及順宗朝「二王八司馬事件」的凌準，從建中四年(783)起，就一直跟從邠寧節度使張獻甫，前後長達十三年，直到張獻甫於貞元十二年(796)去世為止。不過，張獻甫一逝世，凌準也就失去依靠，「府喪罷職」。所以，他有長達六年的時間沒有官做，閒居在家，直到貞元十八年(802)，他才找到新的幕主，投靠浙東觀察使賈全，任他的判官。約三年後，因為他在浙東幕府功績佳，「聲聞於上」，才被召回京師，任翰林學士，而加入王叔文之黨[57]。

凌準這個案例，也體現幕職的最大特徵之一，即「府喪罷職」。由於幕佐是府主所辟的人員，府主一去世(或罷官)，幕佐也會跟著失去幕職，工作可說毫無保障。就此點來說，劉三復可說非常幸運。他一直跟從李德裕，四處任官，沒有「失業」的問題。然而，韓愈就沒有那麼幸運。他最先追隨汴州節度使董晉，但不到三年，董晉便病逝，韓愈也就失去工作。他護送董晉的遺體回洛陽，也顯示僚佐和幕主的關係非常密切，可以代幕主處理一些非常私人的事務，如護喪歸葬等等。然後，韓愈就得投靠另一個幕主徐州節度使張建封了。

唐代正規官員的任期，一般是四年左右，秩滿即需改官(見

(續)─────────────────────────

55　《舊唐書》卷六〇〈藝文志〉，頁1617。

56　《宋史》卷二〇八〈藝文志〉，頁5336。

57　柳宗元，〈連州司馬凌君權厝誌〉，《柳宗元集》卷十，頁263-265。

本書第六章第二節「任期」）。但幕職卻無一定任期。幸運者可以長達十多年，如上引劉三復和凌準的例子，但也有短至兩三年者，如韓愈在董晉幕。李商隱幾乎一生都在幕府任職，每任都很短，約三幾年，也正是因為每當他的府主一罷職，他也跟著失去幕職，需重新求職。一般而言，幕職以三、四年者居多。長達十年或以上者並不多見。

最常見的一種情況是，府主移鎮他處時，幕佐也隨之就任，如上引劉三復例。此類事例還有許多，不勝枚舉。例如，《舊唐書・盧群傳》說：「興元元年，江西節度、嗣曹王皋奏為判官。曹王移鎮江陵、襄陽，群皆從之，幕府之事，委以咨決，以正直聞。」[58] 又如《新唐書・賈直言傳》：「劉悟既入，釋其禁，辟署義成府。後徙潞，亦隨府遷。」[59] 從這些例子看來，幕佐對幕主有很強的依附，也是雙方面合作和相處愉快的結果。

幕佐和幕主的這種強烈依附關係，不但影響到他的幕府任期，也和他未來的仕宦前景息息相關。最關鍵的一點是，任幕職者多為年輕士人，他們將來的仕途，許多時候取決於府主的提拔。得到府主賞識的，不但可以隨府遷移，而且在適當的時候，還有機會隨府主入朝，或為府主引薦為朝中官員，再由此騰達。這也是王德權研究的結論之一：「安史亂後幕僚之昇遷，逐漸與中央、地方重要文官緊密結合，並成為中晚唐文官的重

58　《舊唐書》卷一四〇，頁3833。

59　《新唐書》卷一九三，頁5558。其他例子見石雲濤，《唐代幕府制度研究》，頁407-408。又見戴偉華，《唐方鎮文職僚佐考》中所收的許多案例。

要昇遷管道之一。」[60] 這類案例極多，且舉數例如下：

(一)《舊唐書・李德裕傳》：「〔元和〕十一年，張弘
　　靖罷相，鎮太原，辟為掌記書，由大理評事得殿
　　中侍御史。十四年府罷，從弘靖入朝，真拜監察
　　御史。」[61]

(二)《舊唐書・薛逢傳》：「薛逢字陶臣，河東人。
　　父倚。逢會昌初進士擢第，釋褐祕書省校書郎。
　　崔鉉罷相鎮河中，辟為從事。鉉復輔政，奏授萬
　　年尉，直弘文館，累遷侍御史、尚書郎。」[62]

(三)《舊唐書・韋澳傳》：「周墀鎮鄭滑，辟為從事。
　　墀輔政，以澳為考功員外郎、史館修撰。」[63]

(四)《舊唐書・劉禹錫傳》：「劉禹錫字夢得，彭城
　　人……禹錫貞元九年擢進士第，又登宏辭科。禹
　　錫精於古文，善五言詩，今體文章復多才麗。從
　　事淮南節度使杜佑幕，典記室，尤加禮異。從佑
　　入朝，為監察御史。」[64]

(五)《舊唐書・魏謨傳》：「謨，大和七年登進士第。
　　楊汝士牧同州，辟為防禦判官，得祕書省校書郎。

60　王德權，〈中晚唐使府僚佐昇遷之研究〉，頁290。
61　《舊唐書》卷一七四，頁4509。
62　《舊唐書》卷一九〇下，頁5079。
63　《舊唐書》卷一五八，頁4176。
64　《舊唐書》卷一六〇，頁4210。

　　汝士入朝，薦為右拾遺。文宗以謨魏徵之裔，頗
　　奇待之。」⁶⁵

　　由此可知，幕佐需依賴幕主的提拔和推薦，才能仕途平坦。
他們入朝的第一個官職，最常見的是監察御史。這是遷轉為朝
中高官的重要中層職位⁶⁶，也是封演所說的「八雋」之一⁶⁷。
　　以下六例，恐怕也是府主所薦，入朝為監察御史等官，雖
然文中並無明言，且錄此存疑：

（一）《舊唐書・崔元翰傳》「崔元翰者，博陵人。進
　　　士擢第，登博學宏詞制科，又應賢良方正、直言
　　　極諫科，三舉皆升甲第，年已五十餘。李汧公鎮
　　　滑臺，辟為從事。後北平王馬燧在太原，聞其名，
　　　致禮命之，又為燧府掌書記。入朝為太常博士、
　　　禮部員外郎。」⁶⁸

（二）《舊唐書・段平仲傳》：「段平仲字秉庸，武威
　　　人。隋人部尚書段達六代孫也。登進士第，杜佑、
　　　李復相繼鎮淮南，皆表平仲為掌書記。復移鎮華
　　　州、滑州，仍為從事。入朝為監察御史。」⁶⁹

65　《舊唐書》卷一七六，頁4567。
66　詳見孫國棟，《唐代中央重要文官遷轉途徑研究》，頁127-131。
67　見《唐語林校證》卷八，頁717所引。
68　《舊唐書》卷一三七，頁3766。
69　《舊唐書》卷一五三，頁4088。

（三）《舊唐書・薛存誠傳》：「薛存誠字資明，河東
　　人。父勝能文，嘗作〈拔河賦〉，詞致瀏亮，為
　　時所稱。存誠進士擢第，累辟使府，入朝為監察
　　御史，知館驛。」[70]

（四）《舊唐書・韋庾傳》：「庾登進士第，累佐使府，
　　入朝為御史，累遷兵部郎中、諫議大夫。」[71]

（五）《舊唐書・王質傳》：「元和六年，登進士甲科。
　　釋褐嶺南管記，歷佐淮蔡、許昌、梓潼、興元四
　　府，累奏兼監察御史。入朝為殿中，遷侍御史、
　　戶部員外郎。為舊府延薦，檢校司封郎中，賜金
　　紫，充興元節度副使。入為户部郎中，遷諫議大
　　夫。」[72]

（六）《舊唐書・王起傳》：「起字舉之，貞元十四年擢
　　進士第，釋褐集賢校理，登制策直言極諫科，授藍
　　田尉。宰相李吉甫鎮淮南，以監察充掌書記。入朝
　　為殿中，遷起居郎、司勳員外郎、直史館。」[73]

　　從以上這些案例看來，幕佐在仕途上，許多時候需要幕主
的扶持和薦引，始能坦順和平穩，特別是在入朝為朝官這件事

70　《舊唐書》卷一五三，頁4089。
71　《舊唐書》卷一五八，頁4177。
72　《舊唐書》卷一六三，頁4267。
73　《舊唐書》卷一六四，頁4278。

上。幕職雖然俸錢不錯，但在唐人眼中，始終不如朝官[74]。最
理想的辦法，莫如釋褐後先入幕一段時候，然後回到京城中央
任監察御史或拾遺等中層官員，再由此遷轉爲郎官、侍郎，甚
至宰相等高官。白居易說：「今之俊乂，先辟于征鎮，後升于
朝廷；故幕府之選，下臺閣一等，異日入爲大夫公卿者十八九
焉。」[75] 考之中晚唐許多名人，如李德裕、牛僧孺、杜牧、王
起、李逢吉、鄭絪等人，莫不如此。他們年輕時都曾經在幕府
待過一段時候。有趣的是，白居易雖然敏銳指出「先辟于征鎮，
後升于朝廷」這個中晚唐的官場實況，極有洞見，他本人卻從
來沒有入過任何幕府。他擔任的全是很正規的官職，算是中晚
唐士人當中一個少見的例外[76]。

從這個角度看晚唐詩人李商隱的官歷，可以發現一些很有
意義的地方。他除了剛釋褐時，擔任過校書郎和正字，又任過
短期弘農縣尉外，幾乎一生都在幕府任職。白居易說「先辟于
征鎮，後升于朝廷」，其重點是不要永遠都停留在幕府，須努
力爭取「升于朝廷」，然後才可能有大作爲。李商隱的「悲劇」
是，他一生都浮沉於幕府。他的「潦倒」，應當不是指生活上
的貧困，因爲幕職的待遇豐厚，而是指他的官運不濟，沒能「升
于朝廷」。李商隱爲甚麼追隨過好幾個府主，前後計有令狐楚、

---

74 石雲濤，《唐代幕府制度研究》，頁498-499曾討論唐人的這種心態。

75 白居易，〈溫堯卿等授官、賜緋，充滄景、江陵判官制〉，《白居
   易集》卷四九，頁1033。

76 關於白居易的官歷，見朱金城，《白居易年譜》，以及褰長春，《白
   居易評傳》（南京：南京大學出版社，2002）。

王茂元、周墀、鄭亞、盧弘正和柳仲郢等人，不像劉三復那樣
祇跟從李德裕一人？他的這些府主為甚麼沒有「提拔」他，把
他薦引到「朝廷」去？從幕府辟署制度和幕佐依附於府主的關
係上去觀察，這些就是很耐人尋味的問題了。

四、幕佐的官銜

　　幕職本身因無品秩，所以任幕職者，照例帶有朝銜（京官銜）
或憲銜（御史臺官銜）以秩品。過去的幕府研究論著，常稱這些
朝憲銜為「虛銜」。然而，學界仍未深論幕府怎樣為幕僚「奏
授」這些官銜，怎樣的幕職帶怎樣的朝憲銜，也未探討這些官
銜的實質意義。本節擬詳考這幾點。

　　最能反映幕職所帶朝憲銜的最佳材料，莫如墓誌石刻。兩
《唐書》列傳常把這些朝憲銜材料刪去，或有所省略，頗失其
真。元和四年（809）的〈諸葛武侯祠堂碑〉，立碑時其碑陰上刻
了劍南西川節度使府中一大批幕僚的名字和結銜。此碑當為西
川節度使府幕僚聯合籌立，有紀念價值，意義重大，所以各幕
僚的名字和他的整套官銜，都一一隆重地刻在碑陰[77]。這相信
是當年西川節度使府所有重要文武僚佐的詳細名單。卑職如隨
軍要籍等，碑上未列，看來並不表示此節度使府無隨軍要籍等，

77　此碑今天仍然立在四川成都的武侯祠，筆者在1990年夏曾去參觀
　　過，基本完好，並建有碑亭保護。碑由裴度撰文（他當時任掌書記，
　　後來官至宰相），書法家柳公綽書寫，名匠魯建刻字，因此在今天被
　　旅遊業者美稱為「三絕碑」。網上有許多最新資料和照片。

而極可能是這些卑職不重要，非核心，刻碑時就已經被篩除掉。因此，這名單反映的是一個幕府的核心組織和主要文武官的高低排秩，同時它也讓我們得以考察這些文武幕僚的官銜結構。

府主武元衡高居首位，下來是監軍使、行軍司馬和營田副使。但這些屬高層官員，非本書範圍，這裡暫不論。接著是和本章最有關係的幾個官職，從判官到巡官：

> 節度判官朝散大夫檢校尚書戶部郎中兼侍御史驍騎尉
> 　　張正臺
> 支度判官檢校尚書禮部員外郎兼侍御史上護軍賜緋魚
> 　　袋崔備
> 節度掌書記侍御史內供奉賜緋魚袋裴度
> 觀察支使殿中侍御史內供奉盧士玫
> 觀察推官監察御史裏行李虛中
> 節度推官試太常寺協律郎楊嗣復
> 節度巡官試祕書省校書郎宇文籍 [78]

這些結銜清楚展示各幕佐所帶的朝銜和憲銜。朝銜指戶部郎中、協律郎和校書郎等京官。侍御史、殿中侍御史和監察御史其實也算是朝銜，但因為這些官職全屬御史臺，一般專稱為憲銜。在這幾種幕職當中，判官的地位最高，所以上舉兩個判官所帶的朝銜都很清貴，分別為戶部郎中和禮部員外郎等郎

78　《八瓊室金石補正》卷六八，頁469。

官，而且他們還有憲銜，甚至散官階「朝散大夫」，以及勳官銜「驍騎尉」和「上護軍」。掌書記裴度在判官之下，沒有朝銜，但有憲銜和賜章服。支使的排秩常不明確，這裡在掌書記之下，但在其他石刻中，也有排在掌書記之上的。推官在掌書記或支使之下。觀察推官李虛中有憲銜，無朝銜。節度推官楊嗣復則有朝銜「試太常寺協律郎」，但無憲銜。巡官在推官之下，通常在文職僚佐中居末。宇文籍任巡官末職，他所帶的朝銜「試祕書省校書郎」也相應不高，為九品官。

　　如上所示，這些朝憲銜又可按性質或高低分為三類，在石刻和官文書等材料中的使用頗有規律：一是「檢校」，僅用於郎官等較高層京官，或祕書監等，如白居易〈義成軍奏事官、虞候衛紹則可檢校祕書監，職如故制〉[79]。肅宗朝以後此種不執行實職的檢校官大盛，正是因為幕府大開，中級幕僚如判官等常獲授此種官銜所致[80]。大詩人杜甫晚年在劍南西川嚴武幕府當節度參謀時，也得了一個檢校官叫「工部員外郎」，此即後世尊稱他為「杜工部」的由來。二是「兼」銜，用於御史臺官。三是「試」銜，用於八、九品京官如校書郎、正字、協律郎、大理評事、衛率府兵騎曹參軍等。「試」銜在墓誌和石刻題名中最常見，甚至連幕府武職如都虞候等，都可能帶有各種試銜

79　《白居易集》卷五一，頁1081。
80　唐初至肅宗朝的檢校官「皆掌本職，與正員不異」。但代宗以後，純虛銜，非實職。嚴耕望，《唐僕尚丞郎表》，頁1，特別提到代宗以後的這種檢校官，因不掌實職，如何增加後世研究者的難度。

如「試太僕寺丞」等[81]，其出現頻率遠遠高於「檢校」和「兼」銜，可惜今人幾乎一無研究。

應當注意的是，史書上提到這些朝憲銜時，經常省略「檢校」、「兼」和「試」等字眼。今人若不細察，可能會誤以爲某幕佐曾經在京城臺省擔任過這些實職。本書前面已論及史書上的這種省略寫法，這裡再引數例。比如，《舊唐書‧衛次公傳》說：

> 嚴震之鎮興元，辟爲從事，授監察，轉殿中侍御史。貞元八年〔792〕，徵爲左補闕，尋兼翰林學士。[82]

這裡的「授監察，轉殿中侍御史」，都是衛次公在嚴震幕府所獲授的憲銜，非實職。他到貞元八年才被「徵爲左補闕」入朝。又如《舊唐書‧杜讓能傳》說：

> 服闋，淮南節度使劉鄴辟掌記室，得殿中，賜緋。入爲監察。[83]

「得殿中」的「殿中」也是個憲銜，意即杜讓能得到殿中侍御史這個憲銜，並且獲賜緋衣章服。「入爲監察」才是他入朝任

81 比如，此〈諸葛武侯祠堂碑〉的碑陰題名，便有三個武將帶有「試」銜。見《八瓊室金石補正》，頁470。
82 《舊唐書》卷一五九，頁4179。
83 《舊唐書》卷一七七，頁4612。

實職。

這種省略寫法，甚至也見於墓誌中，如〈唐故隴西李府君(李稅)墓誌〉所說：

> 登進士籍，以試祕書省校書郎、觀察推官，從裴大夫寅於陝虢府。裴公移旆於江西，又以君為支使，轉太常寺協律郎。府罷，調授同州朝邑縣主簿。[84]

這裡敘述李稅的兩個幕職。他任「觀察推官」時所帶朝銜為「試祕書省校書郎」，是個很標準常見的試銜，誌文沒有省略「試」字。李稅的第二個幕職是「支使」，帶有「太常寺協律郎」的朝銜。這也很常見，但誌文卻省略了「試」字。不察者可能會錯以為他回到朝中太常寺任協律郎實職。但文中接下來的「府罷」兩字，清楚顯示他任支使是在某幕「府」，「府罷」了便「調授同州朝邑縣主簿」，並未入朝。

最完整的檢校兼試銜，通常見於石刻結銜上(或祭文[85]開頭部分參祭者的結銜)。這種整套的官銜甚至可能包含散官銜，如「將仕郎」、「朝議郎」、「給事郎」等，以及所賜章服，如「賜緋魚袋」等。這裡且舉六例如下：

(一)從弟將仕郎前義武軍節度巡官試太子正字元孫撰

84 《唐代墓誌彙編續集》，頁1081。
85 關於唐宋哀祭文的特點，見葉國良，〈唐宋哀祭文的發展〉，《臺大中文學報》，第18期(2003年)。

并書 [86]

(二)攝經略巡官試大理評事知軍州事賜緋魚袋崔獻直 [87]

(三)河東觀察推官試太常寺協律郎攝監察御史齊孝若撰 [88]

(四)度支推官朝議郎檢校尚書禮部員外郎兼侍御史王
恮撰 [89]

(五)劍南東川節度掌書記給事郎試太常寺協律郎劉寬
夫撰 [90]

(六)父前□海節度掌書記試太子通事舍人裴從賓篆 [91]

據筆者在史書和墓誌中所見，基層幕職一般常帶的朝憲銜
可列如下表一：

表一　基層幕職常帶的朝憲銜

幕職	常帶朝銜	常帶憲銜
掌書記	試校書郎、試大理評事、試太常寺協律郎；檢校某司郎中或員外郎。	殿中侍御史、侍御史
推官	試校書郎、試大理評事、試太常寺協律郎(唐末五代有檢校郎官者)。	監察御史、殿中侍御史
巡官	試校書郎、試大理評事、試太常寺協律郎、試衛率府兵騎曹參軍。	常無憲銜；若有則爲監察御史裏行、監察御史

86　《唐代墓誌彙編續集》，頁961。
87　《八瓊室金石補正》卷五三，頁363。
88　《唐代墓誌彙編續集》，頁780。
89　《唐代墓誌彙編續集》，頁1081。
90　《唐代墓誌彙編續集》，頁861。
91　《唐代墓誌彙編續集》，頁925。

　　這些檢校、兼和試銜，是由幕主特別爲幕佐向朝廷「奏授」而來。「奏授」亦稱「表授」或「奏署」，不同於「辟署」。白居易《授柳傑等四人官，充鄭滑節度推、巡制》說：

> 古者，公府得自選吏屬。今仍古制，亦命領征鎮者，必先禮聘，而後升聞。[92]

　　「必先禮聘」即「辟署」，「而後升聞」即向朝廷「奏授」檢校、兼、試等官。白居易和元稹等人的文集裡，還保存了好幾篇朝廷授這些官的文書，如白居易所寫的這篇任命書：

> 楊景復可檢校膳部員外郎、鄆州觀察判官；李綬可監察御史、天平軍判官；盧載可協律郎、天平軍巡官；獨孤涇可監察御史、壽州團練副使；馬植可試校書郎、涇原掌書記；程昔範可試正字、涇原判官；六人同制。[93]

92　《白居易集》卷五〇，頁1049。
93　《白居易集》卷四九，頁1038。這裡各人所帶的朝憲銜，和他們幕職的高低，都很相配，除了最後一人程昔範之外。他的朝憲是很低的「試正字」，但他的幕職卻是地位頗高的判官，不相配。一般而言，判官已可帶檢校郎官等清要官，如本例中的楊景復，或帶監察御史，如李綬。筆者頗懷疑程昔範任的不是「判官」，而是幕府正職中最低的「巡官」，這樣才能配合他的「試正字」銜。此「判」可能爲「巡」字在唐宋間傳抄刻印之誤。趙璘《因話錄》卷三，頁82-83說程昔範「以試正字，從事涇原軍」。「從事」是個籠統的稱謂，可以指巡官，也可以指判官等幕府僚佐。這裡以官名當動詞使用。

這裡郎官冠以「檢校」，校書郎和正字冠以「試」，亦和上引〈諸葛武侯祠堂碑〉的碑陰題名結銜中的用法相合。這篇敕書當是以上六人應幕府所「辟」之後，幕主才「升聞」為他們「奏授」所得的各種檢校、試銜。這也就是權德輿在〈鄜坊節度使推官大理評事唐君墓誌銘并序〉中所說的「辟書既至，命書繼下」[94]。此外，白居易〈王師閔可檢校水部員外郎、徐泗濠等州觀察判官制〉以及元稹〈裴溫兼監察御史裏行充清海軍節度參謀〉[95]，亦都屬此例。

從「辟署」到「奏授」朝憲等官銜，這中間可能需要等候一段時間。比如韓愈，他早在貞元十二年（796）就到汴州董晉幕府任推官，可是一直要到兩年後，他才得到「試校書郎」的官銜[96]。但這卻很可能是一般正常的辟署和奏授程序。至於反常程序，見於《新唐書·令狐楚傳》：「既及第，桂管觀察使王拱愛其才，將辟楚，懼不至，乃先奏而後聘。」[97]王拱怕令狐楚不接受他的辟書，所以先「奏」，即先給他奏授一個朝銜才辟「聘」，但這種做法是特殊的，祇因為當時令狐楚文名甚盛，王拱怕失去他才這麼做。

像這一類檢校、兼、試銜，學界一般常稱之為「虛銜」。筆者認為，「虛銜」此詞太含糊，應當釐清。「虛銜」頂多祇

94 《全唐文》卷五〇三，頁5121。
95 《元稹集》卷四八，頁520。
96 關於韓愈此例更詳細的討論，見本書第一章〈校書郎〉中論「試校書郎」一節。
97 《新唐書》卷一六六，頁5098。

表示，這些官銜的持有者並未真正去執行該官的「實際職務」。
但除此之外，這些官銜並不全「虛」。它們還有其他作用，有
實質意義。讓我們先看《舊唐書‧顏杲卿傳》的一段記載：

〔天寶〕十五年〔756〕正月，〔史〕思明攻常山郡……。其
月八日，城陷，〔顏〕杲卿、〔袁〕履謙為賊所執，送於
東都。……祿山見杲卿，面責之曰：「汝昨自范陽户
曹，我奏為判官，遽得光祿、太常二丞，便用汝攝常
山太守，負汝何事而背我耶？」杲卿瞋目而報曰：「我
世為唐臣，常守忠義，縱受汝奏署，復合從汝反乎！
且汝本營州一牧羊羯奴耳，叨竊恩寵，致身及此，天
子負汝何事而汝反耶？」祿山怒甚，令縛於中橋南頭
從西第二柱，節解之，比至氣絕，大罵不息。[98]

顏杲卿（692-756）即書法家顏真卿（709-785）的堂兄。兩《唐書》
對他早年的官歷省略太多，交代不清，幸好顏真卿為他所寫的
〈攝常山郡太守衛尉卿兼御史中丞贈太子太保諡忠節京兆顏公
神道碑銘〉仍傳世，清楚告訴我們他早年的仕歷，又如何進入
安祿山的范陽節度當營田判官，並以度支判官兼攝常山郡（即鎮
州，今河北正定）太守：

起家江州司法，轉遂州。……遷鄭州司兵。開元與兄

春卿、弟曜卿、從父弟允南俱從調吏部，皆以書判超
等。同日於銓庭為侍郎席建侯所賞。……擢授魏郡錄
事參軍。當官正色，舉劾無所迴避。採訪使張守珪以
清白聞，遷范陽郡戶曹。安祿山雅聞其名，奏為營田
判官，光祿、太常二寺丞，又請為度支判官兼攝常山
郡太守。[99]

當時的范陽節度安祿山是因為「雅聞」顏杲卿之名，才辟他入
府，並「奏為營田判官，光祿、太常二寺丞」。這是幕府辟署
幕佐並為他奏授朝銜的典型做法。也正因為如此，安祿山把顏
杲卿當「幕賓」看待，期望他效忠於他，至少不該「背棄」他。
他責怪杲卿時，還特別提到當初為他奏署「光祿、太常二丞」
事，可見幕佐所帶的這些朝銜，並非「虛銜」那麼簡單，否則
安祿山也不會在如此生死關頭，舊事重提。

從幕職奏授朝銜的制度，我們可以推知，顏杲卿所得的「光
祿、太常二寺丞」，應當不是同個時候奏授的，而是累遷得到
的。石刻史料中亦有幕佐帶此銜。如〈魏州貴鄉縣令盧公墓誌
銘〉，說這位墓主盧侶，曾由昭義節度「奏授試太祿寺丞，攝
衛州別駕」[100]。又如〈溫公合祔墓誌〉，墓主溫綬的父親溫可
宏，就是個「宣德郎、試太常寺丞」[101]。據此可知顏杲卿所帶
的光祿和太常寺丞，都是「試」銜，但他的神道碑和《舊唐書》

---

99 《全唐文》卷三四一，頁3463。
100 《唐代墓誌彙編續集》，頁837。
101 《唐代墓誌彙編續集》，頁1114。

本傳都省略了「試」字。

　　從顏杲卿此例看，使府幕佐所帶的這些朝憲銜，應當都有實質意義。可惜史料殘缺，今人對此類朝憲銜的瞭解相當不足。胡三省在注釋《資治通鑑》所提到的這些唐代幕僚官銜時，有兩處把它們比作宋代的「寄祿官」。第一處是在《資治通鑑》德宗貞元十年(794)條下：

> 乙丑，義成節度使李融薨。丁卯，以華州刺史李復為義成節度使。……復辟河南尉洛陽盧坦為判官。監軍薛盈珍數侵軍政。坦每據理以拒之。盈珍常曰：「盧侍御所言公，我固不違也。」胡注：坦後卒能脫於盈珍之譖。侍御，坦之寄祿官，所謂憲銜也。[102]

《資治通鑑》此處的史原，當是李翺的〈故東川節度使盧公傳〉：

> 會鄭滑節度使李復表請為判官，得監察御史。薛盈珍為監軍使，累侵軍政。坦每據理以拒之。盈珍嘗言曰：「盧侍御所言皆公，我故不違也。」有善吹笛者、大將十餘人同啓復，請以為重職。坦適在復所。問曰：「眾所請可許否？」坦笑曰：「大將等皆久在軍，積勞亟遷，以為右職。奈何自薄，欲與吹笛少年同為列耶？」復告諸將曰：「盧侍御言是也。」大將慚遽走

---

102 《資治通鑑》卷二三四，頁7553。

　　出，就坦謝，且曰：「向聞侍御言。某等羞愧汗出，
　　恨無穴可入。」[103]

由此可知，盧坦爲李復辟爲判官，得到的憲銜是「監察御史」。
胡三省把它比作宋代的「寄祿官」，很有啓發性，有助於我們
瞭解此種官銜的實質意義。此外，盧坦得此監察御史，雖非真
正在京城御史臺行使實職的御史，但幕府中人都尊稱他爲「盧
侍御」[104]，可見這種所謂的「虛銜」，在幕府生活中亦很有些
「用處」。
　　胡注第二次提到寄祿官，是在《資治通鑑》文宗大和二年
（828）條下：

　　甲午，賢良方正裴休、李郃、李甘、杜牧、馬植、崔
　　璵、王式、崔愼由等二十二人中第，皆除官。考官左
　　散騎常侍馮宿等見劉蕡策，皆歎服，而畏宦官，不敢
　　取。詔下，物論囂然稱屈。諫官、御史欲論奏，執政
　　抑之。李郃曰：「劉蕡下第，我輩登科，能無厚顔！」
　　乃上疏，以爲：「蕡所對策，漢、魏以來無與爲比。
　　今有司以蕡指切左右，不敢以聞，恐忠良道窮，綱紀
　　遂絕。況臣所對不及蕡遠甚，乞回臣所授以旌蕡直。」
　　不報。蕡由是不得仕於朝，終於使府御史。胡注：使

---

103 《全唐文》卷六四〇，頁6462。
104 監察御史和殿中侍御史都可尊稱爲「侍御」，見趙璘，〈因話錄〉，
　　卷五，頁102。唐詩中亦甚常見。

府，節度使幕府也。御史，幕僚所帶寄祿官，亦謂之
憲官。[105]

劉蕡案是文宗大和年間官場上有名的大案。詩人李商隱有好幾
首詩如〈哭劉蕡〉、〈哭劉司戶蕡〉，都在替劉蕡訴說不平。
但這樣的才子卻「不得仕於朝，終於使府御史」。胡三省此注
清楚解說了「使府御史」的含意，即劉蕡祇是在幕府中掛著御
史的官銜，並非真正京城的御史[106]，但他此種憲銜卻猶如宋代
的「寄祿官」。換句話說，幕佐的職俸和官階升遷，都以這種
朝憲銜爲準，不宜輕率以「虛銜」視之。

幕職所帶的朝憲銜有遷轉，而且有遷轉的種種規定。《新
唐書・鄭畋傳》說：

舊制，使府校書郎以上，滿三歲遷；監察御史裏行至
大夫、常侍，滿三十月遷。雖節度兼宰相，亦不敢越。
自軍興，有歲內數遷者，〔鄭〕畋以爲不可，請：「行
營節度，繇裏行至大夫，許滿二十月遷；校書郎以上，

---

105 《資治通鑑》卷二四三，頁7858。
106 《新唐書》卷四八〈百官志〉，頁1237説：「至德後，諸道使府參
　　佐，皆以御史爲之，謂之外臺。」唐墓誌中有「使銜御史」一詞，
　　也和「使府御史」的用法相似。見〈有唐盧氏崔夫人墓銘并序〉，
　　《唐代墓誌彙編》，頁2351。王壽南，〈唐代御史制度〉，收在許
　　倬雲等著，《中國歷史論文集》（臺北：商務印書館，1986）第四節，
　　專論這種「外臺御史」，並認爲「外臺御史爲御史臺之伸延擴充」（頁
　　191）。

滿二歲乃奏。非軍興者如故事。」從之。[107]

此處「使府校書郎」和上文「使府御史」的用法相似，指的就是在幕府掛「校書郎」朝銜者，即「試校書郎」。據鄭畋的奏，他們從前是要任滿三年或三十個月才能升遷，但自軍興以來，有「歲內數遷者」，升遷太快太頻，所以他提了新的升官期限規定，並得到朝廷的批准。

鄭畋此奏的年代約爲僖宗中和二年(882)，已臨近唐亡。在他之前，在貞元與元和年間，朝廷都頒佈過幾次類似敕令，如貞元十六(800)年敕：

> 十六年十二月敕：「諸道觀察、都團練、防禦及支度、營田、經略、招討等使，應奏副使、行軍、判官、支使、參謀、掌書記、推官、巡官，請改轉臺省官，宜三週年以上與改轉。其緣軍務急切，事跡殊常，即奏聽進止。」[108]

以及元和七年(812)敕：

> 七年七月敕：「諸使府參佐、檢校、應(疑爲「兼」之誤)、試官月日計，如是五品已上官及臺省官，經三十箇月

---

107 《新唐書》卷一八五，頁5404-5405。
108 《唐會要》卷七八，頁1704。

外，任奏與改轉。餘官經三十六個月奏改。如經考試
有事故，及停替官‧本限之外，更加十個月，即往申
奏。」從之。[109]

都對幕佐的檢校、憲、試官的遷轉有過規定。一般而言，此種
官二到三年即可改轉一次。然而，這些敕令上的規定，幕府未
必遵從[110]。官職的遷轉，也可由其他因素決定，如軍功等（如下
引凌準例），未必處處以二、三年為限。

　　這些幕職所帶的朝憲銜有遷轉，幕職本身如巡官、推官、
掌書記等亦有遷轉，即一個人可以從巡官升至推官，再升為掌
書記等。我們在閱讀唐史料，應當小心分辨幕「職」與朝「官」
及其遷轉。否則，分辨不清，極易把唐人的官歷混淆了。例如，
順宗朝「二王八司馬事件」中的要角之一凌準，他的幕府官歷
在柳宗元的〈故連州員外司馬淩君權厝志〉中，是這樣記載的：

　　又以金吾兵曹為邠寧節度掌書記。泚涇之亂，以謀畫
　　佐元戎，常有大功，累加大理評事、御史，賜緋魚袋。
　　換節度判官，轉殿中侍御史。府喪罷職。後遷侍御史，
　　為浙東廉使判官。撫循罷人，按驗汙吏，吏人敬愛，
　　厥績以懋，粹然而光，聲聞於上，召以為翰林學士。[111]

109 《唐會要》卷七八，頁1704。
110 石雲濤，《唐代幕府制度研究》，頁237-272。
111 《柳宗元集》卷十，頁264。

這裡柳宗元甚至把「試」、「兼」等字眼都省略了，以致
凌準的幕「職」和他所帶的朝「官」看來十分紊亂，幾乎不易
分辨。爲了便於辨識，不妨列如表二：

表二　凌準的幕府官歷

幕　職	所帶朝、憲銜和章服等
邠寧節度掌書記	金吾兵曹(省略「試」字)。因軍功累加爲「大理評事、御史，賜緋魚袋」。
邠寧節度判官	轉殿中侍御史
浙東廉使(觀察使)判官	遷侍御史

所謂朝憲銜有遷轉，即指凌準從御史(當爲監察御史)升殿
中侍御史，再升侍御史。這很符合這三種御史官的升遷秩序，
但這些全都是無實職的「寄祿官」，是凌準在幕府任職所帶的
憲銜。他從來未曾在京師的御史臺任官。他從建中四年(783)
起，先在邠寧節度任掌書記，後升判官。這即所謂幕職也有升
遷：掌書記一般升判官。他一直待在邠寧，前後長達十三年，
直到節度使張獻甫於貞元十二年(796)去世爲止，「府喪罷職」。
以幕職來說，十三年的時間不可說不長。過了六年，在貞元十
八年(802)他轉任浙東觀察使賈全判官。這時他的幕「職」沒有
升，依然是判官，但他的朝「官」卻升了，從殿中侍御史升爲
侍御史。約三年後，因他在浙東幕府功績佳，「聲聞於上」，
才被召回京師，任翰林學士。
　　又如馬炫的幕府官歷，見於其兩《唐書》本傳及出土的〈馬
公墓誌銘〉，記載略有不同，可以讓我們更深入考察史傳和墓

誌如何處理中晚唐士人的幕職和朝官。先看《舊唐書》的記載：

> 炫字弱翁，燧之仲兄，少以儒學聞於時，隱居蘇門山，
> 不應辟召。至德中，李光弼鎮太原，辟為掌書記、試
> 大理評事、監察御史，歷侍御史，常參謀議，光弼甚
> 重之，奏授比部、刑部郎中。田神功鎮汴州，奏授節
> 度判官、檢校兵部郎中……。[112]

再看《新唐書》的說法：

> 燧兄炫，字弱翁。少以儒學聞，隱蘇門山，不應辟召。
> 至德中，李光弼鎮太原，始署掌書記，常參軍謀，光
> 弼器焉。遷刑部郎中。田神功帥宣武，署節度判官，
> 授連、潤二州刺史，以清白顯……。[113]

最後看〈馬公墓誌銘〉的記載：

> 於時故太尉李光弼鎮太原，素聞其名，表授孝義尉，
> 且為戎幕管記，軍府之務，悉以咨之。其後太尉翦強
> 寇於嘉山，扞大患於盟津，出入中外，經綸夷險，奇
> 功茂績，公實參之。累遷殿中侍御史、太子中允、比

112 《舊唐書》卷一三四，頁3702。
113 《新唐書》卷一五五，頁4891。

部、刑部二郎中。廣德中，僕射田神功鎮大梁，朝論
以田武臣，宜得良佐，除公檢校兵部郎中⋯⋯。[114]

《新唐書》把馬炫的官歷省略太多，最不可取。《舊唐書》和
墓誌所記，則可互補有無。且據兩者將馬炫的幕職和所帶朝憲
銜列表如下：

表三　馬炫的幕府官歷

幕職	所帶朝、憲銜
李光弼河東太原幕掌書記	試大理評事、監察御史(此據舊傳)、累遷殿中侍御史、太子中允、〔檢校〕比部、刑部二郎中(此據墓誌)
田神功汴州幕府判官	檢校兵部郎中

馬炫剛出任掌書記時，應當帶有低層朝憲銜。《舊唐書》
所記「試大理評事、監察御史」正好相配。後來他佐李光弼平
定安史之亂，因軍功接連升官，即其墓誌所說「累遷殿中侍御
史、太子中允、比部、刑部二郎中」。《舊唐書》遺漏「太子
中允」，又說他「歷侍御史」，和墓誌不合，當據誌改。《新
唐書》簡略太過，極易誤導讀者，特別是「遷刑部郎中」一句，
更容易令人誤會馬炫曾回到京城朝中任刑部郎中。事實上，舊
傳和墓誌清楚顯示，這祇不過是他任掌書記時累遷的檢校官罷
了。

---

114 《唐代墓誌彙編續集》，頁750。

　　晚唐詩人李商隱，一生幾乎都在幕府任職。他的幕府官歷，
在其《舊唐書》本傳中的記載，也需細分幕「職」和所帶朝「官」，
並留意其遷轉，才能梳理清楚：

> 王茂元鎮河陽，辟為掌書記，得侍御史。……會給事
> 中鄭亞廉察桂州，請為觀察判官、檢校水部員外
> 郎。……會河南尹柳仲郢鎮東蜀，辟為節度判官、檢
> 校工部郎中。[115]

就幕職而言，李商隱從掌書記升到觀察判官，再升為節度判
官，都很符合幕職的升遷規律。他所帶的朝憲銜，一開始就
是「侍御史」，其實可說非常傑出，因為侍御史是御史臺最
高層的御史，高於殿中侍御史和監察御史。接著，他升到「檢
校水部員外郎」，已是清貴的一種郎官。他最後遷至「檢校
工部郎中」。「郎中」又比「員外郎」高一等，可見李商隱
的朝官遷轉很有規律，步步高升。他這官歷固然比不上白居
易和元稹等人，但比起當時幕府中的好些其他人，其實又算
很不錯的了[116]。

---

115 《舊唐書》卷一九〇下，頁5077-5078。研究李商隱的學者如張采田、
　　岑仲勉、楊柳、吳調公、劉學鍇和余恕誠等人，對李商隱的幕府官
　　歷有種種爭論，詳見諸人論著，這裡無法細論，祇想單就《舊唐書》
　　的記載，解說李商隱的幕「職」及其朝「官」的分別和遷轉。
116 筆者希望將來能撰寫另一本專書《唐人的官歷和遠行》，屆時將可
　　細細比較唐代幾個詩人、軍人、財臣和宰相等的官歷，以及他們如
　　何經常必須為官務遠行。

　　中晚唐士人的墓誌和本傳中，有不少像上述這種幕「職」
與朝「官」糾纏不清的寫法，極易誤導後世讀者。這裡且舉晚
唐知名詩人杜牧爲例，說明他的幕府官歷如何早在五代編修《舊
唐書》時就已弄錯。其實，杜牧本人所寫的《自撰墓誌銘》是
沒有錯的：

> 牧進士及第，制策登科，弘文館校書郎，試左武衛兵
> 曹參軍、江西團練巡官，轉監察御史裏行、御史、淮
> 南節度掌書記[117]，拜眞監察御史，分司東都。以弟病
> 去官，授宣州團練判官、殿中侍御史内供奉……。[118]

杜牧在敍述自己的幕府官銜時，有時把朝憲銜放在幕職之前，
如敍「江西團練巡官」和「淮南節度掌書記」，有時又放在幕
職之後，如敍「宣州團練判官」，對後人來說有些混亂，但這
卻是唐人常見的寫法。爲方便辨識，茲列表如下：

---

117 此處《樊川文集》陳允吉的標點，原作「御史，淮南節度掌書記」。
　　筆者認爲若把該逗點改爲頓號，更符文意，且跟前後文的其他官銜
　　標點相配。除此之外，陳允吉的標點極正確可取，沒有重複《舊唐
　　書》之誤。
118 《樊川文集》，卷十，頁160-161。「內供奉」是法定名額之外所置
　　諫官、御史等官的名目。見趙冬梅，〈唐五代供奉官考〉，《中國
　　史研究》，2001年第1期，頁61。又見何錫光，〈兩《唐書》中與「內
　　供奉」有關的官職名稱的錯誤標點〉，《中國史研究》，2003年第1
　　期，頁114。

表四　杜牧早年的官歷

官　歷	所帶朝銜	所帶憲銜
弘文館校書郎	（校書郎本爲京官，不應再帶朝銜）	
江西團練巡官	試左武衛兵曹參軍	
淮南節度掌書記		轉監察御史裏行、御史
拜眞監察御史，分司東都	（此爲正式京官，不再帶朝銜）	
宣州團練判官		殿中侍御史內供奉

　　這個根據杜牧〈自撰墓誌銘〉所製成的官歷表，實際上很清楚，沒有問題。就幕職而言，杜牧從巡官升爲掌書記，再升爲判官，很符合幕府升職的規律。巡官爲幕職，無品秩，故照例帶有朝銜或憲銜。巡官帶有「試左武衛兵曹參軍」，也是史傳墓誌中很常見的。但這段記載到了《舊唐書·杜牧傳》卻變成了另一個樣子：

> 牧字牧之，既以進士擢第，又制舉登乙第，解褐弘文館校書郎，試左武衛兵曹參軍。沈傳師廉察江西宣州，辟牧為從事、試大理評事。又為淮南節度推官、監察御史裏行，轉掌書記。俄眞拜監察御史，分司東都，以弟顗病目棄官。授宣州團練判官、殿中侍御史內供奉。[119]

119 《舊唐書》卷一四七，頁3986。

　　《舊唐書》最大的失誤是斷句不當，把「試左武衛兵曹參軍」和「弘文館校書郎」連讀致訛。弘文館校書郎本身是正式的京官，非幕職，不應帶「試左武衛兵曹參軍」這樣的「試」銜。這個「試左武衛兵曹參軍」，應當和下文的「江西團練巡官」連讀才有意義。結果，《舊唐書》的編者誤讀之後，可能發現杜牧任江西團練巡官，沒帶試銜，所以無端端給他加了個「試大理評事」，接著又說他任「淮南節度推官」，但此兩銜都不見於杜牧的〈自撰墓誌銘〉，不知何據？看來不可信。

　　至於《新唐書》的記載，則把杜牧的官歷省略太過，不但略去他的「弘文館校書郎」，還把他所帶的幾乎所有朝憲銜刪去，最不可取：

> 牧字牧之，善屬文。第進士，復舉賢良方正。沈傳師表為江西團練府巡官，又為牛僧孺淮南節度府掌書記。擢監察御史，移疾分司東都，以弟顗病棄官。復為宣州團練判官，拜殿中侍御史內供奉。[120]

　　今人繆鉞的《杜牧年譜》和《杜牧傳》，考證精當，文筆生動優美，為唐人年譜和傳記中極難得的兩本傑作，但於杜牧的早年官歷，卻依然沿襲《舊唐書》之誤而不覺。繆鉞在引用杜牧〈自撰墓誌銘〉時，斷句方式和《舊唐書》一樣：

---

120 《新唐書》卷一六六，頁5093。

本集卷十《自撰墓誌銘》：「牧進士及第，制策登科，
弘文館校書郎，試左武衛兵曹參軍。」[121]

他在其《杜牧傳》中進一步申論：

> 杜牧於大和二年閏三月制策登科以後，被任命為弘文
> 館校書郎、試左武衛兵曹參軍。弘文館屬門下省，是
> 撰著文史、鳩聚學徒之所，校書郎，官階從九品上，
> 掌校理典籍，刊正錯誤。左武衛是唐朝十六衛之一，
> 左武衛大將軍下有各種參軍，兵曹參軍正八品下，掌
> 五府武官宿衛番第，受其名數，請大將軍分配。[122]

但明眼人一看就要問：校書郎為甚麼會跟左武衛兵曹參軍扯上
關係？繆鉞也沒有任何解釋。為甚麼杜牧任校書郎時，竟會帶
有一個「試」銜？幕職才有這樣的試銜，京官是不可能帶此銜
的。這不符合唐代官制，而且史書上僅有杜牧這一案例，非常
特殊。故筆者重新對比〈自撰墓誌銘〉和《舊唐書》的記載，
始發現此錯誤早在五代編修《舊唐書》時即已形成。今人不察，
相沿其誤，亦反映了史傳和墓誌中常存在著幕職和朝憲銜糾纏
不清的問題，極易誤導後人[123]。但留心唐代幕佐的官制及其遷

---

121 《杜牧年譜》（北京：人民文學出版社，1980），頁20。
122 《杜牧傳》（北京：人民文學出版社，1977），頁28。
123 就筆者所見，所有涉及杜牧校書郎官歷的現代論著，都沿襲《舊唐
　　書》或繆鉞《杜牧年譜》和《杜牧傳》之誤，例如《唐代文學史》，

轉規律，當可迎刃而解。

五、巡官

　　巡官可說是使府正職當中最低一級的文官。巡官之下當然
還有要籍、孔目官等卑職，但這些都不是士人釋褐或常任之官，
不算「正職」，可不論。就這點來說，使府的巡官，好比縣的
縣尉，或州的參軍。三者都是相關組織中最低一級的正職。

　　中晚唐士人一釋褐出來做官，很可能就任巡官。一般任此
官的資歷是進士及第，如下面數例：

　　魏謨：「擢進士第，同州刺史楊汝士辟為長春宮巡官。」[124]
　　竇牟：「舉進士。……初授祕校東都留守巡官。」[125]
　　周墀：「舉進士登第，始試祕書正字、湖南團練巡官。」[126]
　　劉崇望：「登進士科。王凝廉問宣歙，辟為轉運巡官。」[127]

或以巡官作為第二任官，如：

(續)───

　　下冊，頁365。此外，另一杜牧專家胡可先，在其〈《唐才子傳·杜
　　牧傳》箋證〉，《杜牧研究叢稿》（北京：人民文學出版社，1993），
　　頁140說：「因其官〔指左武衛兵曹參軍〕比校書郎高二階以上，故稱
　　『試』。」不知何據？
124 《新唐書》卷九七，頁3882。
125 褚藏言，〈竇牟傳〉，《全唐文》卷七六一，頁7909。
126 杜牧，〈唐故東川節度檢校右僕射兼御史大夫贈司徒周公墓誌銘〉，
　　《樊川文集》卷七，頁120。
127 《舊唐書》卷一七九，頁4664。

王徽：「釋褐⋯校書郎。戶部侍郎沈詢⋯⋯辟為巡官。」[128]
杜牧：「牧進士及第⋯弘文館校書郎⋯⋯江西團練巡
　　官。」[129]

我們在第一章見過，校書郎已是「起家之良選」。校書郎之後
又任巡官，看來巡官也是相當不錯的第二任官。從以上數例和
巡官在使府官制中的排位判斷，它一般上應當是較年輕士人（約
二十多到三、四十歲）擔任的幕職。但韓愈的古文名篇〈崔評事
墓誌銘〉，卻寫一個年紀相當大，五十多歲的「觀察巡官」崔
翰（744-799）：

貞元八年〔792〕，君生四十七年矣，自江南應節度使王
栖曜命于鄜州。既至，表授右衛胄曹參軍，實參幕府
事。直道正言，補益宏多。既去職，遂家於汝州，汝
州刺史吳郡陸長源引為防禦判官，表授試大理評事。
十二年〔796〕，相國隴西公作藩汴州，而吳郡為軍司
馬，隴西公以為吳郡之從則賢也，署為觀察巡官。實
掌軍田，鑿澮溝，斬荄茅，為陸田千二百頃，水田五
百頃，連歲大穰，軍食以饒。幕府以其功狀聞，使者
未復命。以十五年〔799〕正月五日，寢疾終於家，年五十
有六矣。[130]

---

128 《舊唐書》卷一七八，頁4640。
129 《樊川文集》卷十，頁160。
130 《韓昌黎文集校注》卷六，頁349。

文中的「隴西公」指董晉。韓愈曾佐汴州董晉幕府。這位崔翰便是他當年的同僚。文中的記載爲幕府制度提供好些生動的實例，比如這位崔翰，最初佐王栖曜鄜州幕，得到「右衛冑曹參軍」的朝銜（韓愈略去「試」字），後來佐陸長源汝州幕，也有「試大理評事」朝銜，跟我們上文討論的幕佐官制正合。然而，從幕佐官制角度細讀韓愈此文，它卻有兩點極突兀，有些疑問。第一、據韓文，崔翰任汴州「觀察巡官」，已五十二歲以上，但巡官卻是年輕人釋褐或再任之低層官。第二、我們知道，巡官的排位，在推官、掌書記和判官之下，但這位崔翰卻是在擔任過鄜州幕職（確實職稱不詳）及汝州「防禦判官」之後，才來任汴州的「觀察巡官」。這豈不等於降職？但從韓文看來，他不像是降職。反而他在汴州的治績極佳，廣開軍田，幹得有聲有色。府中還特別上表向朝廷申報他的功業，可惜使者還沒有回來，他就在貞元十五年正月五日因病去世了，逃過了當年二月十一日發生的汴州軍亂。

　　從這兩點看來，崔翰不像是個「觀察巡官」。筆者從幕府官制上推測，此「巡官」應當是「判官」之傳寫刻印之誤。若是，則上述兩個疑難問題都可迎刃而解。判官爲比較高層的幕職。任判官者，年齡都比較大。崔翰五十多歲任判官，而且廣開軍田，職權重，職務劇，正符合判官（而非巡官）的身段。可惜歷來研究韓文的學者，從來沒有提及此墓誌中這兩個不合官制的問題。現傳世的韓集版本，此處都作「觀察巡官」，無異文。嚴耕望說巡官職掌「不詳」，「有管屯田者」，所據即韓愈此墓誌中有疑問部分，沒有再深考。這裡筆者且提此疑問，

並進一新解，就教於韓愈學者和唐史專家。

　　過去學界對巡官的考釋稍嫌不足。嚴耕望的〈唐代方鎮使府之文職僚佐〉，對巡官的論述祇有寥寥三段，最後說巡官的職掌「不詳，有掌屯田者」[131]。戴偉華在《唐代使府與文學研究》中，曾論及副使、行軍司馬、判官、掌書記和支使的職掌，但未及巡官（也沒有論及推官）[132]。石雲濤的《唐代幕府制度研究》，對巡官的討論也甚簡略，僅加引《逸史》中崔圓的故事，說巡官「亦為節帥所重」[133]。

　　其實，巡官可考者不止這些，其名目多達十餘種。除了嚴耕望所提到的常見幾種，如節度巡官、觀察巡官、防禦巡官、營田巡官、兩蕃巡官、館驛巡官、轉運巡官之外，史料中還可見下列幾種：度支巡官、團練巡官、經略巡官、東都留守巡官，甚至比較少見的戶部巡官、長春宮巡官、東渭橋給納使巡官、西川安撫巡官、內莊宅使巡官、都統巡官、樓煩監牧及造水等使巡官等等。

　　這些名目繁多的巡官顯示，舉凡是使職，便很可能都帶有巡官。巡官看來是一種低層的執行官，並無固定職掌，要看他所屬的使府而定，主要職務是協助府主執行任務。即使是同一司的巡官，可能因為跟從的府主不同而有不同的職掌。最好的佐證，莫如唐代兩個詩人知制誥時所寫的兩道任命書。第一是元稹的〈趙真長戶部郎中兼侍御史等〉：

---

131 嚴耕望，〈唐代方鎮使府之文職僚佐〉，頁66-67、76。
132 戴偉華，《唐代使府與文學研究》，頁38-51。
133 《唐代幕府制度研究》，頁100。

〔趙〕眞長可行某官，依前充職；應可某官，充戶部巡
官，勾當河南、淮南等道兩稅，餘如故。[134]

晚唐戶部、度支和鹽鐵通稱「三司」，主管國家財賦。這裡委
任一個名叫「應」者「充戶部巡官，勾當河南、淮南等道兩稅」，
正可見其職掌。但在杜牧的〈趙元方除戶部和糴巡官，陳洙除
長安縣尉，王巖除右金吾使判官等制〉，卻可見到另一種職掌：

敕：攝戶部巡官宣德郎試祕書省校書郎兼殿中侍御史
趙元方等，各為長才，自有知己。地官平糴，專豐耗
發斂之任……。[135]

可知這位同屬戶部的巡官，並不管「兩稅」，而是管「和糴」，
可證巡官祇是一種執行任務的官員。他的實際職務端看他所屬
的使府，或當時的工作需要。若職務特定明確，該巡官的任命
書上可能便已清楚標明他的職掌，如「戶部和糴巡官」此例。

又如李商隱的〈爲河東公謝相國京兆公第二啓〉說：

某啓：伏奉榮示，伏蒙辟署某第二子前鄉貢進士珪充
攝劍南西川安撫巡官并賜公牒舉者。……況襟帶禺
同，咽喉巴濮，求於安撫，必也機謀。[136]

---

134 《元稹集》卷四八，頁518。
135 《樊川文集》卷十九，頁292-293。
136 《李商隱文編年校注》，頁1939-1940。

這是李商隱代河東公柳仲郢，感謝京兆公杜悰辟其子柳珪爲巡官所寫的一封謝函。當時約大中六年（852），杜悰任劍南西川節度使，柳珪剛中進士不久，就受辟在其幕下當巡官。謝啓中有「襟帶禹同，咽喉巴濮，求於安撫」等字眼，顯示其職掌爲安撫西川巴濮等地軍事。換一個角度，我們也可以說劍南西川節度使兼帶安撫使等職，所以可辟一「安撫巡官」，但「安撫巡官」的職稱如此明確，所掌當即安撫事。在杜牧所撰〈鄭碣除江西判官、李仁範除東川推官、裴虔餘除山南東道推官、處士陳威除西川安撫巡官等制〉中[137]，也有一人受辟爲「安撫巡官」。

中晚唐鹽鐵和轉運常合爲一使[138]。鹽鐵巡官常掌漕運、水運，甚至海運，如陳磻石此例：

> 咸通三年〔862〕五月，南蠻陷交趾，微諸道兵赴嶺南，詔湖南水運自湘江入澪渠，並江西水運，以饋行營諸軍。湘、澪泝運，功役艱難，軍屯廣州乏食，潤州人陳磻石詣闕上書言：「江西、湖南泝流運糧，不濟軍期，臣有奇計，以饋南軍。」帝召見，因奏。「臣弟聽思，昔曾任雷州刺史，家人隨海船至福建往來，大船一隻可致千石，自福建不一月至廣州，得船數十艘，便可致三五萬石。」又引劉裕海路進軍破盧循故事，乃以磻石爲鹽鐵巡官，往揚子縣，專督海運，于是軍

137 《樊川文集》卷十九，頁291。
138 關於鹽鐵和轉運使，詳見何汝泉，《唐代轉運使初探》（重慶：西南師範大學出版社，1987）。

不闕供。[139]

陳磻石獻計以海運代河運，因此被任命爲鹽鐵巡官。他的方案
後來證明果爲「奇計」，「軍不闕供」。這當是鹽鐵巡官管轉
運的最佳史料之一。

　　至於像東渭橋給納使巡官、樓煩監牧及造水等使巡官，以
及榷鹽巡官等等，職稱都很明確，職掌應當和職稱相關。且舉
例說明如下。

　　東渭橋巡官見於杜牧〈白從道除東渭橋巡官、陶祥除福建
支使、劉蛻除壽州巡官等制〉。敕文進一步透露此巡官的完整
職稱和官銜：「度支東渭橋給納使巡官、將仕郎、試大理評事、
兼監察御史白從道」[140]，可知他是度支巡官的一種，專在東渭
橋給納使府服務。他帶有「試大理評事、兼監察御史」朝憲銜，
也很符合上文所考的使府官制。

　　但甚麼是「東渭橋」？陸贄的〈請減京東水運收腳價於緣邊
州鎮儲蓄軍糧事宜狀〉，提到「舊例從太原倉運米四十萬石至東
渭橋」等事[141]。李觀的〈東渭橋銘并序〉說他「自京師適高陵，
經東渭橋，闕渭之清，駭橋之雄，故作〈東渭橋銘〉」[142]。沈亞
之的〈東渭橋給納使新廳記〉告訴我們：「渭水東附河輸流，透

---

139 《唐會要》卷八七，頁1895。又見《舊唐書》卷十九上〈懿宗紀〉，
　　頁652。
140 《樊川文集》卷十九，頁290。
141 《全唐文》卷四七三，頁4834。
142 《全唐文》卷五三五，頁5431。

迤於帝垣之後。倚垣而跨爲梁者三。名分中、東、西。天廩居最東，內淮江之粟，而群曹百衞，於是仰給。」[143] 王播的〈請換貯東渭橋米石奏〉說：「東渭橋每年北倉收貯漕運糙米一十萬石，以備水旱。今累年計貯三十萬石。請以今年所運者換之。自是三歲一換，率以爲常，則所貯不陳，而耗蠹不作。」[144] 從這些材料可知，東渭橋是長安京城附近渭河上非常雄偉、龐大的糧倉，其巡官當管此倉米粟之事。

樓煩監牧及造水等使巡官，見於《唐會要》：

> 〔大和〕五年〔831〕十月敕：「樓煩監牧及造水等使，宜共置判官一員，巡官一員。」[145]

樓煩監是唐代極重要的牧馬區之一，設於河東道嵐州（約今山西嵐縣），貞元十五年（799）別置監牧使[146]。白居易有〈衞佐崔蕃授樓煩監牧使判官、校書郎李景讓授東畿防禦巡官制〉[147]，可證樓煩監牧使有判官，可惜史料中沒有授樓煩監牧使巡官的任命書。

唐代主要的內地產鹽區，如河中府的安邑和解縣（即今山西運城一帶，仍爲重要產鹽區），置有「榷鹽使一員，推官一員，

---

143 《全唐文》卷七三六，頁7602。
144 《全唐文》卷六一五，頁6220。
145 《唐會要》卷七九，頁1711。
146 《新唐書》卷三九，頁1005。關於唐代的牧馬管理，見馬俊民、王世平，《唐代馬政》（西安：西北大學出版社，1995）。
147 《白居易集》卷五二，頁1099。

巡官六員」。鹽州的烏池,也有「推官一員,巡官兩員」[148]。
司空圖的〈解縣新城碑〉,提及「榷鹽使韋雍,檢律在公。巡
官王愨,琢磨效用」[149],可證這些榷鹽使有巡官,其職掌當與
其職稱息息相關。安邑和解縣兩池的榷鹽巡官多達六員,亦可
見此兩池之重要與職務之繁劇。唐史上可考的「榷鹽巡官」有
兩人。一是在《新唐書‧宰相世系表》中的鄭寡尤,任「解州
榷鹽巡官」[150]。另一人便是書法家顏真卿的兄子顏峴,任「安
邑解縣兩池榷鹽巡官」。顏真卿不幸遭李希烈殺害之後,顏峴
便受到德宗特別表揚,擢升爲太子右贊善大夫(正五品上)。此
事見於元稹的〈授顏峴右贊善大夫制〉[151]。但這是特殊案例。
巡官一般上不可能超升爲如此高官。

從以上這些史料可見,巡官的職務非常多樣化。除了上舉
的幾種外,最常見的還有奉使出外公幹。例如,李洧「遣攝巡
官崔程奉表至京師」[152]。李希烈陷汴州時,陳少遊「又遣巡官
趙詵於鄆州結李納」[153]。王承宗「遣巡官崔遂上表三封,乞自
陳首,且歸過於盧從史」[154]。在德宗時,南詔國王牟尋欲請歸,
「上嘉之,乃賜牟尋詔書,因命韋皋遣使以觀其情。皋遂命巡

---

148 《唐會要》卷八八,頁1910。關於唐代的鹽專賣及相關研究,見陳
　　衍德、楊漢,《唐代鹽政》(西安:三秦出版社,1990)。
149 《全唐文》卷八〇九,頁8507。
150 《新唐書》卷七五上,頁3347。
151 《全唐文》卷六四九,頁6580。
152 《舊唐書》卷一二四,頁3542。
153 《舊唐書》卷一二六,頁3565。
154 《舊唐書》卷一四二,頁3880。

官崔佐時至牟尋所都陽苴咩城」[155]。唐末僖宗時，辛讜復「遣攝巡官賈宏、大將左瑜、曹朗使於南詔」[156]。這些都是巡官出使公幹的顯例。

最後，應當一提的是，巡官甚至有專掌「書檄奏記」的，頗出人意料之外，因為這原本應當是掌書記的職務。王起為馮宿所寫的神道碑文說：

> 弱冠以工文碩學稱，年廿六舉進士。……又應宏詞科，
> 試百步穿楊葉賦。雖為勢奪，而其文至今諷之，後生
> 以為楷，已而有志於四方。歷東諸侯，為彭門僕射張
> 公建封所器異，因表為試太常寺奉禮郎，充節度巡官。
> 張公傑邁簡達，尊賢禮能。幕府始建，群彥翹首。與
> 公同升者李藩韓愈之倫，皆諸侯之選，及公曳裾之後，
> 有置醴之遇。其書檄奏記，公皆專焉。及張公寢疾，
> 公常出入臥內，獻替戎事，一軍感其誠明。[157]

此神道碑文說他以「試太常寺奉禮郎，充節度巡官」，幕職和朝銜都很清楚，且上下文敘事具體明確。王起又是晚唐一大名士。他的記載應當遠較兩《唐書》含糊說馮宿為張建封辟為「掌

---

155 《舊唐書》卷一九七，頁5282。
156 《資治通鑑》卷二五三，頁8206。
157 王起，〈馮公神道碑銘并序〉，《全唐文》卷六四三，頁6508。兩
　　《唐書》都說馮宿為「掌書記」。但神道碑的年代較早，應較可信。

書記」[158] 可信。張建封幕府中的「書檄奏記，公皆專焉」，可
證巡官可依本身才能，執行府主委派的任何工作，職務很有彈
性。據神道碑，馮宿「工文碩學」，進士登科後又考中高難度
的博學宏詞。看來他文才卓越，以巡官身分專掌「書檄奏記」
亦綽綽有餘。他後來官歷顯赫，官至東川節度等使。

六、推官

推官在使府官制中排位在巡官之上。唐人有不少是在出任
過巡官之後，才遷轉爲推官的。如詩人杜牧的「亡友」邢群，
即先任「浙西團練巡官」，然後才任「觀察推官」。他後來又
任「度支巡官，再爲浙西觀察推官」[159]。又如孫樵〈唐故倉部
郎中康公墓誌銘并序〉所記的這位康僚，他連續做了好幾任的
巡官，最先是戶部巡官，後又任鹽鐵巡官、度支巡官，然後才
「改授檢校戶部員外郎、兼侍御史、轉運推官」[160]。

也有人是在做過京官或縣官之後，才來出任使府推官。如
竇庠，「字冑卿，釋褐國子主簿。吏部侍郎韓皋出鎮武昌，辟
爲推官」[161]。又如柳玭，「應兩經舉，釋褐祕書正字。又書判
拔萃，高湜辟爲度支推官」[162]。杜讓能，「咸通十四年登進士

---

158 《舊唐書》卷一六八，頁4389；《新唐書》卷一七七，頁5277。
159 杜牧，〈唐故歙州刺史邢君墓誌銘并序〉，《樊川文集》卷八，頁
　　134。
160 《全唐文》卷七九五，頁8339。
161 《舊唐書》卷一五五，頁4122。
162 《舊唐書》卷一六五，頁4308。

第，釋褐咸陽尉。宰相王鐸鎮汴，奏為推官」[163]。盧鈞，「字子和，系出范陽，徙京兆藍田。舉進士中第，以拔萃補祕書正字。從李絳為山南府推官」[164]。

　　韓愈的〈殿中侍御史李君墓誌銘〉，寫拓跋貴族後裔李盧中（762-813），歷經好幾任官後才仕至推官，很不簡單：

> 進士及第，試書判入等，補祕書正字，母喪去官。卒喪，選補太子校書。河南尹奏疏授伊闕尉，佐水陸運事。故宰相鄭公餘慶繼尹河南，以公為運佐如初。宰相武公元衡之出劍南，奏奪為觀察推官，授監察御史。[165]

由此看來，李盧中先任正字、太子校書等京官美職，甚至伊闕尉這種地位高的畿尉之後[166]，才開始出任幕職，然後才在元和二年（807），受宰相武元衡之辟，官至劍南西川「觀察推官」。這應當是他的第五任官。那年他已四十六歲。以上諸人的仕宦條件都很好，都有進士或明經等科第，其中三人更考中難度高

---

163 《舊唐書》卷一七七，頁4612。

164 《新唐書》卷一八二，頁5367。

165 《韓昌黎文集校注》卷六，頁440。李盧中的名字，也見於上引〈諸葛武侯祠堂碑〉的碑陰題名，其正式憲銜應當依從此碑陰題名，作「監察御史裏行」。韓愈此墓誌前半段特別提及李盧中喜歡以人的生辰八字算命，「百不失一二」。《四庫全書》中仍有李盧中所著《命書》三卷，從《永樂大典》中輯出。見臺灣商務印書館影印文淵閣《四庫全書》本。《四庫全書總目》說：「後世傳星命之學者，皆以盧中為祖。」

166 關於畿尉的地位，見本書第三章〈縣尉〉。

的書判拔萃（柳玭、盧鈞和李虛中），遷轉一到四次後才得以當上推官，可證此幕職的入仕資歷要求很高，非平庸士人可及，名望不低。

　　從以上材料看來，遷轉幾次才能當上推官，應當才是常例。但也有人一出來做官，就當上推官的。不過這些人恐怕屬特殊案例，可說是幸運兒。一釋褐就任推官，唐史上最有名的一人，可能要算古文家韓愈。李翱的〈韓公行狀〉說韓愈：

> 年二十五上進士第。汴州亂，詔以舊相東都留守董晉
> 為平章事宣武軍節度使，以平汴州。晉辟公以行。遂
> 入汴州，得試祕書省校書郎，為觀察推官。晉卒，公
> 從晉喪以出。四日而汴州亂。凡從事之居者皆殺死。
> 武寧軍節度使張建封奏為節度推官，得試太常寺協律
> 郎 [167]。

韓愈入汴州董晉幕，才不過約二十九歲，可說極年輕，比起李虛中四十六歲才來當推官有為多了。三年後，在貞元十五年（799），董晉病故，汴州軍亂，韓愈又轉到徐州張建封幕，繼續當一個推官，但朝銜從「試祕書省校書郎」升為「試太常寺協律郎」。他在汴徐兩地當推官，正是他一生中比較安逸和富裕的一段時間 [168]。他在〈與衛中行書〉中跟朋友說：

167 《全唐文》卷六三九，頁6459。
168 詳見黃正建，〈韓愈日常生活研究〉，《唐研究》，第4卷(1998)，頁255。

　　始相識時，方甚貧，衣食於人；其後相見於汴徐兩州，
　　僕皆為之從事，日月有所入，比之前時豐約百倍，足
　　下視吾飲食衣物亦有異乎？[169]

他後來逃過汴州軍亂，到了徐州，還沒有正式在張建封幕工作
之前，有過一段「閉門讀書史」的閒適生活。他此時寫給張籍
的詩〈此日足可惜〉中說：

　　篋中有餘衣，盎中有餘糧。
　　閉門讀書史，窗户忽已涼。[170]

可知他這時的心情十分平靜、自得。正如本章前頭所說，這些
「餘衣」和「餘糧」應當是他在汴州任觀察推官數年所積存的，
因為此種推官的收入不錯，月俸錢多達三萬文，生活可以過得
很好。

　　不過，韓愈在〈與李翱書〉中卻又說：「僕之家本窮空，
重遇攻劫，衣服無所得，養生之具無所有，家累僅三十口，攜
此將安所歸託乎？」[171] 他在〈贈族姪〉也說：「卑棲寄徐戎，
蕭條資用盡」[172]。這就跟他在〈此日足可惜贈張籍〉中所說「篋

---

169 《韓昌黎文集校注》卷三，頁193。
170 《全唐詩》卷三三七，頁3772。「窗户忽已涼」一句，在錢仲聯的
　　《韓昌黎詩繫年集釋》卷一，頁85，作「清風窗户涼」。
171 《韓昌黎文集校注》卷三，頁178。
172 《韓昌黎詩繫年集釋》卷一，頁98。

中有餘衣，盎中有餘糧」完全相反。按韓愈學者都把他這三篇
作品，繫於同一年即貞元十五年（月份則不詳），可是有些細節
卻似乎前後矛盾。歷代評注韓愈詩文者從未觸及此問題。筆者
認爲，〈此日足可惜贈張籍〉寫於該年二月尾抵徐州不久，當
時他還有「餘衣」和「餘糧」，而且那「僅三十口」家累可能
還未到來。但〈與李翱書〉和〈贈族姪〉則寫於幾個月之後（在
秋天出任張建封推官之前），其時他的「餘衣」和「餘糧」或已
「用盡」，且那「僅三十口」亦陸續抵達徐州依靠他，所以韓
愈才會有「窮空」的感歎。無論如何，觀察推官的月俸三萬文，
在當時確是可觀的數目。韓愈「僅三十口」的家累或真把他累
壞耶？

　　嚴耕望論幕職月俸時總結說：「推官待遇僅下判官掌書記
一等，足見地位重要。」[173] 筆者非常贊同這點。但研究唐代文
學的學者，對推官的理解和認識似乎常有偏差，和唐史學者很
不相同，常以爲那是不重要的卑職小官，對此官的評價不高。
比如，由中國社會科學院文學研究所總纂，喬象鍾等人主編的
《唐代文學史》，有很高的學術價值和代表性，但敘及韓愈的
推官時卻草率地說：「貞元十四年（798）韓愈第一次得到推官這
樣微小的官職。」[174] 有失深考。這極易令人誤會韓愈所出任的
推官微小不足道。

　　從幕府官制上去觀察，如上所考，韓愈第一個官職就任推

---

173 〈唐代方鎮使府之文職僚佐〉，頁66。
174 《唐代文學史》，下冊（北京：人民文學出版社，1995），頁125。

官（不必從較低層的巡官幹起），實在是非常幸運的。他在〈送
汴州監軍俱文珍序〉一開頭說：「今之天下之鎮，陳留〔即汴州〕
為大。屯兵十萬，連地四州。」[175] 他得以在這個天下第一雄鎮
任推官，更是美好的開始。他當年能夠得到董晉那樣的高官辟
召前去，被延為「入幕之賓」，也是件十分光彩的事。從此韓
愈一直對董晉有一種感恩之情。董晉死後，他不但為董晉寫過
〈贈太傅董公行狀〉，甚至還為他寫過〈祭董相公文〉[176]。隔
了十多年，董晉次子董溪的長女嫁給韓愈的朋友陸暢。韓愈在
〈送陸暢歸江南〉一詩中，更借題發揮，再次表達了他對董晉
當年提攜的感恩之情：

　　我實門下士，力薄蚋與蚊。
　　受恩不即報，永負湘中墳。[177]

「湘中墳」指董晉子董溪因出任糧料使涉嫌盜取軍資，被賜死
於湘中。此為元和六年（811）的事，距離韓愈在董晉幕（796-799）
已超過十年，但韓愈竟然仍有「受恩不即報，永負湘中墳」的
情緒，可知幕佐和幕主那種強烈的私人關係，和一旦受知即終
生圖報的感情。董溪死後獲赦歸葬洛陽，韓愈為他寫過墓誌〈唐
故朝散大夫商州刺史除名徙封州董府君墓誌銘〉。馬其昶對此
墓誌有一評語曰：「公嘗佐董晉幕中，觀其銘辭，意在言外，

175 《韓昌黎文集校注》文外集上卷，頁674。
176 見《韓昌黎文集校注》卷八，頁576-584及文外集上卷，頁687-689。
177 《韓昌黎詩繫年集釋》卷七，頁828。

既微而顯，誠太史氏之筆哉。」[178] 他對董晉的感激，的確很耐人尋味。

韓愈任董晉推官時的待遇不錯，他的生活更得以從昔日的貧窮，轉為「豐約百倍」，也是他一生中的一大轉折。然而，劉國盈的《韓愈評傳》說：「推官……是一種閒差事，並沒有很多事情要做。」[179] 這是沒有根據的揣測。卞孝萱、張清華和閻琦合著的《韓愈評傳》，更把韓愈在汴徐兩府任推官，說成「兩入軍幕，沉為下僚，微不足道」[180]。這恐怕把韓愈的推官一職貶低得太厲害了，也抹煞了韓愈對董晉的感恩之情。

除了韓愈之外，唐史上一釋褐即為推官的，還有下面數例：

> 崔從：「進士登第，釋褐山南西道推官。」[181]
>
> 狄兼謨：「登進士第。……解褐襄陽推官、試校書郎。」[182]
>
> 鄭畋：「登進士第，釋褐汴宋節度推官，得祕書省校書郎。」[183]
>
> 李玨：「應進士……釋褐署烏重胤三城推官。」[184]
>
> 趙光逢：「乾符五年登進士第，釋褐鳳翔推官。」[185]

---

178 《韓昌黎文集校注》卷六，頁442。

179 劉國盈，《韓愈評傳》(北京：北京師範學院出版社，1991)，頁58。

180 卞孝萱等著《韓愈評傳》，頁68。閻琦、周敏，《韓昌黎文學傳論》(西安：三秦出版社，2003)，頁52同。

181 《舊唐書》卷一七七，頁4577-4578。

182 《舊唐書》卷八九，頁2896。

183 《舊唐書》卷一七八，頁4630。「得祕書省校書郎」為「得試祕書省校書郎」的省稱。

184 《東觀奏記》卷上，頁18。又見《唐語林校證》卷三，頁263。

這五人都是進士出身，入仕條件極優秀，後來也都做到高官，其中鄭畋更仕至宰相[186]。崔從任推官時，「府公嚴震，待以殊禮」[187]也是典型的幕府之禮。從這種種事例看來，推官實不宜低貶爲「微不足道」。

《新唐書・百官志》說節度使、觀察使府皆有推官。嚴耕望也考出史料中有團練推官、經略推官等名目。實際上，推官可考的還有鹽鐵推官、度支推官、東都留守推官、北都留守推官等等，舉不勝舉。由此看來，正和巡官的情況一樣，唐代中葉以後，舉凡使職都可能帶有推官，非限於節度、觀察和團練使而已。但爲免累贅，這裡不擬一一列出這種種推官，且舉兩種比較少見的推官，以見唐中世以後推官盛行之一斑。

第一種是軍器使推官。《資治通鑑》胡三省注說：唐中期以後，「置內諸司使，以宦官爲之，軍器庫使其一也」[188]。軍器使帶有推官，史書卻完全不載，無跡可尋，可能此職又和常見的節度、觀察等推官稍異，不是士子常任之職。但近世出土的一方墓誌〈唐故試內率府長史軍器使推官天水郡趙府君墓誌銘并序〉，卻讓我們見識到晚唐的確有人擔任過此官。碑文說這位趙君文信：

> 字和約，天水郡人也，今家長安焉。……自釋褐從公，

(續)────────────────

185 《舊唐書》卷一七八，頁4623。

186 《新唐書》卷六三〈宰相表〉，頁1732及1741。

187 《舊唐書》卷一七七，頁4578。

188 《資治通鑑》卷二三八，頁7679。

> 解巾入仕，多居右職，皆著能名。俄授試內率府長史，
> 充軍器使推官，清能鑒物。[189]

軍器使推官是他的最後一任官職。值得注意的是，這位趙文信，在長安京城當軍器使推官，他一樣帶有方鎮幕職所常帶的那種「試」銜：「試內率府長史」，完全符合上文所考的使府官制特徵，亦可證不但外地方鎮幕佐帶有試銜，京城使府幕僚也都可帶此銜（另一例子是第二章〈正字〉中所引杜牧的弟弟。他在京師任「鹽鐵使判官」時，帶有「試正字」的試銜）。

另一種比較少見的推官是神策軍推官。神策軍是唐代的宮廷禁軍，除了有一套六軍諸衛的職事官系統外，還有一套藩鎮軍武將和使府官系統[190]。據《唐會要》引會昌五年(845)七月敕，這套使府官系統為：「左右神策軍定額官各十員：判官三員，勾覆官、支計官、表奏官各一員，孔目官二員，驅使官二員。」[191]這裡沒列推官，但白居易的〈神策軍推官田疇加官制〉，卻是給一個神策軍推官田疇加官的文書，有明確的人物和官銜，可證神策軍確曾有過推官一職：

---

189 《唐代墓誌彙編續集》，頁963。
190 見張國剛，〈唐代的神策軍〉，《唐代政治制度研究論集》，頁116。近年關於神策軍的研究論著甚多，主要專書有何永成，《唐代神策軍研究——兼論神策軍與中晚唐政局》（臺北：商務印書館，1990），其他論文不具引，詳見胡戟等編，《二十世紀唐研究》，頁129-130的學術史回顧。
191 《唐會要》卷七二，頁1536。

敕：田疇：官列環衛，職參禁軍；愼檢有聞，恭勤無
息。顧是勞效，例當轉遷。郡佐官寮，以示兼寵。[192]

　　柳宗元的〈唐故邕管經略招討等使朝散大夫持節都督邕州
諸軍事守邕州刺史兼御史中丞賜紫金魚袋李公墓誌銘并序〉，
也提到一位神策軍推官，而且很翔實地記載了他的幕職和朝憲
銜：

公始以通經入崇文館，登有司第。選同州參軍，入佐
金吾衛，進太僕主簿，參引大駕。府移爲左右神策行
營兵馬節度，以爲推官，拜監察御史，賜緋魚袋。凡
二使，其率皆范司空希朝。[193]

這位「李公」即李位，唐太宗的玄孫，但他似乎沒有沾到皇室
後裔的「仕宦優勢」。他和許多平凡士人一樣，從最低層的同
州參軍起家，然後「入佐金吾衛」，時當貞元十九年（803），當
時范希朝從振武節度使入朝爲右金吾衛大將軍[194]，奏他爲僚
佐。他「進太僕主簿」，此主簿當不是實職，而是李位當范希
朝金吾衛大將軍僚佐時，所帶的朝銜或試銜。范希朝後來「府
移爲左右神策行營兵馬節度」，又以李位爲「推官」。考范希
朝在永貞元年（805）五月，出任「右神策統軍，充左右神策、京

---

192 《白居易集》卷五三，頁1123。
193 《柳宗元集》卷十，頁246。
194 《舊唐書》卷十三〈德宗紀〉，頁398-399。

西諸城鎮行營兵馬節度使」[195]。李位即在此神策軍使府任推官，其朝憲銜更從「太僕主簿」升爲「監察御史」，並獲賜緋魚袋。這些全都符合使府官制的運作，也是唐中世以後，舉凡使府（包括神策和京城諸使）極可能都帶有推官的最佳例證。

關於推官的職掌，嚴耕望說：「推官乃推勾獄訟之職。」史料中的確有過幾個推官治獄案的事例。例如，《新唐書》韋貫之傳附其兄子韋溫傳說：

> 鹽鐵推官姚勗按大獄，帝以爲能，擢職方員外郎，將趨省，〔韋〕溫使戶止，即上言：「郎官清選，不可賞能吏。」[196]

又如鄭涵〈崔稃合祔墓誌〉說：

> 相國于公坐棠而賦政，分陝以按俗……引爲府推官，小大之獄，重輕之典，操刀必割，迎刃斯解。大革冤滯，默銷繁苛。[197]

但以此而得出「推官乃推勾獄訟之職」的結論，似乎把推官的

---

195 《舊唐書》卷十四〈順宗紀〉，頁407。神策軍的京西、京北節度行營，原是爲了防備吐蕃而設，後於元和初爲宦官罷去。詳見張國剛，〈唐代的神策軍〉，頁127-128。
196 《新唐書》卷一六九，頁5159。
197 《唐代墓誌彙編》，頁2019。

職掌限定得太死。筆者認為，推官是比巡官高一級的執行事務
官員，職掌和巡官一樣多樣化，可能執行府主委派的任何職務，
非僅審理獄案一項。以韓愈在汴徐兩地當過推官為例，我們找
不到他審獄案的任何材料，反而發現他任推官時，曾主持過鄉
貢考試，並且為剛修建好的汴州水門寫過一篇文章，可知推官
非僅「推勾獄訟之職」。

　　實際上，推官還有「專掌書奏」的例子。如柳宗元〈先侍
御史府君神道表〉，寫他父親柳鎮擔任郭子儀朔方節度推官時
的職務：

　　　　尚父汾陽王〔郭子儀〕居朔方，備禮延望，授左金吾衛
　　　　倉曹參軍，為節度推官，專掌書奏，進大理評事。[198]

這是推官「專掌書奏」的好例子。「備禮延望」也點出使府辟
聘推官的典型禮儀。此外，推官更有「奉使」外出者，如呂溫
〈代李侍郎賀德政表〉所記：

　　　　臣嘗使推官、殿中侍御史崔太素奉使淮南。臣以太素
　　　　名秩甚卑，濬決務重，徵令郡縣，蟄訓役徒，須示等
　　　　威，請賜章服。[199]

198 《柳宗元集》卷十二，頁295。
199 《全唐文》卷六二六，頁6316。

晚唐詩人羅隱的《廣陵妖亂記》，寫高駢幕府中的幾個僚
佐，細節豐富，爲研究晚唐幕府生活的極佳史料。其中呂用之
即以其方術，被辟爲高駢的觀察推官，但他並非「推勾獄訟」，
而是「專方藥香火之事」：

> 時高駢鎮京口，召致方伎之士，求輕舉不死之道。用
> 之以其術通於客次，逾月不召。詣渤海親人俞公楚，
> 公楚奇之，過爲儒服，目之曰：江西呂巡官，因間薦
> 於渤海。及召試，公楚與左右附會其術，得驗；尋署
> 觀察推官，仍爲制其名，因字之曰「無可」，言無可
> 無不可也。自是出入無禁。初專方藥香火之事。[200]

　　近世洛陽出土的〈唐故鄂岳觀察推官監察御史裏行上柱國
元公墓銘并序〉，也是研究推官的一篇極有史料價值的材料[201]。
此墓誌的墓主元袞（758-809）十四歲即「明經第」，「貞元初，
調補汝州參軍事」。然後，他一生幾乎都在任幕職。最先是被
山南西道節度使嚴震「慕其爲人，署觀察巡官。既之府，僕射
韓公全義表授試左戎衛兵曹參軍、神策行營節度推官」。這可
以爲上文考神策軍推官多添一例。丁父憂後，他出任過河中府
解縣尉一段時候。接著，他便一直追隨中唐知名節度使郗士美。
郗士美鎮黔陽時，表授他爲「監察御史裏行、黔中觀察支使」。

---

200 《羅隱集》，雍文華校輯（北京：中華書局，1983），頁248-249。
201 錄文見《唐代墓誌彙編續集》，頁816-817。

郗士美歸朝時，「公亦隨之，策勳上柱國」。這便是他這個最高一轉勳官的由來。最後，郗士美在元和三年（808）出任鄂岳觀察使時，又表授他爲「監察御史裏行、鄂岳觀察推官」。此時他已五十一歲。隔一年，他便「終於沔州官舍」，享年五十二歲。沔州即漢陽 [202]。他的墓誌特別告訴我們，他之所以「遇疾終於漢陽，領州事也」，可知元衰的推官職務，乃管理沔州事務。

綜上所論，推官不應祇限於嚴耕望所說的「推勾獄訟之職」。這是一種高於巡官的事務官，可執行府主委派的任何職務。史料中可見的推官職掌有治大獄、理軍訟、掌書奏、奉使外出、「專方藥香火之事」和「領州事」等等。

七、掌書記

在本章所論的三種基層幕職當中，掌書記是史料最多的一種。例如，在兩《唐書》中所能找到的巡官和推官事例，都在約五十個左右，但掌書記卻多達約一百六十例。據筆者觀察，這是因爲任掌書記者，許多是中晚唐士人當中的精英，仕宦條件極佳，後來都擢升高官，所以在兩《唐書》中留下更多的記載。

的確，中晚唐政壇或文壇上的名人，許多年輕時都曾經在各種使府中擔任過掌書記。比如，唐代文學史上的知名文人當

中，就包括高適、岑參、蕭穎士、劉禹錫、李德裕、杜牧、李
商隱和韋莊。書法家當中有柳公權。政界名人則有齊映、劉太
真、鄭絪、盧簡辭、王起、白行簡、白敏中、楊炎、馬炫、李
逢吉、馮宿、令狐楚、高郢、裴度等等，可說舉不勝舉，名單
很長，足以排成一張中唐晚名人表。

這些精英當中，有極少數是一釋褐出來做官，便充當掌書
記的，如下面兩例：

楊炎：「文藻雄麗……釋褐，辟河西節度掌書記。」[203]
李逢吉：「逢吉登進士第，釋褐授振武節度掌書記。」[204]

但絕大多數士人往往先任他官，再受辟出任掌書記，通常為其
第二或第三任官。這些案例很多，不勝舉，且舉五例如下：

班宏：「授右司禦冑曹，後為薛景先鳳翔掌書記。」[205]
喬琳：「補成武尉……朔方節度郭子儀辟為掌書記。」[206]
崔鉉：「登進士第，三辟諸侯府，荊南、西蜀掌書記。」[207]
柳公權：「釋褐祕書省校書郎。李聽鎮夏州，辟為掌
　　　書記。」[208]

---

203 《舊唐書》卷一一八，頁3419。
204 《舊唐書》卷一六七，頁4365。
205 《舊唐書》卷一二三，頁3518。
206 《舊唐書》卷一二七，頁3576。
207 《舊唐書》卷一六三，頁4262。
208 《舊唐書》卷一六五，頁4310。

盧行簡：「授祕書省校書郎……盧坦鎮東蜀，辟為掌
書記。」[209]

正因為掌書記可作為年輕人的釋褐官，或作為他們的第二或第
三任官，是一種常由年輕人擔任的基層幕職，所以本章把它列
入討論範圍。

掌書記的入仕資歷要求極高。史料中所見的掌書記，絕大
部分都有進士或明經，如上引各案例。少部分甚至在考過進士
或明經後，再考中更艱難的書判拔萃或博學宏詞，始出任掌書
記。例如柳玭，「應兩經舉，釋褐祕書正字。又書判拔萃，高
湜辟為度支推官。踰年，拜右補闕。湜出鎮澤潞，奏為節度副
使。入為殿中侍御史。李蔚鎮襄陽，辟為掌書記」[210]。又如李
商隱，開成二年(837)登進士第，會昌二年(842)又以書判拔萃，
「王茂元鎮河陽，辟掌書記」[211]。齊映，「登進士第，應博學
宏辭，授河南府參軍。滑亳節度使令狐彰辟為掌書記」[212]。劉
禹錫，「世為儒。擢進士第，登博學宏辭科，工文章。淮南杜
佑表管掌記」[213]。崔元翰，「舉進士、博學宏辭、賢良方正，
皆異等。義成李勉表在幕府，馬燧更表為太原掌書記」[214]。

由於掌書記專掌書奏表啓，有科名又有文詞者，不但會是

---

209 《舊唐書》卷一六六，頁4358。
210 《舊唐書》卷一六五，頁4308。
211 《舊唐書》卷一九〇下，頁5077。
212 《舊唐書》卷一三六，頁3750。
213 《舊唐書》卷一六八，頁5128。
214 《新唐書》卷二〇三，頁5783。

受辟的對象，而且更是眾使府爭奪的人才。他所寫的表奏甚至會令皇帝讚歎。最有名的例子要數令狐楚：

> 令狐楚字殼士，自言國初十八學士德棻之裔。……家世儒素。楚兒童時已學屬文，弱冠應進士，貞元七年登第。桂管觀察使王拱愛其才，欲以禮辟召，懼楚不從，乃先聞奏而後致聘。楚以父椽太原，有庭闈之戀，又感拱厚意，登第後徑往桂林謝拱。不預宴遊，乞歸奉養，即還太原，人皆義之。李說、嚴綬、鄭儋相繼鎮太原，高其行義，皆辟為從事。自掌書記至節度判官，歷殿中侍御史。楚才思俊麗，德宗好文，每太原奏至，能辨楚之所為，數稱之。[215]

令狐楚善駢體表奏。大詩人李商隱年輕時學作四六時文，便曾得到他的指導[216]。

又如于公異表奏文詞之佳，也能令「德宗覽之，泣下不自勝」：

> 吳人。登進士第，文章精拔，為時所稱。建中末，為李晟招討府掌書記。興元元年，收京城，公異為露布上行在云：「臣已肅清宮禁，祗奉寢園，鍾虞不移，

---

215 《舊唐書》卷一七二，頁4459。
216 《舊唐書》卷一九○下，頁5078。

廟貌如故。」德宗覽之，泣下不自勝，左右為之嗚咽，
既而曰：「不知誰為之？」或對曰：「于公異之詞也。」
上稱善久之。[217]

再如劉太真，「宣州人。涉學，善屬文，少師事詞人蕭穎士。
天寶末，舉進士。大曆中，為淮南節度使陳少遊掌書記」[218]。
柳璧的情況也一樣：「大中九年登進士第。文格高雅。嘗為馬
嵬詩，詩人韓琮、李商隱嘉之。馬植鎮陳許，辟為掌書記，又
從植汴州。」[219]

　　沒有科第，但有學術或傑出人品修養，且名聲遠播者，也
可能受辟為掌書記。例如馬炫，似乎沒有科名，「少以儒學聞
於時，隱居蘇門山，不應辟召。至德中，李光弼鎮太原，辟為
掌書記」[220]。又如孔戡，「巢父兄岑父之子，方嚴有家法，重
然諾，尚忠義。盧從史鎮澤潞，辟為書記」[221]。柳恭，「字恭
叔，尚氣節，喜縱橫、孫吳術。為山南西道府掌書記」[222]。但
這樣的例子佔非常少數，不到五例，不多見。

　　上文我們見過，舉凡使府都有巡官和推官，但就史料所見，
並非所有使府都有掌書記，看來祇有節度使、行軍招討使、元
帥和都統才有之。節度使掌書記最為常見，上引案例幾乎都屬

217 《舊唐書》卷一三七，頁3767。
218 《舊唐書》卷一三七，頁3762。
219 《舊唐書》卷一六五，頁4307。
220 《舊唐書》卷一三四，頁3702。
221 《舊唐書》卷一五四，頁4096。
222 《新唐書》卷一六〇，頁4967。

此類。招討使掌書記，有上引兩例：鄭從讜爲河東節度兼行營招討使，辟左拾遺李渥充掌書記，以及于公異爲李晟招討府掌書記。至於元帥和都統的掌書記，有下面數例：

> 蕭昕：「累遷憲部員外郎，爲副元帥哥舒翰掌書記。」[223]
> 皇甫冉：「王縉爲河南元帥，表掌書記。」[224]
> 高參：「……爲本司郎中，充〔李誼〕元帥府掌書記。」[225]
> 孫成：「隴右副元帥李抱玉奏充掌書記。」[226]
> 獨孤及：「補華陰尉，辟江淮都統李峘府，掌書記。」[227]
> 裴樞：「中和初，〔王〕鐸爲都統，表署鄭滑掌書記。」[228]

韓愈的〈華嶽題名〉，記元和十一年（816），宰相裴度以「淮西宣慰處置使」身分平淮西後，聯同幕佐馬總和韓愈等八人，「東過華陰，禮于嶽廟」的事。在這段題名上，掌書記是「禮部員外郎兼侍御史李宗閔」[229]。這是「宣慰處置使」有掌書記的唯一記載。然而，裴度這個宣慰處置使，實際上等於是招討

---

223 《舊唐書》卷一四六，頁3961。

224 《新唐書》卷二〇二，頁5771。

225 《舊唐書》卷一五〇，頁4543。李誼當時為「揚州大都督，持節荊襄、江西、沔鄂等道節度，兼諸軍行營兵馬元帥」，負責討平李希烈之叛。

226 《舊唐書》卷一四〇中，頁5044-5045。

227 《新唐書》卷一六二，頁4990-4991。

228 《新唐書》卷一四〇，頁4647-4648。

229 《韓昌黎文集校注》，遺文部分，頁734。又見《全唐文》卷五五九，頁5659。

使，因爲他不願被稱爲招討使，特別要求以宣慰處置使的名義出征：「詔出，度以韓弘爲淮西行營都統，不欲更爲招討，請祇稱宣慰處置使。」[230]

　　像裴度這一類出征的特使，他所帶的僚佐都經過特別挑選，常以較高層官員出任，有別於一般平時的幕僚。如裴度這次平淮西的主要僚佐，全部都是朝中比較高層官員：副使爲刑部侍郎兼御史大夫馬總；行軍司馬爲太子右庶子兼御史中丞韓愈；判官兩人，一爲司勳員外郎兼侍御史李正封，另一爲都官員外郎兼侍御史馮宿，都屬於郎官級的官員。上引蕭昕以憲部員外郎出任副元帥哥舒翰掌書記，以及高參以兵部員外郎充李誼元帥府掌書記，亦是戰亂期間，以郎官級官員暫任掌書記的好例子。一般幕府和平期間的掌書記，不會辟如此高層的官員。

　　不少學者認爲，節度使有掌書記，無支使；觀察使則有支使，無掌書記。但《新唐書·百官志》說：「觀察使、副使、支使、判官、掌書記、推官、巡官、衙推、隨軍、要籍、進奏官，各一人。」[231] 看來觀察使既可以有支使，也可以有掌書記。史料中觀察使掌書記有至少兩例。第一例在《新唐書·宰相世系表》。有一位崔巖，「字標魯，襄州觀察掌書記」[232]。另一例是晚唐宰相劉鄴的父親劉三復：「李德裕爲浙西觀察使，奇

230 《舊唐書》卷一七〇〈裴度傳〉，頁4417。李宗閔爲這次征討淮西的掌書記，亦見於此裴度傳。
231 《新唐書》卷四九下，頁1310。
232 《新唐書》卷七二下，頁2800。

其文，表爲掌書記。」[233]這雖然是僅有的兩例，但都明確指觀
察使掌書記這職稱，非泛指掌管書記事。

　　掌書記在幕府中的地位，雖在巡官和推官之上，但卻在判
官之下。它是高雅的幕職，然而權力卻不大。所以，此官和巡
官、推官一樣，可以說都屬於「年輕人的官職」，都是基層的
文官。掌書記多作爲唐代士子精英或有文詞者起家釋褐之官，
或作爲他們的第二、第三任官，過後他們即升遷爲其他官職。
要準確衡量掌書記在唐代官場中的地位，其中一個辦法是觀察
他們的下一個官職。這樣，我們可以發現，他們多遷轉爲使府
判官，或入朝爲監察御史、拾遺和補闕，可知掌書記還在這些
官職之下。

　　掌書記升爲判官的案例甚常見，多不勝舉，且舉四例如下：

　　班宏：「爲薛景先鳳翔掌書記，又爲高適劍南觀察判官。」[234]
　　馬炫：「辟爲掌書記……田神功鎮汴州，奏授節度判官。」[235]
　　齊映：「令狐彰辟爲掌書記……馬燧辟爲判官。」[236]
　　楊嚴：「表其弟嚴掌書記……〔杜〕悰辟爲觀察使判官。」[237]

---

233 《新唐書》卷一八三，頁5381。《舊唐書》卷一七七，頁4616略同：
　　「長慶中，李德裕拜浙西觀察使，三復以德裕禁密大臣，以所業文
　　詣郡干謁。德裕閱其文，倒屣迎之，乃辟爲從事，管記室。」管記
　　室爲掌書記的別稱。
234 《舊唐書》卷一二三，頁3518。
235 《舊唐書》卷一三四，頁3702。
236 《舊唐書》卷一三六，頁3750。
237 《新唐書》卷一八四，頁5394。

　　從掌書記入朝爲監察御史、拾遺和補闕，則表示將來的仕
途光明。這也就是上引白居易所說「今之俊乂，先辟于征鎭，
後升于朝廷」的要義[238]。中晚唐不少文士精英即以此途徑活躍
於政壇，如下面這些例子：

　　杜牧：「轉……淮南節度掌書記，拜眞監察御史，分
　　　　　司東都。」[239]

　　盧弘正：「累辟使府掌書記。入朝爲監察御史、侍御史。」[240]

　　劉禹錫：「淮南杜佑表管書記。入爲監察御史。」[241]

　　崔鉉：「荊南、西蜀掌書記。會昌初，入爲左拾遺……。」[242]

　　李逢吉：「釋褐……掌書記。入朝爲左拾遺、左補
　　　　　　闕……。」[243]

　　王徽：「從令狐綯……掌書記……召拜右拾遺……。」[244]

　　鄭絪：「張延賞鎭西川，辟爲書記，入除補闕……。」[245]

　　盧景亮：「張延賞……表爲枝江尉，掌書記。入遷右補闕。」[246]

　　盧知猷：「蕭鄴……再辟掌書記。入遷右補闕。」[247]

238 《白居易集》卷四九，頁1033。
239 杜牧，〈自撰墓誌銘〉，《樊川文集》卷十，頁160。
240 《舊唐書》卷一六三，頁4270。
241 《新唐書》卷一六八，頁5128。
242 《舊唐書》卷一六三，頁4262。
243 《舊唐書》卷一六七，頁4365。
244 《舊唐書》卷一七八，頁4640。
245 《舊唐書》卷一五九，頁4180。
246 《新唐書》卷一六四，頁5043。
247 《新唐書》卷一七七，頁5283。

　　掌書記的職掌可說最無爭論，因爲其職稱上已清楚標明，即專掌表奏書啓事。在這方面，有兩篇唐人所寫的廳壁記最爲權威。一是韓愈的〈徐泗豪三州節度掌書記廳石記〉：

> 書記之任亦難矣！元戎整齊三軍之士，統理所部之
> 旫，以鎮守邦國，贊天子施敎化，而又外與賓客四鄰
> 交，其朝覲聘問慰薦祭祀祈祝之文，與所部之政，三
> 軍之號令升黜：凡文辭之事，皆出書記。非閎辨通敏
> 兼人之才，莫宜居之。[248]

另一則爲李德裕的〈掌書記廳壁記〉：

> 《續漢書・百官志》稱：三公及大將軍皆有記室，主
> 上表章報書記。雖列於上宰之庭，然本爲從軍之
> 職。……自東漢以後，文才高名之士，未有不由於是
> 選，其簡才之用，亦金馬、石渠之亞。[249]

兩文都提到掌書記主「文辭」、「表章」。李德裕更特別指出，「文才高名之士，未有不由於是選」。這跟本章所考唐代掌書記多由文士精英出任，正相吻合。

　　雖然如此，掌書記作爲一種幕職，作爲府主的僚佐，當然

---

248 《韓昌黎文集校注》卷二，頁85。
249 《李德裕文集校箋》，別集卷七，頁538。

也可能執行府主委派的一些臨時或特別差遣。這些差事以「奉使」居多。比如《唐語林》中的這段記載：

> 代宗獨孤妃薨，贈貞皇后。將葬，尚父汾陽王子儀在
> 邠州，其子尚主，欲致祭。遍問諸吏，皆云：「古無
> 人臣祭皇后之儀。」子儀曰：「此事須柳侍御裁之。」
> 時殿中侍御史柳并，字伯存，掌書記，奉使在邠，即
> 急召之。既至，子儀曰：「有切事，須藉侍御為之。」
> 遂説祭事。[250]

可知掌書記也可出差在外。《太平廣記》引《靈怪記》，提到一位「太原掌書記姚康成，奉使之汧隴」[251]。李翱的〈解惑〉一文更有意義，寫他任嶺南節度掌書記時，「奉牒知循州」、「准制祭名山大川」，並安葬一個「王野人」等趣事。此王野人的生平事跡不凡，值得全引：

> 王野人名體靜，蓋同州人。始遊浮山觀，原未有室居。
> 縫紙為裳，取竹架樹，覆以草，獨止其下。豺豹熊象，
> 過而馴之，弗害也。積十年，乃構草堂，植茶成園，
> 犁田三十畝以供食。不畜妻子，少言説。有所問，盡
> 誠以對。人或取其絲，約酬利，弗問姓名皆與。或負

---

250 《唐語林校證》卷二，頁123。此條原出《因話錄》卷一，頁69，但
　　殿中侍御史作「柳芳」則誤。此依《唐語林校證》周勛初所考。
251 《太平廣記》卷三七一，頁2948。

之者，終不言。凡居二十四年，年六十二。貞元二十
五年〔按貞元祇有二十年，此當爲「十五年」之誤〕五月，卒於
觀原茶園。村人相與鑿木爲空，盛其屍埋於園中。觀
原積無人居，因野人遂成三百家。有尚怪者，因謬謂
王野人既死，處士陳恒發其棺，惟見空衣。翱與陳相
遇，問其故。恒曰：「作記者欲神浮山，故妄云然。」
元和四年〔809〕十一月，翱以節度掌書記奉牒知循州。
五年正月，准制祭名山大川。翱奉牲牢祭於山，致帝
命，遂使斲木爲棺，命將吏村人改葬野人，遷於佛寺
南岡，其骨存焉。乃立木於墓東，志曰王處士葬於此。
削去謬記，以解觀聽者所惑。[252]

掌書記而有這樣的任務，頗出人意料之外。按李翱於元和初「以
節度掌書記奉牒知循州」，其兩《唐書》本傳皆失載 [253]。但他
的〈來南錄〉則清楚記錄他此次到嶺南去的詳細路程和經歷，
爲唐人南行的極佳史料。文中一開頭即說：「元和三年十月，
翱既受嶺南尚書公之命，四年正月己丑自旌善第以妻子上船於
漕。」[254]「嶺南尚書公」即楊於陵。李翱〈祭楊僕射文〉又說

---

252 《全唐文》卷六三七，頁6429-6430。
253 《舊唐書》卷一六○和《新唐書》卷一七七的李翱傳，不但省略了
他的嶺南節度掌書記，還略去他的所有早年幕職。卞孝萱、張清華
和閻琦合著《韓愈評傳》（南京：南京大學出版社，1998），頁468-537
所附〈李翱評傳〉，對李翱的官歷有詳細的考訂。
254 《全唐文》卷六三八，頁6442。

「公以直道，於南出藩。謬管記室，日陪討論」[255]，可證他的確曾爲楊於陵嶺南幕的掌書記。〈解惑〉此文親述他的掌書記官歷和他任此幕職時的實際任務，爲第一手材料，當最可信。

八、結 論

安史之亂後，唐方鎮遍設全國各地，盛時達到約五十個。使府有自辟幕佐的權力，而且以相當隆重的禮儀，以聘錢和馬等厚禮，辟士人入幕。但士人本身亦需有優越的仕宦條件始能被府主看上。他通常要有科名如進士及第，甚至制科、博學宏詞或書判拔萃登科。沒有科名則需有高尙品德、名聲或文詞才華。平庸之輩入幕，大約祇能擔任衙推、孔目官之類的低下末職。

唐代幕佐屬國家官員，食國家俸祿，但他和府主又有一種強烈的人身依附關係，類似清代的幕佐之於幕府。這種依附關係導致幕佐經常追隨某一府主，隨他四處宦遊做官，或受府主引薦，入朝任中央官職。幕職的工作和任期也不固定。若府主去世，幕佐即失去工作和依靠。若府主罷職或入朝，幕佐如果不能跟隨他往他處任職或入朝，則他也將失去工作，需重新尋找新的府主。

幕職的俸錢豐厚，但唐人一般認爲，幕職不宜長期擔任。最理想的辦法是年輕時任幕職一兩任，然後入朝爲監察御史等

---

255 《全唐文》卷六四〇，頁6467。

官,再由此升爲員外郎、郎中和侍郎等中、高層官員。

　　低層幕佐如巡官和推官都帶有試校書郎、試協律郎等試銜,掌書記則可能帶有檢校某司員外郎或郎中等檢校銜。同時,他們可能也有監察御史或更高階的憲銜。這些試銜、檢校銜和憲銜都非實職。但唐人傳記和墓誌經常把這些非實職官銜和朝中實職交錯書寫,或省略「試」、「檢校」等字眼。現代讀者若不察,極易把中晚唐許多士人的官歷弄錯。

　　巡官、推官和掌書記是中晚唐幕府最常見的三種基層幕佐。一般而言,士人入幕通常先擔任巡官或推官(如杜牧和韓愈),接著才是掌書記。然而,有才華和文詞者,又有可能一釋褐即出任掌書記,如李吉甫和楊炎。

　　掌書記專掌文書表奏,職務最明確,但他亦有可能出任府主委派的其他任務,如李翱任嶺南節度掌書記時,即「奉牒知循州」等。巡官的職務最不確定。筆者考察所得,這是一種低層的執行官,並無固定職掌,要看他所屬的使府而定,主要職務是協助府主執行任務,如戶部巡官管和糴及兩稅,東渭橋巡官管東渭橋儲倉米粟之事。推官的任務亦不限於「推勾獄訟」。他是比巡官高一級的執行事務官員,職掌和巡官一樣多樣化,可能執行府主委派的任何職務。

第六章
文官俸錢及其他

> 與君離別意，同是宦遊人。
> 海內存知己，天涯若比鄰。
> ——王勃〈送杜少府之任蜀州〉[1]

　　王勃這首詩，經常爲現代人引用。不過大家看重的，恐怕是「海內存知己，天涯若比鄰」這兩句。許多人可能沒有注意到，這首詩的重點其實是在「宦遊」。王勃年輕時在京城沛王府做個小官，陪王子讀書，遠離他的家鄉絳州龍門（今山西河津縣），算是宦遊。現在，他的朋友杜少府也即將遠赴蜀川任官，王勃便給他寫了這首送別詩，所以詩中說「與君離別意，同是宦遊人」。少府即本書第三章所論的縣尉，可知這種九品小官也得宦遊在外。因爲宦遊，彼此各在天涯一方，不知何時才能相見，但祇要是「知己」，也就算「比鄰」了。然而，甚麼是「宦遊」？「宦

1　《王子安集註》（上海：上海古籍出版社，1995年校點本），卷三，頁84。

遊」意味著甚麼？這是本章所要討論的課題之一。

　　前面幾章分別探討了幾種唐代基層文官之後，本章擬就這些文官幾個比較重要且深具意義的共同課題，諸如俸料錢、任期、守選、宦遊、辦公時間和假日，做一些綜合考掘和討論。前面幾章或曾約略觸及這些題目，但限於體例，僅能就個別單一官職來論述，稍欠比較。這裡作比較全面、「跨官職」的系統排比。

一、俸料錢

　　唐代官員的正規收入，主要有三項：一是俸錢，二是祿米，三是職田土地。至於「防閤庶僕」等「祿力」，在唐初已逐漸「合併到俸錢中」去[2]，可不論。祿米和職田依官品高低分配。例如，本書所論的基層文官當中，屬正九品京官者，如祕書省校書郎和正字，按典志規定，每年可獲祿米五十七石[3]，職田二頃[4]，但真正實行的情況是否如此，卻無實例可證，不甚明確。且前人論祿米和職田已詳[5]，本章就不再涉及。從中晚唐起，俸

2　劉海峰，〈論唐代官員俸料錢的變動〉，《中國社會經濟史研究》，1985年第2期，頁18注2。

3　《唐六典》卷三，頁83；《通典》卷一九，頁493。

4　《通典》卷三五，頁971；《新唐書》卷五五，頁1393。

5　這方面最清晰的論述，見陳明光，《唐代財政史新編》（北京：中國財政經濟出版社，1999年第二版），頁72-77（論祿米）及頁120-124（論職田）。又見李燕捷，〈唐代祿制與內外官之輕重〉，《河北學刊》，1994年第5期；高原，〈唐代官祿制度考略〉，《晉陽學刊》，1993年第4期；李燕捷，〈唐代給祿的依據〉，《歷史教學》，1994年第8期。關於唐代職田，翁俊雄有一詳細專文：〈唐代職分田制度研究〉，

料錢逐漸變成唐官員的主要收入來源，和本書關係最密切，所以這裡集中討論俸料錢（又常簡稱為「俸錢」和「月俸」）[6]。韓愈在呈上〈論今年權停舉選狀〉時說：「臣雖非朝官，月受俸錢，歲受祿粟，苟有所知，不敢不言。」[7]可證唐代俸錢一般是「月受」，「祿粟」則「歲受」。

　　唐官分為京官和外官兩個系統，俸錢也分成兩個系統來管理。京官俸錢在唐前期由太府寺掌管發放，後期改由度支。外官的俸錢，則就地籌集和分發，前期主要依靠各州縣公廨本錢的利息所得，後期則漸依賴戶稅、兩稅等稅收充俸[8]。

　　現存史料中關於京官和外官的俸錢，主要有六組數據，其年代分別為貞觀初年、乾封元年、開元二十四年、大曆十二年、貞元四年和會昌年間（詳見表一）。這六種年代不同的數據，恰好三種在唐前期，三種在唐後期，可以反映唐代俸錢的整個歷史變動。

（續）

  《唐代人口與區域經濟》（臺北：新文豐，1995），頁375-404。

6　本節所述唐代俸錢的變動，大抵依據劉海峰，〈論唐代官員俸料錢的變動〉一文，並參照清木場東，〈唐代俸料制的諸原則〉，《東方學》，第72輯（1986），頁63-79。

7　《韓昌黎文集校注》卷八，頁588。此狀上於貞元十九年（803）。韓愈當時任四門博士。他說「雖非朝官」，意指他不是御史等「登朝官」。

8　唐代俸錢的來源，是學界爭論的要點之一。詳見閻守誠，〈唐代官吏的俸料錢〉，《晉陽學刊》，1982年第2期；劉海峰，〈唐代官吏俸料錢的來源問題〉，《晉陽學刊》，1984年第5期；王珠文，〈關於唐代官吏俸料錢的幾點意見〉，《晉陽學刊》，1985年第4期；劉海峰，〈再析唐代官員俸料錢的財政來源〉，《中國社會經濟史研究》，1987年第4期。關於唐代俸料錢的其他論著，特別是日文論文，詳見胡戟等編，《二十世紀唐研究》，頁410-412的詳細學術史回顧。

表一　唐基層文官俸料錢一覽表　　單位：文

	貞觀初 (627-)	乾封元年 (666)	開元 二十四年 (736)	大曆 十二年 (773)	貞元四年 (788)	會昌年間 (841-6)
校書郎	1,300	1,500	1,917	6,000	16,000	16,000
正字	1,300	1,500	1,917	6,000	16,000	16,000
十六衛衛佐*	1,600	1,850	2,475	4,175	16,000	16,000
率府衛佐*	1,600	1,850	2,475	4,175	未列	12,000
王府判司	2,100	2,100	4,050	4,116**	6,000	6,000
王府參軍	1,600	1,850	2,475	4,175	4,000	4,000
兩赤縣尉	視各州府縣大小 和公廨本錢數額而定			30,000	25,000	30,000
次赤縣尉				25,000	25,000	25,000
畿縣上縣尉				20,000	20,000	20,000
其他縣尉				20,000	未列	未列
大都督府判司 京兆判司				35,000	35,000	35,000
上州功曹參軍 以下(判司)				30,000	未列	30,000
都督府參軍 上州參軍事				15,000	未列	15,000
觀察推官巡官				30,000	未列	30,000
節度推官				未列	未列	40,000
掌書記				未列	未列	50,000
比較其他官職						
上州刺史				未列	未列	80,000
郎中	3,600	3,600	9,200	25,000	50,000	50,000
員外郎	2,400	2,400	5,300	18,000	40,000	40,000
殿中侍御史	2,100	2,100	4,050	20,000	35,000	40,000
監察御史	1,600	1,850	2,475	15,000	30,000	30,000
大理評事	1,600	1,850	2,475	8,000	20,000	8,000***
太常寺協律郎	1,600	1,850	2,475	4,175	16,000	20,000
太常寺奉禮郎	1,300	1,500	1,917	1,917	16,000	16,000
材料出處	《通典》 卷19	《新唐》 卷55	《唐會要》卷91 《冊府元龜》卷506			《新唐》 卷55

*　《通典》卷二八，頁784說：「凡自十六衛及東宮十率府錄事及兵、倉、騎、冑等曹參軍，通謂之衛佐，並為美職。」

**　此數字似誤。王府判司比王府參軍官品高，職務也繁重，月俸似不應比參軍低。《唐會要》列這些官員的月俸時，是按照錢額大小排列的。王府判司其實排在王府參軍之前，其月俸數額應當比參軍高，但今傳世校點本所印的數額卻比參軍低，看來極可能是個傳抄錯誤。《冊府元龜》卷五〇六同。

***　此數額少於貞元四年者，疑有脫漏。

　　此外，還有一些零散的材料，可以用來校補這六組數據。
比如，敬宗（在位825-826）的〈條流滄德二州官吏俸料詔〉說：
「滄德二州州縣官吏等，刺史每月料錢八十貫，錄事參軍三十
五貫，判司各置二人，各二十五貫，縣令三十貫，尉二十貫。
其俸祿且以度支物充，仍半支省估匹段，半與實錢。」[9]可印證
表一所列的俸錢數額，特別是「尉二十貫」（二萬文），可補表
一中「其他縣尉」項中未列的數額：即中晚唐縣尉（赤尉除外）
的俸錢一般是二萬文。此詔也透露唐後期俸錢的發放方式：半
物半錢。

　　宣宗（在位847-859）的〈給夏州等四道節度以下官俸敕〉[10]，
則提到夏州、靈武、振武等四道（缺其中一道名。夏州、靈武、
振武皆位於長安西北黃河河套地區），「土無絲蠶，地絕征賦。
自節度使以下，俸料賞設，皆剋官健衣糧，所以兵占虛名，軍
無戰士。緩急寇至，無以支敵」，所以朝廷要特別給這些地區
的節度等使和僚佐提供「料錢廚錢」及「賞設」。此敕中所列
的俸錢數額，和《新唐書·食貨志》所說的會昌俸錢額相合（縣
尉亦為「二十貫」），而且還列出了「賞設」錢額。「賞設」是
一種賞錢，唐史料中常見，如《舊唐書》所說：「德宗初聞兵
士出怨言，不得賞設，乃令〔舒王李〕誼與翰林學士姜公輔傳詔
安撫，許以厚賞。」[11]

　　在唐前期，京官俸錢有三種變動。貞觀初的俸錢是按散官

　9　《全唐文》附《唐文拾遺》卷七，頁10437。
　10　《全唐文》卷八一，頁843。
　11　《舊唐書》卷一五〇，頁4043。

來發放的。但散官繁多，按散官品發俸有費國家倉儲。於是，到了乾封元年，便改爲依職事官品發俸，且不分正從上下階。如表一所示，祕書省校書郎爲正九品上，正字正九品下，但同爲九品官，所以俸錢都一樣，同爲一千五百文。換句話說，祇有職事官才能領俸，散官便無俸了。開元制和乾元制一樣，也是依職事官品發俸，但此時俸錢數額有所調高，以配合當時物價的上升[12]。

到了唐後期，大曆制的京官俸錢，又改爲依職事官的職務「閒劇」來分配，不再依官品。也就是說，官品相同，月俸未必相同。例如，從五品上的郎中，大曆時月俸爲兩萬五千文，但同樣爲從五品上的著作郎，月俸卻爲二萬文，低了百分之二十，因爲郎中遠比著作郎「劇要」。甚至還有官品低者，其月俸多於官品高者。例如，正九品的校書郎，月俸爲六千文，但官品更高的律學博士（從八品），其月俸卻僅有4,175文，也正因爲校書郎遠比律學博士清要[13]。唐人官職的高低不能單看官品，這正是其中一個原因。

貞元制也依職事官的閒劇發俸，但俸錢數額普遍比大曆時調整高達一倍左右。這主要是順應物價的上升，同時也是爲了縮小大曆時外官俸錢遠遠高於京官的差距。但即使如此，在晚

---

12 關於唐代的物價研究，見全漢昇，〈唐代物價的變動〉，《中央研究院歷史語言研究所集刊》，第11本(1943)；池田溫，〈中國古代物價初探〉，《唐研究論文選集》，頁122-189。

13 《唐會要》卷九一，頁1965-1966。又見劉海峰，〈論唐代官員俸料錢的變動〉，頁20的「唐後期京職事官月俸表」。

唐會昌年間，外官的俸錢還是普遍高於京官。會昌制亦依職事官閒劇制定，而且俸錢數額和貞元制大同小異。據《新唐書・食貨志》，「唐世百官俸錢，會昌後不復增減」[14]。所以會昌制可說是晚唐的最後定制。

　　至於唐前期州縣外官的俸錢，史文缺載，錢額不詳。日本學者築山治三郎以為外官和京官一樣，按職事官品給俸，但劉海峰已指出其誤。關於這點，《通典》說：

> 外官則以公廨田收及息錢等，常食公用之外，分充月料，先以長官定數，其州縣少尹、長史、司馬及丞，各減長官之半。尹、大都督府長史、副都督、別駕及判司準二佐，以職田數為加減。其參軍及博士減判司、主簿縣尉減縣丞各三分之一。[15]

但《通典》沒有以實例說明如何分配。這段話不好理解。唐人的算學書《夏侯陽算經》（原為《韓延算經》）中有一道計算俸錢的模擬數學題，雖非實例，而且沒有把醫學博士等州官算在內，又不包含任何縣官，但它所呈現的演算方式，很有助於我們理解上引《通典》那段話，以及州縣官俸錢的分配方法：

> 今有官本錢八百八十貫文，每貫月別收息六十，計息

14　《新唐書》卷五五，頁1402及1404。
15　《通典》卷三五，頁964。

五十二貫八百文。內六百文充公廨食料。五十二貫二
百文逐官高卑共分。太守十分，別駕七分，司馬五分，
錄事參軍二人各三分，司法參軍三分，司戶參軍三分，
參軍二人各二分。問各錢幾何？

答曰：太守十分，計十二貫七百三十一文，四十一分文
之二十九。別駕七分，計八貫九百一十二文，四十一分
文之八。司馬五分，計六貫三百六十五文、四十一分文
之三十五。錄事參軍二人各三分，各得三貫八百一十九
文、四十一分文之二十一……司倉參軍三分，計三貫八
百一十九文、四十一分文之二十一……。[16]

其演算方式是：官本錢每月利息率爲百分之六，得五十二
貫八百文，扣除食料六百文，還餘五十二貫二百文可供作俸錢，
分成四十一份，每份一點二七三一貫，然後乘以各官員所應得
的份數。如太守（刺史）爲十份，便可得十二貫七百三十一文，
餘此類推。從上面這些材料看來，唐前期州縣官沒有固定的俸
錢，要看他所屬的州縣等級和該州縣的公廨本錢數額而定[17]。

---

16 《夏侯陽算經》卷中，現收在《算經十書》，錢寶琮點校（北京：中
    華書局，1963）。據錢寶琮，此算經實爲《韓延算經》，北宋以後誤
    題爲《夏侯陽算經》。「太守十分」即「太守十份」之意。古書「分」
    和「份」不分。

17 關於公廨本錢和唐前期外官俸錢的關係，最詳細的研究見羅彤華，〈唐
    代州縣公廨本錢數之分析——兼論前期外官俸錢之分配〉，《新史學》，
    10卷1期（1999年3月）。又見羅彤華，〈唐代官本放貸初探——州縣公
    廨本錢之研究〉，《第四屆唐代文化學術研討會論文集》，臺灣成功
    大學中國文學系主編（臺南：成功大學教務處出版組，1999）。

　　但安史亂後，唐外官的俸錢，不再依賴公廨本錢，而和京官一樣，由國家統一分配，有了固定錢額。這使我們可以比較基層文官當中京官和外官俸錢的高低，見表一。學界一般認爲，唐前期京官俸錢高於外官，後期則外官俸錢高於京官。此外，唐後期的俸錢，雖有固定錢額，但許多時候，官員所得到，卻並非全是現錢，而是「半錢半帛」[18]。

　　如表一所示，在大曆制下，外官如縣尉、州參軍和判司的俸錢，普遍高於同等級京官如校書郎、正字、奉禮郎和協律郎，而且高出好幾倍。到了貞元制，京官月俸大幅調高，始拉近他們和外官的差距。至於幕職如巡官、推官和掌書記，他們的俸錢最高，比州縣官的還高，簡直和中、高層京官如郎中、員外郎和殿中侍御史等不相上下，可證幕職極尊貴，遠非正規州縣官可比。晚唐詩人李商隱，一生絕大部分時間都在各幕府任幕職。有不少學者因而說他的官運不濟，但就俸料錢而言，他的收入應當很可觀，可能還好過他那些在京城朝中任官的朋友。

　　再以晚唐宰相李德裕爲例，他二十七歲那年「以蔭補校書郎」，月俸爲一萬六千文。過了約四年，他三十一歲時，應河東節度使張弘靖之辟爲掌書記，月俸馬上驟升至五萬文，和京城一個郎中的月俸一樣，也比他任校書郎的月俸高了整整三倍多。但兩年後，他隨張弘靖入朝，任監察御史，月俸反而下跌到三萬文。當然，唐代官職的輕重不能單看俸料錢。監察御史

18　陳仲安、王素，《漢唐職官制度研究》，頁350-352；清木場東，〈唐代俸料制の諸原則〉，頁71-73。

是清要的京職，也是遷往朝中高官的重要門戶，就長遠的出路來說，比掌書記有前途。

　　一般而言，唐人重京官，輕外官，但中晚唐外官的俸錢等收入高於京官，又產生一種外官重於京官的趨勢[19]。雖說官職輕重不能純以俸料錢來決定，但唐後半葉的確有人因外官俸錢高，而寧願捨棄京官，改任外職。最有名的一個例子，當數詩人杜牧。他在大中三年(849)間任司勳員外郎，月俸當爲四萬文。但他爲了供養病弟和孀妹，以京官俸薄，上書宰相求爲杭州刺史。杭州屬上州，刺史月俸有八萬文之多(見表一)，比員外郎多了整整一倍，難怪杜牧有此請求。他在〈上宰相求杭州啓〉中透露，他有「四十口」的「家累」，然後說了幾句很感人的話：「是作刺史，則一家骨肉，四處皆泰；爲京官，則一家骨肉，四處皆困。」[20] 但他這次的請求沒有成功。第二年，他轉爲吏部員外郎，月俸應當和司勳員外郎一樣，所以他又三次上書宰相，這回求爲湖州刺史，最後總算如願以償，在這年秋天出爲湖州刺史[21]。

　　湖州也是個上州，他的月俸應當爲八萬文。過了約一年，他又被召回京城，任考功郎中、知制誥。郎中月俸五萬文，比上州刺史少了百分之六十(見表一)。但杜牧一回到京城，就有能力修治長安城南樊川別墅，常召親友前去遊賞。祇不過一年

19　詳見劉海峰，〈唐代俸料錢與內外官輕重的變化〉，《廈門大學學報》，1985年第2期。

20　《樊川文集》卷一六，頁249。

21　繆鉞，《杜牧年譜》，頁79-80。

時間，為甚麼他突然間變得如此富裕？他的外甥裴延翰在〈樊川文集序〉一開頭，就給我們揭露內情：「上五年〔指大中五年〕冬，仲舅自吳興守拜考功郎中、知制誥，盡吳興俸錢，創治其墅。」[22] 可見他回到長安，花的卻是「吳興俸錢」。這「吳興俸錢」當即他在吳興（湖州）當刺史約一年期間積存下來的，回到長安便「創治其墅」，生活轉眼間變得豐足起來。杜牧此案，雖是比較高層的刺史例子，不屬本書所論的基層文官範圍，但足以反映中晚唐外官俸錢高於京官的事實。

　　回到基層文官，令人關注的是，他們的俸錢以當時的生活水平來說，是否豐足？這方面例證雖不多，但可以據以舉一反三。我們在第一章〈校書郎〉中見過，白居易任校書郎時，便說「月俸萬六千，月給亦有餘」，很有一種自滿和自得的情緒。在第四章〈參軍和判司〉，我們見到他以京兆府戶曹參軍任翰林學士，有詩云：「俸錢四五萬，月可奉晨昏。廩祿二百石，歲可盈倉囷。」可證州判司的俸錢和「廩祿」都很不錯。在第五章〈巡官、推官和掌書記〉，我們見過韓愈在汴州董晉幕府任觀察推官三年後，竟然寫信告訴友人衛中行說：「始相識時，方甚貧，衣食於人；其後相見於汴徐兩州，僕皆為之從事，日月有所入，比之前時豐約百倍。」[23] 他任觀察推官時的月俸約三萬文[24]，比起他之前毫無官職和收入，的確是「豐約百倍」。

22　《樊川文集》，序，頁1。

23　《韓昌黎文集校注》卷三，頁193。

24　唐代觀察推官的俸錢為三萬文，比節度推官的俸錢四萬文少（見表一），但還是比京官如校書郎和正字的俸錢一萬六千文多約一倍。石

而且，他任了三年推官後，一轉到徐州張建封幕，還沒有開始工作，便有詩云：「篋中有餘衣，盎中有餘糧。閉門讀書史，窗戶忽已涼。」[25] 這「餘衣」和「餘糧」的積存，應當來自他任董晉推官時的俸錢。有了這些，生活才有安全感，韓愈才能寫意地去追求那「窗戶忽已涼」的讀書生活。

至於縣尉，我們在唐代詩文中找不到類似生動的實例，但《舊唐書·李義琰傳》說：

> 義琰宅無正寢，弟義璿為岐州司功參軍，乃市堂材送焉。及義璿來覲，義琰謂曰：「以吾為國相，豈不懷愧，更營美室，是速吾禍，此豈愛我意哉！」義璿曰：「凡人仕為丞尉，即營第宅，兄官高祿重，豈宜卑陋以逼下也？」義琰曰：「事難全遂，物不兩興。既有貴仕，又廣其宇，若無令德，必受其殃。吾非不欲之，懼獲戾也。」竟不營構，其木為霖雨所腐而棄之。[26]

「凡人仕為丞尉，即營第宅」，可知縣尉（和縣丞）的俸錢應當也豐足，任此兩官時，便可以開始「營第宅」。這是唐前期的例子，可惜我們找不到唐後期的事例。

俸錢比較不足的，可能要數京城王府的判司和參軍，各僅

（續）————————
　　雲濤教授提醒我觀察推官和節度推官的俸錢不一樣，特此致謝。
25　《全唐詩》卷三三七，頁3772。「窗戶忽已涼」一句，在錢仲聯的
　　《韓昌黎詩繫年集釋》卷一，頁85，作「清風窗戶涼」。
26　《舊唐書》卷81，頁2757。

有六千和四千文，遠低於一般縣尉的兩萬文，也遠不及校書郎和正字的一萬六。這也很能佐證宋代洪邁「王府官猥下」之說[27]。

最後，還有一點應當留意：表一中所列的俸錢，祇是各典志上所規定的「紙面錢額」。京官實際所得，可能跟典志上的規定相同，但外官的實際收入，卻可能比這紙面錢額還要多。這就是陳寅恪先生在他那篇著名的論文〈元白詩中俸料錢問題〉中，所提出的重要論點。按白居易掛職京兆府戶曹時，說他的「俸錢四五萬」，和典志所定的「三萬五千文」不合。他在〈江州司馬廳記〉又說他「歲廩數百石，月俸六七萬」，也跟典志規定的上州司馬俸錢「五萬」不合。陳寅恪因而推論：「唐代中晚以後，地方官吏除法定俸料之外，其他不載於法令，而可以認為正當之收入者，為數遠在中央官吏之上。」[28] 中晚唐官吏之所以會有「不載於法令」的「正當之收入」，可能是各地方在兩稅法下，上繳了應上供的稅額之後，可以「自圓融支給」俸錢，然後按照唐前期州縣官以「份數」方式分俸錢的辦法分配[29]。

像這種俸錢以外的收入，很可能也包括「紙筆錢」之類的，如《舊唐書‧趙涓傳》所說：

---

27 洪邁，《容齋隨筆》（上海：上海古籍出版社，1978年校點本），附《容齋四筆》卷十一，頁747。

28 陳寅恪，〈元白詩中俸料錢問題〉，《陳寅恪集‧金明館叢稿二編》，頁76。

29 劉海峰，〈論唐代官員俸料錢的變動〉，頁25。

先是，侍御史盧南史坐事貶信州員外司馬，至郡，準
例得廳吏一人，每月請紙筆錢，前後五年，計錢一千
貫。南史以官閑冗，放吏歸，納其紙筆錢六十餘千。
刺史姚驥劾奏南史，以為贓，又劾南史買鉛燒黃丹。
德宗遣監察御史鄭楚相、刑部員外郎裴澥、大理評事
陳正儀充三司使，同往按鞫。將行，並召於延英，謂
之曰：「卿等必須詳審，無令漏罪銜冤。」三人將退，
裴澥獨留，奏曰：「臣按姚驥奏狀，稱南史取廳吏紙
筆錢計贓六十餘貫，雖於公法有違，量事且非巨蠹。」
上曰：「此事亦未為甚，未知燒鉛何如？」[30]

《唐會要》卷五十九「尚書省諸司下」刑部員外郎條下亦載此
事，有明確日期，但錢額不同，可與《舊唐書》互校：

> 貞元十二年〔796〕五月，信州刺史姚驥，舉奏員外司馬
> 盧南史贓犯。鞫按南史，准例配得直典一人，每月請
> 紙筆錢一千文，南史以官閑冗無職事，放典令歸，納
> 其紙筆直，前後五年，計贓六十萬貫。[31]

依《舊唐書》，「每月請紙筆錢，前後五年，計錢一千貫」。
一貫為一千文，一千貫即一百萬文。這數額太大，且跟下文所

---

30 《舊唐書》卷一三七，頁3761。
31 《唐會要》卷五九，頁1216。

說的「六十餘貫」矛盾不合。《唐會要》說：「每月請紙筆錢
一千文……前後五年，計贓六十萬貫。」亦誤，應作「六十貫」
（「六十萬貫」是個非常龐大的天文數字，比「一千貫」還要多）。
《舊唐書》之誤是把「文」當成「貫」。《唐會要》之誤則多
一「萬」字。這種簡單的算學錯誤，史書上屢見不鮮，不足為
怪 [32]。綜合兩者，應當是「每月請紙筆錢一千文……前後五年，
計贓六十貫，即六萬文」。這便大約符合《舊唐書》下文所說
的「六十餘千」，或裴漵所說的「六十餘貫」（「一千文」和「一
貫」意思相同）。皇帝派三司前去按鞫，但其中一人裴漵「獨留」
奏曰：「計贓六十餘貫，雖於公法有違，量事且非巨蠹。」皇
帝也說：「此事亦未為甚。」所以也就不了了之，祇追究盧南
史燒鉛之事。由此可知外官有不少像「紙筆錢」之類的額外陋
規收入，雖然「於公法有違」，但祇要不括錢太過，事「非巨
蠹」，連皇帝也覺得「亦未為甚」，非常體諒外官。

　　《唐會要》卷五十八「尚書省諸司中」戶部侍郎條下，有
一條大中年間的奏疏，提到州府錢物「無巡院覺察，多被官史
專擅破除」盜用之事（疏中也提到了「紙筆錢」）：

　　大中二年〔848〕十一月，兵部侍郎判戶部魏扶奏下州應
　　管當司諸色錢物斛斗等：「前件錢物斛斗，散在天下

---

[32] 例如，陳寅恪已指出，《新唐書》卷五五〈食貨志〉所載的會昌俸
錢數，「自太師起，至太子少傅止，較會要冊府之數，多至十倍。
疑唐代舊文，本以貫計，新書改『貫』為『千』時，訛為『萬』，
遂進一位」。見陳寅恪，〈元白詩中俸料錢問題〉，頁71。

> 州府，緣當司無巡院覺察，多被官史專擅破除，歲久
> 之後，即推在所腹內。徒煩勘詰，終無可徵。今後諸
> 州府錢物斛斗文案，委司錄事參軍專判，仍與長史通
> 判。每至交替，各具申奏，並無懸欠。至考滿日，遞
> 相交割，請准常平義倉斛斗例，與減選，仍每月量支
> 紙筆錢。若盜使官錢，及將借貸與人，並請准元敕，
> 以贓論。……」從之。[33]

可知州府錢財，極易被州官本身以種種名目「盜使」，或「借貸與人」收利息，中飽私囊。這些都是外官俸錢以外的額外收入。

綜合以上所論，我們可以總結說，唐代基層文官的俸料錢，應當可以提供他們不錯的生活，除了唐後期王府判司和王府參軍俸錢稍低之外。中晚唐基層外官如縣尉、州參軍和州判司的俸錢，又比基層京官如校書郎和正字來得高。在基層文官當中，巡官、推官和掌書記的月俸最高，甚至可以比美中層京官如郎中、員外郎等。

二、任期

唐人每任一官，都有一定期限。除了特殊情況，一般都在四年左右，不能長久連任。本書所論的校書郎、正字、縣尉、

33　《唐會要》卷五九，頁1189-1190。

參軍和判司等基層文官，其任期也不例外，每任約略爲三、四年，但巡官、推官和掌書記等幕職的任期，則不固定，可長達十多年，亦有短至一年，甚至幾個月者，視幕佐和府主的私人依附關係而定，底下再細論。

《唐會要》載有一道貞觀十一年（637）正月敕：「凡入仕之後，遷代則以四考爲限。」[34]《新唐書・選舉志》也說：「凡居官必四考。」[35] 唐人任官，每年都有一次考課及考績。所謂「四考」，即任了四年官，有了四次考績。依唐人的用法，「四考」往往幾乎等同「四年」，亦即《通典》所說「一歲爲一考」[36]。

「四考」的這種用法，常引起現代學者的誤解。有些論中國文官制度的專書，把「凡居官必四考」，僅僅解釋爲「當官期間必有四次考課」，沒有把「考」跟任官的年歲聯繫起來。其實，唐代史料中經常可以見到一考、二考、三考、四考，甚至十六考這樣的名詞。它們全都跟任官的年歲有關。「三考」即意味著任了三年官；「十六考」即任了十六年的官，經過了十六次考課。《唐會要》載有一道貞元九年（793）七月制：「縣令以四考爲限，無替者宜至五考。」[37] 即是說縣令最多祇能任

34　《唐會要》卷八一，頁1776。

35　《新唐書》卷四五，頁1173。

36　《通典》卷一九，頁474。唐代的考課是個複雜的課題，這裡不擬論。近年最周全的研究是黃清連，〈唐代的文官考課制度〉，《中央研究院歷史語言研究所集刊》，第55本第1分（1984）。又見鄧小南，《課級・資格・考察：唐宋文官考核制度側談》（鄭州：大象出版社，1997）以及曾一民，《唐代考課制度研究》（臺北：商務印書館，1978）。王勛成，《唐代銓選與文學》，第三章也專論考課。

37　《唐會要》卷八一，頁1782。

四年，沒有替代者則可以任至五年。

唐人每任一官限「四考」，早在初唐高宗時期，知吏部選事的黃門侍郎劉祥道（596-666）就覺得太短了，建議加倍到「八考」，即八年。他寫了一篇很有名的奏疏說：

> 唐、虞三載考績，黜陟幽明。兩漢用人，亦久居其職。所以因官命氏，有倉、庾之姓。魏、晉以來，事無可紀。今之在任，四考即遷。官人知將秩滿，必懷去就；百姓見有遷代，能無苟且？以去就之人，臨苟且之輩，責以移風易俗，其可得乎！望經四考，就任加階，至八考滿，然後聽選。還淳反樸，雖未敢必期；送故迎新，實稍減勞弊。[38]

便拿漢代用人的「久居其職」，和唐代的「四考即遷」來作對比。官人知任期將滿，「必懷去就」。百姓知官人要走，也就「苟且」。這樣哪能「移風易俗」，好好治理？所以劉祥道建議「至八考滿」，至八年任滿。在唐代文獻，「考滿」也是個很常見的名詞，等於「秩滿」，任期滿了。在這種意義下，唐代任官制很有點像現代的「合約」制。考滿、秩滿即等於合約到期，需再「守選」（詳下節）或等候下一任官。

孫樵的古文名篇〈書褒城驛壁〉，也談到唐代官員任期短的種種弊病：

---

38 《舊唐書》卷八一，頁2752。

今朝廷命官，既已輕任刺史縣令，而又促數於更易，
且刺史縣令，遠者三歲一更，近者一二歲再更。故州
縣之政，苟有不利於民，可以出意革去其甚者。在刺
史曰：「明日我即去，何用如此？」在縣令亦曰：「明
日我將去，何用如此？」[39]

四考是安史之亂前的通例。安史之亂後，由於選人多，官
職少，甚至還出現「三考」的局面。《通典・職官》說：「至
廣德以來，乃立制限……。官以三考而代，無替四考而罷，由
是官有常序焉。」[40] 廣德（763-764）為代宗年號。廣德元年（763）
即安史之亂平定那年。到德宗（779-805）時，禮部員外郎沈既濟
在一篇有名的選舉改革議論中說：

唐虞遷官，必以九載。魏晉以後，皆經六周。國家因
隋為四，近又減削為三。考今三、四則太少，六、九
則太多，請限五周，庶為折中。[41]

可證初唐任官，一般為四年，中唐以後則「減削為三」。但這
些都是敕制上的規定。在實際執行時，是否如此呢？我們不妨
以唐代幾個任過正字官的詩人官歷，來做個小考證，當可發現
陳子昂、柳宗元和李商隱等詩人當正字的任期，正好和敕制上

39　《全唐文》卷七九五，頁8336。
40　《通典》卷一九，頁474。
41　《通典》卷一八，頁452。

的規定約略相合。

隋唐之際的王績，祇當了大約一年不到的正字，就以「非
其所好也，以疾罷，乞署外職，除揚州六合縣丞」[42]。他是自己
要求提早調職的，沒做滿四年就走了。此例可不論。至於陳子
昂，他在〈塵尾賦并序〉中說：

> 甲子歲[43]，天子在洛陽。時余始解褐，與祕書省正字。[44]

他何時卸下正字職，史料不詳。《資治通鑑》在「永昌元年〔689〕
三月」仍稱他爲「正字」[45]，但到了「永昌元年十月」則改稱他
爲「右衛冑曹參軍陳子昂上疏」[46]，可知陳子昂是在西元六八四
年初到六八九年初擔任正字官的，任期前後長達約五年。這比
《新唐書》上所說「凡居官必四考」多了一年。看來，任官條

---

42 呂才，〈王無功文集序〉，收在《王績詩文集校注》，頁6。

43 按此「甲子」可能的年代為604和664，但604年陳子昂還未出生（他
生於約659年），到664年時則年僅五歲，也不可能「解褐」。此甲子
應為「甲申」之訛。甲申即文明元年，西元684年，其時「祕書省」
還未改名，一直要到次年，即垂拱元年(685)二月才改稱「麟臺」。
所以陳子昂在此文中仍稱自己為「祕書省正字」是正確的。參見韓
理洲，《陳子昂研究》（上海：上海古籍出版社，1988），頁27-29。
Richard M. W. Ho（何文匯），*Ch'en Tzu-ang: Innovator of T'ang Poetry*
(Hong Kong: The Chinese University Press, 1993), pp. 12-14，亦把陳子
昂初任正字的時間定在西元684年春。有些唐代文獻稱陳子昂初授官
為「麟臺正字」，沒有理會祕書省改名的細節。

44 《全唐文》卷二〇九，頁2112。

45 《資治通鑑》卷二〇四，頁6457。

46 《資治通鑑》卷二〇四，頁6462。

規實行起來還是有些彈性。

中唐的柳宗元，則確實僅當了約三年的正字。他是在貞元十四年到十六年間（798-800）出任正字的，過後即遷爲藍田縣的縣尉[47]。他的正字任期爲三年，正符合沈既濟所說「近又減削爲三」。

晚唐的李商隱（812-858）也做過正字，任期更短。他是在會昌二年（842）任祕書省正字，不到一年又因爲丁母憂離去。三年後，他服喪滿，在會昌五年（845）十月又回來當正字。一年半之後，在大中元年（847）二月，給事中鄭亞出任桂州刺史、桂管防禦觀察使，李商隱不久就隨他赴幕府去了[48]。他任正字前後大約祇有兩年左右。不過，他這兩任都是未秩滿就因故離職，難以肯定其確實任期長短，僅錄此供參考。

從以上幾個唐詩人的正字任期，我們可以看到，唐人每任一官，期限都很短，確如政書上所說，約在「四考」上下。這跟漢代和現代可以「久居其職」的方式很不一樣。今人須先瞭解這種任期短的任官特色，才能看清唐代官場上某些制度的運作。

韓愈的〈施先生墓銘〉，寫太學博士施士丐（734-802），在同一個地方任官長達十九年，似乎有違唐人每任一官約四年的規定。這的確是個很罕見的例子。但也正因爲罕見，所以韓愈才要提上一筆：

47　孫昌武，《柳宗元評傳》（南京：南京大學出版社，1998），頁51。

48　張采田，《玉谿生年譜會箋》（上海：古籍出版社，1983年排印本），卷三，頁88，頁108及頁136。

> 先生年六十九，在太學者十九年。由四門助教為太學
> 助教，由助教為博士。太學秩滿當去，諸生輒拜疏乞
> 留。或留或遷，凡十九年不離太學。[49]

這位施博士原本和其他人一樣，「秩滿當去」，但因為教學有
方，「善講說」，很受歡迎，學生上疏乞留才得以留任長達十
九年。不過，他在這段期間，所任其實也不祇一官，至少曾任
過四門助教、太學助教和太學博士三種。但正因為在唐代，很
少有人會像施博士那樣長期在同一處任官，他「十九年不離太
學」，反而成了他生平一大得意事，值得韓愈在他的墓誌上大
書特書。一般唐人當官，應當沒有像施士丐那樣好運，而必須
隨四考或三考遷轉，四處奔波。

不過，《新唐書》說「凡居官必四考」的規定，看來也並
非指所有官職。我們在史料中爬梳，可以發現這規定祇用於唐
代士人常任的那些中層和低層官職，特別是那些需經過吏部銓
選的官職，如縣尉、主簿、縣丞、縣令等縣官，州參軍、判司
等州官，或校書郎、正字、大理評事等京城低層官員。換句話
說，本書所論的所有基層文官，除了幕職，都受到「凡居官必
四考」的約束。

例外的情況有幾種：（一）唐代的專業技術官僚，如司天臺、
尚藥局、太醫署等專門事務官員，或內侍省各署內官，或翰林
待詔等皇室親近職，因其專業或特殊性質，任官不受「四考」

49　《韓昌黎文集校注》卷六，頁351-352。

限制，任期都很長，可長達數十年。例如，中晚唐的波斯籍天學家李素和他的兒子李景亮，父子相傳，在唐司天臺服務都超過三十年[50]。但唐代從進士明經出身的士人，一般都不會（也沒有能力）擔任這種技術官僚。（二）在京城擔任宿衛、巡捕等職務的武官，任期一般也很長。他們的傳記材料，和專業技術官僚一樣，常不見於兩《唐書》，而僅見於近世出土的墓誌或神道碑。（三）唐代史官的任期也往往很長，如著名的吳兢、韋述和柳芳等人，幾乎一生都在專任史官，可能也因為史官修史需專業，且需長時間修史始有成，不能經常更換[51]。（四）某些節度使，如劍南西川節度使韋皋，治理西川長達二十年，但這是特例，因為他的治績卓越，朝廷特別信任他。河北等藩鎮不聽朝廷命令，節度使甚至可以代代相傳，也是特殊情況。一般節度使、觀察使和團練使的任期都很短，有短至一兩年者，平均在三年之下。巡官、推官和掌書記等幕佐，追隨這些使府四處任職，任期也就不固定，但一般也都在三年以下[52]。

除了上述這些例外，唐人任官遷轉如此頻密，造成幾個很可留意的現象。

---

50 詳見榮新江，〈一個入仕唐朝的波斯景教家族〉，《中古中國與外來文明》（北京：三聯書局，2001），頁238-257；拙文〈唐代的翰林待詔和司天臺：關於《李素墓誌》和《卑失氏墓誌》的再考察〉，《唐研究》，第9卷（2003）。

51 關於唐代的史官，見張榮芳，《唐代的史館和史官》；Denis C. Twitchett, *The Writing of Official History under the T'ang.*

52 詳見吳廷燮，《唐方鎮年表》中的各方鎮任期，以及戴偉華，《唐方鎮文職僚佐考》中所列三千多人次幕佐的任期。

　　第一、每官任期短，升遷機會也就多些。像校書郎、正字這種九品小官，任官三、四年，讓剛入仕的年輕讀書人出來見見世面，獲取一些工作經驗，如柳宗元任滿三年正字後，便轉到藍田縣任縣尉，也是很好的「暖身」。否則，長期充當校書郎、正字等官反而不妙，等於沒有出息。

　　第二、任期短，遷轉頻密，唐人一生所做的官，可能便多達十幾個，甚至二十多個。最好的例子，莫如白居易在〈唐故銀青光祿大夫祕書監曲江縣開國伯贈禮部尚書范陽張公墓誌銘并序〉所描述的祕書監張仲方（766-837）。他「入仕四十載，歷官二十五，享年七十二」[53]。我們細數這篇墓誌所列出他所任過的官，確實有二十五種之多，誠非虛言：

> 初補集賢院校書郎，丁內憂，喪除，復補正字。選授咸陽縣尉。鄜坊節度使辟為判官，奏授監察御史裏行，俄而真拜。歷殿中、轉侍御史、倉部員外郎、金州刺史、度支郎中。駁宰相諡議，出為遂州司馬，移復州司馬，俄遷刺史。改曹州刺史、河南少尹、鄭州刺史。入為諫議大夫、福建觀察使兼御史中丞。徵還，為太子賓客，再為左散騎常侍、京兆尹、華州刺史兼御史大夫、祕書監。[54]

53　《白居易集》卷七〇，頁1483。
54　《白居易集》卷七〇，頁1482-1483。

張仲方做官四十年，竟充當過二十五種官，平均每官任期還不到兩年。據近人王勛成的研究，唐代雖規定「凡居官必四考」，但在實際執行時，「內外官很少有在現任上職滿四年的」[55]。

　　第三、這也意味著唐人必須經常爲了遷官遠行。陳子昂、杜牧、白居易、李德裕和李商隱等唐代士人，他們爲了做官所到過的地方之多，行程之遠，即使用現代的標準來看，也是相當驚人的[56]。今天中國大陸的同等級公職人員，恐怕都沒有像唐人那樣到過那麼多地方，走得那麼遠。下面「宦遊」一節將再細說。

三、守選

　　守選有兩層意思。第一是指進士或明經等科舉出身者需守選約三到七年，才能獲得第一個官職，但制科、博學宏詞和書判拔萃則不需守選，中者即授官。這種守選在本書前面幾章都已涉及，這裡不必再論。

　　第二種守選的意思，是指唐代官員，每做滿一任官，也需在家守選等候若干年，才能選補下一任官。我們過去對這種守選制度幾乎一無所知，但王勛成教授最近的大作爲我們解開了許多謎團，然而還有一些模糊不明之處。其中最大的疑問是：

55　王勛成，《唐代銓選與文學》，頁93。
56　甘懷眞，〈唐代官人的宦遊生活──以經濟生活爲中心〉，《第二屆唐代文化研討會論文集》（臺北：臺灣學生書局，1995），即探討唐人四處做官的種種後果。

怎樣的官要守選多少年？校書郎、正字、縣尉、參軍和判司這些基層文官，任滿後要在家閒居等候多少年，才能就任下一個官？像這一類問題，史書上都沒有明文規定，細節我們往往不得而知。王勛成教授也說：「到底是多大的官守選多少年，因資料匱乏，祇能存疑。」[57] 因此王教授大作這一部分的討論也稍嫌簡略，這裡略作補充。

目前，我們祇知道關於守選的幾個要點。第一是《通典》引裴光庭〈循資格〉所說：「凡官罷滿以若干選而集，各有差等，卑官多選，高官少選。」[58] 若依此，則本書所論的基層文官（幕職除外），應都屬「卑官」，當「多選」，或許是三選到五選，即三到五年。「高官少選」，或許在三選以下。但「高官」的定義為何？典志中沒有任何說明。《新唐書‧選舉志》則說：「凡一歲為一選。自一選至十二選，視官品高下以定其數，因其功過而增損之。」[59] 依此看來，守選的年限最短為一年，最長十二年。但甚麼官祇需守選一年？甚麼官要守十二年？也沒有進一步的解答。不過，「視官品高下以定其數，因其功過而增損之」這一句話，似乎表示守選年限很有彈性，主要依「官品高下」來定選數，但有「功過」又可以「增損之」，即增加或減少選數。這也就是我們在唐史料中常見的「殿二選」、「殿三選」，即增加二、三年作為懲罰，或「減二選」、「減三選」，作為獎勵。

---

57 王勛成，《唐代銓選與文學》，頁125。
58 《通典》卷十五，頁361。
59 《新唐書》卷四十五，頁1174。

在本書第三章〈縣尉〉中，筆者引用過唐武宗〈加尊號後郊天赦文〉，裡面有幾句話，便是唐代施行守選制度的最好實證，也需放在守選制度下來看才能充分理解：

> 其遠處縣邑，多是中、下縣。其縣丞、簿、尉等，例是入流令史。苟求自利，豈知官業？其中、下縣丞、中縣簿〔當脫一「尉」字〕等，自今已後，有衣冠士流，經業出身，經五選如願授者，每年便許吏部投牒，依當選人例，下文書磨勘注擬。如到任清白幹能，刺史申本道觀察使。每年至終，使司都為一狀申中書門下。得替已後，許使上縣簿、尉選數赴選，與第二任好官。[60]

這是獎勵「衣冠士流，經業出身」者(即有科名的士人)，到偏遠中下縣任縣尉的辦法。他們若守了「五選」後還沒有官做，可以到吏部投牒，就任中下縣的主簿或縣尉。引文最後一句，「得替已後，許使上縣簿、尉選數赴選，與第二任好官」，則是最重要的獎勵部分。依此看，中下縣和上縣簿、尉的「選數」不一樣。上縣簿、尉的「選數」應當比較少，所以那些願意到中下縣去服務者，將來任滿後，還是要守選，但守的年限減少了，可以改用上縣簿、尉的「選數」去參加銓選，補下一任「好官」。

第二個守選要點是：唐方鎮使府的幕佐不必守選。這在唐

60　《全唐文》卷七八，819頁。

典志中並沒有明文規定，但五代史料中則清楚說判官、巡官等
幕佐需守選[61]。唐方鎮使府幕職不必守選，雖無典志明文，但兩
《唐書》列傳、墓誌和戴偉華《唐方鎮文職僚佐考》所收集到
的三千多人次官歷資料，有大量實證可以證明他們不必守選。
細節有三：

（一）任滿正規官職後，可以不必守選馬上就任幕佐。例如，
李德裕是在任過校書郎後，馬上又受辟佐張弘靖幕府，不曾守
選。本書第一章〈校書郎〉中有一節「校書後出為諸使從事」，
舉了許多案例，多屬此類。

（二）幕佐罷了某一幕職後，若繼續隨府主到下一個地方出
任幕僚，或改到另一個方鎮任幕佐，也不必守選。例如，在本
書第五章〈巡官、推官和掌書記〉，我們見過劉三復的案例。
他四處追隨李德裕任幕職，甚至入朝任正規官，都不曾守選。
再如中唐有一位精彩的人物薛戎（747-821），「中厚而好學，不
應徵舉，沈浮閭巷間」。貞元八年（792）他四十五歲時，才肯出
來做官，「始脫褐衣為吏」，初佐李衡江西幕[62]。同一年，李
衡死了，齊映接任，他留下來佐齊映。貞元十一年（795）齊映又
死了，他應湖南觀察使李巽之辟。不久，轉入福建觀察使柳冕

61　王勛成，《唐代銓選與文學》，頁128。
62　韓愈，〈唐故朝散大夫越州刺史薛公墓誌銘〉，《韓昌黎文集校注》
　　卷七，頁520。薛戎死後，除了韓愈給他寫過這篇墓誌外，元稹還給
　　他寫神道碑文〈唐故越州刺史兼御史中丞江東道觀察使贈左散騎常
　　侍河東薛公神道碑文銘〉，《元稹集》卷五三，頁571-574。薛戎的
　　官歷即根據此兩文，並參見其《舊唐書》卷一五五和《新唐書》卷
　　一六四本傳。

幕。永貞元年（805），柳冕卒，閻濟美代柳冕爲觀察使，又辟他
爲副使。元和二年（807），濟美轉浙東觀察使，他「亦隨副之」。
到元和四年（809）他六十二歲時，始被徵回朝，出任尙書刑部員
外郎。薛戎中年的這一連串幕職，都是一個接著一個，十分「緊
湊」，府主也換了好幾個，但從他的這些官歷年代看，沒有任
何空檔，他從來不曾守選。

（三）任過幕職後入朝任京官，也不受守選約束。例如，李
德裕任河東節度使張弘靖的掌書記數年，元和十四年（834）府
罷，即隨張入朝任監察御史，沒有守選[63]。大和八年（834），杜
牧任牛僧孺淮南節度掌書記後，次年即「真拜御史」，沒有守
選。開成三年（838），他在宣州幕。同年冬天，他即遷左補闕、
史館修撰，也沒有守選[64]。韓愈任徐州張建封的推官後，曾停
留在洛陽約一年多，沒有官做，表面上看他似乎在守選，但其
實他是閒居洛陽，並赴京就選，祇是他頭一年沒有選上，第二
年才選上四門博士[65]。

從以上這三點看，任幕職前後都不必守選。或許這正是幕
職之所以尊貴的原因之一。初涉官場的士人，大可以利用幕職
之便，避開守選的限制。

另一大要點是：守選似乎祇限於州縣官。王勛成的研究結
論說：「依『循資格』，六品以下的官員考滿後都要守選。但
也有例外，像六品以下的常參官、供奉官諸如各司的員外郎、

---

63 傅璇琮，《李德裕年譜》，頁124-125。
64 繆鉞，《杜牧年譜》，頁29-42。
65 詳卞孝萱、張清華和閻琦合著《韓愈評傳》，頁86-91。

監察御史、補闕、拾遺就不守選。」[66] 若依此，本書所論的幾
種基層京官如校書郎、正字、王府參軍、王府判司和十六衛府、
太子率府兵曹參軍等，似乎都要守選了。但我們找不到這些官
員曾經守選的實證，典志也沒有明文規定他們需守選。相反的，
倒有幾個案例似乎顯示正字和校書郎不必守選。例如，柳宗元
任滿集賢院正字三年後，就直接出任藍田縣尉，沒有守選[67]。
《舊唐書》說，李絳「舉進士，登宏辭科，授祕書省校書郎。
秩滿，補渭南尉」[68]。他看來也沒有守選。再如鄭絪，「擢進士
第，登宏詞科，授祕書省校書郎、鄠縣尉」[69]，也不像有守選。

　　然而，低層京官當中，的確又有守選的。例如歐陽詹任四
門助教時，在〈上鄭相公書〉中，申訴國子監四門助教的任期
短，祇有四年（「限以四考」），但守選年數卻長達五年（「格以
五選」）。他說，若依此，則「三十年間，未離助教之官」：

> 噫，四門助教，限以四考，格以五選，十年方易一官
> 也。自茲循資歷級，然得太學助教，其考、選年數，
> 又如四門。若如之，則二十年矣。自茲循資歷級，然
> 得國子助教，其考、選年數，又如太學。若如之，則
> 三十年矣。三十年間，未離助教之官。人壽百歲，七

---

66 王勛成，《唐代銓選與文學》，頁130。
67 詳見孫昌武，《柳宗元傳論》（北京：人民文學出版社，1982），頁
　　44-45。
68 《舊唐書》卷一六四，頁4285。
69 《舊唐書》卷一五九，頁4180。

十者稀。某今四十年有加矣。更三十年於此，是一生
不睹高衢遠途矣。[70]

　　歐陽詹在這封信中不免有些誇張之處，因爲四門助教大有可能
轉到幕府或他處任官，未必數十年都呆在國子監，但他這些申
訴，卻明確透露京城國子監各助教學官要守選。上引韓愈〈施
先生墓銘〉中的那位施先生，不但正巧和歐陽詹差不多同個時
代，而且還和他一樣以四門助教起家。然而，施先生「年六十
九，在太學者十九年。由四門助教爲太學助教，由助教爲博士」，
顯然一直都有官做，未曾守選。但正如上所說，施先生此案本
身就非常特殊，可說是個例外，不能作準。因此，低層京官是
否全都守選，還是部分守選，仍然是個疑問，情況不很明朗，
有待進一步研究，故且誌此存疑[71]。

　　但州縣官需守選，例證很多，不成疑問。上引武宗〈加尊

70　《全唐文》卷五九六，頁6024。

71　兩《唐書》列傳經常省略傳主早年的官歷，或以「累調」、「累遷」
　　的方式敘述，年代非常含糊不清，使我們不易考定這些傳主年輕時
　　的官歷及其年代，因此也就不易判定他們是否曾經守選。若有墓誌
　　或神道碑文的補正，情況可能會改善，但墓誌和神道碑文的年代，
　　有時也是交代不清的。目前，祇有一些唐代大詩人和名人(如陸贄、
　　劉晏和楊炎)的官歷和年代，因為有年譜和評傳之作，才比較清晰完
　　整。但唐史上還有許許多多人物，即使重要如宰相裴度和賈耽，他
　　們的傳記資料至今都還未經現代學者的整理，既無年譜也無評傳。
　　筆者建議，唐史學界未來或可「投資」於一項大工程：編一本翔實
　　可靠的《唐史人物行年表》，結合兩《唐書》和墓誌材料，細考唐
　　史上大大小小人物的生平官歷和行年，以年表方式呈現，當可收簡
　　便和一覽無遺之效。

號後郊天赦文〉便是最好一證。《舊唐書・玄宗紀》天寶五載
(746)春正月條下：

> 乙亥，敕大小縣令並准畿官吏三選聽集。[72]

《全唐文》又有玄宗〈安養百姓及諸改革制〉：

> 比來中、下縣令，或非精選，吏曹因循，徒務填闕。
> 天下大率小縣稍多……。若無優獎，豈致循良。既在
> 得人，寧拘格限。宜令選人內取中外清資，是明經、
> 進士、應制、明法並資蔭出身、有幹局書判者，各於
> 當色內量減一兩選注擬。赴任之日，仍令引見，朕當
> 察審去就。其老弱者，更不得輒注。考滿之後，準畿
> 官等例三選聽集。[73]

以上兩種材料，都很明確提到「畿官」的守選為三年。「畿官」
即畿縣的官員，包括畿縣令、畿縣丞、畿縣主簿和畿縣尉。我
們在論〈縣尉〉一章中見過，畿縣是相當高級的縣，僅次於京
師長安等赤縣。畿官都要守選三年，則其他等級縣的縣官守選
年限當更長，所以上引兩文說「大小縣令」和「中、下縣令」
可以「准畿官吏三選聽集」，「考滿之後，準畿官等例三選聽

---

72 《舊唐書》卷九，頁219。
73 《全唐文》卷二五，頁284。

集」，實際上都是一種獎勵，可知這些「大小縣令」和「中、下縣令」的選數原本不祗三年，應當更長。就本書所論的縣尉而言，畿縣尉需守選三年，則其他等級縣的縣尉守選當在三年以上。

至於州官方面，玄宗〈整飭吏治詔〉說到州縣官的選拔和選數：

> 京官不曾任州縣官者，不得擬為臺省官。吏部銓選，委任尤重。……自古鄉舉里選，實課人之淑慝。其明經、進士擢第者，每年委州長官訪察。行業修謹，書判可觀者，三選聽集。[74]

此條比較含糊，似乎州縣官的選數都一樣，「三選聽集」。不過，守選多少年不是我們關注的重點，因為這種敕制上的規定，在施行時往往會因時因地有所改變，大可不必太拘泥於條文上的細則。最重要的一點是，以上這些材料都證實，唐代州縣官要守選，一般在三年或以上。

守選制度之所以重要，因為這意味著，唐代官員(特別是中下層的外官)並非經常都有官做。我們在兩《唐書》中，幾乎看不到那些傳主有守選的跡象，這是因為兩《唐書》所記載的，幾乎全是中層或高層的官員，或這些官員在朝中擔任中高層職位時的活動，而沒有觸及他們任基層官職的經歷，因此也就不

74　《全唐文》卷二七，頁306。

記載他們年輕時的守選這種例行公事。兩《唐書》經常以「累遷」、「累授」等省略方式敍述唐人的官歷，而且常又不注明任官年代，使我們不易查考兩《唐書》中各傳主的守選紀錄。結果，我們會誤以為，唐人任官好像一個緊接著一個，似乎長年累月都在做官。

然而，唐代墓誌卻讓我們看到唐人任官另一個完全不同的面貌。和兩《唐書》相反，這些墓誌所記載的，絕大部分是中下層官員，多為縣尉、縣丞、主簿、參軍、判司等基層小官。他們的官歷平平無奇，又無特出才行，所以在兩《唐書》中也就無傳，不值得一記。這些墓誌一般上都清楚列出誌主的所有官歷和年代，讓我們可以查考他們的守選年限。有了這些墓誌，我們才得以見到，唐代有一大批「平庸」的官員，浮沉在宦海中，經常「斷斷續續」地在做官，而且往往不做官的時間多於做官的，形成一種嚴重「就業不足」的現象。這些都要放在守選制度下來看，始能見其真貌。

最能反映唐州縣官守選，以及唐人任官「就業不足」現象的墓誌，莫如歐陽詹寫的〈有唐故朝議郎行鄂州司倉參軍楊公墓誌銘〉。它描繪一個州判司一生中很平凡的官場生涯，但平凡中又繞有趣味，值得細讀細考：

> 公諱某，字某。其先關右宏農人。永嘉過江，公自始
> 遷之祖，若干代處於閩越。曾祖某，皇唐循州司馬。
> 祖某，漳州長史。父某，泉州南安縣丞。公則南安第
> 若干子。……永泰中，以耕戰之法致梁宋軍，畫用有

成。大曆元年〔766〕，節度使右僕射田公薦授左武衛率
府倉曹參軍事，在位以貞慎聞。公以不仕則墜業，躁
求則背道，或出或處，聖人為中，依吏部節文，敬遵
常調。大曆八年〔773〕，集授吉州永新縣丞。興元元年
〔784〕，集授盧州司田參軍。貞元二年〔786〕，授鄂州
司倉參軍 [75]。累職貞慎，如率府倉曹時。每罷官待集，
卜勝屏居，晏如也。鄂州秩滿，愛其風土，亦止焉。
貞元十二年〔796〕冬又合集，春赴京師，遇疾於途。以
二月四日，終於汝州龍興縣之逆旅，時年六十七。凡
入仕三十一年，歷官四政。[76]

這位楊公平凡得我們甚至無法考出他的名字，但從他卒於貞元
十二年，年六十七，可知他當生於開元十八年（730），經歷過安
史之亂。他也正是在安史之亂的永泰年中（765），以「耕戰之法」
協助梁宋軍，「畫用有成」，第二年就以此軍功得到節度使田
僕射的「薦授」為「左武衛率府倉曹參軍事」。筆者頗懷疑此
「左武衛率府倉曹參軍事」，其實是個「試銜」，因中晚唐幕
佐掛此試銜極常見，但誌文省略了「試」字。楊公應當並沒有
到京城的左武衛率府任倉曹參軍事，祇是掛此試銜，在節度使
田僕射的幕府任幕佐。這樣比較符合田僕射薦人的情理。此「薦
授」，當和唐史料中常見的「奏授」及「表授」用法相似。幕

75　據王勛成書頁127說，此為「改轉」，即未任滿就改官，所以和任滿
　　需守選無關。
76　《全唐文》卷五九八，頁6048。

府要讓楊公掛此試銜，是要上奏推薦報請朝廷批准的。否則，推薦這麼一個小官到千里迢迢外的京城任職，沒有太大意義，受薦者未必肯行，對田僕射也沒有甚麼好處。

無論如何，從大曆元年算起，到楊公去世那年，正好是他墓誌所說「凡入仕三十一年」，可是他卻祇做了四任官。以唐官每任約四年計算，可知他祇有大約十六年在做官，其餘十五年應當是在守選「待集」，閒居在家，正像歐陽詹所說，「每罷官待集，卜勝屏居，晏如也」。日子似乎過得很逍遙自在。我們感興趣的是，他守選「屏居」那麼多年，靠甚麼生活？有沒有家口之累？靠他從前任官的俸料錢嗎？但這位楊公，似乎一切「晏如」。鄂州秩滿，「愛其風土，亦止焉」，又停留下來「屏居」守選了好幾年之久。最後，在六十七歲那年，他守選期限滿了，冬天「合集」的時間快到了，他早在春天就提前上路，準備到京師赴選，可惜不幸途中死在汝州新興縣的「逆旅」（客舍）。

以上便是唐代一個平凡判司很平凡的一生和官歷，是我們在兩《唐書》中無法見到的，但唐人墓誌中卻很常見。近世出土唐人墓誌中，經常有「歷三紀而四受祿」、「歷官二政」等字眼，表示誌主一生中祇做了二、三任官，其他時間不是在守選，就是沒有官做，閒在家裡，常在「待業」之中。

相比之下，兩《唐書》中所見的中、高層官員，特別是那些「成功官僚」，一生中做過的大小官，約在十個以上，甚至有二十多個的，如上引張仲方「入仕四十載，歷官二十五，享年七十二」。白居易也算「成功官僚」。他在自撰的〈醉吟先

生墓誌銘〉中，回憶起他生平的官歷時，不無得意地說：「始自校書郎，終於少傅致仕。前後歷官二十任，食祿四十年。」[77]這樣二十到二十五任的官歷，比起歷官祇有二到五政的縣尉、判司和參軍等，真是天差地別。

　　唐代文學研究中常見的所謂「仕」和「隱」的問題，其實應當放在這種守選制度下來探討，才有意義。歸隱可以由個人決定，但入仕卻不是個人單方面就可以決定的，因為這還牽涉到「守選」問題。以地方官來說，他每做滿一任，即需守選若干年，導致他不得不「歸隱」。上引歐陽詹〈鄂州司倉參軍楊公墓誌銘〉中那位楊公，正是個好例子。他「每罷官待集，卜勝屏居，晏如也」。既是守選，又是歸隱。如果一個人一直沒法選上下一任官，他甚至可能要長期「被迫」歸隱。這種強制性的歸隱，在唐墓誌十分常見，而且常常會有一個比較好聽、比較委婉、比較漂亮的說法，說誌主「高潔不仕」、「高道不仕」。其實，他未必如此「高潔」。極可能是他資歷不足，一直選不上官，被迫退隱罷了。

四、宦遊

　　在唐代，士人做官便往往注定一生或半生的飄泊。

　　元和四年（809）正月己丑，古文家李翱（774-836）和他妻子與兒子在洛陽旌善坊上了一艘船，啟程到七千五百里外的廣州。

77　《白居易集》卷七一，頁1504。

旌善北面正是貫穿洛陽城中的漕運河[78]。這一年他三十六歲。
他妻子是韓愈從兄韓弇的女兒，這時已懷孕了好幾個月。李翱
這次到廣州，是爲了應嶺南節度使楊於陵之辟，前去出任他的
掌書記。這是一種基層文官，但唐代的宦遊，從基層就已經開
始，並非祇限於中、高層官員。我們在前面幾章見過，不少士
人一釋褐，便是離鄉背井到遙遠的外地州縣任參軍或縣尉。李
翱千里迢迢前去就任一個基層幕職，並不出奇。他在路上（幾乎
全是水路）走了大半年，才在六月癸未抵達廣州，費了將近六個
月（本年閏三月）。他後來把這次旅程，記錄在他的〈來南錄〉，
向後人細說他詳細的行程路線，成了中古唐代一篇罕見的士人
南入嶺南記：

> 自洛州下黃河、汴梁過淮至淮陰一千八百有三十里。
> 　順流。
> 自淮陰至邵伯三百有五十里。逆流。
> 自邵伯至江九十里。
> 自潤州至杭州八百里。渠有高下。水皆不流。
> 自杭州至常山六百九十有五里。逆流，多驚灘，以竹
> 　索引船，乃可上。
> 自常山至玉山八十里。陸道。謂之玉山嶺。
> 自玉山至湖七百有一十里。順流。謂之高溪。

78　見楊鴻年，《隋唐兩京坊里譜》（上海：上海古籍出版社，1999），
　　頁239及書前〈東都外郭城示意圖〉。

自湖至洪州一百有一十八里。逆流。

自洪州至大庾嶺一千有八百里。逆流。謂之漳江。

自大庾嶺至湞昌一百有一十里。陸道。謂之大庾嶺。

自湞昌至廣州九百有四十里。順流。謂之湞江。出韶
　　州謂之韶江。[79]

從這些路線看來，李翱幾乎完全依賴隋唐大運河以及漳江等河
流，來完成他的南行。全程7,523華里。他還注意到「順流」、
「逆流」、「多驚灘，以竹索引船，乃可上」等細節。大半年
幾乎都在水上度過，這旅程應當是十分艱苦的。更讓人驚歎的
是，他妻子竟然在半路衢州產下一個女兒，又繼續趕路。一家
人帶著一個剛誕生的女娃兒上路，其狼狽處境可想而知。但在
唐代，士人這樣長途的遠行恐怕又很尋常，幾乎每個做官的人，
在他一生中都會碰到，而且很可能不祇一次。

　　以李翱來說，這便不是他第一次的遠遊。他的門第顯赫。
據《新唐書》，他是「魏尚書左僕射〔李〕沖十世孫」。但到了
他祖父這一代，家道已沒落。他祖父祇官至貝州司法參軍。他
父親的科名和官歷都不詳。他這一族定居在汴州陳留縣，至少
已有三代。他也出生在那裡。貞元九年（793）他二十歲時，到長
安參加進士考試。從汴州到長安為一千二百八十里。這是他第
一次為了做官遠行。但他要到貞元十四年（798）才考上進士。這

79　《全唐文》卷六三八，頁6443。據潘鏞，《隋唐時期的運河和漕運》
　　（西安：三秦出版社，1987），頁34說：「李翱走的是沒有經過徐州
　　的汴河新線。」

期間，他到過徐州見張建封。貞元十六年到十七年，他到義成軍節度任幕佐，又是一次遠行。貞元十九年，他到河南府任戶曹參軍。元和初回到朝廷任國子博士、史館修撰，然後在元和四年遠赴廣州。從他這些早年官歷看，李翺年輕時赴廣州之前就走了不少遠路，行程達到好幾千里。他在廣州任幕職，約一年又走了，因爲他的府主楊於陵在元和五年（810）七月被召回朝任吏部侍郎，他失去工作，轉到宣州佐宣歙觀察使盧坦幕。盧坦在元和五年冬遷刑部侍郎，李翺又罷職，轉到越州依浙東觀察使李遜爲判官。這兩次都涉及長途的旅行。他下半生還有更多的遠行，比如到朗州、舒州和鄭州任刺史，又到桂州和潭州任觀察使[80]。但這些涉及中高層官員範圍，暫且留到本書的姊妹篇《唐代中層文官》和《唐代高層文官》再來細說。

像李翺這種四處爲做官奔波的經歷，唐人稱之爲「宦遊」或「遊宦」。形成宦遊的主因是，唐人不能像漢代官員那樣，可以留在自己的故鄉做官，而需遵守「本籍迴避」的規定，到外地或京師任官[81]。唐人需到京城考科舉和參加銓選，每任官的任期又短，再加上貶官等，他們往往在三、四十歲，還處於基層文官的階段時，就已經跑遍了大江南北，累積了非常豐富的宦遊經驗。初唐的陳子昂、王勃、楊炯、駱賓王、張說、張九齡如此；中晚唐的高適、王昌齡、韋應物、韓愈、元稹、白居易、杜牧、李德裕、李商隱也莫不如此。岑參走得最遠，到

---

80 詳見卞孝萱等著《韓愈評傳》附《李翺評傳》，頁480-487。

81 呂愼華，〈唐代任官籍貫迴避制度初步研究〉，《中興史學》，第5卷（1999）。

過今新疆烏魯木齊以北的北庭幕府。中晚唐方鎮大開，士人為了四處應辟入幕，宦遊之風比唐前期更盛。考之兩《唐書》列傳中的中晚唐士人，幾乎沒有人沒有過一段宦遊經驗。對士人來說，宦遊是一種常態，也是做官的士人逃不掉的命運。官做得越多、越高，四處飄泊的機會也就越多。

　　前引甘懷真的〈唐代官人的宦遊生活——以經濟生活為重心〉，討論過這種宦遊的各種後果和意義，很有新意和啟發。他最主要的論點是，士人四處宦遊，導致他們喪失了「故里的基業」，正像韓愈所說，「中世士大夫以官為家，罷則無所於歸」[82]。「唐朝官人喪失家鄉的基業，是中古士族時代的結束的重要指標」。這樣一來，據甘懷真說，他們便成了「俸祿官僚」，「使得中古士大夫所擁有的所謂『自主性』喪失，且更加依附國家。其權力的行使必須憑藉國家的公權力，經濟來源必須依賴國家的俸祿」。

　　這裡想補充的是，宦遊雖然涉及不少做官的士人，但並不包括整個官僚層。唐代還是有不少官員不必宦遊，主要是那些長期待在京城的專業技術官僚、武官、史官、待詔和內侍等皇室親近官（詳見上文「任期」一節）。這些官職往往也不會由士人出任（史官除外），而且這類官員在兩《唐書》中也往往無傳，即使是從三品的高官如司天監等官[83]。我們因而常常忽略他們的存在。祇有擔任京城某些官職、州縣官和幕職的士人，才需

82　〈送楊少尹序〉，《韓昌黎文集校注》卷四，頁275。
83　見拙文〈唐代的翰林待詔和司天臺：關於《李素墓誌》和《卑失氏墓誌》的再考察〉，《唐研究》，第9卷(2003)。

要經常往返京城或在外宦遊。要之，宦遊跟士人關係最密切。
唐代文學中的大量離別、贈別、送別詩和贈序，便是宦遊留給
後人最豐富的文學遺產之一。

　　士人在宦遊期間，居住在哪裡？答案應當是在官驛或官
舍。如上所說，李翱從洛陽到廣州的七千多里路程，幾乎全是
水路。唐代水路亦有驛站，備有船隻[84]。他可以一站一站的不
斷換官船前去。例如，他到泗州時，即「見刺史假舟」。他渡
松江時，「官艘隙，水溺舟敗」。中古出遠門坐船的一大好處
是住宿容易解決：晚上若不住驛站，甚至可以就睡在船上。唐
集中有不少寫舟中生活的詩。比如白居易的〈初下漢江，舟中
作，寄兩省給舍〉一詩，其詩題和內容便清楚告訴我們他在船
上生活住宿：

> 秋水淅紅粒，朝煙烹白鱗
> 一食飽至夜，一臥安達晨
> 晨無朝謁勞，夜無直宿勤
> 不知兩掖客，何似扁舟人？[85]

84　據《唐六典》卷五，頁163，唐有「二百六十所水驛，一千二百九
　　十七所陸驛，八十六所水陸相兼。……凡水驛亦量事閑要以置船，事
　　繁者每驛四隻，閑者三隻，更閑者兩隻」。這是唐初的材料，後期
　　可能有所增加。關於唐代驛站的研究，見黃正建，《唐代衣食住行
　　研究》（北京：首都師範大學出版社，1998），頁171-180。更詳細的
　　討論見劉燕儷，〈水上交通管理〉，《唐律與國家社會研究》，高
　　明士編（臺北：五南，1999），頁361-401。
85　《白居易集》卷八，頁154。

　　他有魚吃（「朝煙烹白鱗」），吃飽了在船上「一臥安達晨」，
起來寫詩給京城中的舊同僚，自認為是不必「朝謁」，不需「直
宿」的「扁舟人」，遠比他們幸福。看來船上住宿生活很舒服。
杜甫晚年在潭州一帶飄泊，為了住宿問題，有「一年半的歲月
大部分是在船上度過的」[86]。他這時期也有好些詩寫於舟中，如
〈風雨看舟前落花，戲為新句〉和〈舟中苦熱遣懷〉等。甘懷
真在他論文中，曾討論過官員「租屋而居」的「經濟生活」。
杜甫這種住宿船上的方式，或許是解決住房問題的另類好辦法。

　　李翱有時會提到他在南行途中登岸住宿，如到蘇州時，「宿
望海樓」；到衢州時，「以妻疾止行，居開元佛寺臨江亭後」。
他妻子的「疾」，當即快分娩了，所以不久就在衢州產下一女。
除了這四、五處外，李翱沒有提他晚上住在哪裡，看來很有可
能就在船上過夜，和白居易「初下漢江」時一樣。

　　到了廣州，李翱一家應當是住官舍的。唐代大量墓誌顯示，
有不少官員往往終於任上，死在「官舍」。例如，喬融〈唐故
宋州宋城縣尉河南閻公墓銘并序〉說，這位閻公士熊，「以貞
元六年〔790〕六月九日，終疾于官舍，年五十」[87]。張九齡〈故
瀛州司戶參軍李府君碑銘并序〉說這位李判司：「弱冠舉進士，
調補同州參軍，換瀛州司戶參軍⋯⋯某年，卒於官舍，春秋若
干。」[88] 又如劉長卿〈唐睦州司倉參軍盧公夫人鄭氏墓誌銘〉
說：「有唐大曆十三年〔778〕九月二十一日，睦州司倉參軍范陽

86　馮至，《杜甫傳》，頁134。
87　《全唐文補遺》，第一輯，頁222-223。
88　《曲江集》，頁660；又收在《全唐文》卷二九二，頁2961。

盧公夫人鄭氏終於所寓之官舍,享年四十八。」[89]可知這位鄭氏和她丈夫睦州司倉參軍住在官舍,死於「所寓之官舍」。古文家蕭穎士的〈伐櫻桃樹賦并序〉說:

> 天寶八載〔749〕,予以前校理罷免,降資參廣陵大府軍
> 事,任在限外,無官舍是處,寓居於紫極宮之道學館,
> 因領其教職焉。廟庭之右,有大櫻桃樹,厥高累數尋。
> 條暢薈蔚。攢柯比葉。擁蔽風景。腹背微禽。是焉棲託……
> 余實惡之,懼寇盜窺窬,因是為資,遂命伐焉。[90]

這是蕭穎士出任廣陵(揚州)都督府參軍時所寫的序,透露他當時的住宿問題,因為「任在限外」,他沒有官舍可住,祇好住到「紫極宮之道學館」。也正因為這樣,他見到一棵「大櫻桃樹」,「實惡之」,把它砍了,寫下這篇序和賦。由此可知州縣官一般都住官舍,沒有官舍住才棲身在道觀或佛寺等其他地方。

宦遊期間,官員一般是攜家帶眷的。李翱即帶著妻子兒女赴任。上引劉長卿〈唐睦州司倉參軍盧公夫人鄭氏墓誌銘〉,亦可證基層文官如判司同樣可以攜妻就任。不單如此,州縣官甚至還可以攜帶年老的父親赴任。比如,書法家顏真卿的〈朝

---

89 《劉長卿集編年校注》,楊世明校注(北京:人民文學出版社,1999),頁585;又收在《全唐文》卷三四六,頁3515。

90 《全唐文》卷三二二,頁3262。據《舊唐書》卷一九〇下〈蕭穎士傳〉,頁5048,蕭穎士作此賦是為了諷刺李林甫。

議大夫守華州刺史上柱國贈祕書監顏君神道碑銘〉，就說他這位
「先伯」顏元孫，在「開元二十年〔732〕秋七月……薨於絳州翼
城縣丞之官舍，隨子春卿任也」[91]。可以帶著父親四處宦遊，應
當也可帶母親等親人。在〈此日足可惜一首贈張籍〉一詩中，韓
愈提到他在汴州董晉幕任推官時，他妻女也跟他住在一起[92]。
不但如此，他後來在著名的〈祭十二郎文〉中更透露，他佐董
晉幕時，他這個侄兒十二郎，曾經來看他，住了一年（「汝來省
吾，止一歲」），而且還要「請歸取其孥」，回去把家眷接過來
住[93]，可知士人在外做官，常有家眷甚至親戚來相伴，應當可以
大大減輕思家之苦。

　　宦遊成了唐代士人生活中的一大內容，他們書寫宦遊的詩
也就極多。比如，高適五十歲剛到封丘縣任縣尉時，就寫了一
首〈初至封丘作〉，提到離家在外做官的心情：

　　　可憐薄暮宦遊子，獨臥虛齋思無已。
　　　去家百里不得歸，到官數日秋風起。[94]

寫得沉痛有力。白居易一生許多時候四處在外做官，居無定所，
他對宦遊的體會也是深沉的。他三十多歲時，在長安附近的盩
厔縣任縣尉，便已經在〈縣西郊秋寄贈馬造〉詩中，表達了他

91　《全唐文》卷三四一，頁3458。
92　《韓昌黎詩繫年集釋》卷一，頁84。
93　《韓昌黎文集校注》卷五，頁337。
94　《高適詩集編年箋註》，頁208。

對宦遊的厭倦：

> 我厭宦遊君失意，可憐秋思兩心同。[95]

這恐怕是唐代許多宦遊官人的共同心聲。他老年時，更寫了一
首〈寄題餘杭郡樓兼呈裴使君〉詩，這樣總結他一生的宦遊：

> 官歷二十政，宦遊三十秋。
> 江山與風月，最憶是杭州。[96]

他做了二十任官，卻宦遊了三十年。這就是中古唐代士人典型
的宦遊生活經驗。

五、辦公時間和休假

今人的辦公上班時間，常稱為「朝九晚五」。唐人是否也
「朝九晚五」呢？這方面的研究可說一無所有。筆者未發現有
任何論著深入討論過這個課題。楊聯陞那篇著名的論文〈帝制
中國的作息時間表〉，祇用了寥寥幾句話來描寫唐代官員的辦
公時間：「從唐代開始，官員習慣上是上午或上、下午在官署
裏，然後回家。」他亦未引任何文獻或事例佐證[97]。這方面的

---

95 《白居易集》卷一三，頁255。
96 《白居易集》卷三六，頁833。
97 楊聯陞，《國史探微》（臺北：聯經出版事業公司，1983），頁65。

材料的確比較零散，祇能顯示大概輪廓，細節不易得知。這裡
且試爲考掘一二。

今人所說的「辦公」和「上班」，唐人一般稱之爲「視事」，
如《舊唐書‧德宗紀》說：「召右金吾將軍吳湊于延英，面授
京兆尹，即令入府視事。」[98] 又如《舊唐書‧憲宗紀》：「詔
司徒杜佑筋力未衰，起今後每日入中書視事。」[99] 皇帝上朝辦
公也稱視事，如《舊唐書》德宗貞元元年條下：「十二月戊辰，
詔延英視事日，令常參官七人引對，陳時政得失。」又如《舊
唐書‧文宗紀》：「故事，天子隻日視事，帝謂宰輔曰：『朕
欲與卿等每日相見，其輟朝、放朝，用雙日可也。』」[100]

關於唐代官員辦公的時間，最早的材料見於《唐六典》：

> 凡尚書省官，每日一人宿直，都司執直簿一轉以為次。
> 凡諸司長官應通判者及上佐、縣令皆不直也。凡内外百僚日出而視
> 事，旣午而退，有事則直官省之；其務繁，不在此例。[101]

據此，唐代官員每天早上太陽升起時上班，中午便回家，祇辦
公半天，遠比今人安逸，但各官署每天要有一人直下午和晚班，
有事便由這個宿直官負責。「務繁」的官署「不在此例」。《唐

(續)————————————————

又見葉國良，〈官員的假期〉，《國文天地》，12卷4期（1996年8月），
頁22-27。

98 《舊唐書》卷一三，頁338。
99 《舊唐書》卷一四，頁423。
100 《舊唐書》卷一七下，頁580。
101 《唐六典》卷一，頁12-13。

六典》成書於開元二十七年(739)，所以這大約是唐開元年間的
規定。不過，五代所編《唐會要》卷八二〈當直〉條下，以及
北宋所編《新唐書》卷五五〈百官志〉的記載，全都沿用《唐
六典》此文，文句幾乎一模一樣。這似乎表示，唐後期的辦公
時間沒有變動，也沒有新規定。《舊唐書》中找不到類似的條
文。

中唐崔元翰的〈判曹食堂壁記〉對唐代官員的辦公和午膳，
有進一步的補充：

> 古之上賢，必有祿秩之給，有烹飪之養，所以優之也。
> 漢時尚書諸曹郎，太官供膳。春秋時，齊大夫公膳日
> 雙雞。然則天子諸侯於其公卿大夫，蓋皆日有饔餼。
> 有唐太宗文皇帝克定天下，方勤於治，命庶官日出而
> 視事，日中而退朝，既而晏歸，則宜朝食，於是朝者
> 食之廊廡下，遂命其餘官司，泊諸郡邑，咸因材賦，
> 而興利事。取其奇羨之積，以具庖廚，謂為本錢。[102]

這段文字主要追述唐代「食本錢」的起源。「食本」是由公家
提供一筆「本錢」去放高利貸，然後用利息錢供各官署官員「會
食」[103]。但它也證實了「庶官日出而視事，日中而退朝」這件

---

102 《全唐文》卷五二三，頁5321。
103 關於「食本」更詳細的討論，見陳明光，《唐代財政史新編》，頁
115-120。較新的論著見羅彤華，〈唐代食利本錢初探〉，《第五屆
唐代文化學術研討會論文集》，中國唐代學會、國立中正大學中文

事，而且告訴我們此事起源於太宗朝。唐代中外官署，中午都有百官聚在一起吃午飯的習俗，各曹司甚至還有「食堂」。例如崔元翰此篇文字，便是他爲越州某「判曹食堂」所寫的一篇廳壁記。柳宗元也有〈嶅厔縣新食堂記〉[104]。韓愈在《順宗實錄》中，曾經寫過宰相鄭珣瑜中午與「諸相會食於中書」，王叔文很無禮貌硬闖進來的精彩一幕[105]。晚唐蔡詞立〈虔州孔目院食堂記〉說：「京百司至於天下郡府，有曹署者，則有公廚。」[106] 從這些材料看，唐代中外百官，一般上都在上午辦公，中午會食，然後便可以回家。州縣官則可能黃昏時分還有一次「坐衙」（詳見下）。

安史亂後的至德到貞元年間，甚至有「間日視事」的事：

貞元二年〔786〕……三月三日，敕：「尚書郎除休暇，宜每日視事。」自至德以來，諸司或以事簡，或以餐錢不充，有間日視事者。尚書省皆以間日。先是，宰相張延賞欲事歸省司，恐致稽擁，准故事，令每日視事。無何，延賞薨，復間日矣。[107]

「間日視事」的其中一個原因，竟是「餐錢不充」，亦可見唐人上午辦公，和中午的會食，關係極密切，以致官署若沒有餐

（續）──────
　　　系、歷史系主編（高雄：麗文文化，2001）。
　104 《柳宗元集》卷二六，頁699。
　105 《韓昌黎文集校注》附《順宗實錄》卷二，頁704。
　106 《全唐文》卷八○六，頁8472。
　107 《唐會要》卷五七，頁1157。

錢會食，甚至可以改變辦公時間，改爲「間日視事」。

　　以上所考，大抵涉及唐中央官署的辦公時間。雖然《唐六
典》說「內外百僚」都如此，但我們若再細考，可以發現州縣
的辦公時間又略有不同，有所謂「兩衙」之事。「兩衙」的說
法不見於《唐六典》和兩《唐書》等正統史料。最詳細的描寫
在日本僧人圓仁的《入唐求法巡禮行記》，如下引兩例：

> 唐國風法，官人政理，一日兩衙，朝衙晚衙。須聽鼓
> 聲，方知坐衙，公私賓客候衙時，即得見官人也。[108]

> 廿二日，朝衙入州。見錄事、司法，次到尚書押兩蕃
> 使衙門前。擬通入州牒，緣遲來，尚書入毬場，不得
> 參見。卻到登州知後院，送登州文牒壹通。晚衙時入
> 州，到使衙門。合劉都使通登州牒。都使出來傳語，
> 喚入使宅。尚書傳語云：「且歸寺院，續有處分。」[109]

圓仁此書記錄他在文、武、宣三朝途經大半個中國的親身見聞，
細節豐富，可說是最佳的第一手材料。依此看來，州縣有早晚
「兩衙」，有「鼓聲」宣示「坐衙」的時間到，「公私賓客候
衙時，即得見官人也」。李商隱的名句「黃昏封印點刑徒」，
寫於他在弘農縣任縣尉時，也顯示縣府是在「黃昏」時分「封

---

108 《入唐求法巡禮行記》卷二，頁83。
109 《入唐求法巡禮行記》卷二，頁94。

印點刑徒」後，始結束一天的公務。唐詩中關於「兩衙」的詩
句頗不少，如張說的〈相州冬日早衙〉，寫他在相州早上辦公
的情景：

> 城外宵鐘斂，閨中曙火殘。
> 朝光曜庭雪，宿凍聚池寒。
> 正色臨廳事，疑詞定筆端。[110]

王建〈昭應官舍書事〉有詩「兩衙早被官拘束，登閣巡溪亦屬
忙」[111]。元稹〈醉題東武〉有詩「役役行人事，紛紛碎簿書。功
夫兩衙盡，留滯七年餘」[112]。白易居任地方官時，更常提到這
種兩衙制，如〈城上〉一詩：

> 城上鼕鼕鼓，朝衙復晚衙。
> 為君慵不出，落盡遶城花。[113]

衙集前打「鼕鼕鼓」，亦可證上引圓仁所言不虛。又如白居易
〈舒員外遊香山寺，數日不歸，兼辱尺書，大誇勝事。時正值
坐衙慮囚之際，走筆題長句以贈之〉一詩，甚至告訴我們，此
詩是他在「坐衙慮囚之際」，走筆寫成的：

---

110 《全唐詩》卷八八，頁973。
111 《全唐詩》卷三〇〇，頁3414。
112 《元稹集》，外集卷七，頁695。
113 《白居易集》卷二〇，頁440。

　　　　白頭老尹府中坐，早衙纔退暮衙催。
　　　　庭前階上何所有，纍囚成貫案成堆。[114]

這些唐詩都可證唐州縣有早晚兩衙之分，但下午一段時間(從中
午會食過後到傍晚時分)，看來是午休，沒有辦公(參見下面韓愈
向張建封所建議的辦公時間)。京城官員則未見有「兩衙」之分，
但他們下半天需輪流「宿直」(又稱爲「當直」或「寓直」)[115]。
唐詩中也很常見此類抒寫「宿直」的詩，如李嶠〈和杜侍御太
清臺宿直旦有懷〉[116]，張說〈宿直溫泉宮羽林獻詩〉[117]，李嘉
佑〈和張舍人中書宿直〉[118]，宋之問〈冬夜寓直麟閣〉[119]，蘇
頲〈秋夜寓直中書呈黃門舅〉[120]，李逢吉〈和嚴揆省中宿齋遇
令狐員外當直之作〉[121]，權德輿〈奉和陳閣老寒食初假當直，
從東省往集賢，因過史館看木瓜花〉[122]等等。
　　至於幕府的辦公時間又如何呢？這方面的材料祇有韓愈在
〈上張僕射書〉中所提到的「晨入夜歸」：

114 《白居易集》卷二二，頁500。
115 顧建國，〈唐代「寓直」制漫議〉，《淮陰師範學院學報》，2002
　　年第3期。
116 《全唐詩》卷五八，頁695。
117 《全唐詩》卷八八，頁968。
118 《全唐詩》卷二○六，頁2151。
119 《全唐詩》卷五二，頁634。
120 《全唐詩》卷七四，頁811。
121 《全唐詩》卷四七三，頁5365。
122 《全唐詩》卷三二六，頁3656。

> 九月一日愈再拜：受牒之明日，在使院中，有小吏持院
> 中故事節目十餘事來示愈。其中不可者，有自九月至明
> 年二月之終，皆晨入夜歸，非有疾病事故輒不許出。當
> 時以初受命不敢言。古人有言曰：人各有能有不能。若
> 此者，非愈之所能也。抑而行之，必發狂疾。[123]

張建封幕府規定幕佐「晨入夜歸」，令韓愈吃不消，所以上書
申訴，也是韓愈後來和張鬧得有些不愉快的一個原因[124]。但張
幕府如此漫長的辦公時間，究竟有多少代表性，卻是個疑問。
或許祇是張幕府比較嚴格，其他幕府未必如此。比如，韓愈之
前在汴州董晉府，便沒有類似投訴。或許董晉府的辦公時間合
理，沒有那麼長。宋代洪邁引韓愈此信和杜甫致劍南節度使嚴
武的詩句「胡為來幕下，祇合在舟中」，說幕府聘人固然很有
禮節，「然職甚勞苦」，士人「故亦或不屑為之」[125]。但這恐
怕證據不足。唐代許多幕府實際上都是軍事組織，都駐有軍隊
（董晉的汴州幕即「屯兵十萬，連地四州」[126]），管理軍事化，
跟京城或州縣官署不一樣，辦公時間比較長，當然大有可能，
但材料僅有韓愈此信，恐又不足為據，且錄此存疑。
　　不過，韓愈在此信中建議張建封給他改一個辦公時間，卻

123 《韓昌黎文集校注》卷三，頁181。
124 詳見卞孝萱等著《韓愈評傳》，頁78。
125 《容齋隨筆》附《容齋續筆》卷一，頁223。
126 韓愈，〈送汴州監軍俱文珍序〉，《韓昌黎文集校注》文外集上卷，
　　頁674。

極有史料價值:「寅而入,盡辰而退;申而入,終酉而退:率以爲常,亦不廢事。」即分早晚兩班辦公:早班在上午五點到七點之間開始,十一點回家;晚班下午五點到七點開始,晚上九點回家。中午可以午休 [127]。韓愈之所以提這樣的辦公時間,顯然不是他個人首創,極可能這便是當時一般州縣官員的正常「視事」時間。果如此,則上文所引「兩衙」、「朝衙」和「晚衙」,究竟指甚麼時間,也就有很明確的答案了。

漢代官員五日一休 [128],唐代則十日一休,稱爲「旬休」。旬休的意思是每工作九天,第十天休息。此即韋應物〈休暇日訪王侍御不遇〉詩中所說「九日驅馳一日閒」的要義 [129]。《隋書·禮儀志》說:「後齊制……學生每十日給假,皆以丙日放之。」又說「隋制……學生皆乙日試書,丙日給假焉」[130]。北齊和隋代規定「丙日」給假,正好配合十進制的干支記日法,便於記憶與施行,一個月也正好有三旬休。唐代應當也和前代一樣,曾規定某一日(如「丙」日或「癸」日)爲旬休日,但史料中已無從查考。

順此一提,「旬」原指「十日」,但在唐代慢慢演變成了「旬休」的意思,如白居易詩〈郡齋旬假命宴,呈座客,示郡

---

127 此據黃正建,〈韓愈日常生活研究〉,《唐研究》,第4卷(1998),頁266的解讀。
128 關於漢官的休假,見廖伯源,〈漢官休假雜考〉,《中央研究院歷史語言研究所集刊》,第65本第2分(1994)。
129 《韋應物集校注》卷五,頁361。
130 《隋書》(北京:中華書局,1973年校點本),卷九,頁181-182。

寮〉所云：「公門日兩衙，公假月三旬。」[131] 此「三旬」並非
「三十天」，而是「三個旬休日」。

在敦煌吐魯番發現的唐代曆日，已有注明「蜜」日（星期日）
的，但這種「七曜」制度傳自西方，在唐代祇用於占卜吉凶，
「純爲占星」[132]。它難以和十日制的旬休結合起來。「七曜曆」
在唐代甚至和天文器物、天文圖書等占卜物品一樣，被列爲民
間不得擁有的違禁品[133]。七曜制度一直晚到辛亥革命以後全國
行用西曆制才通行[134]。

除了旬休，唐代官員還有不少公假日。《唐六典》卷二「內
外官吏則有假寧之節」條下小注說：

> 元正、冬至各給假七日〔節前三日，節後三日〕，寒食通清
> 明四日，八月十五日、夏至及臘各三日〔節前一日，節後
> 一日〕。正月七日、十五日、晦日、春秋二社、二月八
> 日、三月三日、四月八日、五月五日、三伏日、七月
> 七日、十五日、九月九日、十月一日、立春、春分、
> 立秋、秋分、立夏、立冬、每旬，並給假一日。五月

---

131 《白居易集》卷二一，頁454。
132 王重民，〈敦煌本曆日之研究〉，《敦煌遺書論文集》（北京：中華
　　書局，1984），頁126-129。
133 《唐律疏議》卷九，頁196；《舊唐書》卷一一，頁285-286。詳見筆
　　者〈唐代的翰林待詔和司天臺〉第五節「司天臺的機密性質」中的
　　討論。
134 鄧文寬，〈敦煌吐魯番曆日略論〉，《敦煌吐魯番學耕耘錄》（臺北：
　　新文豐，1996），頁16-17。

> 給田假，九月給授衣假，為兩番，各十五日。[135]

依此，唐代官員每年各種節日和節氣公假，多達四十七天，若加上五月的田假和九月的授衣假各十五天，則高達七十七日，反映了農業社會的作息時間表。除此之外，《唐六典》還規定：

> 父母在三千里外，三年一給定省假三十五日；五百里，五年一給掃拜假十五日。

這種省親和掃墓假的實行情況，可見於穆宗朝的一道敕書：

> 長慶三年〔823〕正月敕：「寒食掃墓，著在令文，比來妄有妨阻。朕欲令群下皆遂私誠，自今以後，文武百官，有墓塋域在城外并京畿內者，任往拜埽；但假內往來，不限日數，有因此出城，假開不到者，委御史臺勾當。仍自今以後，內外官要覲親於外州及拜埽，並任准令式年限請假。」[136]

看來這種假期到晚唐仍然存在，而且確實在依令式施行。其他

---

135 《唐六典》卷二，頁35。括號內的小注據《唐令拾遺》，頁661-662，並參見《唐令拾遺》所引用的其他相關材料，如敦煌發現的唐職官表假寧令等。又見丸山裕美子，〈唐宋節假制度的變遷——兼論「令」和「格敕」〉，《中國社會歷史評論》，張國剛主編，第3卷(2001)，頁366-373。
136 《唐會要》卷二三，頁513。

如婚冠、喪葬、病、事故等，也都可請假。

　　總結來說，唐人的旬休不如今人的周休多，但節日等假期，則遠遠多於今人 [137]。

---

137 唐代的節日假期，今人的研究甚詳，這裡不必贅述。詳見李斌城等
　　人著《隋唐五代社會生活史》（北京：中國社會科學出版社，1998），
　　頁587-613，以及吳玉貴，《中國風俗通史：隋唐五代卷》（上海：上
　　海文藝出版社，2001），頁628-666。

第七章

總　結

　　探討過唐代基層文官的各個面貌之後，在此總結部分，筆者想描繪兩幅基層文官的併合形象圖，分唐前期（約天寶年間），及唐後期（約會昌年間）兩種。這兩幅併合圖，綜合了基層文官最典型的一些特色，屬於社會學家韋伯所說的「理念型」（ideal type），或許可以拿來和史書和墓誌中所見的真實人物作比較，有助於大家更具體理解這一階層的文官。

一、天寶年間的基層文官併合圖

　　他出生在一個官宦家庭。他的父親、祖父，甚至祖上幾代都曾經在唐朝或隋朝或北朝做過官。兩《唐書》中有傳的唐人，超過百分之九十來自此類家庭，祇有極少數出自務農或非官宦之家。如果他的父親或祖父官做得很大，如侍郎或御史大夫之類，則他的家境到了天寶年間，應當還很不錯，可能有土地和田莊等產業。如果他父親祇是一個州縣小官，如縣令、主簿或判司等，則到了他這一代，家道可能平平或已沒落。

　　他最可能出生在北方中原「核心」地區，特別是在今陝西（尤
其是今西安周圍地區）、山西、河南、河北與山東，比較不會是
在今新疆、青海、寧夏、內蒙、遼寧、吉林、黑龍江、貴州、
雲南、廣東、廣西、福建和海南島等省。

　　他父親和祖父的官位，如果達到五品或以上，他可以運用
他父親或祖上的官資，以用「蔭」的方式，取得做官的初步入
門資格。這通常意味著，他需要先在少年時代，在京城宮中擔
任親衛、勳衛和翊衛等衛官，或任齋郎或挽郎，或以蔭補爲弘
文館或崇文館等高官貴族學府的學生，接受一段時間的學習和
磨練。這樣過了大約六年，到他二十多歲時，他便可以參加銓
選，分配到正規官職。

　　但在天寶年間，科舉制已日趨成熟。他可能更熱衷參加明
經和進士等科舉考試。明經的考試重點在「經」。進士考試的
重點在詩與文。所以唐代準備進士考試的士子，都得在詩文方
面下苦功。文學在當時比我們現代有實際「用處」，可以籍以
登科求官。唐文仍沿襲六朝餘韻，講究駢體四六文，甚至連表、
奏、制、誥、判等公文，全都以駢文書寫，或駢、散體交雜[1]。
所以他求學做文，必須先學會讀寫駢文，否則連考試題目都看
不懂。梁朝昭明太子蕭統所編的《文選》，內容主要爲六朝駢
文，成了唐人學習的榜樣。每個讀書人家中可能都置有一部《文

1　鄧仕樑，〈唐代傳奇的駢文成分〉，《古典文學》，第8集（臺北：
　　臺灣學生書局，1986），頁189-218，對唐代文體，特別是駢散交雜，
　　有很精闢的分析，多爲前人所未言。

選》。他家中應當也不例外[2]。

　　進士比明經難考上，進士也比明經清貴。每年考中進士的，上千人當中祇有大約三十人，明經則有約一百人。進士出身者的仕途，將來也比明經好。唐代中、高層官員當中，進士出身者遠多於明經。但在天寶年間，剛考中明經和進士者，都不能馬上有官做，需守選等候三到七年。於是有人就去再考制舉、博學宏詞和書判拔萃等，中者即可授官，不必守選。但這些考試比進士還要困難，考中者都是精英當中的精英。

　　他及第登科的年齡，應當在三十歲上下。唐人開始習字讀書的年齡，一般在十歲左右，比今人稍晚，甚至有遲至將近二十歲才開始入學的。比如，詩人陳子昂「十八歲未知書」[3]；韋應物則遲至約十九歲才入太學[4]。二十多歲考中明經和進士者很少，都屬特別早熟傑出者。他第一次出來做官的年齡，從現代人的觀點看，有些偏晚，約在三十歲左右，如張九齡三十歲始中制舉任校書郎，白居易則三十二歲始任校書郎。這都比現代大學生畢業後出來做事的年齡約二十二歲，晚了八到十年左右。唐代甚至有不少人到四、五十歲才第一次任官，並不稀奇。例如詩人孟浩然，四十歲還考進士不第，四十九歲才開始在張

2　關於科舉考試和《文選》的關係，見岡村繁，《岡村繁全集》第二卷《文選之研究》，陸曉光譯（上海：上海古籍出版社，2002），頁14-24；又見李金坤，〈唐代科舉考試與《文選》〉，《文選與文選學——第五屆文選學國際學術研討會論文集》，中國文選研究會編（北京：學苑出版社，2003），頁155-168。

3　韓理洲，《陳子昂評傳》，頁6。

4　《韋應物集校注》，附錄：〈簡譜〉，頁659。

九齡幕下任從事[5]。高適五十歲才釋褐任封丘縣尉。于休烈四十歲還在充當正字小官。古人也有「四十強仕」的說法。

　　他的第一個官職是甚麼，要看他的出身資歷而定。如果他以蔭入仕，他比較不可能任校書郎或正字，最可能任參軍、上縣或以上縣的縣尉。如果他是明經出身，他最有可能任參軍、衛率府判司或緊、上縣的縣尉。如果他考中進士，他有可能任校書郎和正字，以及望、緊、上縣的縣尉。如果他又考中制舉、博學宏詞或書判拔萃，他最可能任校書郎、正字，甚至畿縣的縣尉等釋褐美職。如果他是從流外或視品官入流，則法律已明令禁止他任校書郎、正字、某些類別的判司和參軍、赤縣或畿縣的縣尉等美職。他最可能任的是中、下縣的縣尉，但這種中下縣尉可說毫無前途可言。

　　如果他先任校書郎、正字，則他下一任官最好是赤縣或畿縣的縣尉，再遷回朝中任監察御史、拾遺或補闕，由此轉到員外郎、郎中等中層官職，將來的仕途前景良好，很符合封演所描繪的「八雋」升官圖。如果他先任縣尉、參軍和判司等外官，他便要力爭回到中央朝中任監察御史、拾遺或補闕等官，將來才有機會繼續高升，否則有可能終生在州縣官當中浮沉。不過，在州縣官中，能夠當上縣令、州判司、司馬或刺史也不錯。但州縣官的輕重，要看地點而定。京畿附近或戶口多的州縣最佳。遙遠和貧窮州縣不吸引人。

　　5　劉文剛，《孟浩然年譜》(北京：人民文學出版社，1995)，頁31及87。

　　作爲唐代基層文官，他在整個「國家機器」所能扮演的角色，屬於下層執行事務的層次，沒有參與決策的權力和地位，但他可以直接上疏皇帝，表達他對某些朝政的看法，如陳子昂和于休烈任正字時所爲。如果他任校書郎或正字，負責校對書籍，則他對唐或唐以前的典籍文本，傳交到五代和以後，有過貢獻。如果他任縣尉、判司或參軍，管理民間的傳驛、學校、橋樑等，維持地方上的治安，替國家徵收稅賦，也都有實際的功勞。此外，他在做官期間，不管是爲公或爲私所寫的詩與文，更是他留給後代最珍貴的人文遺產。

　　如果他任京官如校書郎或正字，則他的俸料錢會比他任外官如縣尉來得高一些。京官的地位也比較高，比較受人尊重。不過，他不可能長久任京官。他必有一段時間會被派往外地任外官，而且很可能是到好幾個不同地方、不同地點任外官。這便等於長年累月在外爲生活奔波，無法回到他的故鄉。他宦遊遠行的路線，可能橫跨大半個中國，甚至到遙遠的南方，比今天一般的基層公務員走得更遠。做官便注定他半生或甚至一生的飄泊。聊可安慰的是，這種宦遊也讓他漫遊大江南北，等於一種「有補貼」的公務旅行。此外，做官的福利不錯：俸料足夠生活，又有祿米、職田等雜給。他每天的工作時間不長，往往祇辦公半天。一年公假又多達約五十天。

　　但他沒有甚麼選擇，不像今人有許多謀生途徑和專業門路。做官是士人在中古唐代理所當然的職業，也是唯一值得終生追求的目標。如果他不願做官，他不可能去從事工商業。他剩下的唯一門路，便是歸隱田園，或講學授徒。這樣一來，他

極可能便沒有多少收入，除非他家裡還有祖上留下的產業。不過，在他年輕時，他應當還是很熱衷於追求功名官位，比較不可能太早棄官歸里。辭官歸隱或收徒講學，多半是四十歲以後的事，或中高層官員才有的抉擇。

二、會昌年間的基層文官併合圖

在家庭背景和出生地區方面，會昌年間的基層文官和天寶年間的沒有甚麼太大分別。他照樣來自一個官宦家庭。他出生的地區主要還是中原核心地區。中晚唐福建地區開始有士人階層的興起，出了幾個進士，可是人數仍然很少[6]。

在科舉考試方面，會昌的情況和天寶大同小異，惟制科自大和二年（828）以後就不再設置。在入仕門路上，會昌年間用蔭的方式已較少見。進士和明經考試則更趨成熟，成了入仕的主要途徑。流外入流的情況和天寶年間相同，仍然是沒有科名者的門路，不為士人所重。

會昌年間做官最大的不同點是，他多了入幕這一途徑。入幕任巡官、推官和掌書記者，其實又比任正規官職還要尊貴。他一般需要先有出身，即科名（進士或明經等）或前資（之前的任官經歷），或是才學特殊、品德高尚、聲名遠播的高潔之士（如石洪、溫造等人），才有可能被幕府以「幣馬」等重金厚禮延聘。

6　陳弱水，〈中晚唐五代福建士人階層興起的幾點觀察〉，《中國社會歷史評論》，張國剛主編，第3卷（2001）。又見劉海峰，〈唐代福建進士考辨〉，《集美大學教育學報》，2001年1期。

平庸之才不可能得此隆重禮聘，即使入幕，恐怕也祇能充任巡官以下的卑職，如衙推、孔目官等。

　　中晚唐的基層文官當中，最成功、入仕條件最好的，是一個進士出身，又考中制科或博學宏詞者。他往往先在京城任校書郎，然後通過他父執輩的世交關係，被某個相熟的節度使或觀察使，辟爲掌書記（最佳）、或推官或巡官（其次）。如果他沒有考中制科或博學宏詞，以致不能馬上任正規京官或外官，則他先到幕府任巡官或推官（如韓愈），其實也很不錯。

　　幕職的俸料錢是所有基層文官當中最高的，不但高於京官和外官，而且高出好幾倍。但幕職的缺點是，任期不固定。府主死了，他也跟著沒有工作。府主離職，他可能隨府主到別處繼續任職，但也可能因而失去工作。要之，他和府主有一種強烈的人身依附關係。這個依附關係，對他的個人仕途，可能有好處（如劉三復不斷追隨李德裕，又隨他入朝），但也可能有壞處（如李商隱需不斷換府主，且終生幾乎「沉淪」在幕府生涯之中）。

　　幕職不是一種正規的「官」，而是一種「職」，所以幕職不宜長期擔任（參照李商隱、符載等人的官運）。他最好年輕時任巡官、推官或掌書記一兩任後，就隨府主入朝，或由府主推薦，回到中央任監察御史、拾遺等中層官職，再由此遷轉到員外郎、郎中、侍郎等更高層官職。

　　他考中科名和初次任官的年齡，和天寶年間的情況相同，即大約三十歲左右中舉，然後在三十剛出頭釋褐。如果他任京官，他的俸料錢會比外官少，正好和天寶年間的情況相反。但

官位的輕重不能單看俸料錢的高低。校書郎等京官一般上還是相當清貴且受尊重的。至於王府判司或參軍等京官，則可能比較卑下。外官仍然以京畿附近的州縣官最搶手。他除了豐足的俸料錢外，可能還有法定之外的其他收入。偏遠、戶少或貧窮的州縣官不吸引人，俸料錢可能也比較少，士人多不願往，常作為貶官之用，如楊憑被貶臨賀尉，楊炎被貶道州司戶，李德裕被貶崖州司戶。臨賀在今廣西省，道州在今湖南，崖州在今海南島，至今都還是少數民族地區，唐時更是十分荒涼的地方。

中唐晚因為方鎮遍設全國各地，多達五十個，宦遊之風比天寶更盛。例如李翱，元和初年從長安遠赴七千多里外的嶺南節度任掌書記，在路上走了半年才到，他妻子竟還在半路上產下一女。中晚唐的基層官員，幾乎毫無例外都有宦遊經驗。他幾乎完全依附於國家朝廷，「以官為寄」，變成十足的俸祿官僚，也因宦遊而失去故鄉的田產和祖業。沒做官時，或在守選期間，他祇好寄居他處，或停留在最後一任官的所在地。

會昌年間他的辦公時間和假日，和天寶年間一樣。他唯一的謀生之路，依然還是做官，別無他法。若不做官，便唯有歸隱或講學。他在官場或私宴的場合，以詩文會友，寫下不少篇章，大大豐富了唐代文學的內容，留給我們一筆豐厚永恆的文學遺產。此時古文的運用比天寶年間普及。他可能更多時候採用古文來寫作，特別是贈序、書啓一類比較私人、比較非正式的文章。

到了會昌年間，雖然韓愈等人早已在提倡寫古文，但官場上莊重的詔令敕制、書奏表啓和判案所用的判文等，還是以騈

文為主。一般的行政文書，如敦煌和吐魯番所發現的授田、籍帳簿、契約和牒文等文書，則多用散體[7]。據羅聯添的研究，「唐代古文家，對古文祇是個人提倡，若干人附和而已，算不上甚麼運動」[8]。即使到了中晚唐古文比較盛行的時代，唐人一般在考科舉和接下來的基層官場生活中，恐怕仍有許多時候需要讀、寫駢文。李商隱文集中的表狀和祭文，幾乎全都是駢文，連最普通的書啓也喜用駢文。杜牧在大中年間任考功郎中、知制誥和中書舍人時所撰的制誥，也全是駢文。韓愈和柳宗元等人替親朋故友撰寫墓誌時，好以古文為之，但這恐怕是當時的例外，因為現傳世的六千多種唐墓誌，幾乎全以駢文書寫[9]。他如果替朋友寫墓誌，應當也用駢文。他本人的墓誌，極可能也會以駢文撰寫，並且很可能在近世出土。如果他有傳收在兩《唐書》，那則表示他已經從基層文官上升到中層或高層了。

<hr>

7　見朱雷，《敦煌吐魯番文書論叢》（蘭州：甘肅人民出版社，2000）和陳國燦，《敦煌學史事新證》（蘭州：甘肅教育出版社，2002）中所徵引的諸文書。

8　羅聯添，〈論唐代古文運動〉，《唐代文學論集》，頁25。

9　參見葉國良，〈韓愈冢墓碑誌文與前人之異同及其對後世之影響〉一文，收在《石學蠡探》。

後　記

　　終於寫完了這本書，有兩種思緒同時湧上心頭。第一種思緒是：做研究寫書這麼辛苦，下次不寫學術專書了，不如利用我的唐史知識，改行寫歷史小說。第二種思緒是：做研究寫書可以「考掘」出那麼多有趣的唐史知識，下一本書寫甚麼呢？我記得，臺灣雲門舞集在三十年前剛草創時，創辦人林懷民每次跳完舞，也都有類似的感歎。

　　其實，我早在本書前的〈自序〉，就「預告」了我接下來想寫的兩本書：《唐代中層文官》和《唐代高層文官》，以便和本書配成「姊妹篇」。在〈導言〉中，我又「預告」我想寫一本《唐朝官制》，以便專門處理散官、勳官和衛官等官制問題。在本書寫作的中途，我又在構思另一本書：《唐人的官歷和遠行》，想精選十個唐人，包括詩人、史官、星官、學官、翰林待詔、將軍、財臣和宰相等，詳考他們的功名和官歷，細說他們如何為做官遠行，以便結合制度史和歷史地理這兩個我都深感興趣的研究領域，做更深入的「個案研究」，呈現唐代文武官更寬廣的一個橫切面。這樣一來，我整個唐代職官和官

制研究的大計畫，便可圓滿結束了。

　　雖然我已經大致完成了這幾本書的初步研究和材料蒐集，可以開始動筆寫作了，但將來能不能寫成，我自己卻是毫無把握的。寫專書需要全神、全時間的投入，然而我目前的工作環境和研究條件都欠佳，遠離學術中心，研究經費嚴重短缺，又不像韓愈在〈此日足可惜贈張籍〉一詩中所說，「篋中有餘衣，盎中有餘糧」。姑且把這些研究計畫和夢想記在這裡，以待來日。

賴瑞和

2003年9月11日中秋

　　又記：可以告慰並告訴讀者的是，我寫完本書後，2004年原想先休息一年半載再來寫第二本書，不料春節過後，無所事事，覺得日子更難過，於是又開動電腦，開始寫《唐代中層文官》，到十月初已完成初稿了，希望不久又可以出書。看來我有勞碌命，閒不得，現正準備盡早寫《唐代高層文官》。

2004年10月15日

附　錄
本書封面和〈朱巨川告身〉

　　據《舊唐書‧輿服志》、《新唐書‧車服志》和《唐會要》等書的記載，上元元年（674）八月有一敕文：文武官三品以上服紫，四品服深緋，五品服淺緋，六品服深綠，七品服淺綠，八品服深青，九品服淺青[1]。這看來是唐代關於官服色的最後定制，因為此後再也找不到別的敕文規定。本書所論的唐代基層文官，大約都是七到九品的官員，所以本書封面的顏色，特意採用綠色系。筆者的《唐代中層文官》和《唐代高層文官》兩姊妹篇將來若完成，其封面顏色擬分別採用緋色和紫色系，如此可與唐代官員的服色相配合。

　　本書封面上的圖，取自臺北故宮博物院所藏〈朱巨川告身〉前段最重要的敕文部分。此告身是唐大曆三年（768）朝廷委任朱巨川（725-783）等文官的任命書，由唐代大書法家徐浩（703-782）所書，書法雍容大方。此敕文部分，釋文如下：

1　《舊唐書》卷四五，頁1952-1953；《新唐書》卷二四，頁529；《唐會要》卷三一，頁664。

敕：左衛兵曹參軍莊若訥等，氣質端和，藝理優暢，早階秀茂，俱列士林。或見義為勇，或登高能賦，擢居品位，咸副才名，宜楙乃官，允茲良選。可依前件。

　　大曆三年八月四日

可知這是當年委任左衛兵曹參軍莊若訥等人的敕書，領銜者其實是莊若訥（天寶十載進士）[2]，並非朱巨川。但為何又叫〈朱巨川告身〉呢？實際上，原件祇是一官文書，原來並無標題。〈朱巨川告身〉是後世收藏者給它的標題。

　　唐代的這種任命敕，通常是一敕祇委任一人，但也有一敕同時敘任數人，數人共用一敕的。白居易、元稹和杜牧等人的文集中還保存不少此類敕書（稱「中書制誥」、「翰林制詔」或單稱「制」書），本書中也引用了一些，可作佐證，當中常有「三人同制」、「六人同制」等語，即表示數人共用一敕。

　　此件〈朱巨川告身〉最前面還有兩行委任狀：

睦州錄事參軍朱巨川
右可試大理評事兼豪州鍾離縣令[3]

2　徐松，《登科記考》卷九，頁322；孟二冬，《登科記考補正》卷九，頁369。莊若訥有一文〈對微什一稅判〉收在《全唐文》卷三五六，頁3620，並有一詩〈湘靈鼓瑟〉收在《全唐詩》卷二〇四，頁2133。

3　詳見臺北故宮博物院網站上的〈朱巨川告身〉彩色照片，網址：http://www.npm.gov.tw/exh92/treasure/chinese/selection-main-1.htm. 此告身影印件，也收在《故宮法書全集》（臺北：故宮博物院，1974），第二卷，頁23-33，以及《故宮書畫菁華特輯》（臺北：故宮博物院，

換句話說，此敕任命左衛兵曹參軍莊若訥的同時，也委任原睦州錄事參軍朱巨川爲「試大理評事兼豪州鍾離縣令」。「試大理評事」是一種「試」銜，本書第五章已論及。朱巨川的真正職務，是在豪（亦作「濠」）州屬下的鍾離縣（今安徽鳳陽）任縣令，外帶一個朝銜「試大理評事」。實際上，他這個官職就是當時濠州刺史獨孤及爲他向朝廷推薦「舉授」而得[4]。

　　莊若訥等人應當也有這一部分的委任狀，可惜今已不傳，所以我們並不知道他被委任了甚麼新的官職，或跟他同時授官的還有哪些其他人。流傳下來就祇有朱巨川這一部分。很可能因爲這個關係，後世收藏者便把此件文物稱爲〈朱巨川告〉或〈朱巨川告身〉。

　　此敕和前頭各人的委任狀，原本應當是分開的，即分別寫在不同的紙上，後來裝裱時才連接在一起。假設此敕委任莊若訥、朱巨川和另兩人，即「四人同制」。如果每個人都要擁有一敕文的話，那是否意味著敕文部分要重寫四次？推想很可能是如此，但我們沒有實物證據。我們現在祇能見到敕文和朱巨川的委任狀連在一起。至於莊若訥等其他人的敕文和委任狀則未見。

　　從此點看來，故宮所藏的這件文物，可能並非當時原來的樣式，而是經過「裁剪」和裝裱的一個成品。至於原來的樣式

（續）

　　　　1996），頁24-25。

　4　李紓，〈故中書舍人吳郡朱府君神道碑〉，《全唐文》卷三九五，
　　　　頁4020。唐代官員死後有墓誌者爲常例，有神道碑者則少見，通常
　　　　爲高官貴人。朱巨川最後官至中書舍人，屬高官。

應當是怎樣的呢？筆者認為，白居易等人所寫的這類敕書(有些現仍保存在他們的文集)，或許可以提供答案。比如，《白居易集》中有這麼一篇任命敕，或許即是此類敕書的原貌：

> 楊景復可檢校膳部員外郎、鄆州觀察判官。
> 李綏可監察御史、天平軍判官。
> 盧載可協律郎、天平軍巡官。
> 獨孤涇可監察御史、壽州團練副使。
> 馬植可試校書郎、涇原掌書記。
> 程昔範可試正字、涇原判官。
>
> 　六人同制
>
> 敕：某官楊景復等：士子不患無位，患己不立。苟有所立，人必知之。惟爾等六人，蘊才業文，咸士之秀者；果為賢侯交辟，俾朕得聞其姓名。是用各進其秩，分授以職。若修飾不已，籌謀有聞，則鴻漸之資，當從此始。而景復稟訓祗命，頗著令稱；故因滿歲，特假臺郎。古者功臣之良，入補王職。朝獎非遠，爾其勉之！可依前件。[5]

此敕同時委任六人，敕文之前有這六人的任官資料。故宮所藏〈朱巨川告身〉，可能為了發給朱巨川一人，所以經過「裁

5　《白居易集》卷四九，頁1038。

剪」編輯，敕文前祇剩下他的委任狀。至於其他跟他「同制」者如莊若訥的任官資料則不見了。

據所知，故宮所藏的這件文書，是現傳世最完整的一件唐代告身。近世敦煌和吐魯番也出土了一些唐代告身，但都殘缺不全，書法亦不佳，完全無法和〈朱巨川告身〉相比。

此告身上共鈐有唐代「尚書吏部告身之印」四十四方。從這點來看，它應當是大曆三年的原件，而非後來的抄件或仿製品，如顏真卿的〈自書告身帖〉或某些敦煌和吐魯番出土者。這樣說來，它便有一千二百多年的歷史。紙是非常脆弱的東西。一張唐紙經過一千多年仍能保存至今，真不容易。

不過，從敦煌等地出土的唐紙看來，中古時代的唐紙一般以麻製成，又遠比現代以木漿製成的紙來得厚實堅韌。或許這是〈朱巨川告身〉能保存一千多年的一大原因。它也是極少數非敦煌和吐魯番出土的唐代紙質文物之一。

奇怪的是，研究敦煌和吐魯番唐紙的專家(多在法國)，以及研究敦煌和吐魯番出土唐代告身的學者，似乎都沒有注意到臺北故宮藏有這件〈朱巨川告身〉，從未引用它來作比較。例如，中國武漢大學歷史系的陳國燦教授，其大作〈莫高窟北區47窟新出唐告身文書的復原與研究〉一文[6]，便完全沒有引用此〈朱巨川告身〉來作比較和討論。希望本書用它來作封面圖，能夠引起更多學者的注意和研究。

6　此文收在他的《敦煌學史事新證》(蘭州：甘肅教育出版社，2002)，頁215-229。

參考書目

一、傳統文獻

《入唐求法巡禮行記》，〔日〕圓仁撰，顧承甫、何泉達點校（上海：上海古籍出版社，1986）。

《八瓊室金石補正》，〔清〕陸增祥編撰（北京：文物出版社，1984年縮印1925年希古樓原刻本）。

《千唐誌齋藏誌》，河南省文物研究所編（北京：文物出版社，1984）。

《元和郡縣圖志》，〔唐〕李吉甫撰，賀次君點校（北京：中華書局，1983）。

《元稹集》，〔唐〕元稹撰，冀勤點校（北京：中華書局，1982）。

《元稹集編年箋注：詩歌卷》，〔唐〕元稹撰，楊軍箋注（西安：三秦出版社，2002）。

《太平御覽》，〔宋〕李昉等編。四部叢刊三編本（臺北：臺灣商務印書館據日本藏南宋蜀刻本影印）。

《太平廣記》，〔宋〕李昉等編（北京：中華書局，1960年校點本）。

《文苑英華》，〔宋〕李昉等編（北京：中華書局，1961年影印本）。

《日知錄》，〔清〕顧炎武著（臺北：文史哲出版社，1984年排印本）。

《王子安集註》，〔唐〕王勃撰，〔清〕蔣清翊註（上海：上海古籍出版社，1995年校點本）。

《王維集校注》，〔唐〕王維撰，陳鐵民校注（北京：中華書局，1997）。

《王績詩文集校注》，〔唐〕王績撰，金榮華校注（臺北：新文豐，1998）。

《冊府元龜》，〔宋〕王欽若等編（北京：中華書局，1960年影印明崇禎十五年（1642）刻本）。

《北夢瑣言》，〔五代〕孫光憲撰，賈二強點校（北京：中華書局，2002）。

《玉谿生詩集箋注》，〔唐〕李商隱撰，〔清〕馮浩箋注（北京：中華書局，1979年標點本）。

《白居易集》，〔唐〕白居易撰，顧學頡校點（北京：中華書局，1979）。

《白居易集箋校》，〔唐〕白居易撰，朱金城箋校（上海：上海古籍出版社，1988）。

《全唐文》，〔清〕董誥等編（北京：中華書局，1983年影印清嘉慶十九年（1814）內府原刻本）。

《全唐文新編》，周紹良主編。全22冊（長春：吉林文史出版社，2000）。

《全唐文補遺》，吳剛主編（西安：三秦出版社，1994-〔2003年
　　已出至第七輯〕）。

《全唐詩》，〔清〕彭定求等編（北京：中華書局，1979年繁體排
　　印本）。

《因話錄》，〔唐〕趙璘撰（上海：上海古籍出版社，1979年新一
　　版排印本）。

《曲江集》，〔唐〕張九齡撰，劉斯翰校注（廣州：廣東人民出版
　　社，1986）。

《宋史》，〔元〕脫脫等撰（北京：中華書局，1977校點本）。

《宋本冊府元龜》，〔宋〕王欽若等編（北京：中華書局，1989年
　　影印宋殘本）。

《李白全集編年注釋》，〔唐〕李白撰，安旗主編（成都：巴蜀書
　　社，2000年新一版）。

《李商隱文編年校注》，〔唐〕李商隱撰，劉學鍇、余恕誠校注（北
　　京：中華書局，2002）。

《李商隱詩歌集解》，〔唐〕李商隱撰，劉學鍇、余恕誠校注（北
　　京：中華書局，1988）。

《李群玉詩集》，〔唐〕李群玉撰（臺北：商務印書館景印文淵閣
　　《四庫全書》本，1983-1986）。

《李德裕文集校箋》，〔唐〕李德裕撰，傅璇琮、周建國校箋（石
　　家莊：河北教育出版社，2000）。

《杜詩詳注》，〔唐〕杜甫撰，〔清〕仇兆鰲注（北京：中華書局，
　　1979年校點本）。

《酉陽雜俎》，〔唐〕段成式撰，方南生點校（北京：中華書局，

1981）。

《孟浩然詩集》，〔唐〕孟浩然撰（上海：上海古籍出版社，1982
　　年影印北京圖書館藏宋蜀本）。

《孟浩然詩集箋注》，〔唐〕孟浩然撰，佟培基箋注（上海：上海
　　古籍出版社，2000）。

《明皇雜錄》，〔唐〕鄭處誨撰，田廷柱點校（北京：中華書局，
　　1994）。

《直齋書錄解題》，〔宋〕陳振孫撰。清乾隆三十八年（1773）武
　　英殿叢書本。

《封氏聞見記校證附引得》，〔唐〕封演撰，趙貞信校證。哈佛
　　燕京社引得特刊之七（北平：哈佛燕京社引得編纂處，
　　1933）。

《柳宗元集》，〔唐〕柳宗元撰（北京：中華書局，1979年校點本）。

《韋應物集校注》，〔唐〕韋應物撰，陶敏、王友勝校注（上海：
　　上海古籍出版社，1998）。

《唐人小說》，汪辟疆校錄。1930年初版（香港：中華書局，1985
　　年重印）。

《唐大詔令集》，〔宋〕宋敏求編（北京：商務印書館，1959年排
　　印本）。

《唐才子傳校箋》，〔元〕辛文房撰，傅璇琮等人校箋。全五冊（北
　　京：中華書局，1987-1995）。

《唐六典》，〔唐〕李林甫等撰，陳仲夫點校（北京：中華書局，
　　1992）。

《唐方鎮年表》，〔清〕吳廷燮撰（北京：中華書局，1980年校點

本）。

《唐代墓誌彙編》，周紹良主編（上海：上海古籍出版社，1992）。

《唐代墓誌彙編續集》，周紹良、趙超主編（上海：上海古籍出版社，2002）。

《唐代墓誌銘彙編附考》，毛漢光主編，第一至十八集（臺北：中央研究院歷史語言研究所，1984-1994）。

《唐令拾遺》，〔日〕仁井田陞編，栗勁等編譯（長春：長春出版社，1989）。

《唐兩京城坊考》，〔清〕徐松撰，方嚴點校（北京：中華書局，1985）。

《唐尙書省郎官石柱題名考》，〔清〕勞格、趙鉞撰，徐敏霞、王桂珍點校（北京：中華書局，1992）。

《唐律疏議》，〔唐〕長孫無忌等人撰，劉俊文點校（北京：中華書局，1983）。

《唐御史臺精舍題名考》，〔清〕勞格、趙鉞撰（北京：中華書局，1997年校點本）。

《唐會要》，〔五代〕王溥編（上海：上海古籍出版社，1991年點校本）。

《唐詩紀事》，〔宋〕計有功撰（上海：中華書局上海編輯所排印本，1965）。

《唐摭言》，〔五代〕王定保撰（上海：上海古籍出版社，1978年新一版校點本）。

《唐摭言校注》，〔五代〕王定保撰，姜漢椿校注（上海：上海社會科學院出版社，2003）。

《唐語林校證》，〔宋〕王讜撰，周勛初校證（上海：上海古籍出版社，1987）。

《夏侯陽算經》（原爲〔唐〕《韓延算經》）。收在《算經十書》，錢寶琮點校（北京：中華書局，1963）。

《容齋隨筆》，〔宋〕洪邁撰（上海：上海古籍出版社，1978年校點本）。

《郡齋讀書志》，〔宋〕晁公武撰（上海：商務印書館《四部叢刊》影印宋淳祐袁州本，1933）。

《高適詩集編年箋註》，〔唐〕高適撰，劉開揚箋註（北京：中華書局，1981）。

《通典》，〔唐〕杜佑撰，王文錦等點校（北京：中華書局，1989）。

《陶淵明集》，〔晉〕陶淵明撰，逯欽立校注（北京：中華書局，1979）。

《敦煌唐詩殘卷輯考》，徐凌纂輯（北京：中華書局，2000）。

《朝野僉載》，〔唐〕張鷟撰，趙守儼點校（北京：中華書局，1979）。

《登科記考》，〔清〕徐松撰，趙守儼點校（北京：中華書局，1984）。

《登科記考補正》，〔清〕徐松撰，孟二冬補正（北京：燕山出版社，2003）。

《隋唐五代墓誌匯編》，吳樹平等編（天津：天津古籍出版社，1991-1992）。

《隋唐以來官印集存》，〔清〕羅振玉集（上虞：羅氏景印，1916）。

《隋書》，〔唐〕魏徵、令狐德棻撰（北京：中華書局，1973年校

點本）。

《雲麓漫鈔》，〔宋〕趙彥衛撰，傅根清點校（北京：中華書局，1996）。

《新唐書》，〔宋〕歐陽修、宋祁撰（北京：中華書局，1975年點校本）。

《新唐書宰相世系表集校》，趙超集校（北京：中華書局，1998）。

《新校經典釋文》，〔唐〕陸德明撰，黃坤堯校訂（臺北：學海出版社，1988）。

《楊炯集》，〔唐〕楊炯撰，徐明霞點校（北京：中華書局，1980）。

《歲時廣記》，〔宋〕陳元靚撰。宋代筆記小說叢刊（石家莊：河北教育出版社，1995）。

《資治通鑑》，〔宋〕司馬光撰（北京：中華書局，1956年校點本）。

《賈島集校注》，〔唐〕賈島撰，齊文榜校注（北京：人民文學出版社，2001）。

《劉長卿集編年校注》，〔唐〕劉長卿撰，楊世明校注（北京：人民文學出版社，1999）。

《劉長卿詩編年箋注》，〔唐〕劉長卿撰，儲仲君箋注（北京：中華書局，1996）。

《劉禹錫集》，〔唐〕劉禹錫撰（北京：中華書局，1990年點校本）。

《樊川文集》，〔唐〕杜牧撰，陳允吉校點（上海：上海古籍出版社，1978）。

《樊川詩集注》，〔唐〕杜牧撰，〔清〕馮浩注（上海：上海古籍出版社，1978年校點本）。

《盧照鄰集校注》，〔唐〕盧照鄰撰，李雲逸校注（北京：中華書

局，1998）。

《韓昌黎文集校注》，〔唐〕韓愈撰，馬其昶校注（上海：上海古
　　籍出版社，1987）。

《韓昌黎詩繫年集釋》，〔唐〕韓愈撰，錢仲聯集釋（上海：上海
　　古籍出版社，1984）。

《韓愈全集校注》，〔唐〕韓愈撰，屈守元、常思春校注（成都：
　　巴蜀書社，1996）。

《舊唐書》，〔五代〕劉昫等撰（北京：中華書局，1975年點校本）。

《羅隱集》，〔唐〕羅隱撰，雍文華校輯（北京：中華書局，1983）。

《讀杜心解》，〔清〕浦起龍撰（北京：中華書局，1961年排印本）。

二、近人論著

丸山裕美子，〈唐宋節假制度的變遷——兼論「令」和「格敕」〉，
　　《中國社會歷史評論》，張國剛主編，第3卷（2001）。

卞孝萱，《元稹年譜》（濟南：齊魯書社，1980）。

卞孝萱、張清華、閻琦合著，《韓愈評傳》（南京：南京大學出
　　版社，1998）。

毛漢光，《中國中古社會史論》（臺北：聯經出版事業公司，
　　1988）。

———，《中國中古政治史論》（臺北：聯經出版事業公司，
　　1990）。

———，〈魏博二百年史論〉，《中央研究院歷史語言研究所集
　　刊》，第50本第2分（1979）。

毛漢光，〈唐代蔭任研究〉，《中央研究院歷史語言研究所集刊》，第55本第3分(1983)。

———，〈唐代統治階層下降變動之研究〉，《國家科學委員會研究彙刊：人文及社會科學》，3卷1期(1993)。

———，〈唐代統治階層父子間官職類別之變動〉，《國立中正大學學報》，4卷1期(1993年10月)。

———，〈唐代給事中之分析〉，《第二屆國際唐代學術會議論文集》(臺北：文津出版社，1993)。

毛蕾，《唐代翰林學士》(北京：社會科學文獻出版社，2000)。

王永興，《陳門問學叢稿》(南昌：江西人民出版社，1993)。

王仲殊，〈試論唐長安城與日本平城京及平安京何故皆以東半城(左京)為更繁榮〉，《考古》，2002年第11期，頁69-84。

王吉林，《唐代宰相與政治》(臺北：文津出版社，1999)。

王利華，《中古華北飲食文化的變遷》(北京：中國社會科學出版社，2000)。

王叔岷，《斠讎學》(臺北：中央研究院歷史語言研究所專刊之三十七，1959；修訂本，1995)。

王重民，《敦煌遺書論文集》(北京：中華書局，1984)。

王珠文，〈關於唐代官吏俸料錢的幾點意見〉，《晉陽學刊》，1985年第4期。

王勛成，《唐代銓選與文學》(北京：中華書局，2001)。

———，〈王維進士及第之年及生年新考〉，《華中師範大學學報》，2001年第1期。

———，〈岑參入仕年月和生平考〉，《文學遺產》，2003年第

4期。

王壽南，《唐代藩鎮與中央關係之研究》（臺北：嘉新水泥，
　　1969）。

———，《唐代政治史論集》（臺北：商務印書館，1977）。

———，《隋唐史》（臺北：三民書局，1986）。

———，《唐代人物與政治》（臺北：文津出版社，1999）。

———，〈論唐代的縣令〉，《國立政治大學學報》，第25期（1972），
　　頁177-194。

———，〈唐代御史制度〉，收在許倬雲等著，《中國歷史論文
　　集》（臺北：商務印書館，1986）。

王夢鷗，《唐人小說研究二集》（臺北：藝文印書館，1973）。

———，〈讀沈既濟《枕中記》補考〉，《中國文哲研究集刊》，
　　創刊號（1991），頁1-10。

王德權，〈試論唐代散官制度的成立過程〉，《唐代文化研討
　　會論文集》（臺北：文史哲出版社，1991）。

———，〈中晚唐使府僚佐昇遷之研究〉，《國立中正大學學報》，
　　5卷1期（1994），頁267-302。

甘懷真，〈唐代官人的宦遊生活——以經濟生活為中心〉，《第
　　二屆唐代文化研討會論文集》（臺北：臺灣學生書局，1995）。

石雲濤，《唐代幕府制度研究》（北京：中國社會科學出版社，
　　2003）。

任士英，〈唐代流外官研究〉。上篇載《唐史論叢》，第5輯（西
　　安：三秦出版社，1990）；下篇載《唐史論叢》，第6輯（西
　　安：陝西人民出版社，1995）。

任士英，〈唐代流外官的管理制度〉，《中國史研究》，1995
年第1期。

任育才，〈唐代官學體系的形成〉，《國立中興大學文學院文
史學報》，第27期(1997)。

———，〈唐代國子監學官與地方官之間遷轉與影響〉，《國史
上中央與地方的關係學術討論會論文集》(臺北：國史館，
1999)。

全漢昇，《唐宋帝國與運河》(上海：商務印書館，1946)。

———，〈唐代物價的變動〉，《中央研究院歷史語言研究所集
刊》，第11本(1943)。

朱金城，《白居易年譜》(上海：上海古籍出版社，1982)。

朱　雷，《敦煌吐魯番文書論叢》(蘭州：甘肅人民出版社，2002)。

艾永明，《清朝文官制度》(北京：商務印書館，2003)。

何永成，《唐代神策軍研究——兼論神策軍與中晚唐政局》(臺
北：商務印書館，1990)。

何汝泉，《唐代轉運使初探》(重慶：西南師範大學出版社，
1987)。

何錫光，〈兩《唐書》中與「內供奉」有關的官職名稱的錯誤
標點〉，《中國史研究》，2003年第1期。

吳玉貴，《中國風俗通史：隋唐五代卷》(上海：上海文藝出版
社，2001)。

吳企明，《唐音質疑錄》(上海：上海古籍出版社，1986)。

吳宗國，《唐代科舉制度研究》(瀋陽：遼寧大學出版社，1992)。

——— 編，《盛唐政治制度研究》(上海：上海辭書出版社，

2003）。

吳晶、黃世中，《古來才命兩相妨：李商隱傳》（北京：東方出
　　版社，2000）。

吳調公，《李商隱研究》（上海：上海古籍出版社，1982）。

吳麗娛，《唐禮摭遺：中古書儀研究》（北京：商務印書館，2002）。

───，〈試析劉晏理財的宮廷背景〉，《中國史研究》，2000
　　年第1期。

呂慎華，〈唐代任官籍貫迴避制度初步研究〉，《中興史學》，
　　第5卷（1999）。

宋德熹，《唐代前期吏部考功員外郎人事分析──以身分背景與
　　升遷途徑爲中心》，國科會專題研究計畫（中興大學歷史
　　系）（2003）。

岑仲勉，《隋唐史》。1957年初版（北京：中華書局，1982）。

───，《金石論叢》（上海：上海古籍出版社，1981）。

───，《岑仲勉史學論文集》（北京：中華書局，1990）。

李　方，《唐西州行政體制考論》（哈爾濱：黑龍江教育出版社，
　　2002）。

───，〈唐西州戶曹參軍編年考證〉，《敦煌學輯刊》，1997
　　年第2期。

───，〈唐西州功曹參軍編年考證〉，《周紹良先生欣開九秩
　　慶壽文集》（北京：中華書局，1997）。

───，〈唐西州倉曹參軍編年考證〉，《首都師範大學學報》，
　　2000年第4期。

李志茗，《晚清四大幕府》（上海：上海人民出版社，2002）。

李昌憲，〈宋代文官帖職制度〉，《文史》，第30輯(1988)。

李金坤，〈唐代科舉考試與《文選》〉，《文選與文選學——第五屆文選學國際學術研討會論文集》，中國文選研究會編(北京：學苑出版社，2003)，頁155-168。

李斌城等著，《隋唐五代社會生活史》(北京：中國社會科學出版社，1998)。

李燕捷，〈唐代給祿的依據〉，《歷史教學》，1994年第8期。

———，〈唐代祿制與內外官之輕重〉，《河北學刊》，1994年第5期。

李錦繡，〈唐代「散試官」考〉，《唐代制度史略論稿》(北京：中國政法大學出版社，1998)，頁198-210。

———，〈唐代直官制初探〉，《國學研究》，第3卷(1995)。又收在氏著《唐代制度史略論稿》。

———，〈唐代視品官制初探〉，《中國史研究》，1998年第3期。又收在氏著《唐代制度史略論稿》。

杜文玉，〈論唐代員外官與試官〉，《陝西師範大學學報》，1993年第3期。

杜曉勤，《初唐詩歌的文化闡釋》(北京：東方出版社，1997)。

辛德勇，《隋唐兩京叢考》(西安：三秦出版社，1991)。

卓遵宏，《唐代進士與政治》(臺北：國立編譯館，1987)。

周其忠，〈唐代官印初探〉，《中國歷代璽印藝術》，王人聰、游學華編(香港：香港中文大學文物館，2000)。

周紹良，《唐傳奇箋證》(北京：人民文學出版社，2000)。

周勛初，《高適年譜》(上海：上海古籍出版社，1980)。

孟憲實，〈宇文融括戶與財政使職〉，《唐研究》，第7卷（2001）。

林煌達，〈唐代錄事〉，《中正歷史學刊》，第2期。

邱添生，《唐宋變革期的政經與社會》（臺北：文津出版社，1999）。

芮傳明，〈薩寶的再認識〉，《史林》，2000年第3期。

姜伯勤，〈薩寶府制度論略〉，《華學》（廣州中山大學），第3輯（1998）。

紀作亮，《張籍研究》（合肥：黃山書社，1986）。

胡可先，《杜牧研究叢稿》（北京：人民文學出版社，1993）。

胡戟等編，《二十世紀唐研究》（北京：中國社會科學出版社，2001）。

胡滄澤，《唐代御史制度研究》（臺北：文津出版社，1993）。

郁賢皓，《唐刺史考全編》。合肥：安徽大學出版社，2000。

郁賢皓、胡可先，《唐九卿考》（北京：中國社會科學出版社，2003）。

唐長孺，《唐長孺社會文化史論叢》（武昌：武漢大學出版社，2001）。

───，《唐書兵志箋正》（北京：科學出版社，1957）。

夏承燾，〈韋莊年譜〉，《韋莊詞校注》（北京：中國社會科學出版社，1981）。

孫昌武，《柳宗元傳論》（北京：人民文學出版社，1979）。

───，《柳宗元評傳》（南京：南京大學出版社，1998）。

孫國棟，《唐代中央重要文官遷轉途徑研究》（香港：龍門書店，1978）。

孫國棟，〈從夢遊錄看唐代文人遷官的最優途徑〉，《唐宋史論叢》（香港：商務印書館，2000增訂版。原1980年香港龍門書店初版）。

孫慰祖，〈隋唐官印體制的形成及其主要表現〉，《中國古璽印學國際研討會論文集》，王人聰、游學華編（香港：香港中文大學文物館，2000）。

翁俊雄，〈唐代職分田制度研究〉，《唐代人口與區域經濟》（臺北：新文豐，1995）。

———，〈唐代的州縣等級制度〉，《北京師範學院學報》，1991年第1期。

———，〈安史亂後「仕家」的南遷——兼論「辟署」制度的形成〉，《唐代人口與區域經濟》（臺北：新文豐，1995）。

馬俊民、王世平，《唐代馬政》（西安：西北大學出版社，1995）。

高明士，《隋唐貢舉制度》（臺北：文津出版社，1999）。

———，《東亞教育圈形成史論》（上海：上海古籍出版社，2003）。

高　原，〈唐代官祿制度考略〉，《晉陽學刊》，1993年第4期。

宿　白，《唐宋時期的雕版印刷》（北京：文物出版社，1999）。

張兆凱，《漢—唐門蔭制度研究》（長沙：岳麓書社，1995）。

張采田，《玉谿生年譜會箋》（上海：古籍出版社，1983年排印本）。

張國剛，《唐代藩鎮研究》（長沙：湖南教育出版社，1987）。

———，《唐代官制》（西安：三秦出版社，1987）。

———，《唐代政治制度研究論集》（臺北：文津出版社，1994）。

張榮芳，《唐代的史館與史官》（臺北：中國學術著作獎助委員
　　會，1984）。

———，《唐代京兆尹研究》（臺北：臺灣學生書局，1987）。

———，〈唐代京兆府僚佐之分析——司錄、判司與參軍〉，《東
　　海學報》，第30卷（1989），頁85-94。

———，〈唐代京兆府領京畿縣令之分析〉，《隋唐史論集》，
　　黃約瑟、劉健明編（香港：香港大學亞洲研究中心，1993）。

張廣達，〈論唐代的吏〉，《北京大學學報》，1989年第2期。

張澤咸，〈唐代的門蔭〉，《文史》，第27輯（1986）。

張錫厚，〈王績年譜〉，《王績研究》（臺北：新文豐，1995）。

曹　汛，〈劉象考〉，《文史》，第30輯（1988）。

曹錦炎，〈隋唐官印的認識和研究〉，《中國古璽印學國際研
　　討會論文集》，王人聰、游學華編（香港：香港中文大學文
　　物館，2000）。

梅家玲，〈唐代贈序初探〉，《國立編譯館館刊》，13卷1期（1984），
　　頁194-214。

莫礪鋒，《杜甫評傳》（南京：南京大學出版社，1998）。

莊　申，〈唐代的罵人語〉，《第二屆國際唐代學術會議論文
　　集》（臺北：文津出版社，1993）。

郭　鋒，〈唐代流外官試探〉，《敦煌學輯刊》，1986年第2期。

陳仲安、王素，《漢唐職官制度研究》（北京：中華書局，1993）。

陳志堅，〈唐代散試官問題再探〉，《北大史學》，第8卷（2001）。

陳明光，《唐代財政史新編》（北京：中國財政經濟出版社，1991
　　年初版，1999年增訂版）。

陳明光，〈鄭畋宦績考論〉，《唐研究》，第3卷(1997)。

陳　垣，《元典章校補釋例》又名《校勘學釋例》(北平：國立中央研究院歷史語言研究所，1934)。

陳衍德、楊漢，《唐代鹽政》(西安：三秦出版社，1990)。

陳　飛，《唐代試策考述》(北京：中華書局，2003)。

陳弱水，〈從《唐晅》看唐代士族生活與心態的幾個方面〉，《新史學》，10卷2期(1999)，頁1-27。

───，〈中晚唐五代福建士人階層興起的幾點觀察〉，《中國社會歷史評論》，張國剛主編，第3卷(2001)。

陳祖言，《張說年譜》(香港：中文大學出版社，1984)。

陳國燦，《敦煌學史事新證》(蘭州：甘肅教育出版社，2002)。

陳國燦、劉健明編，《〈全唐文〉職官叢考》(武漢：武漢大學出版社，1998)。

陳寅恪，《唐代政治史述論稿》。1944年初版(上海：上海古籍出版社，1997年重排印本)。

───，〈元白詩中俸料錢問題〉，《陳寅恪集‧金明館叢稿二編》(北京：三聯書局，2001)。原載《清華學報》，10卷4期(1935年10月)。

陳貽焮，《杜甫評傳》。上中下三冊(上海：上海古籍出版社，1982-1988)。

陳鐵民，〈王維年譜〉，《王維集校注》，陳鐵民校注(北京：中華書局，1997)。

陸　揚，〈從西川和浙西事件看元和政治格局的形成〉，《唐研究》，第8卷(2002)。

傅安良,「唐代的縣與縣令」。中國文化大學碩士論文。王吉
　　林指導(1993年12月)。

傅樂成,《漢唐史論集》(臺北：聯經出版事業公司,1977)。

傅璇琮,《李德裕年譜》(濟南：齊魯書社,1984)。

───,《唐代科舉與文學》(西安：陝西人民出版社,1986年
　　初版,2003年修訂版)。

───,〈李德裕年表〉,《李德裕文集校箋》(與周建國校箋)(石
　　家莊：河北教育出版社,2000)。

喬象鍾、陳鐵民、吳賡舜、董乃斌主編,《唐代文學史》上下
　　冊(北京：人民文學出版社,1995)。

彭慶生,〈陳子昂年譜〉,《陳子昂詩注》(成都：四川人民出
　　版社,1981)。

曾一民,《唐代考課制度研究》(臺北：商務印書館,1978)。

曾賢熙,〈唐代御史大夫中丞試探〉,《第五屆唐代文化學術
　　研討會論文集》,中國唐代學會、國立中正大學中文系、
　　歷史系主編(高雄：麗文文化,2001)。

程千帆、徐有富,《校讎廣義：校讎編》(濟南：齊魯書社,1998)。

程章燦,《石學論叢》(臺北：大安出版社,1999)。

程遂營,〈唐宋開封的氣候和自然災害〉,《中國歷史地理論
　　叢》,2002年第1期。

馮　至,《杜甫傳》(北京：人民文學出版社,1952年初版,1980
　　年重印)。

馮培紅,〈20世紀敦煌吐魯番官制研究概況〉,《中國史研究
　　動態》,2001年第11期。

馮培紅，〈敦煌文獻中的職官史料與唐五代藩鎮官制研究〉，《敦煌研究》，2001年第3期。

黃正建，《唐代衣食住行研究》（北京：首都師範大學出版社，1998）。

———，《敦煌占卜文書與唐五代占卜研究》（北京：學苑出版社，2001）。

———，〈唐代的齋郎與挽郎〉，《史學月刊》，1989年第1期。

———，〈唐代散官初論〉，《中華文史論叢》，1989年第2期。

———，〈韓愈日常生活研究〉，《唐研究》，第4卷（1998）。

黃永年，〈所謂「永貞革新」〉，《唐代史事考釋》（臺北：聯經出版事業公司，1998）。

黃坤堯，《經典釋文動詞異讀新探》（臺北：臺灣學生書局，1992）。

黃修明，〈唐代縣令考論〉，《四川師範學院學報》，1997年第4期。

———，〈論唐代縣政官員〉，《大陸雜誌》，101卷3期（2000）。

黃清連，〈唐代的文官考課制度〉，《中央研究院歷史語言研究所集刊》，第55本第1分（1984）。

———，〈唐代散官試論〉，《中央研究院歷史語言研究所集刊》，第58本第1分（1987）。

———，〈忠武軍：唐代藩鎮個案研究〉，《中央研究院歷史語言研究所集刊》，第64本第1分（1993）。

———，〈杜牧論藩鎮與軍事〉，《結網編》（臺北：東大圖書公司，1998）。

楊伯峻，《論語譯注》（北京：中華書局，1980）。

楊承祖，《張九齡年譜》（臺北：國立臺灣大學文學院，1964）。

楊　柳，《李商隱評傳》（南京：江蘇人民出版社，1981）。

楊　柳、駱祥發，《駱賓王評傳》（北京：北京出版社，1987）。

楊聯陞，《國史探微》（臺北：聯經出版事業公司，1983）。

楊鴻年，《隋唐兩京坊里譜》（上海：上海古籍出版社，1999）。

萬　曼，《唐集敘錄》（北京：中華書局，1980）。

葉國良，《石學蠡探》（臺北：大安出版社，1989）。

───，《石學續探》（臺北：大安出版社，1999）。

───，〈官員的假期〉，《國文天地》，12卷4期（1996年8月），
　　頁22-27。

───，〈石刻資料與官制研究〉，《王叔岷先生學術成就與薪
　　傳論文集》（臺北：國立臺灣大學中國文學系，2001）。

───，〈唐宋哀祭文的發展〉，《臺大中文學報》，第18期
　　（2003年）。

葉　煒，〈試論隋與唐前期中央文官機構文書胥吏的組織系統〉，
　　《唐研究》，第5卷（1999）。

雷家驥，《隋唐中央權力結構及演進》（臺北：東大圖書公司，
　　1995）。

───，〈唐樞密使的創置與早期職掌〉，《國立中正大學學報》，
　　4卷1期（1993年10月），頁57-108。

寧志新，〈唐朝使職若干問題研究〉，《歷史研究》，1999年
　　第2期。

寧　欣，《唐代選官研究》（臺北：文津出版社，1995）。

廖伯源，〈漢官休假雜考〉，《中央研究院歷史語言研究所集刊》，第65本第2分（1994）。

榮新江，《海外敦煌吐魯番文獻知見錄》（南昌：江西人民出版社，1996）。

───，《歸義軍史研究：唐宋時代敦煌歷史考索》（上海：上海古籍出版社，1996）。

───，〈一個入仕唐朝的波斯景教家族〉，《中古中國與外來文明》（北京：三聯書局，2001）。

─── 編，《唐代宗教信仰與社會》（上海：上海辭書出版社，2003）。

趙冬梅，〈唐五代供奉官考〉，《中國史研究》，2001年第1期。

趙　超，《古代石刻》（北京：文物出版社，2001）。

齊濤、馬新，《劉晏、楊炎評傳》（南京：南京大學出版社，1998）。

劉子健，〈比《三字經》更早的南宋啓蒙書〉，《兩宋史研究彙編》（臺北：聯經出版事業公司，1987）。

劉文剛，《孟浩然年譜》（北京：人民文學出版社，1995）。

劉俊文，《唐律疏議箋解》（北京：中華書局，1996）。

劉海峰，《唐代教育與選舉制度綜論》（臺北：文津出版社，1991）。

───，〈唐代官吏俸料錢的來源問題〉，《晉陽學刊》，1984年第5期。

───，〈唐代俸料錢與內外官輕重的變化〉，《廈門大學學報》，1985年第2期。

───，〈論唐代官員俸料錢的變動〉，《中國社會經濟史研究》，

1985年第2期。

劉海峰，〈再析唐代官員俸料錢的財政來源〉，《中國社會經濟史研究》，1987年第4期。

———，〈唐代福建進士考辨〉，《集美大學教育學報》，2001年1期。

劉健明，〈韓愈對永貞改革的評價〉，《唐代文化研討會論文集》（臺北：文史哲出版社，1991）。

劉國盈，《韓愈評傳》（北京：北京師範學院出版社，1991）。

劉開揚，〈岑參年譜〉，《岑參詩集編年箋註》（成都：巴蜀書社，1995）。

劉燕儷，〈水上交通管理〉，《唐律與國家社會研究》，高明士編（臺北：五南，1999）。

潘呂棋昌，《蕭穎士研究》（臺北：文史哲出版社，1983）。

潘美月，〈唐五代時期四川地區的刻書事業〉，《王叔岷先生八十壽慶論文集》（臺北：大安出版社，1993）。

潘　鏞，《隋唐時期的運河和漕運》（西安：三秦出版社，1987）。

蔣　寅，〈詩人包佶行年考略〉，《唐代文學研究》，第1輯（太原：山西人民出版社，1988）。

———，《大曆詩人研究》（北京：中華書局，1995）。

鄭偉章，〈唐集賢院考〉，《文史》，第19輯（1983）。

鄧小南，《課級・資格・考察：唐宋文官考核制度側談》（鄭州：大象出版社，1997）。

鄧文寬，〈敦煌吐魯番曆日略論〉，《敦煌吐魯番學耕耘錄》（臺北：新文豐，1996）。

鄧仕樑，〈唐代傳奇的駢文成分〉，《古典文學》，第8集（臺北：臺灣學生書局，1986）。

鄧紹基，《杜詩別解》（北京：中華書局，1987）。

黎　虎，《漢唐外交制度史》（蘭州：蘭州大學出版社，1998）。

盧建榮，〈唐代後期（西元七五六至八九三年）戶部侍郎人物的任官分析〉，《中央研究院歷史語言研究所集刊》，第54本第2分（1983）。

———，〈中晚唐藩鎮文職幕僚職位的探討——以徐州節度區爲例〉，《第二屆國際唐代學術會議論文集》（臺北：文津出版社，1993）。

———，〈墓誌史料與日常生活史〉，《古今論衡》，第3期（1999），頁19-32。

賴郡亮，〈唐代衛官試論〉，《唐代身分法制研究》，高明士主編（臺北：五南，2003）。

賴瑞和，〈唐代校書郎考釋〉，《中央研究院歷史語言研究所集刊》，第74本第3分（2003）。

———，〈唐代的翰林待詔和司天臺：關於《李素墓誌》和《卑失氏墓誌》的再考察〉，《唐研究》，第9卷（2003）。

———，〈唐代待詔考釋〉，《中國文化研究所學報》（香港中文大學中國文化研究所），新第12期（2003）。

———，〈唐代縣丞考釋〉（稿本，待刊）。

錢　穆，《漢劉向歆父子年譜》。1927初版（臺北：商務印書館，1980年重印）。

閻文儒著、閻萬鈞校補，《唐代貢舉制度》（西安：陝西人民出

版社，1989）。

閻守誠，〈唐代官吏的俸料錢〉，《晉陽學刊》，1982年第2期。

閻步克，《品位與職位：秦漢魏晉南北朝官階制度研究》（北京：
　　　中華書局，2003）。

閻琦、周敏，《韓昌黎文學傳論》（西安：三秦出版社，2003）。

戴偉華，《唐代幕府與文學》（北京：現代出版社，1990）。

───，《唐方鎮文職僚佐考》（天津：天津古籍出版社，1994）。

───，《唐代使府與文學研究》（桂林：廣西師範大學出版社，
　　　1998）。

───，〈《唐方鎮文職僚佐考》訂補〉，《唐代文學研究叢稿》
　　　（臺北：臺灣學生書局，1999）。

繆　鉞，《杜牧傳》（北京：人民文學出版社，1977）。

───，《杜牧年譜》（北京：人民文學出版社，1980）。

韓理洲，《陳子昂評傳》（西安：西北大學出版社，1987）。

───，《陳子昂研究》（上海：上海古籍出版社，1988）。

蹇長春，《白居易評傳》（南京：南京大學出版社，2002）。

藍　勇，〈唐代氣候變化與唐代歷史興衰〉，《中國歷史地理
　　　論叢》，2001年第1期。

羅彤華，〈唐代州縣公廨本錢數之分析──兼論前期外官俸錢之
　　　分配〉，《新史學》，10卷1期（1999年3月）。

羅彤華，〈唐代官本放貸初探──州縣公廨本錢之研究〉，《第
　　　四屆唐代文化學術研討會論文集》。臺灣成功大學中國文
　　　學系主編。臺南：成功大學教務處出版組，1999。

羅彤華，〈唐代食利本錢初探〉，《第五屆唐代文化學術研討

會論文集》，中國唐代學會、國立中正大學中文系、歷史
系主編（高雄：麗文文化，2001）。

羅聯添，〈歐陽詹〉，《韓愈研究》（臺北：臺灣學生書局，1977）。

———，《唐代文學論集》（臺北：臺灣學生書局，1989）。

———，《韓愈傳》（臺北：國家出版社，1998）。

羅　豐，〈薩寶：一個唐朝唯一外來官職的再考索〉，《唐研究》，第4卷（1998）。

嚴耕望，《唐僕尚丞郎表》（臺北：中央研究院歷史語言研究所專刊之三十六，1956）。

———，《唐史研究叢稿》（香港：新亞研究所，1969）。

———，《治史經驗談》（臺北：商務印書館，1981）。

———，《治史答問》（臺北：商務印書館，1985）。

———，《唐代交通圖考》。一至六冊（臺北：中央研究院歷史語言研究所，1985-2003）。

———，《嚴耕望史學論文選集》（臺北：聯經出版事業公司，1991）。

———，〈唐代方鎮使府軍將考〉，《慶祝李濟先生七十歲論文集》（臺北：清華學報社，1965）。亦收在氏著《唐史研究叢稿》。

———，〈唐代方鎮使府之文職僚佐〉，《新亞學報》，7卷2期（1966）。後收入氏著《唐史研究叢稿》。

———，〈唐代府州上佐與錄事參軍〉，《清華學報》，新8卷第1-2期合刊（1970），頁284-305。後收入氏著《唐史研究叢稿》。

顧建國，〈唐代「寓直」制漫議〉，《淮陰師範學院學報》，
　　2002年第3期。
龔延明，《宋代官制辭典》（北京：中華書局，1997）。

三、日文、西文論著

辻正博，〈唐代貶官考〉，《東方學報》（京都），63卷（1991），
　　頁265-390。
日野開三郎，《支那中世の軍閥》（東京：三省堂，1942）。
池田溫著，孫曉林等譯，《唐研究論文選集》（北京：中國社會
　　科學出版社，1999）。
妹尾達彥，〈唐代長安の街西〉，《史流》，25（1984），頁1-31。
───，〈唐代後期的長安與傳奇小說〉，宋金文譯，收在《日
　　本中青年學者論中國史・六朝隋唐卷》，劉俊文主編（上海：
　　上海古籍出版社，1995）。
───，〈唐長安城の官人居住地〉，《東洋史研究》，55卷2
　　期（1996），頁35-74。
岡村繁，《岡村繁全集》第二卷《文選之研究》，陸曉光譯（上
　　海：上海古籍出版社，2002）。
氣賀澤保規編，《唐代墓誌所在總合目錄》（東京：汲古書院，
　　1997年初版；2004年新版）。
荒川正晴，〈北朝隋・唐代における「薩寶」の性格をめぐっ
　　て〉，《東洋史苑》，第50-51卷（1998）。
梅原郁，《宋初的寄祿官及其周圍》，原載《東方學報》（京都）

第48冊（1975），中譯本見《日本學者研究中國史論著選譯》，第五冊（北京：中華書局，1993）。

清木場東，〈唐代俸料制の諸原則〉，《東方學》，第72輯（1986），頁63-79。

渡邊孝，〈唐代藩鎮における下級幕職官について〉，《中國史學》，第11卷（2001）。

———，〈唐後半期の藩鎮辟召制についての再檢討〉，《東洋史研究》，第60卷（2001）。

愛宕元，〈唐代における官蔭入仕について〉，《東洋史研究》，35卷2期（1976）。

礪波護，〈唐代の縣尉〉，《史林》，第57卷（1974）。後收入氏著《唐代政治社會史研究》（京都：同朋舍，1986）。黃正建中譯本，收在《日本學者研究中國史論著選譯》，劉俊文主編，第四冊（北京：中華書局，1992）。

———，〈唐代使院の僚佐と辟召制〉，《唐代政治社會史研究》（京都：同朋舍，1986）。

Ch'en, Jo-shui 陳弱水. *Liu Tsung-yuan and Intellectual Change in T'ang China* (Cambridge: Cambridge University Press, 1992).

Chiu-Duke, Josephine丘慧芬. To Rebuild the Empire: Lu Chih's Confucian Pragmatist Approach to the Mid-T'ang Predicament (Albany, N.Y.: State University of New York Press, 2000).

Hartman, Charles. *Han Yü and the T'ang Search for Unity* (Princeton: Princeton University Press, 1986).

Heng, Chye Kiang 王才強. Cities of Aristocrats and Bureaucrats:

The Development of Cityscapes in Medieval China（Honolulu: University of Hawaii Press, 1999）.

Herbert, P. A. "Perceptions of Provincial Officialdom in Early T'ang China." *Asia Major*, 3rd Series, 2.1（1989）: 25-57.

Ho, Richard M. W 何文匯. *Ch'en Tzu-ang: Innovator of T'ang Poetry*（Hong Kong: The Chinese University Press, 1993）.

Kroll, Paul W. "Basic Data on Reign-Dates and Local Government." *T'ang Studies* 5（1987）: 95-104.

Rotours, Robert des. *Le traité des examens*（Paris: Ernest Leroux, 1932）.（此爲《新唐書・選舉志》的法文譯注本）

──. *Traité des fonctionnaires et traité de l'armée*（Leiden: E. J. Brill, 1947-1948）.（此爲《新唐書・百官志》和《新唐書・兵志》的法文譯注本）

Twitchett, Denis C. *Financial Administration under the T'ang Dynasty*（Cambridge: Cambridge University Press, 1963. 2nd revised edition, 1970）.

──. *Printing and Publishing in Medieval China*（New York: Frederick C. Beil, 1983）.

──. *The Writing of Official History under the T'ang*（Cambridge: Cambridge University Press, 1992）.

──. "Provincial Autonomy and Central Finance in Late T'ang." *Asia Major* 11（1965）: 211-232.

──. "Varied Patterns of Provincial Autonomy in the T'ang Dynasty." *Essays on T'ang Society*, ed. by John Perry and

Baldwell Smith（Leiden: Brill, 1976）.

Twitchett, Denis C. and Howard L. Goodman. *A Handbook for T'ang History*. 2 vols（Princeton: Princeton Linguistics Project, 1986）.

Xiong, Victor Cunrui 熊存瑞. *Sui-Tang Chang'an: A Study in Urban History of Medieval China*（Ann Arbor: Center for Chinese Studies, University of Michigan, 2000）.

唐代基層文官

2023年4月二版　　　　　　　　　　　　定價：新臺幣750元
有著作權・翻印必究
Printed in Taiwan.

著　者　賴　瑞　和

出　版　者　聯經出版事業股份有限公司	副總編輯　陳　逸　華
地　　　址　新北市汐止區大同路一段369號1樓	總　編　輯　涂　豐　恩
叢書主編電話　(02)86925588轉5310	總　經　理　陳　芝　宇
台北聯經書房　台北市新生南路三段94號	社　　　長　羅　國　俊
電　　　話　(02)23620308	發　行　人　林　載　爵
郵政劃撥帳戶第0100559-3號	
郵　撥　電　話　(02)23620308	
印　刷　者　世和印製企業有限公司	
總　經　銷　聯合發行股份有限公司	
發　行　所　新北市新店區寶橋路235巷6弄6號2F	
電　　　話　(02)29178022	

行政院新聞局出版事業登記證局版臺業字第0130號

國家圖書館出版品預行編目資料

唐代基層文官 / 賴瑞和著 . 二版 . 新北市 . 聯經 .
2023.04 . 504面 . 14.8×21公分 .
參考書目：29面
ISBN　978-957-08-6854-8（精裝）
[2023年4月二版]

1.CST：文官制度　2.CST：唐代

573.141　　　　　　　　　　　　　112003703

中國中古社會史論

作者：毛漢光

社會史研究的困難在於複雜的社會現象，及相關史料的極端缺乏。但是社會發展及演變卻能超越朝代的更替，忠實地反映當時的一般狀況，而有其獨自發展的趨向與意義。作者採用了西方政治學及社會學理論架構，配合研究題目範圍的大小和資料多寡，以量化、分析、比較、個案、推論等社會科學方法，希望突破中國社會史研究的困境。

全書旨在討論中古時期上層階層的社會現象。總論四篇，以基本資料為行文主體，以社會史之架構、原則性問題為設計前提，探討當時社會基礎、社會成分、家族變動及士族性質的演變。分論八篇，主要為社會史中的個案分析和延伸討論。總論與分論間有著密切相連的線索，兩者間可持續相互補充，不斷增加深度及拓展新方向。

中國中古政治史論

作者：毛漢光

本書作者深具史學暨政治、社會學的涵養，故能洞悉陳寅恪先生「關隴集團」「關中本位政策」學說中，暗藏的「核心集團」與「核心區」理論；對於西魏府兵制之中央輻射設計、兵農分合性質、廣募羌氏和攏絡漢人大族、柱國軍府轄區等問題，率多突破性的新解，並進而緊扣前述兩大理論主題，交互運用量化統計與分析比較，探求六百餘年間核心集團與核心區，如何自雲代并凝結並轉移至關隴、再至河北的情形，主旨在解答北魏東魏北齊如何以雲代并地區為國家重心，以北族國人為統治主體，以及河北、河東職業軍人如何取代（填補）衰微的關隴集團，魏博、汴梁如何發展為唐末迄宋的核心區等現象。

唐代史事考釋　　作者：黃永年

黃永年畢業於復旦大學，是呂思勉、童書業、顧頡剛三位大師的入室弟子，學有專精，但學術道路卻很不平坦。1958年被劃為右派之後，不准從事學術研究工作，前後達二十年之久；之後被派到圖書館。1979年以後，學術空氣逐漸放鬆，才被調到陝西師大歷史系教書，1983年任古籍研究所副所長，現已升任所長。1979年起的十年間，黃永年發表了一系列唐史研究的論文，考釋細密，饒有見解，充分展現「練功」二十年的功力，引起國內外學者注目。本書正是這些論文的結果。黃氏自承頗受陳寅恪先生著作啟發，也對陳氏論點提出補充與修正，學界評價頗高。

兩晉南朝的士族　　作者：蘇紹興

士族是中國中古時期的一股特殊勢力，對當時政治、社會、經濟、文化各方面，都有重大影響。本書於兩晉南朝士族形成的經過，及其政治地位的盛衰，都有適切的論述；對第一大族瑯琊王氏在各方面的活動，尤有深入探討，可以覘見當時士族的社交活動及其對學術文化的貢獻。

漢唐史論集　　作者：傅樂成

本書搜集有關兩漢、南北朝、隋唐論述十八篇，係傅樂成教授從民國41年到65年，25年間的學術論文集。書中提出漢時期幾個重要政治與文化觀念問題，如：「兩漢的幾個政治軍團」、「漢代的山東與山西」、「中國民族與外來文化」等。此外「唐人的生活」、「天寶雜事」、「杜甫與政治」、「唐代宦官與藩鎮的關係」、「唐代夷夏觀念之演變」、「唐型文化與宋型文化」等，及關於突厥、回紇與沙陀等的專論，包括：唐人的衣服、冠帽鞋襪、婦女妝飾、飲食、居室與交通工具、婚喪慶壽、娛樂以及其他與胡人的政治、社會關係等，歷歷呈現讀者面前，是研究中國中古史學者最佳參考書籍。

唐代蕃將研究　作者：章群

蕃將是唐代武力的一個重要部分，自太宗朝起即參
與對外爭戰，伐吐谷渾、征高麗、討薛延陀，無役
不預。對唐代國勢的盛衰及兵制的演變，可謂影響
深遠；與晚唐藩鎮割據的局面，更是息息相關。近
世學者如陳寅恪，對蕃將問題已注意及之，並有所
論列，惜未作全面研究。

作者積三十年研究之所得，撰成此書，以圖表與文
字相配合，不僅對蕃將的問題，依次解析，前後貫
通；且對唐代兵制之變化，亦多創獲；而前人對蕃
將問題之誤解，亦得以摧陷廓清，真相大白。書末
並附「唐代蕃將表」，資料詳贍，字字有據。

唐代蕃將研究－續集　作者：章群

蕃將是唐代武力的一個重要部分，自太宗朝起即參
與對外爭戰，對唐代國勢的盛衰及兵制的演變影響
深遠，與晚唐藩鎮割據的局面更是息息相關。作者
積三十年研究所得，撰成《唐代蕃將研究》一書，
以圖表與文字相配合，不僅對蕃將問題依次解析，
前後貫通；對唐代兵制之變化，亦多創獲；而前人
對蕃將問題之誤解亦得以廓清。

本書承續前編論點，由以部族為兵的淵源與其所透
露的唐帝國盛衰訊息、邊界問題，及乾陵石人像、
僱傭蕃兵與馬匹貿易、各國族遣人入為質子與宿衛
者諸問題，做進一步的補充說明，資料詳贍，信而
有徵，是研究唐代歷史不可或缺的參考書籍。